西部地区下提高自主创新能力和发展优势产业研究

Xibu diqu tigao zhizhu chuangxin nengli
he fazhan youshi chanye yanjiu

陈永忠 王磊 胡晶晶 著

人民出版社

序

　　西部大开发已从依靠国家投入为主的外延式发展转向增强西部经济内在发展机制的新阶段，提高中国西部自主创新能力和发展优势产业对增强西部经济内在发展机制发挥着十分重要的作用。陈永忠等同志撰写的《西部地区提高自主创新能力和发展优势产业研究》一书，由人民出版社出版发行，是一件值得庆贺的事。

　　提高自主创新能力，对提高西部区域经济整体素质和综合实力、坚持科学发展、走内涵式发展道路，具有重要而深远的意义。中国西部自主创新能力较弱，科技成果产业化水平较低，同东部发达地区有较大的差距，亟须从西部的实际出发，尽快解决如何提高自主创新能力的问题。本书以科学发展观作为理论指导，深入分析中国西部自主创新能力的现状、优势和劣势、经验和问题，并就如何提高中国西部创新能力的问题，提出了符合西部实际的战略思路和对策建议。

　　科学发展观是当前各项工作的重要指导方针，必须用科学发展观统领自主创新，必须在自主创新领域贯彻落实科学发展观，本书突出科学发展观的指导作用，明确指出，要用自主创新推进发展方式的转变。"自主创新要以推进科学发展为动力，以落实科学发展为核心，以实现科学发展为目标。"目前，我国正处于发展方式的转型期，创新推动发展，主要表现为发展方式的转变，即从粗放型发展方式向集约型发展方式转变。西部地区转变发展方式，必须紧紧抓住自主创新这个牛鼻子。本书提出的可持续的自主创新概念，有新意，认为"可持续的自主创新是赶超世界先进技术、不停顿的和不断深化的创新，是最高要求、最高境界的创新，是实现可持续发展所要求的自主创新"，可持续的自主创新要求构建国家创新体系、区域创新体系、产业创新体系、企业创新体系，整合创新资源，建立推进产业链和创新链耦合、提高自主创新能力和发展优势产业互动的理论模式。作者对可持续的自主创新所作的理论分析，为分析中国西部提高自主创新能力的必要性、紧迫性和长期性提供了理论依据。

按照自主创新能力的内容，作者将其区分为研发能力、转化能力和产业化能力三种能力，并以此分析中国西部自主创新能力的现状：一是从科技活动经费投入、科技活动人力资源投入和专利申请和授权看，目前中国西部与全国比较是很薄弱的；二是从技术市场交易和新产品开发经费支出产生的新产品产值看，这两方面有所增强，但总量不大；三是从新产品销售收入和销售率看，产业化水平有所提升，但总体水平不高。将自主创新能力区分为研发、转化、产业化三种能力，使自主创新能力的分析有明确的对象和范围，有助于作定量分析，并同东部进行比较研究。本书针对中国西部提高自主创新能力存在的问题，提出"三快速、四形成"的战略思路和针对企业、产业、区域和环境等多个层面的对策建议。"三快速、四形成"的战略思路是快速发展高新技术产业，快速提升企业研发能力，快速引进和培养技术创新人才；形成以企业为主体的多方联动的技术创新体系，形成产学研相结合的技术创新联盟，形成良好的自主创新环境，形成自主创新公共服务平台和服务体系；并提出培育创新型企业，攻克核心技术、抓好共性技术，加大自主创新投入，增强自主创新激励机制，营造保护知识产权的法制环境，发展风险投资等多项对策建议。作者提出的战略思路和对策建议，符合西部实际，对科技和经济管理部门有重要参考价值。

发展优势产业是促进西部区域经济快速发展，调整产业结构，提升产业竞争力的强大动力和重要支撑。本书提出用科学发展观统领发展优势产业。作者提出了三个观点：一是走集约发展的新型工业化道路。中国西部发展优势产业，必须提高科技含量，必须节约资源、减少污染，必须集约发展、提高效益，实现传统工业向现代工业的转变。二是从资源优势向经济优势转化。必须转变资源利用方式，从过去资源输出为主的资源输出型经济转变为资源输出和资源加工相结合的经济。三是从非均衡的重点发展走向全面协调可持续的科学发展。中国西部发展优势产业必须打破历史形成的西部开发资源、东部加工制造的产业分工格局，在西部大力发展优势资源加工、特别是精深加工产业和制造业，才能在与东中部的协调发展中，逐步缩小东西部差距。这些观点是很有远见的，视角广、立意高，对西部优势产业的发展有重要指导意义。

对中国西部发展什么样的优势产业的问题，本书通过对西部优势产业现状的定量分析，提出了优势能源、矿产资源及其加工产业、特色农牧业及农牧产品加工业、装备制造及优势军工产业、电子信息、生物医药、航空航天等优势高新技术产业、特色旅游产业等五大优势产业的定性结论。并对东西部优势产业进行了比较分析，作者认为东西部存在以下五个方面的差距：一是东部优势产业以制造业、高新技术产业和服务业为主，西部以资源类产业为主；二是东部优势产业附加值高，西部优势产业附加值低；三是东部优势产业多为科技含量高、技术水平高、消耗低、污染小的产业，西部优势产业科技含量和技术水平较低，而且包含有高耗能、高污染的产业；四是东部优势产业多为技术和资金密集型产业，西部多为劳动密集型产业；五是西部优势产业国有企业居多，而东部优势产业民营企业居多，体制和机制更具活力。作者对西部优势产业作的定量统计和比较分析，对深入研究西部各类优势产业的地位和发展趋势有重要的参考价值。作者还对如何发展西部优势产业的问题，提出了"一确保、四提升"的战略目标和"四个做强做大、三个大力发展、一个营造、一个抓好"的对策建议。即：确保优势产业又好又快发展、提升优势产业自主创新能力，提升优势产业国际竞争力，提升优势产业辐射带动作用，提升优势产业可持续发展能力；做强做大十大工业基地，做强做大五大工业园区，做强做大做长做精四大优势产业链，做强做大八大企业集团，大力发展民营经济，大力发展资源加工类产业，大力发展西部特色旅游业，营造良好的投资环境，抓好节能、减排、降耗，实现可持续发展。作者提出的战略思路和对策建议，针对性强，内容实在，具有一定的可行性。

特别可贵的是，本书作者对中国西部12省（自治区、直辖市）的自主创新能力和优势产业作了深入的调查研究，写出了12份各具特色的调查报告，作为附录。这样详尽深入的调查是不多见的，是值得大力提倡的。

从上述内容可以看出，本书作者力图以科学发展观作为指导思想和理论基础，从理论和实践的结合上，深入研究中国西部如何提高自主创新能力和发展优势产业的问题，进而提升中国西部经济内在发展动力，逐步缩小东西部差距。由于东西部发展不平衡，在科技和经济发展水平上差距很大，要在短时期内缩小东西部差距是很困难的。如何通过提高中国西部自主创新能力和发展优势产业，增强西部经济内在发展动力，不是一篇文章、一本书、一份研究报告可以解决的，解决这一问题的道路是漫长的，任务是艰巨的，本书作者对此作了积极而有益的探索。在理论研究和对策研究上都有创新。如：在理论方面，对可持续的自主创新作出理论概括，提出建立产业链与创新链耦合、提高自主创新能力和发展优势产业互动的理论模式；在对策方面，提出的战略目标、战略重点和对策建议都有比较新的内容。作者的探索着眼于提高西部经济的内在自主发展动力，抓住了西部经济发展的要害，同西部大开发战略转型是完全同步和合拍的。我希望作者在以后的研究中，作出新的更大的贡献。

陈佳贵

2008 年 12 月 30 日

前　言

　　《西部地区提高自主创新能力和发展优势产业研究》一书是 2007 年批准立项的国家社科基金西部项目的最终成果，由总报告和附录（西部12 省、自治区、直辖市共 12 份调查报告）两个部分组成。该项目属于西部大开发亟待研究的重大课题，是适应西部大开发从基础设施建设向发展优势产业战略转型的需要而提出来的，对提高西部地区整体素质和综合实力，促进西部经济全面、协调、可持续发展，逐步缩小东西部差距，具有重要而深远的意义。

　　目前，国外对技术创新理论的研究已相当成熟，形成了以索罗、阿罗为代表的技术创新古典学派，以曼斯菲尔德、卡米恩等为代表的新熊彼特学派和以弗里曼、纳尔逊等为代表的国家创新体系学派等三大学派。2005 年中央提出提高自主创新能力、建立创新型国家的发展战略，国内对技术创新理论的研究，时间虽不长，但已相当深入，一直是学术研究的热点，以柳卸林、傅家骥等为代表，对国家和区域创新体系、创新网络、创新集群等进行了深入的理论研究，自主创新的内涵、特点、评价指标体系、我国自主创新能力薄弱的原因及提高我国各个层面（国家、区域、产业、企业）自主创新能力的必要性等理论问题已基本解决。当前各行各业各地区都十分重视提高自主创新能力的研究，国家和各地区也出台了相应的鼓励企业提高自主创新能力的政策和相关措施，特别是国务院科技 60 条的出台，对推进企业自主创新发挥着十分重要的作用。现在，我国对自主创新问题的研究已进入到一个新阶段，即如何实施和落实自主创新战略的新阶段，如何从体制、机制、政策、关键技术和共用技术各个方面解决国家、区域、产业、企业提高自主创新能力重大问题的新阶段。特别是中国西部，国民经济整体素质不高，技术创新和科技成果产业化的总体水平较低，自主创新能力较弱，同东部发达地区比较差距较大，有许多体制、机制、政策、技术方面的重大问题需要研究和解决。本课题的一项重要任务，就是通过对西部地区提高自主创新能力的深入调研，总结经验，提出对策，将提高西部地区自主创新能力落实到发展优势产业上，并围绕发展西部地区优势产业，从区域、产业、企业三个层面提高自主创新能力。本课题的第二个方面是发展中国西部的优势产业。关于西部地区发展优势产业的问题，目前国内存在两种观点：一种观点认为，西部地区资源丰富，具有资源优势，而经济发展落后，西部大开发应以发展资源开发产业为主，东部发达地区则以发展现代制造业为主，西电东送、西气东输，西部以资源支持东部，实现东西部协调发展；第二种观点认为，西部地区若以发展资源开发产业为主，会使东西部差距越拉越大，因为资源产业附加值低，近几年的发展实践已证明了这个论断，因此，主张西部在发展资源类产业的同时，也应发展附加值高的相关现代制造业，就地利用资源，实行资源类产业和相关现代制造业的发展同时并举，加快缩小东西部在经济和技术上的差距。我们认为，产业分工不能绝对化，西部优势产业的发展，既要考虑产业分工的要求，也要考虑西部地区内部发展的差异性，例如，成渝经济区经济发展水平相对较高，有较好的发展现代制造业和高新技术产业的基础，很可能成为继长三角、珠三角、环渤海、东北地区之后中国经济增长的第五极，所以，应当推动西部重点地区加快发展现代制造业。提高自主创新能力和发展优势产业这两个方面都关系到中国西部的长远发展，关系到西部地区综合实力的提升和核心竞争力的提高，关系到同东部发达地区经济技术差距逐步缩小，这就是本课题研究所具有的特殊重要的现实意义。不仅如此，本课题通过对西部地区自主创新能力和优势产业的现状、问题、优势、劣势的分析，提出的符合西部实际的有科学依据的提高西部地区自主创新能力和发展优势产业的战略思路和对策建议，可以作为有关高层领导和相关经济管理部门的决策参考。

本书的研究成果在理论、对策和研究方法三个方面均有创新之处。

在理论创新方面，本书的研究成果不是照搬国外已经相当成熟的技术创新理论，而是以科学发展观作为指导，提出适合中国国情的创新理论。如：以科学发展观为理论指导，首次对可持续的自主创新作出理论概括，并提出构建国家创新体系、区域创新体系、产业创新体系、企业创新体系，建立产业链与创新链耦合、提高自主创新能力和发展优势产业互动的理论模式。本书的研究明确指出，坚持可持续发展，追求可持续的自主创新是经济科技全球化的时代要求。可持续的自主创新是赶超世界先进技术的、不停顿的和不断深化的创新，是最高要求和最高境界的创新，是实现可持续发展所要求的创新。用科学发展观统领自主创新，必须把追求可持续的自主创新作为目标。可持续的自主创新要求构建健全完善的创新体系，包括国家创新体系、区域创新体系、产业创新体系、企业创新体系，推进产业链与创新链耦合，强调国家创新体系中各个要素的整合和互动。西部地区实现可持续自主创新的关键是整合创新资源，在国家创新体系的统领下，构建西部地区的区域创新体系、产业创新体系和企业创新体系。既要增强作为自主创新主体的企业创新能力，又要充分发挥创新资源相对密集的高校和科研机构的作用，通过体制和机制创新，解决经济与科技脱节的问题，企业和高校、科研机构创新资源的有效整合，有利于推进建立产学研相结合的战略联盟，促进西部地区自主创新能力不断地可持续提高，并落脚在发展优势产业上，优势产业又好又快发展又会反过来极大地促进西部地区区域创新能力、产业创新能力、企业创新能力进一步提高，促进提高自主创新能力和发展优势产业互动，从而实现可持续的自主创新。

在对策创新方面，本书从西部地区的实际出发，提出了新的战略目标、战略重点和对策建议。一是将西部地区提高自主创新能力的战略目标概括为"三快速、四形成"，即：快速发展高新技术产业，快速提升企业研发能力，快速引进和培养技术创新人才；形成以企业为主体的多方联动的技术创新体系，形成产学研相结合的技术创新联盟，形成良好的自主创新环境，形成自主创新的公共服务平台和服务体系。二是将西部地区发展优势产业的战略目标概括为"一确保、四提升"，即：确保优势产业又好又快发展，提升优势产业自主创新能力，提升优势产业国际竞争力，提升优势产业辐射带动作用，提升优势产业可持续发展能力。三是明确提出西部地区提高自主创新能力的战略重点应放在重点经济区，以提高区域自主创新能力，放在重点高新技术园区和高新技术产业，以提高产业自主创新能力，放在重点工业大企业，以提高企业自主创新能力等三个方面；发展优势产业的战略重点应放在重点能源产业、重大装备制造和优势军工产业、特色农牧产品加工业等三大优势产业上。四是对西部地区发展优势产业的对策，首次有针对性地提出"四个做强做大、三个大力发展、一个营造、一个抓好"的对策建议，即：做强做大十大工业基地（四川攀枝花钢铁工业基地、四川德阳重大装备制造业基地、陕西关中"一线两点"装备制造业基地、重庆汽车、摩托车和军工产业基地、内蒙煤炭及煤化工产业基地、内蒙奶制品及羊绒加工基地、云南玉溪烟草产业基地、宁夏枸杞及枸杞加工基地、广西糖业基地、新疆石油、天然气产业基地），做强做大五大工业园区（成都高新区、成都经济技术开发区、重庆高新区、西安高新区、绵阳高新区），做强做大做长做精四大优势产业链（优势资源类产业链、优势农牧产品加工类产业链、装备制造及军工类产业链、电子信息、新材料、生物医药、航空航天等优势高新技术产业链），做强做大八大企业集团（长虹、五粮液、攀钢、东方电气、长安汽车、茅台、伊利、包钢），大力发展民营经济，大力发展资源加工类产业，大力发展西部特色旅游业，营造良好的投资环境，抓好节能、减排、降耗，实现可持续发展。

在方法创新方面，本书研究坚持理论联系实际的原则，充分发挥青年科研人员和研究生的作用，课题组主研人员由 4 名青年科研人员和 6 名硕士研究生组成，发挥科研团队的力量，做到资料收集和实际考察相结合、理论研究和典型案例分析相结合、定性定量分析相结合，如通过对各类产业的定量统计和分析，提出西部地区五大优势产业定性结论。三个结合在研究方法上的采用，有助于实现理论创新和对策思路的创新，有助于既出成果，又出人才，通过科研项目研究，带出一支有独立科研能力的科研队伍。

西部大开发在不断深化和发展，西部地区提高自主创新能力和发展优势产业也在不断深化和发展，许多新的理论问题和实践问题，需要更加深入地去认识，去研究、去探索，《西部地区提高自主创新能力和发展优势产业研究》一书的出版，不能作为研究的结束，只能作为进一步研究的开始。当然，由于作者的水平有限，实践的范围有限，掌握的信息和材料有限，在实际调查和理论研究中，对许多问题的探讨和作出的结论，难免出现这样那样的偏差、缺点，甚至错误，敬请理论界的同行、科技管理部门、经济管理部门和企业界的实际工作者及广大读者批评指正。

目　录

第一章　用科学发展观统领自主创新和发展优势产业

　　科学发展观是中国特色社会主义理论体系的重要组成部分，是统领我国经济、科技、社会、文化发展的重要指导方针。西部地区提高自主创新能力和发展优势产业，是进一步提高西部地区区域经济整体素质和综合实力、缩小东西部差距的紧迫要求，是应对国际竞争，确保中华民族在 21 世纪立于不败之地的战略选择，是坚持科学发展、构建和谐西部的战略基点，是促进西部经济快速发展、调整产业结构、整合利用西部资源、改造提升西部传统产业的强大动力，是实现西部经济新跨越的重要支撑。这是关系全国经济全面、协调、可持续发展的大局，必须以科学发展观作为指导思想和理论基础。

第一节　在自主创新领域贯彻落实科学发展观的经济学思考

　　在自主创新领域贯彻落实科学发展观，不仅要解决技术层面的问题，如掌握核心技术、关键技术等，更要解决经济层面的问题，如转变发展方式、搞好统筹协调等，只有解决好这两方面的问题，并把两者有机结合起来，才能开创我国自主创新的新局面。下文拟从经济学角度考察如何在自主创新领域贯彻落实科学发展观。

一、自主创新是中国特色科技发展的必由之路

改革开放 30 年来，具有中国特色的科技创新、科技发展道路，大体经历了三个阶段：

第一阶段是 20 世纪 70 年代末到 90 年代中期，确立科学技术在国家发展战略中核心地位的阶段。在 1978 年 3 月召开的全国科学技术大会上，邓小平同志全面阐述了科学技术的社会功能、发展趋势、战略重点，旗帜鲜明地提出了"科学技术是生产力"、"四个现代化的关键是科学技术现代化"等重要论断，迎来了我国科学技术发展的新时期。1988 年 9 月 5 日，邓小平同志进一步作出了"科学技术是第一生产力"的著名论断，揭示了科学技术的社会价值和本质属性，确立了科学技术在国家发展战略中的核心地位。到 1995 年 5 月，党中央、国务院在全国科学技术大会上，做出《关于加速科学技术进步的决定》，确立了科教兴国战略。

第二阶段是 20 世纪 90 年代中期到 21 世纪初，进入以提升科技创新能力为主线的新阶段。党的第三代中央领导集体深刻认识到创新是科学技术的本质，科技创新是促进生产力发展的关键要素，创新能力是提升我国国际竞争力的重要保证。1995 年，江泽民同志指出："创新是一个民族进步的灵魂，是一个国家兴旺发达的不竭动力。如果自主创新能力上不去，一味靠技术引进，就永远难以摆脱技术落后的局面。一个没有创新能力的民族，难以屹立于世界先进民族之林。作为一个独立自主的社会主义大国，我们必须在科技方面掌握自己的命运"①。1998 年 1 月，中国科学院深入系统地研究了世界经济、科学发展态势，从我国经济社会发展和科技发展的全局出发，提出了《迎接知识经济时代，建设国家创新体系》战略研究报告。中央采纳了报告提出的建议，做出了建设国家创新体系的重大战略决策。1999 年 8 月，党中央、国务院召开全国技术创新大会，将"加强技术创新，发展高科技，实现产业化"确立为中国科技跨世纪的战略目标，提出了建设国家技术创新体系的战略决策。我国科技发展和改革进入提升科技创新能力为主线的新阶段。

---

① 《江泽民文选》第一卷，人民出版社 2006 年版，第 432 页。

第三阶段是 21 世纪初到现在，进入"提高自主创新能力，建设创新型国家"的新阶段。进入新世纪以来，科技进步日新月异，创新活动日趋全球化，正在成为经济与社会发展的主要驱动力量。建设创新型国家成为世界主要国家的战略选择，提高自主创新能力成为建设创新型国家的核心要素。2004 年 6 月，胡锦涛总书记在两院院士大会上指出：科学技术是经济社会发展的重要基础资源，是引领未来发展的主导力量。2006 年 1 月，胡锦涛总书记在全国科技大会上明确提出了"提高自主创新能力、建设创新型国家"的重大战略任务。2007 年 10 月在党十七大政治报告中明确指出：提高自主创新能力，建设创新型国家，是国家发展战略的核心，是提高综合国力的关键。要坚持科学发展观，走有中国特色自主创新道路。

二、自主创新推动转变发展方式

科学发展观的第一要义是发展。用科学发展观统领自主创新，必须牢牢抓住发展这个中心环节。自主创新是国民经济又好又快发展的可靠保证，是全面建设小康社会、转变经济发展方式的重要支撑，是增强国家综合竞争力的战略基点。自主创新要以推进科学发展为动力，以落实科学发展为核心，以实现科学发展为目标。自主创新和科学发展的关系可以概括为：创新驱动发展，发展有赖于创新。现阶段，创新推动发展又主要表现为经济发展方式的转变。

目前我国正处于发展方式的转型期，即正在从粗放型发展方式向集约型发展方式转变，而这个转变成功与否，极大地取决于科技水平能否有很大的提高，新技术和新产品的研发能否取得重大成效，也就是取决于自主创新。只有坚持自主创新、并在若干重要领域取得重大突破和成效，才能为转变经济发展方式，推动产业结构优化升级，提供有力和持久的技术支撑，才能加快我国从工业大国向工业强国转变的历史进程，才能推进我国早日进入创新型国家的行列。我国从 1978 年到 2006 年，GDP 从 2165 亿美元增长到 2.65 万亿美元，成为仅次于美、日、法之后的"第四大经济体"，人均 GDP 从 250 美元增长到 1900 美元。粮食、棉花、肉类、钢铁、化肥、水泥等产量均居世界首位，发电量居世界第二，世界新增发电能力2/3在中国；汽车产量增长速度惊人，目前已成为世界第三大汽车生产大国，汽车销量居世界第二，仅次于美国；早在2002年，空调、彩电等家电类消费品已居世界第一。中国的经济发展速度确实惊人。但是，也应当看到，中国的经济增长，主要是依靠加大资本投入、廉价的要素成本（特别是廉价的土地和劳动力成本）以及广阔巨大的市场拉动的，而在技术，特别是核心技术的掌握上却十分薄弱。"目前，全国60%以上的企业没有自主品牌，99%的企业没有申请专利，只有万分之三的企业拥有自主知识产权。由于缺乏核心技术和自主知识产权，我国出口商品中90%是贴牌产品，我国企业不得不将每部手机售价的20%、计算机售价的30%、数控机床售价的20%至40%支付给国外专利持有者。"① 国际竞争优势主要不取决于资源优势和劳动力成本，而取决于科技创新。世界上十大富国都是自主创新能力特强的创新型国家，其中的日本、丹麦、奥地利、挪威等国属于自然资源贫乏的国家，而世界上十大最贫穷的国家却占有全球1/3到1/2的自然资源。富裕国家80%的财富不是来自自然资源，欧、美、日等发达国家占有全球R&D（研发）投入的80%，占全球技术转让和技术许可收入的96%。可见，技术创新成果已成为财富的主要来源，自主创新能力已成为竞争制胜的核心。

目前，中国经济发展在整体上仍然属于"资源依赖型"而不是"创新驱动型"，经济增长主要依赖于物质资源和劳动力投入的增加，粗放的发展模式给中国经济社会带来诸多问题：资源和能源利用率远远低于世界平均水平；安全事故发生率居高不下；一些重要产业领域核心技术仍然对外依赖；国外品牌和国外技术主导的格局没有根本转变；加工贸易占主导地位，服务贸易滞后，等等。中国政府在以资源和生态环境为代价获得连续30年的高增长后，也开始认识到，粗放型的发展模式将难以为继，资源短缺和环境恶化的问题日渐突出，必须以创新驱动作为转变发展方式的技术支撑，必须把自主创新作为国家战略的核心，必须加快国家和区域创新体系建设，突出企业创新主体地位，建立健全激励创新的体制机制，必须把增强自主创新能力作为转变发展方式的中

---

① 中央经济工作会议特稿：《从创新驱动看转变发展方式》，新华网，http://news.xin-huanet.com/newscenter/2007-12/14/content_7250467.htm，2007年12月14日。

心环节，必须由主要依靠增加物质资源消耗向主要依靠科技进步、劳动者素质提高和管理创新转变。一句话，面对现实，必须走自主创新、科学发展之路。

三、在自主创新中坚持以人为本

科学发展观的核心是以人为本，强调人是发展的目的，发展的主体。强调在推进经济社会全面发展的基础上，必须不断推进人的全面发展。自主创新坚持以人为本，必须充分认识人在自主创新中的主导地位和人才在自主创新中的关键作用，必须尊重人才，调动人才的积极性，实施人才强国战略。

在现代市场经济条件下，企业是市场竞争的主体，也是自主创新的主体，人才是最重要的生产要素，是经济社会发展最重要的战略性资源，是技术、知识、管理能力的集中体现。提高企业自主创新能力，关键在人才。在世界新技术革命蓬勃发展、经济全球化进程日益加快的今天，是否拥有一大批一流的创新人才，是衡量一个地区和企业自主创新能力的重要标志。增强自主创新能力，首要任务就是聚集和培养一大批科技领域和企业发展急需的创新人才。诺贝尔经济学奖获得者舒尔茨就提出了"人力资本理论"，认为：人力资本是体现在劳动者身上、通过投资形成，由劳动者的知识、技能和体力所综合构成的资本；正规教育和在职培训是主要的两种投资形式；人力资本是国民经济和社会财富增长的主要因素，增长的效果要比物质资本和单纯增加劳动者数量显著得多。舒尔茨所说的人力资本，实质上是各类人才依靠知识和技术形成的智力资本，它在经济增长中发挥的作用比物质资本"显著得多"。20世纪80年代，美国经济学家罗默、卢斯和英国经济学家斯科特提出新经济增长理论，进一步发展了舒尔茨的人力资本理论，罗默在他建立的"罗默经济增长模型"中认为，特殊的专业化知识即专业化的人力资本，是现代经济增长的源泉。卢斯在1988年发表的论文《经济发展的机制》中，将劳动划分为"原始劳动"和"专业化的人力资本"两种形式，认为专业化的人力资本才是促进经济增长的真正动力。西方经济学提出的人力资本理论反映出，在世界新技术革命和经济全球化的新时代，人才、知识、技术在经济增长中的作用日益明显，在知识资本化、技术资本化的新时代，竞争的焦点就是人才的竞争。

中国企业自主创新能力薄弱，"60%以上的企业没有自主品牌，99%的企业没有申请专利"，一个重要原因，就是缺乏人才，特别是缺乏创新人才。要坚决贯彻实施人才强国战略，在发现人才、凝聚人才、造就人才、用好人才上不断取得新的进步。企业是用人的主体，人才是自主创新的关键，必须紧紧抓住人才、特别是创新人才这个"牛鼻子"，依靠全社会的力量，加强人才队伍建设，目前应特别加强"三支人才队伍建设"，即：为企业培养造就一大批熟悉 WTO 规则、具有战略眼光和开拓精神的优秀企业家，一大批科技水平高、创新能力强、竞争意识强的企业技术创新人才，以及一大批技术水平高的专家型技术工人。为此，一要充分发挥高校、科研院所在集聚和培养创新人才方面的重要作用，形成高校、科研院所和企业合作的长效机制。应大力提倡启发教育、创新教育，培养具有创新精神、能灵活驾驭知识和具备较强社会适应能力的高水平人才；要下决心改革科研体制和机制，推进科技与经济结合；要定期举办高校和重点企业人才供求洽谈会，促使科研成果向现实生产力转化。政府相关部门要切实牵起头来，引导高校、科研院所与企业共建开发机构，选择在科研水平高的院校设立企业研发基地，以科技研发和建设项目为依托，加强人才向优势产业和重点企业集聚，实现科技人才资源利用效益最大化。二要大力发展人才市场，推进人才市场化流动。社会主义市场经济体制应当能够形成一种机制，把企业需要的各类优秀人才选拔到相应的岗位上去，而把实践证明不称职的人员从相应的岗位上淘汰下去，这就是市场化的人才选择机制和淘汰机制。通过特殊的人才市场，能够实现人才的市场竞争和市场选择。只有实现了人才选择的市场化，才能充分发挥人才的智慧和才能，促使人才努力搞好本职工作，并不断提高自身的素质。所以，应大力发展人才市场，推进人才有序地市场化流动。三要依托优势产业和重大项目集聚人才。优势产业和重大项目是集聚资金、技术、人才的"强磁场"。我国欠发达的西部地区，如果单纯依靠相对丰厚的待遇去吸引人才，与东部发达地区打人才争夺战，是不可能取胜的，因为西部经济实力大大落后于东部。西部地区留住人才的根本途径在于立足产业优势和重大项目，坚持产业引才、项目聚才。要根据西部地区各省（自治区、直辖市）优势产业发展的需求，在各省（自治区、直辖市）启动高层次急需人才引进计划，争取在"十一五"期间引进一大批高级经营管理人才、科技专家和高技能人才。四要大力引进国际创新人才。目前，我国国内虽然科技人才的数量很大，但是真正世界级的科技导师和创新创业的领军人才还是非常缺少的。大量在国外的华人科学家，大部分是从留学生中产生的。无锡尚德太阳能公司从国外引进了一个创新帅才，形成一支创新团队，几年内形成一个大产业。可见大力引进国际创新人才，对提高我国企业的自主创新能力能够发挥十分重要的作用。五要形成有利于人才创新创业的良好环境。目前，西部地区市场配置人才资源的基础作用发挥不够，人才流动的体制性障碍尚未消除，人尽其才的用人机制还有待完善。人才是创新之本，要提高自主创新能力，就要千方百计发现人才、培养人才、吸引人才和稳定人才，让人才的创造性得到最大程度的发挥。为此，要建立健全科学合理的人才资源管理和开发机制，形成能够鼓励提高创新能力和创新效率的政策环境和工作机制。在人才的培养上，要从重学历向重能力转变；在人才引进上，要以单纯改善待遇向提供工作平台和发展空间转变；在人才成长上，要从单向选拔向创造公平的竞争环境转变，从"相马"转变为"赛马"；在收入分配上，要从粗放的总量控制向充分体现科技人才创新价值的方向转变。要加大对企业人才的表彰奖励力度，使优秀企业家和核心人才在社会上有地位、政治上有荣誉、经济上有实惠、安全上有保障。要在全社会努力营造平等、开放、宽容的创新文化，形成崇尚创新、鼓励探索的氛围，对创新者多一点支持，对创新失败者多一点宽容，把"尊重劳动、尊重知识、尊重人才、尊重创造"的方针切实落到实处。

四、在自主创新中坚持统筹协调

科学发展观的基本要求是全面协调可持续，根本方法是统筹兼顾。用科学发展观统领自主创新，必须坚持统筹协调。

自主创新必须统筹兼顾。要正确认识和妥善处理自主创新中的重大关系，统筹国家和区域创新，企业和高校、科研院所创新，优势产业和一般产业创新，体制、机制和管理创新；统筹中央和地方关系，西部和东、中部区域关系；统筹个人利益和集体利益，局部利益和整体利益，当前利益和长远利益，充分调动各个方面参与自主创新的积极性。贯彻落实科学发展观，坚持统筹兼顾，必须做到以下两点：

一要有全局观念。要树立世界眼光、发展眼光和战略思维，善于从国内外形势的变化中把握发展机遇，应对风险挑战，营造良好的创新环境。要从全局出发统筹规划，既要有全国的自主创新规划，又要有区域（省、自治区、直辖市）的、城市的、工业园区的规划，还要有企业和高校、科研院所的规划。各类规划又必须统筹协调，避免项目重复和资源浪费，通过统筹兼顾和全面协调，推进单位资源向共享资源转化，个体资源向社会资源转化，做到技术和人才资源共享，形成合力，攻克关键技术和核心技术，实现优势互补，经济合作和协调发展，在发展中缩小差距，在协调中凸显特色，在合作中发挥优势。在经济科技全球化的大背景下，还要处理好自主创新和扩大开放的关系。自主创新绝不是自我创新和封闭创新，要提高自主创新能力，必须善于利用全世界，特别是发达国家的创新资源，引进先进技术，提高我们自身的创新能力，形成更多的自主知识产权。

二要突出重点。善于抓住牵动自主创新全局的重大项目、重大领域，着力推进、重点突破。在重大项目方面，如以大唐移动为核心的第三代移动通信"中国标准"TD-SCDMA产业联盟，把产业不同分工领域的一大批企业组织起来，共同参与研究开发，推动市场应用进程。这一重大项目，极大地激发了一大批企业的创新活动。又如大飞机项目，2006年1月，全国科技大会将大飞机项目列为《国家中长期科学和技术发展规划纲要（2006~2020年）》确定的16个重大专项之一，该项目将带动航空航天、新材料以及若干基础产业，包括机械制造、电子、冶金、化工、能源、信息和计算机等许多产业和高新技术的发展与升级换代，带动数十项关键技术科研攻关，其中包括已在西安启动的全球吨位最大的模锻液压机项目和宝钢研制的大型飞机起落架用钢和钛合金结构用钢，这一切将大大提高我国科技实力。在重大领域方面，以下四大领域是带动自主创新全局的重点：一是"低碳经济"成为世界关注的新领域，包括清洁能源和可再生能源技术、节能减排技术、循环生产技术，将极大地推进我国节能减排和传统产业升级换代。二是现代生物技术和新医药产业，这一领域出现快速增长的势头，特别是后基因组、蛋白质组、干细胞、转基因研究的新突破，为基于现代生物技术的医药健康等生物产业的崛起开辟了新的前景。我国作为人口大国，对医药健康及其他生物产业的发展需求巨大、市场广阔，现已具有一定基础，是自主创新乘势而上的又一重要领域。三是现代信息技术、纳米技术和先进制造技术的更新换代和有机融合，特别是新一代纳米集成电路、软件智能化、新一代通信和互联网、纳米材料、制造业信息化等，都取得了重要突破，带动整个信息产业的发展，并有力推动制造业向高端升级和高技术含量的数字装备技术发展。我国作为世界制造业和信息大国，应抓住技术代替更换的难得机遇，争取获得所需的大量核心和关键技术，改变长期形成的代人加工的被动局面，向高端制造技术升级，向制造业强国跨越。四是现代知识性服务业领域，特别是基于信息网络的服务业、软件产业、与信息网络相关的物流业、咨询业等，已形成为一个专门的知识产业。在发达国家，知识性服务业在 GDP 中占有很大比重，美国服务业占 GDP 比重已超过 80%，欧洲近 70%，其中知识性服务业占整个服务业近 50%，我国知识人才数量大，发展知识性服务业具有比较优势。这四大领域与我国的产业升级合拍，抓住这四大重点领域，就是抓住了技术升级换代，后发国家乘势而上、后来居上的最好时机。

五、坚持可持续发展，追求可持续的自主创新

追求可持续的自主创新是可持续发展的内在要求。在经济科技全球化趋势的推动下，人类社会正在经历着从工业社会向知识社会的历史性跨越，现代新技术革命呈现出一个持续的、全面的推进过程。坚持可持续发展，追求可持续的自主创新是经济科技全球化的时代要求。科学发展观所要求的发展，不是一时的、单方面的、大起大落的发展，而是正常的、健康的、协调的、全面的、合理的发展，是各个要素、各个方面、各个系统全面推进的发展，是兼顾各方的整合协调的发展，是有后劲的可持续的发展。科学发展观既立足于解决当前发展中的诸多矛盾和问题，更着眼于长远发展，着眼于解决长远发展中有可能产生的重大矛盾和问题。与此相适应，科学发展观所要求的自主创新，不是一时的创新，而是可持续的创新。既立足于解决当前自主创新中的核心技术和关键技术难题，更着眼于可持续的自主创新，着眼于解决长远的自主创新

中的重大基础技术，重大关键技术和重大核心技术难题。可见，可持续的自主创新是赶超世界先进技术的、不停顿的和不断深化的创新，是最高要求、最高境界的创新，是实现可持续发展所要求的创新。

用科学发展观统领自主创新，必须把追求可持续的自主创新作为目标。可持续的自主创新和可持续发展是密切相连的。可持续发展追求经济发展的全面性、协调性、可持续性和发展成果的共享性。可持续的自主创新追求创新的全面性、协调性、可持续性和创新成果的共享性。

可持续的自主创新要求构建健全完善的创新体系，包括国家创新体系、区域创新体系、产业创新体系和企业创新体系，整合创新资源，推进产业链和创新链耦合，强调在国家创新体系中各个要素的整合和互动。企业、大学、研究机构、服务机构、金融机构、政府等要素，不仅要合理配置，而且要产生有机的联系和互动，通过各个要素的互动和整合，把分散的、较为薄弱的竞争力变成为一个强大的综合竞争力；政府在国家创新体系中发挥十分重要的作用，包括建立合理的创新体制、良性的运行机制和良好的创新环境（包括社会环境、政治环境、市场环境、投资环境、文化环境等），在此基础上，形成从基础研究、应用研究到商品化、产业化、到市场服务的完整创新链。有了这个系统的完整的创新链，才能使整个创新资源的能量进一步释放，才能使各个创新要素更加便于流动，更利于有机结合，最终形成国家创新能力。只有在国家创新体系和完整的创新链已经形成的基础上，才有可能实现可持续的自主创新。

因此，建立健全完善的创新体系和形成完整的创新链，应成为追求可持续的自主创新的目标。西部地区实现可持续自主创新的关键，是整合创新资源，在国家创新体系的统领下，构建西部地区的区域创新体系、产业创新体系和企业创新体系。既要增强作为自主创新主体的企业创新能力，又要充分发挥创新资源相对富集的高校和科研机构的作用，通过体制和机制创新，解决经济与科技脱节的问题。企业和高校、科研机构创新资源的有效整合，有利于推进企业和高校、科研院所建立战略联盟，促进西部地区自主创新能力不断地可持续提高，并落脚在发展优势产业上，优势产业的又好又快发展又会反过来极大地促进西部地区区域创新能力、产业创新能力、企业创新能力进一步提高，促进提高自主创新能力和发展优势产业互动，从而实现可持续的自主创新。

自主创新能力从内容上可区分为研究开发能力、转化能力和产业化能力三种能力；在形式上可以区分为原始创新，集成创新，引进、消化、吸收再创新三种形式。研发能力在量上可以用研发投入、拥有的专利数量等指标反映；转化能力可以用成果转化率、专利技术销售收入等指标反映；产业化能力可以用新产品销售收入，新产品市场占有率等指标反映。对这三种能力必须加以统筹协调，才能实现可持续的自主创新。如果某企业研发能力和转化能力都很强，产业化能力弱，那就不可能取得较好的经济效益，也不可能拥有较强经济实力来支撑可持续的自主创新。20 世纪 90 年代初，成都一家民营企业鼎天公司，有较强的研发能力，1992 年，研发出我国第一台 VCD，而且很快转化为现实生产力，实现批量生产，1993 年达到年产 1 万多台的生产能力，但是该公司的产业化能力很弱，当时市场需求量很大，而公司的规模生产能力很难突破 1 万台，而且次品较多。当时，江苏一家乡镇企业新科公司，引进日本的 VCD 技术，很快实现了年产 30 多万台的生产能力，该公司虽然研发和转化能力弱，但产业化能力强，很快占领了 VCD 市场，取得了较好的经济效益，推进了企业的快速发展。这说明，仅有较强的研发能力和转化能力是不行的，还必须有较强的产业化能力，才可能实现可持续的自主创新。如果像 20 世纪 90 年代初的江苏新科那样，有较强的产业化能力，缺乏研发能力和转化能力行吗？也是不行的，也不可能实现可持续的自主创新。因为，没有自主知识产权，虽然在市场好的时候能够取得较好的短时间的经济效益，但是，当市场饱和以后，经济效益就会大幅下降；如果没有研发出新技术和新产品占领市场，企业就会在剧烈的竞争中走向衰落。所以，必须统筹协调三种创新能力，才能实现可持续的自主创新。从全社会看，高校和专业的科研院所有较强的研发能力，但是，缺乏转化能力和产业化能力，高校和专业的科研院所必须同转化能力和产业化能力较强的企业相结合，采用多种产学研结合形式，才能使科研成果转化为现实生产力，才能实现可持续的自主创新。如果高校和科研院所同企业脱节，科研成果就只能变成样品、展品和礼品，有名无实，不能转化为现实生产力，也不能实现可持续的自主创新。从创新形式看，优势企业、研发能力强的企业，可以更多地采用原始创新和集成创新的形式，而弱势企业、研发能力较弱的企业，则应更多采用引进、消化、吸收再创新的形式，究竟采用何种创新形式，要从企业的实际出发，从技术本身的难易程度出发，从市场需求出发，不能千篇一律，这方面也要做好统筹协调。只有从内容和形式两个方面都搞好统筹协调，才能实现可持续的自主创新。

第二节　用科学发展观统领发展优势产业

用科学发展观统领发展优势产业，必须按照全面、协调、可持续发展的要求，走新型工业化道路，在西部地区变资源优势为经济优势，逐步缩小东西部差距，从非均衡的重点发展走向全面协调可持续的科学发展。

一、走集约发展的新型工业化道路

西部地区优势产业的发展，不能再走传统工业粗放发展的老路，必须按照科学发展的要求，走集约发展的新型工业化道路，实现传统工业向现代工业的转变。传统工业的突出特征是高耗能、高污染和低效益，而现代工业的突出特征正好相反，是低耗能、低污染和高效益。按照我国"十一五"规划，要求在"十一五"期间，每年降低能耗4个百分点，污染排放降低2个百分点。但是，在"十一五"开局的2006年，我国经济发展虽然实现了10%以上的高速增长，但是，能耗和环保指标均未完成。西部地区各省（自治区、直辖市）完成更差，均低于全国平均水平，主要原因在于，在工业领域，西部地区传统工业还占主导地位，而现代工业仅在高新技术领域占有一席之地。因此，西部地区发展优势产业，必须在科学发展观的指导下，走集约发展的新型工业化道路，必须实现传统工业向现代工业的转变。

走新型工业化道路，必须提高科技含量。提高自主创新能力是提高科技含量的关键。发展优势产业要紧紧抓住提高自主创新能力这个关键。科技含量是否大幅度提高，表现在西部地区的区域创新能力，优势产业的产业创新能力是否大幅提升上，而企业的自主创新能力又是区域创新能力和产业创新能力的核心，提高西部地区的区域创新能力和优势产业的产业创新能力，必须落足于西部企业，不断增强西部企业的自主创新能力。企业是自主创新的主体，必须花大力气在西部地区优势产业中培育一批拥有自主知识产权、核心竞争力突出的创新型企业，这既是优势产业走新型工业化道路跨越式发展的需要，也是大幅度提高西部地区区域经济实力的需要。

走新型工业化道路，必须节约资源，减少污染。发展循环经济是走新型工业化道路的重大举措。只有大力发展循环经济，才能在节约各种资源，特别是土地资源、水资源、能源中，在保护生态环境和防治污染中，推进西部地区优势产业快速发展。发展循环经济是实现节能、降耗、减少污染的重要手段，在传统工业向现代工业的转变中，必须十分重视发展循环经济。从总体上看，西部地区发展循环经济才刚刚起步，仅在少数试点企业中取得一定成效，应在食品饮料、化工、轻工、钢铁、纺织等传统优势产业中，大力推广和发展循环经济，广泛采用节能、节水和资源综合利用技术，推广企业清洁生产，淘汰落后工艺和设备。对重大节能、节水和资源综合利用的循环经济项目，西部各省（自治区、直辖市）政府应给予一定的财政补贴或给予贷款贴息支持，充分发挥政府引导作用，用法律法规、政策和制度引导和推动循环经济发展，并不断扩大循环经济试点。

走新型工业化道路，必须集约发展，提高效益。要从根本上转变发展模式，由要素驱动向创新驱动转变，按照企业集群、产业集聚、资本集中、资源集约的集约发展要求，做强做大做好做优西部优势产业。产业集聚和企业集群是集约发展不可分割的两个方面，在西部地区的优势产业中，应扶持和培育一批"龙头"企业，使之成为产业集聚的核心。同时，依托骨干企业发展配套产业、服务业和下游产业，延伸产业链，把单一产业变成产业群，实现产业集聚；依托龙头企业，通过产业环节的分解或鼓励公司内部科技人员和企业家分离出来办企业，形成一批具有紧密分工和协作关系的关联企业，在区域的产业集聚中形成企业集群。资本集中表现在两个方面：一是社会资本通过资本市场直接向大企业集中，二是大企业通过控股、参股、品牌整合、建立战略联盟等多种方式与中小企业形成对中小企业经营方向的实际控制。无论是资本直接向大企业集中，还是大企业实际控制中小企业的经营方向，都能促使大企业进一步做强做大，带来的直接结果是资源利用进一步节约，经济效益进一步提高。

二、从资源优势向经济优势转化

西部地区拥有得天独厚的自然资源，包括水能、石油、天然气、煤等的能源资源，包括铁矿和铜、锌、铝、锡等有色金属的矿产资源，储量都很丰富。如何有效地利用丰富的自然资源，将资源优势转变为经济优势，对推进西部地区优势产业发展、进而推进西部地区区域经济快速发展，具有特殊重要的意义。

实施西部大开发战略，缩小东西部差距，要求西部地区必须逐步实现从资源输出型经济向资源输出和资源加工相结合的经济转变，这是实现西部地区从资源优势向经济优势转化的重大步骤。为此，要求有效利用西部地区丰富的自然资源，快速发展西部经济，提升西部经济实力和综合竞争力，逐步缩小东西部的经济差距和技术差距。在资源利用方面，必须转变利用方式，从过去以资源开发、资源输出为主转变为资源开发、资源输出和资源就地加工相结合。资源输出附加值低，属于粗放型经济；资源加工附加值高，属于集约型经济。如果西部地区仅仅停留于资源输出产业，停留于"西电东送"、"西气东输"，不在西部大力发展附加值高的资源加工产业，那么东西部的经济和技术差距就会越拉越大，这同实施西部大开发战略的要求是背道而驰的。所以，西部地区在用自身的丰富资源支援东、中部发展经济的同时，必须大力发展附加值高的资源加工产业，把资源输出和资源加工结合起来，如西部天然气的开发，既要东输，同时还要利用低价格的天然气在西部就地加工，发展天然气化工产业，以化工产品输出，提高天然气的附加值。只有这样，才有利于提高西部经济的内在增长机制，才有可能逐步缩小东西部差距，并推动东西部地区良性互动、优势互补、共同发展，使中国经济进入一个快速、稳定、协调和可持续发展的新阶段。

西部地区的优势资源大多分布在经济欠发达地区或落后地区，这些地区，迫切要求发展资源加工产业，以改变本地经济落后的现状，即使不具备发展资源加工产业的条件，也要求兼顾各方利益，提高对资源产地的补偿，建立有效的资源补偿机制，才有利于变资源优势为经济优势。例如，四川丰富的天然气资源主要分布在川东北、川北和川中经济不发达或次发达地区，特别是川东北地区的巴中、达川等地属于经济不发达的革命老区，这些资源原产地亟须尽快改变经济落后的现状，迫切要求利用本地资源发展附加值高的天然气化工，带动本地区经济发展。但是，有些地区如巴中，经济落后，发展天然气化工的基本条件都不具备，交通条件、水资源条件等最基本的条件都很差，根本不适宜建化工企业；即使具备条件，也不适宜分散布点，因为分散布点会带来巨大的资金、资源浪费和环境污染。因此，必须从全局出发加以统筹，兼顾资源原产地的利益，着眼不发达或欠发达地区的民生和经济发展，通过相关政策，提高对资源原产地的补偿，才有利于变资源优势为经济优势。

西部地区必须集中利用优势资源发展科技含量和附加值高的现代资源加工产业，才能推进西部地区能源、矿产等资源优势向产业优势转化，增强自我发展能力，变资源优势为经济优势。例如，四川有天然气资源优势，但是，利用天然气资源发展化工产业不能再走生产化肥（尿素）这条老路，虽然生产化肥有成熟的技术，投资也相对较省，但效益差，而且化肥市场已经饱和，产能已经过剩。中石化和中石油因供化肥的天然气价格过低，已明确表示不支持利用天然气发展化肥。所以，此路是很难走通的。另一条路径就是集中利用天然气资源发展现代大化工。走这条路径，要求发展特大规模的化工原材料基地和精细化工产业链，为此，一要坚持相当数量（40亿方以上）的天然气资源在某一条件最好的资源原产地建立化工原材料基地就近集中加工转化，促进产业的集约和集群式发展；二要在科学发展观指导下，坚持走新型工业化道路，天然气加工应实现产业现代化，走大型化、基地化、一体化、精细化之路，以年产出200亿元以上为目标，防止产品、技术雷同和重复分散建设，实现可持续发展；三要因地制宜选择有市场前景的深加工产业和相应的清洁化先进工艺路线。既要做强做大基本原材料化工，又要做长做粗精细化工产业链；既要有基本原材料化工大企业，又能延伸产业链，带动一大批中小企业发展，形成产业集群和企业群落，培育出新的经济增长点、增长极、增长带和经济增长中心。

三、从非均衡的重点发展走向全面协调可持续的科学发展

"科学发展观，第一要义是发展"，用科学发展观统领西部地区发展优势产业，必须着力把握我国区域经济、特别是西部区域经济发展规律，提高发展的质量和效益，实现又好又快发展。从我国东、中、西部区域经济发展的实践看，我国区域经济的发展大体可分为三个发展阶段：

第一阶段是非均衡的重点发展阶段。这一阶段的时间段大体可以划分在 20 世纪 80 年代初到 90 年代中期，适应改革开放的新形势，中央在 80 年代初提出沿海对外开放的发展战略，把首先能够接受国际市场辐射和走向国际市场的我国与东亚接壤的东部沿海地区，作为我国实行非均衡发展对外开放战略的首选地区。从全国这个全局来看，这一阶段的发展重点选择在东部。当时，邓小平指出："一部分地区有条件先发展起来，一部分地区发展慢点，先发展起来的地区带动后发展的地区，最终达到共同富裕"①。让一部分地区先发展起来的非均衡发展战略，是邓小平同志从中国的实际出发提出来的，中国是一个区域经济发展很不平衡的大国，幅员广、底子薄，发展水平低，如果在发展中没有重点，把有限的财力、人力、物力撒胡椒面，必然一事无成，阻碍发展，只有集中力量，抓住重点，才能促进发展。因此，在相当长一段时期内，实行非均衡的重点发展，是我国区域经济发展战略的必然选择。20 世纪 80 年代实行非均衡的重点发展战略，取得的成效是很显著的，极大地推进了东南沿海的经济起飞，在东南沿海形成了多种形式的所有制结构和市场经济体制的初步框架，发展了高度的外向型经济。"从 1978 年到 1994 年，中国的 GDP 由 3624 亿元增加到 45006 亿元，增长 11.41 倍（按可比价格计算），在 45006 亿元中，东南沿海的贡献达到 18825 亿元，占全国的 41.8%。"② 在这一阶段，全国的重点在东部。西部区域经济的发展，也要抓住点，即抓住发展较快的重点区域和重点优

---

① 《邓小平文选》第三卷，人民出版社 1993 年版，第 373 页。
② 林凌：《中国经济的区域发展》，四川人民出版社 2006 年版，第 3 页。

势产业。

第二阶段是非均衡协调发展阶段。这一阶段的时间段大体可以划分在 20 世纪 90 年代中期到 21 世纪初。非均衡的重点发展推进了东部经济快速发展，同时又进一步拉大了东西部的差距。在区域经济发展中出现差距拉大，是必然的和不可避免的，特别是在工业化的初期和中期阶段，差距拉大特别明显，而且国土面积越大，地区发展越不平衡，区域经济差距拉大的时间持续越长。东部经济率先发展，既增大了全国的经济总量和综合国力，又进一步扩大了东西部的经济落差，形成更强的经济势能，在增强东部经济对西部发展带动力的同时，也提升了西部经济自身发展的推进力。当然，东西部差距的扩大不可能是无限度的，在国力比较充裕的条件下，区域经济的发展，必须从非均衡的重点发展战略转向非均衡的协调发展战略。1999 年 6 月 17 日，江泽民同志在西安发表重要讲话，不失时机地提出了实施西部大开发战略。经过 20 世纪 80 年代实施东南沿海重点发展战略，东南沿海已经发展和富裕起来，20 年间中国的 GDP 增长 6 倍，1999 年达到 9893 亿美元，其中，东部的贡献率达 63%，国家已有能力进行西部大开发；1999 年全国人均 GDP 为 786 美元，东部为 1211 美元，西部为 507 美元，西部仅为全国平均水平的 64%，东部是西部的 1.39 倍。而 1980 年，西部为全国平均水平的 70%，东部仅为西部的 1.05 倍，东西部之间的差距明显拉大[1]。西部地区是国土面积占全国 71.5%、人口占全国 28% 的人口密度和经济密度都很低的区域，总体看是地广人稀、生态环境脆弱、交通困难的落后和欠发达地区。在实施西部大开发战略的初期，要求从非均衡重点发展战略向非均衡协调发展战略转变，包含两层含义：一是东西部联动协调发展。西部大开发并不限制东部发展，而且还要进一步推动东部发展，东部也要在资本、技术、管理等多方面支持西部经济快速发展。二是西部地区内部仍然要坚持非均衡重点发展。西部大开发不能全面开花，均衡使用力量，必须首先发展西部的重点区域和重点优势产业。重点区域包括经济发展较快的成渝经济区、广西的南宁——北海——钦州——防城经济区、陕西的关中平原经济区；重点优势产业包括优势能源、矿产资

---

① 林凌：《中国经济的区域发展》，四川人民出版社 2006 年版，第 8 页。

源及其加工产业、特色农牧产品加工产业、重大装备制造及国防军工产业、电子信息、生物医药、航空航天等优势高新技术产业、旅游产业等五大优势产业。

第三阶段是全面协调可持续的科学发展阶段。这一阶段的时间段大体可以划分在21世纪初期以后，目前正处在这一阶段之中。由于西部地区的经济增长还处在依靠国家对基础设施、资源开发投资拉动阶段，自我积累和自我发展能力很低，许多大型工程都是全国性项目，西部输出资源、能源在东部、中部加工转化的项目，附加值大都留在东中部地区，有力地促进了东中部制造业和建筑工程业的发展，而西部的制造业和服务业则远远没有发展起来，造成西部地区反而所得甚少。在这种情况下，西部在大开发中同东部的差距继续进一步拉大，就难以避免了。为了真正缩小东西部差距，必须坚持科学发展观，实现全面协调可持续发展。为此，西部地区必须大力发展优势产业，特别要在优势产业的大发展中调整产业分工格局。西部开发资源、东部加工制造的产业分工格局是在历史上长期形成的，是东西部差距拉大，而且越拉越大的重要原因。按照科学发展观全面协调可持续发展的要求，西部大开发必须打破这种分工格局，由资源开发输出转变为资源开发输出与资源就地加工相结合，在西部大力发展优势资源制造业，如石油、煤、天然气等能源资源的深加工和精加工，直接生产化工产品和精细化工产品，只有这样，才能变西部地区的资源优势为经济优势，才能在东西部联动协调发展中，逐步缩小东西部差距。通过西部地区优势产业的大发展，首先在西部重点地区建设五大产业基地：国家能源基地，装备制造特别是重大装备制造基地，国防军工产业基地，以电子信息产业、生物制药、新材料、航空航天为主的高新技术产业基地，特色农牧业生产和加工基地。有了重点地区的跨越式发展，有了优势产业的率先发展，才可能有西部经济的全面起飞，才能实现全面协调可持续的科学发展。

第二章 西部地区自主创新能力
现状及与东部比较

西部地区自然资源富集、幅员广阔、劳动力丰富，但经济发展滞后，与东部地区的差距呈扩大之势。为改变落后面貌，西部地区必须牢牢抓住西部大开发的历史性机遇，在了解自身自主创新能力现状，认清与东部地区差距的基础上，大力提高自主创新能力，培育一批有自主知识产权和核心竞争力的创新型企业，促进经济实力提升。

第一节 西部地区自主创新能力现状

改变西部地区底子薄、基础差、经济发展长期滞后的关键在于提高西部地区自主创新能力。以下从研发能力、转化能力和产业化能力三方面描述西部地区自主创新能力的现状。

一、研发能力现状

将分别从科技活动经费投入、科技活动人力资源投入和专利申请受理及授权情况三方面进行论述。

（一）科技活动经费投入：科技经费投入逐年增长，但投入力度仍需加强

从科技活动经费支出额来看，2002 年到 2006 年西部地区科技活动

经费支出额逐年提高，由 397.44 亿元增长到 779.94 亿元，现价增长
96.24%，① 如图 2-1 所示。但投入力度仍待进一步加强，2006 年，西
部地区科技活动经费支出额占生产总值的 1.97%，比 2002 年降低 0.01
个百分点，其中研究与开发机构为 212.90 亿元，高等学校 74.08 亿元，
大中型工业企业 385.66 亿元，分别占总额的 27.30%、9.50% 和
49.45%。② 而且，西部地区 12 省（自治区、直辖市）间的科技活动经
费支出额占 GDP 比重的差异较大，从比重的全国排序来看，2002 ~
2006 年西部地区除了陕西和四川排位居前，重庆和甘肃排位居中外，
其余省市都在尾部徘徊，尤其是新疆、内蒙古和西藏三省基本上年年垫
底，如表 2-1 所示。

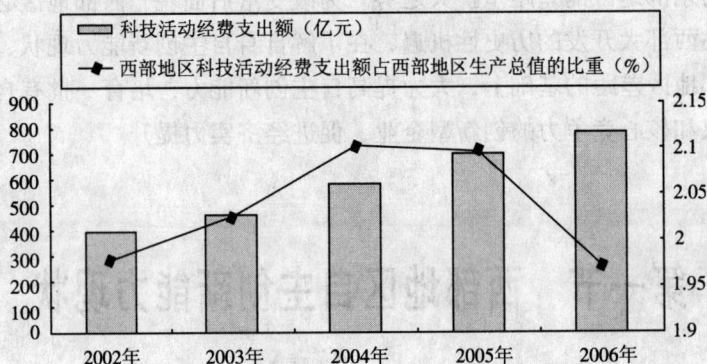

**图 2-1 2002 ~ 2006 年西部地区科技活动经费支出额及其
占西部地区生产总值比重的变化情况**

资料来源：根据中国主要科技指标数据库 http://www.sts.org.cn/
kjnew/maintitle/MainTitle.htm 中的省市主要指标和《中国统计年鉴》
(2007) 相关数据计算所得。

以四川为例，其不仅创新投入不断提高，而且注重发挥企业创新的
主体作用。2006 年，四川省完成技术创新投入 85 亿元，其中重点企业

① 根据中国主要科技指标数据库 (http://www.sts.org.cn/kjnew/maintitle/MainTitle.htm)
中的省市主要指标和《中国统计年鉴》(2007) 相关数据计算所得。
② 根据中华人民共和国国家统计局科技年度数据计算所得，http://www.stats.gov.cn/
tjsj/qtsj/zgkjtjnj/2006。

技术开发经费支出达 58.9 亿元，户均 4062.06 万元，同比增长 39.6%。全省已建省级以上企业技术中心 145 家（其中国家级中心 15 家），占大中型企业总数的 16.24%。大型工业企业开展科技活动的比重已达 93.2%。依靠技术创新的不断推动，攀钢集团公司、长虹电器集团公司、五粮液集团公司进入中国制造业 100 强，成为全省经济发展的领头羊。

表 2-1　西部地区 12 省（自治区、直辖市）科技经费支出
占 GDP 比重的全国排序

排　位	2002 年	2003 年	2004 年	2005 年	2006 年
1	北京	北京	北京	北京	北京
2	上海	陕西	陕西	上海	天津
3	陕西	上海	上海	陕西	上海
4	天津	天津	天津	天津	陕西
5	四川	四川	江苏	四川	江苏
6	辽宁	江苏	四川	江苏	四川
7	江苏	辽宁	辽宁	辽宁	安徽
8	吉林	湖北	湖北	吉林	浙江
9	湖北	安徽	安徽	浙江	山西
10	广东	广东	重庆	安徽	辽宁
11	甘肃	重庆	浙江	湖北	湖北
12	黑龙江	吉林	广东	重庆	重庆
13	山东	甘肃	吉林	山东	吉林
14	安徽	山东	山东	广东	甘肃
15	青海	浙江	甘肃	甘肃	山东
16	重庆	青海	山西	山西	广东
17	山西	山西	湖南	福建	宁夏
18	浙江	湖南	青海	湖南	福建
19	宁夏	黑龙江	福建	青海	湖南
20	湖南	宁夏	宁夏	宁夏	青海
21	江西	福建	黑龙江	黑龙江	黑龙江
22	贵州	广西	河南	云南	河南
23	云南	江西	贵州	广西	贵州
24	福建	贵州	广西	贵州	江西
25	河南	河南	新疆	河南	云南
26	广西	河北	江西	江西	河北

续表

排 位	2002 年	2003 年	2004 年	2005 年	2006 年
27	河北	云南	云南	河北	广西
28	新疆	新疆	河北	海南	海南
29	内蒙古	内蒙古	内蒙古	新疆	新疆
30	西藏	西藏	西藏	内蒙古	内蒙古
31	海南	海南	海南	西藏	西藏

资料来源：根据中国主要科技指标数据库（http：//www. sts. org. cn/kjnew/maintitle/Main-Title. htm）中的省市主要指标进行的排序。

从研究与试验发展（R&D）经费内部支出来看，2002 年到 2006 年，西部地区 R&D 经费内部支出稳步增长。从 183.99 亿元提高到 357.49 亿元，现价增长 94.30%，① 如图 2-2 所示。但研发投入力度需进一步加强。2006 年，西部地区 R&D 经费占 GDP 比重为 0.90%，比 2002 年降低 0.01 个百分点，其中，基础研究经费支出为 13.09 亿元，占 10.69%；应用研究经费支出为 39.75 亿元，占 32.46%；试验发展经费支出为 69.62 亿元，占 56.85%。② 而且，西部地区 12 省（自治区、直辖市）间的 R&D 经费内部支出占 GDP 比重的差异明显，从全国排序来看，2002～2006 年西部地区 12 省（自治区、直辖市）中除了陕西和四川排位居前，重庆和甘肃排位居中外，其余省市都在尾部徘徊，尤其是新疆、内蒙古和西藏基本上年年垫底，如表 2-2 所示。

以陕西为例，R&D 经费投入不断增长，而且还在向高技术产业和技术水平相对较高的行业集中。2005 年，陕西省大中型工业企业 R&D 经费投入 20.82 亿元，比 2000 年增长 26.5%，"十五"期间年均增长 4.8%。在 33 个工业大类行业中形成了六个 R&D 经费投入过亿元的行业，即通用设备制造业，专用设备制造业，交通运输设备制造业，电气机械及器材制造业，通讯设备、计算机及其他电子设备制造业，仪器仪表及文化、办公用机械制造业。这六个行业的 R&D 经费投入分别为

---

① 根据中国主要科技指标数据库（http://www. sts. org. cn/kjnew/maintitle/MainTitle. htm）中的省市主要指标和《中国统计年鉴》（2007）相关数据计算所得。

② 根据中华人民共和国国家统计局科技年度数据计算所得，http://www. stats. gov. cn/tjsj/qtsj/zgkjtjnj/2006/t20071130_402448610. htm。

1.16 亿元、2.00 亿元、8.72 亿元、1.26 亿元、2.69 亿元、1.01 亿元，分别比 2000 年增长 85.5%、228.9%、53.4%、97.2%、－89.1%、168.3%，"十五"期间年均分别增长 13.1%、26.9%、8.9%、14.6%、－13.6%、21.8%。其 R&D 经费投入占大中型工业企业 R&D 经费总投入的比重达 80.9%，比 2000 年提高了 1.7 个百分点。

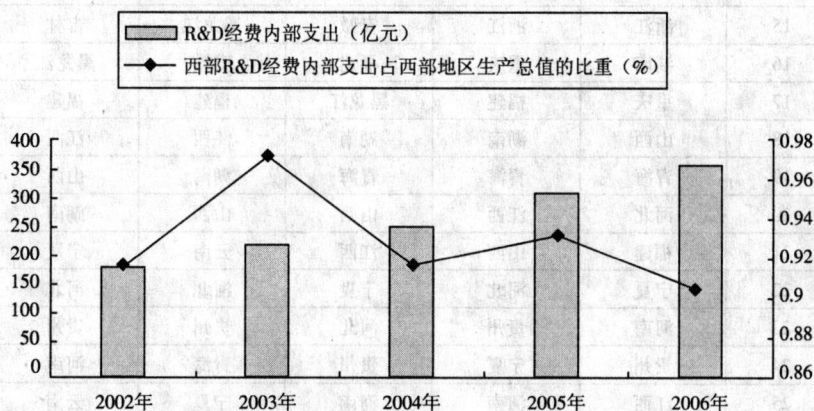

图 2－2　2002～2006 年西部地区 R&D 经费内部支出
及其占西部地区生产总值比重的变化情况

资料来源：根据中国主要科技指标数据库（http://www.sts.org.cn/kjnew/mainti-tle/MainTitle.htm）中的省市主要指标和《中国统计年鉴》（2007）相关数据计算所得。

表 2－2　西部地区 12 省（自治区、直辖市）R&D 经费内部支出
占 GDP 比重的全国排序

排　位	2002 年	2003 年	2004 年	2005 年	2006 年
1	北京	北京	北京	北京	北京
2	陕西	陕西	陕西	陕西	上海
3	上海	上海	上海	上海	陕西
4	天津	天津	天津	天津	天津
5	辽宁	四川	辽宁	辽宁	江苏
6	四川	辽宁	江苏	江苏	辽宁
7	广东	江苏	四川	四川	浙江
8	湖北	湖北	吉林	浙江	四川
9	吉林	广东	广东	湖北	湖北

续表

排 位	2002 年	2003 年	2004 年	2005 年	2006 年
10	江苏	吉林	湖北	吉林	广东
11	甘肃	甘肃	浙江	广东	山东
12	黑龙江	山东	山东	山东	重庆
13	山东	安徽	重庆	重庆	甘肃
14	安徽	黑龙江	甘肃	甘肃	安徽
15	浙江	浙江	安徽	黑龙江	吉林
16	湖南	重庆	福建	安徽	黑龙江
17	重庆	福建	黑龙江	福建	福建
18	山西	湖南	湖南	江西	江西
19	青海	青海	青海	湖南	山西
20	河北	江西	山西	山西	湖南
21	福建	山西	江西	云南	宁夏
22	宁夏	河北	宁夏	河北	河北
23	河南	贵州	河北	贵州	贵州
24	贵州	宁夏	贵州	青海	河南
25	江西	河南	河南	宁夏	云南
26	云南	云南	云南	河南	青海
27	广西	广西	广西	广西	广西
28	西藏	内蒙古	新疆	内蒙古	内蒙古
29	内蒙古	新疆	内蒙古	新疆	新疆
30	新疆	海南	海南	海南	海南
31	海南	西藏	西藏	西藏	西藏

资料来源：根据中国主要科技指标数据库（http：//www. sts. org. cn/kjnew/maintitle/Main-Title. htm）中的省市主要指标进行的排序。

从地方财政科技拨款来看，2002 年到 2006 年，西部地区地方财政科技拨款不断增加，从 49.9 亿元提高到了 84.7 亿元，现价增长 69.74%，①如图 2-3 所示。但从地方财政科技拨款占地方财政支出比重的全国排序来看，西部地区 12 省（自治区、直辖市）除少量处于中游水平外，大多数都处于下游水平。2002～2006 年西部地区 12 个省级行政区中除

---

① 中国主要科技指标数据库（http：//www. sts. org. cn/kjnew/maintitle/MainTitle. htm）中的省市主要指标。

了广西、云南（2005年例外）和重庆排位居中外，其余地区都在尾部徘徊，尤其是青海和西藏基本上年年垫底，如表2－3所示。因而，西部各省（自治区、直辖市）财政对科技的投入力度亟待大力加强。

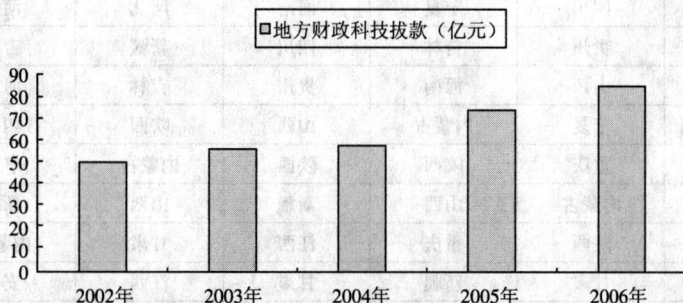

图2－3　2002～2006年西部地区地方财政科技拨款的变化情况

资料来源：中国主要科技指标数据库（http://www.sts.org.cn/kjnew/maintitle/MainTitle.htm）中的省市主要指标。

表2－3　西部地区12省（自治区、直辖市）地方财政科技拨款占地方财政支出比重的全国排序

排位	2002年	2003年	2004年	2005年	2006年
1	广东	北京	浙江	上海	上海
2	北京	广东	广东	浙江	北京
3	浙江	浙江	上海	广东	浙江
4	天津	天津	天津	北京	广东
5	辽宁	辽宁	北京	天津	天津
6	福建	山东	辽宁	辽宁	江苏
7	山东	福建	福建	福建	辽宁
8	湖南	江苏	江苏	江苏	山东
9	江苏	广西	山东	山东	福建
10	黑龙江	黑龙江	黑龙江	黑龙江	湖北
11	上海	上海	湖北	湖北	黑龙江
12	云南	湖南	广西	湖南	湖南
13	吉林	云南	湖南	广西	广西
14	广西	湖北	云南	宁夏	云南
15	河南	四川	河北	河南	重庆

续表

排　位	2002 年	2003 年	2004 年	2005 年	2006 年
16	河北	贵州	重庆	重庆	陕西
17	湖北	河北	宁夏	四川	贵州
18	四川	宁夏	河南	河北	河南
19	贵州	吉林	四川	新疆	吉林
20	山西	河南	贵州	吉林	河北
21	宁夏	内蒙古	山西	陕西	四川
22	重庆	陕西	陕西	内蒙古	宁夏
23	内蒙古	山西	新疆	山西	新疆
24	陕西	重庆	江西	甘肃	内蒙古
25	甘肃	新疆	甘肃	江西	安徽
26	安徽	江西	安徽	安徽	山西
27	江西	青海	吉林	青海	江西
28	新疆	海南	内蒙古	海南	海南
29	青海	甘肃	青海	贵州	甘肃
30	海南	安徽	海南	西藏	青海
31	西藏	西藏	西藏	云南	西藏

资料来源：根据中国主要科技指标数据库（http：//www.sts.org.cn/kjnew/maintitle/Main-Title.htm）中的省市主要指标进行的排序。

（二）科技活动人力资源投入：科技人员队伍继续扩大，素质有所提升

从科技活动人员的数量来看，呈扩大趋势，素质有所提升。2006年西部地区科技活动人员有 71.76 万人，比 2002 年增加 5.19 万人，增长了 7.80%。其中，科学家和工程师的数量也有所增加，2006 年为 47.38 万人，比 2002 年增加 3.99 万人，增长了 9.20%，比科技活动人员数量增幅多 1.40 个百分点。科学家和工程师占科技活动人员的比例 2006 年为 66.03%，比 2002 年多 0.85 个百分点，科技活动人员的素质有所提升，① 如图 2 - 4 所示。而且，西部地区 12 省（自治区、直辖

① 中国主要科技指标数据库（http：//www.sts.org.cn/kjnew/maintitle/MainTitle.htm）中的省市主要指标。

市）每万人科技活动人员数量的差异明显，从每万人科技活动人员数量的全国排序来看，2002～2006 年西部地区 12 省（自治区、直辖市）中除了陕西排位靠前，重庆、四川和甘肃居中外，其余省市都在尾部徘徊，尤其是云南和贵州两省基本上年年垫底，如表 2 - 4 所示。

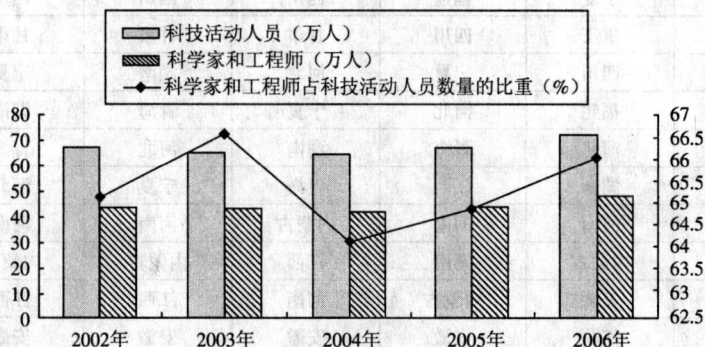

图 2 - 4　2002～2006 年西部地区科技活动人员及其中科学家和工程师数量的变化情况

资料来源：中国主要科技指标数据库（http://www.sts.org.cn/kjnew/maintitle/MainTitle.htm）中的省市主要指标。

表 2 - 4　西部地区 12 省（自治区、直辖市）每万人口科技活动人员数量的全国排序

排　位	2002 年	2003 年	2004 年	2005 年	2006 年
1	北京	北京	北京	北京	北京
2	上海	上海	上海	上海	上海
3	天津	天津	天津	天津	天津
4	辽宁	江苏	江苏	浙江	浙江
5	江苏	浙江	浙江	江苏	江苏
6	陕西	辽宁	辽宁	辽宁	辽宁
7	浙江	陕西	陕西	陕西	广东
8	广东	广东	广东	广东	陕西
9	湖北	湖北	山东	山西	山西
10	山东	山东	山西	山东	山东
11	甘肃	山西	黑龙江	吉林	吉林
12	青海	吉林	湖北	黑龙江	湖北

续表

排　位	2002 年	2003 年	2004 年	2005 年	2006 年
13	吉林	黑龙江	吉林	湖北	黑龙江
14	黑龙江	甘肃	福建	福建	福建
15	山西	重庆	重庆	重庆	重庆
16	宁夏	福建	四川	四川	四川
17	重庆	四川	甘肃	甘肃	甘肃
18	四川	宁夏	河北	湖南	宁夏
19	福建	河北	宁夏	青海	湖南
20	河北	青海	湖南	河北	青海
21	湖南	江西	青海	宁夏	河北
22	河南	河南	内蒙古	河南	河南
23	内蒙古	湖南	江西	内蒙古	内蒙古
24	安徽	内蒙古	河南	江西	江西
25	江西	安徽	安徽	安徽	安徽
26	新疆	新疆	新疆	新疆	西藏
27	云南	云南	广西	广西	新疆
28	广西	西藏	云南	西藏	广西
29	西藏	广西	西藏	云南	云南
30	贵州	贵州	贵州	海南	海南
31	海南	海南	海南	贵州	贵州

资料来源：根据中国主要科技指标数据库（http：//www. sts. org. cn/kjnew/maintitle/Main-Title. htm）中的省市主要指标进行的排序。

以陕西为例，其较强的人才优势主要反映在两方面：一是陕西的科技人才密度较大。每万人专业技术人才拥有量居全国第 7 位；每万名职工中，专业技术人员拥有量居全国第 2 位。全省拥有各类专业技术人员107. 9 万人。其中，自然科学技术人员 62. 7 万多人，占 58. 16%；地方专业技术人员 69 万人，占 64%；中央部属驻陕单位专业技术人员 38 万人，占 36%。并且，西安地区是全国少有的科技人员密集区之一。二是科技人员素质较高。90% 以上的专业技术人员受过高等教育和中等专业教育，其中大学专科以上学历的占 43%。有中国科学院和中国工程院院士 43 人，省级有突出贡献专家 356 人，享受政府津贴人员 1177人。具有高级专业技术职务的人员 5. 3 万人，占专业技术人员总数的 6.6%。

从 R&D 活动人员的数量来看，大体上升，素质有所提升。2006 年西部地区 R&D 人员折合全时人员为 24.74 万人年，比 2002 年增加 3.87 万人年，增长了 18.54%。同时，R&D 活动人员中科学家和工程师的数量也有所增加，2006 年折合全时人员的数量达到 19.88 万人年，比 2002 年增加 4.65 万人年，增长了 30.53%，比科技活动人员数量的增幅多 11.99 个百分点。2006 年，科学家和工程师占 R&D 活动人员折合全时人员的比例为 80.36%，比 2002 年多 7.38 个百分点，从事 R&D 活动人员的素质有所提升。[①] 如图 2-5 所示。

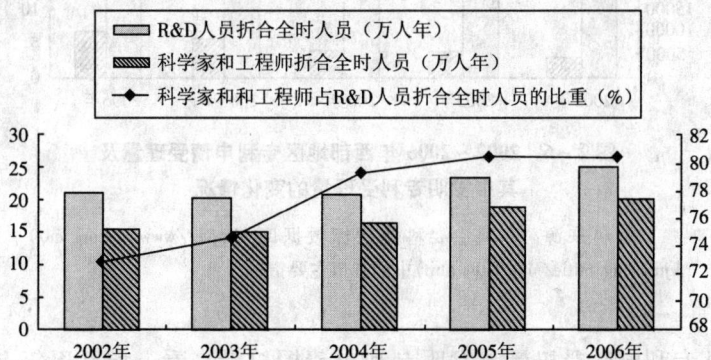

图 2-5 2002～2006 年西部地区 R&D 活动人员及其中
科学家和工程师数量的变化情况

资料来源：中国主要科技指标数据库（http：//www.sts.org.cn/kjnew/maintitle/MainTitle.htm）中的省市主要指标。

（三）专利申请受理和授权的情况：知识产权保护意识逐渐增强，专利产出显著增加

从专利申请受理量及发明专利受理量来看，有较大的增长，知识产权保护意识逐渐增强。西部地区专利申请受理量从 2002 年的 2.05 万件增长到 2006 年的 4.06 万件，增长了 97.72%；其中的发明专利受理量

---

① 中国主要科技指标数据库（http：//www.sts.org.cn/kjnew/maintitle/MainTitle.htm）中的省市主要指标。

也从 2002 年的 4251 件逐年上升为 2006 年的 10189 件，增长了 1.40 倍；2006 年发明专利受理量占专利申请受理量的 25.10%，比 2002 年提高了 4.39 个百分点，[①] 如图 2 - 6 所示。

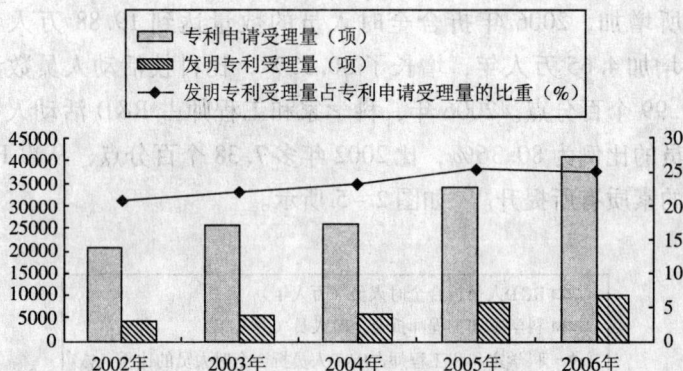

**图 2 - 6 2002 ~ 2006 年西部地区专利申请受理量及
其中发明专利受理量的变化情况**

资料来源：中国主要科技指标数据库（http://www.sts.org.cn/kjnew/maintitle/MainTitle.htm）中的省市主要指标。

从专利申请授权量及发明专利申请授权量来看，均呈逐年上升趋势，尤其是发明专利申请授权量五年来增长迅速，自主创新能力不断提高。专利申请授权量从 2002 年的 1.15 万项逐年增长到 2006 年的 2.21 万项，增长了 92.08%；其中发明专利申请授权量从 2002 年的 828 项逐年上升为 2006 年的 2711 项，增长了 2.27 倍；2006 年发明专利授权量占专利申请授权量的比重为 12.28%，比 2002 年提高了 5.07 个百分点，[②] 如图 2 -7 所示。而且，西部地区 12 省（自治区、直辖市）差异较大。四川省无论是专利申请授权量还是发明专利申请授权量均处于西部第一位、全国前列；陕西省虽然专利申请授权量排位较后，但其发明

---

① 中国主要科技指标数据库（http：//www.sts.org.cn/kjnew/maintitle/MainTitle.htm）中的省市主要指标。

② 中国主要科技指标数据库（http：//www.sts.org.cn/kjnew/maintitle/MainTitle.htm）中的省市主要指标。

专利申请授权量近年来在西部仅次于四川，在全国居于中上游水平；重庆和陕西的情况正好相反，其专利申请授权量在西部排位仅次于四川、在全国也居于中游水平，但发明专利申请授权量却处于比较落后的位置；青海和西藏无论是专利申请授权量还是发明专利申请授权量均排位垫底，如表2-5和表2-6所示。

图2-7　2002～2006年西部地区专利申请授权量及其中发明专利授权量的变化情况

资料来源：中国主要科技指标数据库（http://www.sts.org.cn/kjnew/maintitle/MainTitle.htm）中的省市主要指标。

表2-5　西部地区12省（自治区、直辖市）专利申请授权量的全国排序

排　位	2002年	2003年	2004年	2005年	2006年
1	广东	广东	广东	广东	广东
2	浙江	上海	浙江	浙江	浙江
3	江苏	浙江	江苏	江苏	江苏
4	山东	江苏	上海	上海	上海
5	上海	山东	山东	山东	山东
6	北京	北京	北京	北京	北京
7	辽宁	辽宁	辽宁	辽宁	辽宁
8	福建	福建	福建	福建	四川
9	四川	四川	四川	四川	福建
10	河北	河北	重庆	湖北	湖南
11	河南	湖南	河北	河南	河南

续表

排位	2002 年	2003 年	2004 年	2005 年	2006 年
12	湖南	河南	河南	湖南	湖北
13	湖北	重庆	湖南	重庆	重庆
14	黑龙江	湖北	湖北	河北	天津
15	天津	黑龙江	黑龙江	天津	河北
16	重庆	天津	天津	黑龙江	黑龙江
17	陕西	吉林	吉林	吉林	陕西
18	吉林	安徽	陕西	安徽	吉林
19	安徽	陕西	安徽	陕西	安徽
20	云南	广西	广西	云南	云南
21	广西	江西	云南	江西	江西
22	江西	云南	山西	广西	广西
23	山西	山西	江西	山西	山西
24	内蒙古	内蒙古	内蒙古	贵州	贵州
25	新疆	新疆	新疆	新疆	新疆
26	贵州	贵州	贵州	内蒙古	内蒙古
27	甘肃	甘肃	甘肃	甘肃	甘肃
28	宁夏	宁夏	宁夏	宁夏	宁夏
29	海南	海南	海南	海南	海南
30	青海	青海	青海	青海	青海
31	西藏	西藏	西藏	西藏	西藏

资料来源：根据中国主要科技指标数据库（http://www.sts.org.cn/kjnew/maintitle/MainTitle.htm）中的省市主要指标进行的排序。

表 2-6　西部地区 12 省（自治区、直辖市）发明专利申请授权量的全国排序

排位	2002 年	2003 年	2004 年	2005 年	2006 年
1	北京	北京	北京	北京	北京
2	辽宁	广东	广东	上海	上海
3	广东	上海	上海	广东	广东
4	上海	辽宁	江苏	江苏	江苏
5	江苏	江苏	辽宁	浙江	浙江
6	山东	山东	山东	辽宁	山东
7	四川	浙江	浙江	山东	辽宁
8	湖北	湖北	湖北	天津	天津

续表

排 位	2002 年	2003 年	2004 年	2005 年	2006 年
9	河北	湖南	四川	湖北	湖北
10	浙江	四川	陕西	四川	四川
11	山西	山西	吉林	湖南	陕西
12	湖南	河北	湖南	陕西	湖南
13	吉林	河南	天津	黑龙江	黑龙江
14	河南	天津	河北	吉林	河南
15	陕西	吉林	黑龙江	河北	吉林
16	黑龙江	黑龙江	河南	河南	河北
17	天津	云南	山西	云南	云南
18	安徽	陕西	云南	山西	山西
19	云南	安徽	贵州	福建	福建
20	甘肃	福建	福建	安徽	安徽
21	福建	重庆	安徽	重庆	重庆
22	江西	江西	重庆	贵州	贵州
23	新疆	广西	广西	江西	广西
24	内蒙古	甘肃	甘肃	广西	江西
25	重庆	内蒙古	内蒙古	甘肃	甘肃
26	贵州	贵州	江西	内蒙古	内蒙古
27	广西	新疆	新疆	新疆	新疆
28	宁夏	宁夏	宁夏	宁夏	宁夏
29	青海	海南	海南	海南	海南
30	海南	青海	青海	青海	青海
31	西藏	西藏	西藏	西藏	西藏

资料来源：根据中国主要科技指标数据库（http://www.sts.org.cn/kjnew/maintitle/MainTitle.htm）中的省市主要指标进行的排序。

以四川为例，注重自主创新能力，尤其是原始创新能力的提升。2006 年四川完成技术开发项目 5862 项，其中 557 项达到国际水平，3643 项达到国内先进水平，申请专利 1114 项，授权专利 592 项。近几年来，达到当期国际国内先进水平的新产品新技术计 700 余项，计划外经鉴定达到当期国际国内先进水平的有 100 余项。如：地奥集团和中昊晨光化工研究院共同研制的抗非典药物"多肽"的关键设备——"裂解仪"。绵阳新晨动力 1996 年以来开发了十余项国内技术领先、具有自主知识产权、达到当时国际先进水平的车用汽油发动机，成为国内六大汽车发动机制造基地之一。东方汽轮机厂首台 27 万千瓦"F"级重型燃气轮机试车成功，国产化率高达 46.5%，各项指标达到或超过了设计要求，使得我国燃气轮机制造技术开始跻身于世界前列。川油宏华首台 ZJ40DBST 数控变频拖装石油钻机出口美国，二重出口公司热连轧机成套设备出口欧洲，成为我国重型成套装备进入欧美市场的突破口。宜宾天原股份的"优化尿素法生产水合肼工艺"、龙蟒集团的"利用湿法磷酸盐废渣生产磷酸铵肥料的方法"、攀枝花钢铁集团的"氮化钒的生产方法"三项专利年实现利润过亿元，被评为第九届中国专利优秀奖。目前，一批影响产业发展的关键技术项目正按计划进行，如在国内实现首台套的 120km/h 大功率交流传动货运内燃机车研制，具有国际先进水平的节能降耗甲醇厂节气节能新工艺开发，具有资源综合利用及具循环经济典型特征的新型硫酸法金红石钛白粉清洁生产工艺开发及产业化项目、全球环境治理攻关招标项目的生态综合治沙技术及材料的开发等，将成为行业技术发展的焦点和企业竞争制胜的关键支点。

二、转化能力现状

以下将从技术市场交易情况和新产品开发经费支出产生的新产品产值情况两方面描述西部地区转化能力的现状，并列举西部地区在促进科技成果转化方面较有特色的例子。

（一）技术市场交易情况：转化能力有所增强，但交易规模偏小

从技术市场成交合同数来看，2002 年到 2006 年技术市场成交合同数大体呈上升趋势。2006 年西部地区①为 17354 项，比 2002 年增长 9.08%，② 如图 2－8 所示。2006 年，按合同类别，技术服务合同数最多，占全部合同数的 43.44%；其次是技术开发，占全部合同数的 35.61%；再次是技术咨询，占全部合同数的 15.24%；技术转让合同数最少，占全部合同数的 5.71%，规模偏小。另外，从技术市场成交

---

① 由于中国科技统计数据中关于技术市场交易情况没有西藏的数据，故这里的西部地区数据中就不包括西藏。

② 中国主要科技指标数据库（http：//www.sts.org.cn/kjnew/maintitle/MainTitle.htm）中的省市主要指标。

同数的全国排序来看，2002～2006 年西部地区 12 省（自治区、直辖市）中除了四川、陕西排位居中外，其余省市都在尾部徘徊，尤其是青海和贵州基本上排位垫底，如表 2 - 7 所示。

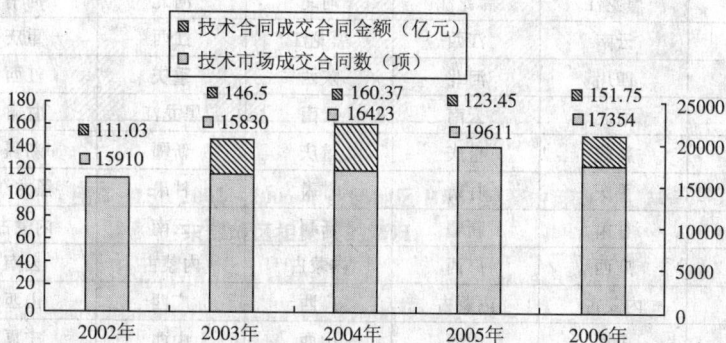

图 2 - 8　2002～2006 年西部地区技术合同成交合同金额及技术市场成交合同数的变化情况

资料来源：中国主要科技指标数据库（http：//www. sts. org. cn/kjnew/maintitle/MainTitle. htm）中的省市主要指标。

表 2 - 7　西部地区 12 省（自治区、直辖市）技术市场成交合同数的全国排序

排　位	2002 年	2003 年	2004 年	2005 年	2006 年
1	浙江	浙江	浙江	北京	北京
2	江苏	北京	北京	山东	上海
3	北京	江苏	江苏	上海	浙江
4	上海	上海	上海	江苏	广东
5	山东	山东	山东	浙江	辽宁
6	湖南	湖南	湖南	湖南	江苏
7	湖北	广东	湖北	广东	天津
8	辽宁	辽宁	辽宁	辽宁	福建
9	广东	湖北	广东	天津	湖南
10	天津	天津	天津	湖北	山东
11	陕西	福建	福建	福建	湖北
12	福建	吉林	四川	安徽	安徽
13	吉林	安徽	安徽	四川	四川
14	安徽	河南	河南	吉林	吉林

续表

排 位	2002 年	2003 年	2004 年	2005 年	2006 年
15	河南	四川	吉林	河南	河北
16	江西	陕西	江西	陕西	陕西
17	黑龙江	黑龙江	河北	河北	河南
18	云南	江西	黑龙江	江西	重庆
19	四川	河北	陕西	重庆	江西
20	河北	云南	云南	黑龙江	甘肃
21	新疆	重庆	重庆	新疆	新疆
22	重庆	甘肃	甘肃	甘肃	黑龙江
23	甘肃	新疆	新疆	云南	内蒙古
24	广西	广西	内蒙古	内蒙古	云南
25	内蒙古	内蒙古	广西	广西	山西
26	山西	山西	山西	山西	宁夏
27	贵州	宁夏	贵州	贵州	青海
28	宁夏	贵州	青海	宁夏	贵州
29	青海	青海	宁夏	青海	广西
30	海南	海南	海南	海南	海南

资料来源：根据中国主要科技指标数据库（http://www.sts.org.cn/kjnew/maintitle/MainTitle.htm）中的省市主要指标进行的排序。

从技术市场成交合同金额来看，2002 年到 2006 年技术市场成交合同金额基本呈上升态势。2006 年为 151.75 亿元，比 2002 年增长了 36.67%，① 如图 2 - 8 所示。2006 年，按合同类别，技术服务合同金额最大，占全部合同金额的 55.56%；其次是技术开发，占 29.76%；再次是技术转让，占 9.52%；技术咨询合同最小，占 5.17%。2006 年大中型工业企业技术获取情况中，西部地区引进国外技术支出最多，其次是购买国内技术支出，消化吸收经费支出最少，三者比例为 3.46：1.71：1。而且，2002~2006 年，西部地区 12 省（自治区、直辖市）技术市场成交合同金额的全国排序差异较大。重庆排位居前，四川和陕西排位居中，其余地区都在尾部徘徊，尤其是宁夏和贵州基本垫底，如表 2 - 8 所示。

---

① 中国主要科技指标数据库（http://www.sts.org.cn/kjnew/maintitle/MainTitle.htm）中的省市主要指标。

表2－8　西部地区12省（自治区、直辖市）技术市场成交合同金额的全国排序

排　位	2002 年	2003 年	2004 年	2005 年	2006 年
1	北京	北京	北京	北京	北京
2	上海	上海	上海	上海	上海
3	广东	广东	江苏	广东	广东
4	江苏	江苏	辽宁	江苏	辽宁
5	辽宁	辽宁	山东	山东	江苏
6	重庆	重庆	重庆	辽宁	天津
7	浙江	浙江	浙江	天津	重庆
8	天津	山东	广东	湖北	湖南
9	湖北	天津	湖北	湖南	湖北
10	山东	湖北	天津	浙江	浙江
11	湖南	湖南	湖南	重庆	四川
12	云南	云南	云南	河南	河南
13	河南	河南	河南	四川	山东
14	陕西	陕西	四川	陕西	甘肃
15	福建	福建	福建	甘肃	安徽
16	黑龙江	四川	陕西	福建	陕西
17	新疆	黑龙江	新疆	黑龙江	黑龙江
18	吉林	新疆	黑龙江	安徽	河北
19	四川	内蒙古	甘肃	吉林	吉林
20	安徽	安徽	吉林	江西	福建
21	江西	吉林	内蒙古	内蒙古	内蒙古
22	河北	江西	江西	河北	江西
23	内蒙古	甘肃	广西	广西	云南
24	甘肃	河北	安徽	新疆	新疆
25	广西	广西	河北	山西	山西
26	山西	山西	山西	宁夏	青海
27	贵州	贵州	贵州	青海	广西
28	青海	海南	青海	贵州	海南
29	海南	宁夏	宁夏	海南	贵州
30	宁夏	青海	海南	云南	宁夏

资料来源：根据中国主要科技指标数据库（http：//www. sts. org. cn/kjnew/maintitle/Main-Title. htm）中的省市主要指标进行的排序。

以重庆为例。重庆市连续六年成功举办的高交会促使技术合同交易额多年来一直居西部地区首位。2006 年全市共签订技术合同 2682 项，技术合同成交额 56.8 亿元，平均成交金额 211.92 万元。从技术合同应用的行业分布来看，2006 年"促进工业的发展"、"知识的发展"、"民用空间"、"国防"和"农、林和渔业的发展"的技术合同成交额比上年有大幅度增加。从技术交易合同的技术领域分类来看，先进制造技术、新能源与高效节能技术和电子信息技术成交额居前三位，分别占74.17%、8.52%、3.92%。此外，2006 年重庆市共有 236 项各级政府科技计划项目成果进入技术市场，技术合同成交额为 433.38 亿元，占总额的 76.32%。

（二）新产品开发经费支出产生的新产品产值情况：转化能力有所提升

新产品开发经费支出产生的新产品产值基本呈上升态势，2002 年单位新产品开发支出转化为新产品产值的比率为 7.04①，2006 年达12.86，如图 2－9 所示。

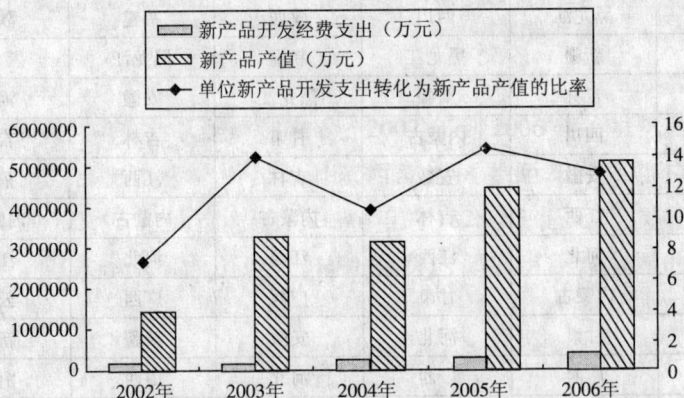

图 2－9　2002～2006 年西部地区单位新产品开发支出
转化为新产品产值的比率的变化情况

资料来源：《中国高技术产业统计年鉴2007》，中国统计出版社 2007 年版。

---

① 根据《中国高技术产业统计年鉴2007》相关数据计算所得。

（三）西部地区在促进科技成果转化方面较有特色的实践

陕西、甘肃和四川省在促进科技成果转化方面较有特色。

陕西省作为中国西部的科教中心，依靠其雄厚的科教实力，通过建好以西安高新区为龙头的关中高新技术产业开发带，加速科技成果的转化。西安高新区累计转化重大科技成果 6000 余项，其中 90% 以上拥有自主知识产权。近几年西安高新区平均每天成立 4 家科技企业，转化 3 项科技成果。以西安高新区为龙头的关中高新技术产业开发带，已经成为发展高新技术、加速科技成果转化的重要基地。

甘肃省科技成果转化形式多样。一是孵化基地建设。有主要孵化基地 14 个，如中科院白银高技术产业园。2007 年新签约项目 20 个，已开工建设 13 个，其余 7 个计划 2008 年开工建设。2007 竣工项目有 9 个，主要是甘肃宏鑫铅业有限公司铅酸蓄电池回收项目、兰州伟慈制药有限公司白银分公司伟慈药业项目等。二是转化基金项目。如农业科技成果转化基金，设立的目的是为了强化农业科技成果转化能力和农业技术创新能力，提高农业科技成果转化的速度、质量和效益。三是成果转化与人才引进并行。2007 年，"第二十四届西部创业全国范围人才招聘会"增加了"项目成果招商专区"，实行项目展示、招商引资和人才招聘"三位一体，同步互动"，着力搭建项目成果、专利技术、资金及人才供需洽谈的平台，加快科技成果转化。四是借用媒体促进成果转化。2007 年 4 月，多家省城主要媒体与兰州市知识产权局共同签订"科技成果媒体推介平台共建合作书"，将通过全方位、多角度、立体式的新闻报道形式，服务兰州科技成果转化及资本对接的全过程，广泛向全社会推介科技新项目，加大科技成果转化的广度和力度。

四川省通过科技成果与企业对接会促使一大批科技成果实现成功转化。2006 年，四川省召开了首次国家 863 科技成果和省级重大科技成果与企业对接会，507 项国家 863 高科技成果和近 300 项省重大科技成果与 338 家本土企业进行对接，成交或意向项目 40 余项，涉及金额 10 亿元。全年技术交易合同登记总额达 19.4 亿元。环境微生物菌剂研制及其在炼油与印染废水生物处理中的应用、年产 10 万吨级气相法生产二甲醚装置、600MW 国产化超临界锅炉、高速重载钢材新技术开发、利用超临界二氧化碳萃取技术从酿酒资源中提取酒用呈香呈味物质的研究、超高压电网输电通道枢纽变电站大容量静止无功补偿系统 SVS 研究和工程实践等一大批科技成果实现成功转化。

三、产业化能力现状

从高技术产业规模以上企业产值及其占全国的比例、高技术产业规模以上企业增加值及其占全国的比例、规模以上工业企业增加值中高技术产业份额和新产品销售收入及新产品销售率四方面论述西部地区产业化能力的现状。

(一) 高技术产业规模以上企业产值及其占全国的比例：产业化水平有待大力提升

从高技术产业规模以上企业产值来看，2002 年到 2006 年西部地区高技术产业规模以上企业产值逐年提高（2005 年除外），规模以上企业产值从 2002 年的 1169.22 亿元增长到 2006 年的 1498.17 亿元，现价增长 28.13%，① 如图 2 - 10 所示。但产值占全国比重却在下降。2002 年，产业规模以上企业产值占全国的比重为 7.74%，逐年降低，到 2006 年低至 4.29%，降低了 3.46 个百分点，产业化水平还有待大力提升。而且，2002 ~ 2006 年，对西部地区 12 省（自治区、直辖市）高技术产业

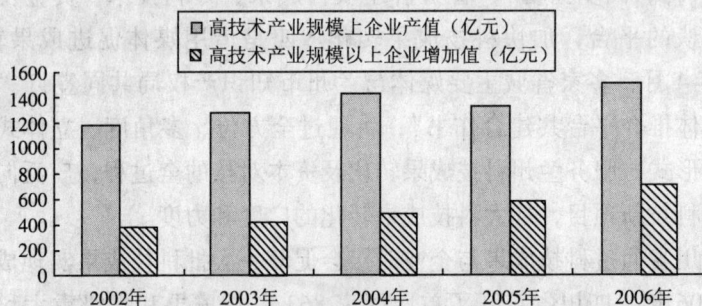

**图 2 - 10 2002 ~ 2006 年西部地区高技术产业规模
以上企业产值和增加值的变化情况**

资料来源：中国主要科技指标数据库（http://www.sts.org.cn/kjnew/maintitle/MainTitle.htm）中的省市主要指标。

---

① 中国主要科技指标数据库（http://www.sts.org.cn/kjnew/maintitle/MainTitle.htm）中的省市主要指标。

规模以上企业产值占全国比例进行排序，除了四川、陕西排位居中上游外，其余省市都在尾部徘徊，尤其是新疆、青海和西藏几乎年年排位垫底，如表2-9所示。

表2-9　西部地区12省（自治区、直辖市）高技术产业规模
以上企业产值占全国比重的排序

排　位	2002 年	2003 年	2004 年	2005 年	2006 年
1	广东	广东	广东	广东	广东
2	江苏	江苏	江苏	江苏	江苏
3	上海	上海	上海	上海	上海
4	北京	北京	北京	天津	北京
5	天津	浙江	天津	北京	天津
6	浙江	天津	浙江	福建	山东
7	福建	福建	福建	山东	浙江
8	山东	山东	山东	浙江	福建
9	辽宁	辽宁	辽宁	辽宁	四川
10	四川	四川	四川	四川	辽宁
11	陕西	陕西	陕西	陕西	陕西
12	湖北	湖北	湖北	湖北	湖北
13	河北	黑龙江	河南	黑龙江	河南
14	黑龙江	河北	河北	河北	江西
15	河南	河南	湖南	河南	河北
16	江西	湖南	江西	江西	黑龙江
17	湖南	吉林	吉林	重庆	吉林
18	吉林	江西	黑龙江	吉林	安徽
19	安徽	安徽	安徽	安徽	湖南
20	贵州	贵州	重庆	湖南	贵州
21	重庆	重庆	贵州	贵州	重庆
22	广西	广西	内蒙古	内蒙古	山西
23	山西	内蒙古	广西	山西	内蒙古
24	内蒙古	山西	山西	广西	广西
25	云南	云南	云南	云南	云南
26	甘肃	甘肃	甘肃	甘肃	甘肃
27	海南	海南	海南	宁夏	海南

排　位	2002 年	2003 年	2004 年	2005 年	2006 年
28	宁夏	宁夏	宁夏	海南	宁夏
29	青海	青海	新疆	新疆	新疆
30	新疆	西藏	青海	青海	青海
31	西藏	新疆	西藏	西藏	西藏

　　资料来源：根据中国主要科技指标数据库（http://www. sts. org. cn/kjnew/maintitle/MainTitle. htm）中的省市主要指标进行的排序。

　　以四川为例。四川省着力发挥成都、绵阳、德阳科教资源和产业优势，依托绵阳科技城—德阳重大装备制造基地—成都高新区，加快推进成德绵高新技术产业带建设。其中，成都利用老电子工业基地和中草药集散地的优势，大力发展电子信息产业和生物医药产业，形成了以迈普和地奥等一批企业为龙头的产业群；德阳依托原有的重工业基础积极发展重大装备制造业，被誉为"中国重大装备工业城"；绵阳以长虹集团为首的配套产业链形成了电子工业视听产品产业群；攀枝花充分发挥能源优势，已初步建成金属冶炼、电解化工为主导的高耗能产业群。具体来看，成都高新区成为高新技术产业发展的重要空间载体，依托 8 个国家级专业孵化器、23 家民营科技孵化器构成的孵化器群体，入孵企业1300 多家，推动了 IC 设计、软件、信息安全、数字媒体等国家产业化基地建设，催生了一批中小型高科技企业。川大智胜公司自主开发的空中交通管制中心系统关键设备，达到国际先进水平。科技创新带动了高新区快速发展，建区以来主要经济指标年均增长 60% 以上。绵阳科技城依托长虹集团、九州电器等优势企业和中科院等单位，加快建设，着力构建军民结合的自主创新基地。2005 年，获得重大科技成果 210 项，完成 863、973 计划项目 30 多项，实现生产总值增长 15%，技术进步对经济增长的贡献率达到 45% 以上；德阳"国家重大技术装备制造业基地"建设取得新进展。中国二重集团、东方电汽、东方电机三大重装企业带动了德阳市一大批中小机械加工企业发展，中小配套企业已超过300 多家，产业链、产品链得到进一步延伸，形成了具有一定规模和特色鲜明的重装产业集群。

（二）高技术产业规模以上企业增加值及其占全国的比例：产业化水平的提升任重而道远

从高技术产业规模以上企业增加值来看，2002 年到 2006 年西部地区高技术产业规模以上企业增加值逐年提高，从 2002 年的 377.63 亿元递增到 2006 年的 714.35 亿元，现价增长 89.17%，如图 2 - 10 所示；但占全国比重逐年下降。从 2002 年的 10.02%，降到 2006 年的 7.10%，降低了 2.92 个百分点，产业化水平的提升任重而道远。① 而且，西部地区 12 省（自治区、直辖市）高技术产业规模以上企业增加值占全国比例的排序除少量处于中游水平外，大多数都处于下游水平。2002~2006 年，除了四川、陕西排位居中上游外，其余地区都在尾部徘徊，尤其是青海、新疆和西藏几乎年年垫底，如表 2 - 10 所示。

表 2 -10　西部地区 12 省（自治区、直辖市）高技术产业规模
以上企业增加值占全国比重的排序

排　位	2002 年	2003 年	2004 年	2005 年	2006 年
1	陕西	广东	广东	广东	广东
2	广东	江苏	江苏	江苏	江苏
3	江苏	上海	上海	上海	上海
4	上海	北京	天津	山东	山东
5	天津	浙江	山东	北京	天津
6	北京	山东	北京	天津	北京
7	浙江	福建	浙江	浙江	浙江
8	福建	天津	福建	福建	福建
9	山东	四川	辽宁	四川	四川
10	四川	辽宁	四川	辽宁	湖北
11	辽宁	陕西	陕西	湖北	辽宁
12	湖北	湖北	湖北	陕西	陕西
13	河北	河北	河南	河南	河南
14	吉林	河南	河北	河北	江西
15	黑龙江	黑龙江	吉林	吉林	河北

① 中国主要科技指标数据库（http://www.sts.org.cn/kjnew/maintitle/MainTitle.htm）中的省市主要指标。

续表

排　位	2002 年	2003 年	2004 年	2005 年	2006 年
16	河南	吉林	湖南	江西	吉林
17	江西	江西	江西	湖南	湖南
18	湖南	湖南	黑龙江	黑龙江	安徽
19	贵州	贵州	贵州	安徽	贵州
20	安徽	安徽	安徽	贵州	黑龙江
21	广西	广西	重庆	重庆	重庆
22	重庆	重庆	广西	广西	广西
23	云南	内蒙古	内蒙古	内蒙古	内蒙古
24	内蒙古	山西	山西	山西	山西
25	山西	云南	云南	云南	云南
26	甘肃	甘肃	甘肃	甘肃	甘肃
27	海南	海南	海南	海南	海南
28	宁夏	宁夏	宁夏	宁夏	青海
29	西藏	西藏	青海	青海	宁夏
30	青海	青海	新疆	新疆	新疆
31	新疆	新疆	西藏	西藏	西藏

资料来源：根据中国主要科技指标数据库（http：//www. sts. org. cn/kjnew/maintitle/Main-Title. htm）中的省市主要指标进行的排序。

以重庆为例。重庆市高新技术产业化水平有所提高，但总体效益趋缓。从产业化水平指数来看，2006 年在全国的位次由第 9 位提高到第 7 位，产业化水平指数为 30.03%。具体监测指标中，高新技术产业增加值占工业增加值比重和高新技术产业开发区技术性收入占总收入比重两项与上年相比均有一定程度下降，在全国位次也有所变化，前者下降 1 位，而后者在指数下降的情况下，提升 1 位。虽然高新技术产业化水平逐年提升，但 2006 年产业化效益指数比上年下降了 2.42 个百分点，位次也由第 16 位下降到第 23 位。同时，高新技术产业就业人员劳动生产率比上年有所提高，但增加值率有所下降。尤其是高新技术产业增长占经济增长份额下降幅度较大，由 2005 年的 3.37% 下降到 1.15%，从全国第 9 位下跌到第 22 位，高新技术产业开发区总收入利税率也略有下降。

（三）规模以上工业企业增加值中高技术产业份额：西部地区12省（自治区、直辖市）间差异较大

西部地区12省（自治区、直辖市）间规模以上工业企业增加值中高技术产业份额的差异较大。从全国排序来看，2002～2006年西部地区12省（自治区、直辖市）中西藏、陕西排位居前，贵州和四川居中上游，广西和重庆居中游，其余地区位于下游，尤其是新疆和青海基本上年年垫底，如表2－11所示。

表2－11　西部地区12省（自治区、直辖市）规模以上工业企业
增加值中高技术产业份额的排序

排　位	2002 年	2003 年	2004 年	2005 年	2006 年
1	天津	北京	天津	广东	北京
2	北京	广东	广东	北京	天津
3	广东	天津	北京	天津	广东
4	陕西	江苏	上海	上海	上海
5	西藏	陕西	西藏	江苏	江苏
6	福建	福建	江苏	福建	福建
7	江苏	西藏	福建	西藏	西藏
8	江西	上海	陕西	陕西	陕西
9	四川	贵州	海南	四川	贵州
10	上海	四川	贵州	贵州	湖北
11	贵州	海南	四川	海南	四川
12	海南	江西	江西	江西	江西
13	吉林	浙江	浙江	湖北	浙江
14	辽宁	湖北	重庆	浙江	海南
15	浙江	辽宁	辽宁	重庆	吉林
16	湖北	吉林	吉林	吉林	重庆
17	广西	广西	广西	山东	山东
18	重庆	重庆	山东	辽宁	广西
19	内蒙古	山东	湖北	广西	辽宁
20	湖南	内蒙古	湖南	湖南	湖南
21	河北	河北	内蒙古	甘肃	安徽
22	山东	湖南	安徽	安徽	河南
23	宁夏	黑龙江	河南	黑龙江	甘肃
24	安徽	安徽	宁夏	宁夏	河北

续表

排　位	2002 年	2003 年	2004 年	2005 年	2006 年
25	黑龙江	河南	河北	河南	黑龙江
26	河南	甘肃	黑龙江	河北	云南
27	甘肃	宁夏	甘肃	内蒙古	内蒙古
28	云南	云南	青海	云南	青海
29	山西	青海	云南	青海	宁夏
30	青海	山西	山西	山西	山西
31	新疆	新疆	新疆	新疆	新疆

资料来源：根据中国主要科技指标数据库（http://www.sts.org.cn/kjnew/maintitle/MainTitle.htm）中的省市主要指标进行的排序。

（四）新产品销售收入及新产品销售率：产业化水平不断提升

首先，从新产品销售收入来看，2002 年到 2006 年西部地区新产品销售收入逐年增长。从 137.48 亿元增加到 512.8 亿元，现价增长 2.73 倍，如图 2－11 所示。其次，从新产品销售率来看，2002 年到 2006 年西部地区新产品销售率逐年提高（2004 年除外）。从 14.66% 增长到 31.26%，增长了 16.59 个百分点。①

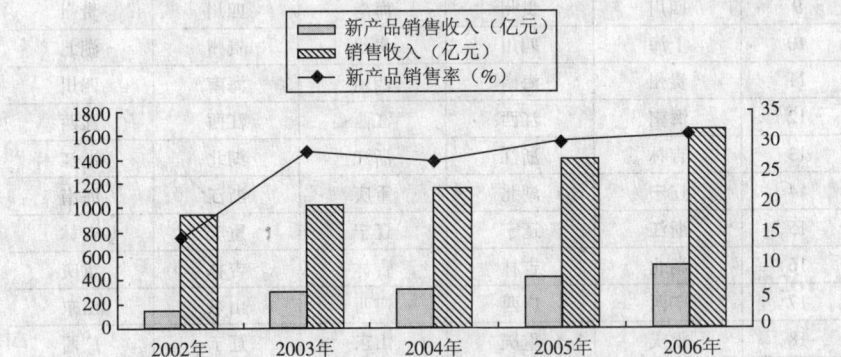

图 2－11　2002～2006 年西部地区新产品销售收入及
新产品销售率的变化情况

资料来源：《中国高技术产业统计年鉴 2007》，中国统计出版社 2007 年版。

---

① 根据《中国高技术产业统计年鉴 2007》相关数据计算所得。

（五）高技术产品出口额及其占全国份额情况：产业化水平有待进一步提高

从高技术产品出口额来看，西部地区 2002 年到 2006 年大体呈上升态势，2006 年为 19.05 亿美元，比 2002 年增长了 61.71%。[1] 从高技术产品出口额占全国份额的全国排序来看，西部地区除少数省区处于中上游水平外，大多数都处于下游水平。2002～2006 年只有四川和陕西排位居中上游，其余地区都在尾部徘徊，尤其是宁夏、青海和西藏基本上年年垫底，如表 2－12 所示。

表 2－12　西部地区 12 省（自治区、直辖市）高技术产品
出口额占全国份额的排序

排　位	2002 年	2003 年	2004 年	2005 年	2006 年
1	广东	广东	广东	广东	广东
2	江苏	江苏	江苏	江苏	江苏
3	上海	上海	上海	上海	上海
4	天津	天津	天津	天津	天津
5	福建	福建	福建	福建	北京
6	北京	北京	北京	北京	浙江
7	辽宁	辽宁	浙江	浙江	福建
8	浙江	浙江	辽宁	山东	山东
9	山东	山东	山东	辽宁	辽宁
10	四川	四川	四川	四川	湖北
11	湖北	湖北	湖北	湖北	四川
12	陕西	陕西	安徽	安徽	河北
13	黑龙江	安徽	陕西	河北	陕西
14	安徽	河北	河北	陕西	安徽
15	河北	重庆	贵州	内蒙古	黑龙江
16	重庆	黑龙江	重庆	重庆	山西
17	湖南	贵州	甘肃	山西	江西
18	云南	云南	黑龙江	黑龙江	吉林
19	河南	吉林	吉林	湖南	湖南

---

[1]　中国主要科技指标数据库（http://www.sts.org.cn/kjnew/maintitle/MainTitle.htm）中的省市主要指标。

续表

排　位	2002 年	2003 年	2004 年	2005 年	2006 年
20	吉林	江西	河南	吉林	重庆
21	江西	河南	湖南	河南	河南
22	广西	湖南	云南	贵州	云南
23	海南	广西	江西	江西	内蒙古
24	山西	甘肃	广西	广西	广西
25	贵州	新疆	新疆	云南	海南
26	西藏	海南	海南	海南	甘肃
27	甘肃	宁夏	山西	甘肃	贵州
28	宁夏	山西	内蒙古	新疆	新疆
29	新疆	内蒙古	西藏	西藏	西藏
30	内蒙古	西藏	青海	青海	青海
31	青海	青海	宁夏	宁夏	宁夏

资料来源：根据中国主要科技指标数据库（http://www.sts.org.cn/kjnew/maintitle/MainTitle.htm）中的省市主要指标进行的排序。

第二节　东西部地区自主创新能力比较研究

在了解了西部地区自主创新能力的现状后，还需要认清西部地区的综合实力和自主创新能力与东部的差距，才能对症下药，解决西部地区经济发展中的瓶颈问题，实现西部地区经济又好又快发展。

一、西部地区综合实力明显提高，但与东部地区的差距仍在扩大

（一）纵向比较：综合实力明显提高

经济规模不断壮大。2003 年以来，西部地区生产总值从 22954.66 亿元起步，2005 年跨过 30000 亿元，2007 年突破 40000 亿元。[①] 2004～

---

① 根据《中国统计年鉴》2004～2007 年相关数据和中宏数据库（http://www.macrochina.com.cn/macro_data）相关数据计算所得。

2007 年增长速度分别为 20.44%、21.16%、16.82% 和 18.57%（增长速度为现价，下同），四年年均增长 19.91%。2002～2006 年，第一产业增加值从 4025.76 亿元增长到 6396.07 亿元，年均增长 10.78%；第二产业增加值从 8294.79 亿元提升到 17879.62 亿元，年均增长 19.20%；第三产业增加值从 7760.38 亿元提升到 15251.44 亿元，年均增长 16.90%。而且，西部地区生产总值占全国的比重略有上升，从 2003 年的 16.94% 上升为 2007 年的 17.32%。同时，绝对值增加了 24500.14 亿元，增长 1.07 倍。人均生产总值由 2003 年的 6317 元增长到 2007 年的 13025 元，增长 1.06 倍。① 这两个关键性指标五年都翻了一番，实现了经济快速发展的目标。

产业结构逐步优化，已形成一批以特色优势产业为基础的产业集群。2002 年西部地区三次产业结构的比重为 20.0：41.3：38.7，到 2006 年为 16.2：45.2：38.6，结构调整迈出实质步伐。工业发展速度明显加快，成为带动经济增长的主导力量。工业增加值占生产总值的比重由 2002 年的 31.9% 提高到 2006 年的 37.9%。目前，已形成一批以特色优势产业为基础的产业集群，已经成长起来的优势产业集群为西部地区经济发展作出了较大贡献。如内蒙古凭借草原纯天然优势形成的绿色乳业集群，并成功打造出蒙牛、伊利两大全国性品牌；贵州和广西依托泛珠三角，充分利用铝矿资源优势形成的铝业集群；陕西以能源化工、有色金属冶炼加工、装备制造业、农副产品加工为主的中小企业集群，截至 2007 年共有 103 个企业集群，年销售收入过亿元的产业集群就有 86 个。

（二）横向比较：与东部地区的差距仍在扩大

尽管西部地区近年来经济实力有了显著的提升，但是和东部地区相比仍长期处于落后的位置，而且差距仍在扩大。首先，从地区生产总值来看，东西部相差悬殊。2007 年，东部、中部、西部的地区生产总值分别为 162060.50 亿元、64440.60 亿元、47454.80 亿元，东部地区生产总值占全国比重达到 59.16%，西部地区仅为 17.32%，如图 2－12 所示。而且，东部地区生产总值达到 2 万亿以上的省份有 3

---

① 根据中宏数据库（http://www.macrochina.com.cn/macro_data）数据计算所得。

个，其中广东省 30673.7 亿元、山东省为 25887.7 亿元、江苏省为 25560.1 亿元，而西部地区 12 省（自治区、直辖市）生产总值之和仅为 47454.80 亿元。就绝对数而言，2002 年以来，西部地区与东部地区生产总值的差距从 48208.13 亿元起步，2003 年跨过 50000 亿元，2004 年跃上 60000 亿元，2005 年超过 80000 亿元，2006 年突破 90000 亿元，2007 年高达 114605.7 亿元，2007 年的差距额是 2002 年的 2.38 倍，如图 2–13 所示。就相对数而言，2002~2007 年，西部地区生产总值占东部地区的比重分别为 29.41%、28.95%、28.94%、28.40%、28.68%、29.28%。2007 年比 2002 年少了 0.13 个百分点，呈差距扩大的趋势。其次，从人均生产总值来看，2003 年东部地区人均生产总值为 15470 元，西部地区为 6317 元，到 2007 年东部地区人均生产总值为 30292 元，西部地区为 13025 元，东、西部人均生产总值之比一直维持在 2.4∶1 左右的高位，而且东、西部人均生产总值的差距由 2003 年的 9152 元扩大到 17267 元，增长了 88.66%。再次，从城市竞争力来看，西部的两个城市群竞争力整体较弱。根据中国社会科学院 2006 年发布的《城市竞争力蓝皮书：中国城市竞争力报告 No.4》对 15 个城市群进行全方位对比的结果，排名中国城市群综合竞争力前三甲的是长三角城市群、珠三角城市群和京津冀城市群，综合竞争力排名最强的前 4 个城市群全部在东部，而西部的两个城市群——成渝和关中的综合竞争力排名分别为第 10 位和第 13 位，整体较弱。

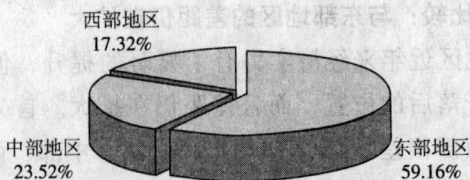

图 2–12　2007 年地区生产总值占全国比重构成图

资料来源：根据中宏数据库（http://www. macrochina. com. cn/macro_data）相关数据计算所得。

二、东西部地区自主创新能力比较研究

从研发能力、转化能力和产业化能力三个方面描述西部地区与东部在自主创新能力方面的差距。

（一）东西部地区研发能力的比较

以下从科技活动经费投入、人力资源投入和专利申请受理和授权情况三个方面论述西部地区与东部在研发能力方面的差距。

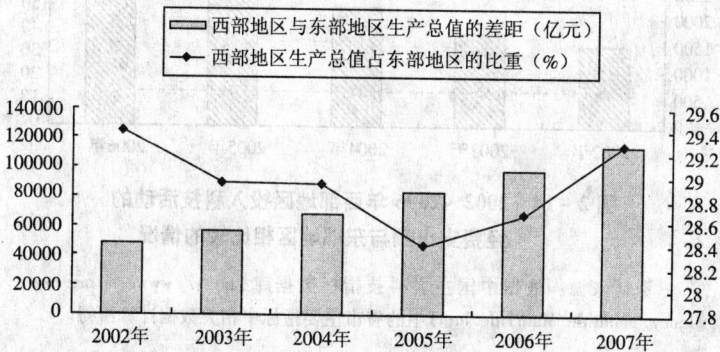

图 2-13　2002~2007 年西部地区与东部地区生产总值差距的变化情况

资料来源：根据《中国统计年鉴》2003~2007 年相关数据和中宏数据库（http：//www. macrochina. com. cn/macro_ data）相关数据整理所得。

1. 科技活动经费投入：西部地区科技活动经费投入与东部相比差距在不断扩大

从科技活动经费支出额来看，西部地区与东部地区相比差距在逐年扩大。首先，从绝对数来看，2002~2006 年，虽然西部地区科技活动经费支出额从 1466.29 亿元递增到 3187.37 亿元①，扩大了 1.17 倍，但与东部地区的差距却在逐年拉大。其次，东部地区科技活动经费支出额占全国的比重在逐年上升，从 2002 年的 68.36% 递增到 2006 年的 68.91%；而西部地区大体呈下降趋势，从 2002 年的 14.58% 逐年递减

---

① 根据中国主要科技指标数据库(http://www. sts. org. cn/kjnew/maintitle/MainTitle. htm)中的省市主要指标中相关数据计算所得。

到 2006 年的 13.55%。再次，东部地区科技活动经费支出额是西部地区的倍数且大体呈上升态势，从 2002 年的 4.69 倍上升到 2006 年的 5.09 倍，如图 2-14 所示。

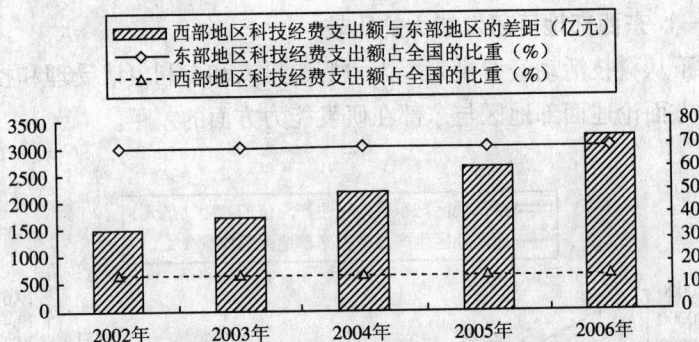

图 2-14　2002~2006 年西部地区投入科技活动的
经费支出额与东部地区相比较的情况

资料来源：根据中国主要科技指标数据库（http://www.sts.org.cn/ kjnew/maintitle/MainTitle.htm）中的省市主要指标中相关数据计算所得。

从研究与试验发展（R&D）经费内部支出来看，东西部地区差距在逐年扩大。首先，从绝对数来看，2002 年到 2006 年，虽然西部地区 R&D 经费内部支出稳步增长，但东西部地区差距却在逐年拉大，从 2002 年的 723.95 亿元拉大到了 2006 年的 1828.83 亿元[①]，差距扩大了 1.53 倍。其次，从东西部地区 R&D 经费内部支出额占全国的比重来看，东部地区大体呈上升态势，从 2002 年的 70.01% 递增到 2006 年的 72.80%；而西部地区大体呈下降趋势，从 2002 年的 14.19% 递减到 2006 年的 11.90%。再次，从东西部地区科技活动经费支出额的比例来看，东部地区支出额是西部地区的倍数且大体呈上升态势，从 2002 年的 4.93 倍上升到 2006 年的 6.12 倍，西部地区与东部地区的差距在不断扩大，如图 2-15 所示。

----

①　根据中国主要科技指标数据库（http://www.sts.org.cn/kjnew/maintitle/MainTitle.htm）中的省市主要指标中相关数据计算所得。

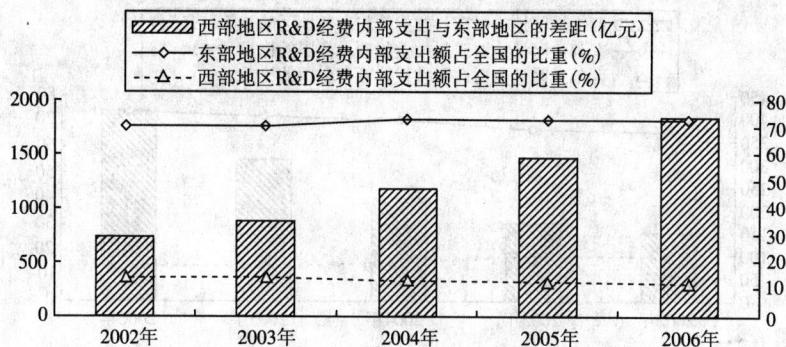

图 2-15　2002～2006 年西部地区 R&D 经费内部支出额与
东部地区相比较的情况

资料来源：根据中国主要科技指标数据库（http：//www. sts. org. cn/kjnew/ma-
intitle/MainTitle. htm）中的省市主要指标中相关数据计算所得。

从地方财政科技拨款来看，东西部地区差距在不断扩大。首先，从绝对数来看，2002 年到 2006 年，虽然西部地区地方财政科技拨款不断增加，但差距却在逐年拉大，从 2002 年的 150.3 亿元逐年拉大到了 2006 年的 416.6 亿元①，扩大了 1.77 倍。其次，从东西部地区地方财政科技拨款额占全国的比重来看，东部地区比重逐年上升，从 2002 年的 65.68% 递增到 2006 年的 73.81%；而西部地区大体呈下降趋势，从 2002 年的 16.37% 递减到 2006 年的 12.47%。再次，从东西部地区地方财政科技拨款额的比例来看，东部地区是西部地区的倍数且逐年递增，从 2002 年的 4.01 倍上升到 2006 年的 5.92 倍，如图 2-16 所示。

2. 科技活动人力资源投入：西部地区科技活动人力资源与东部相比数量较少、素质较低

从科技活动人员的数量来看，西部地区与东部地区相比数量较少、素质较低且差距在不断扩大。首先，从绝对数来看，2002 年到 2006 年，虽然西部地区科技活动人员数量呈扩大趋势，但东西部地区差距却在逐年扩大，从 2002 年的 122.25 万人逐年递增到 2006 年的 173.75

---

① 根据中国主要科技指标数据库（http://www. sts. org. cn/kjnew/maintitle/MainTitle. htm）中的省市主要指标中相关数据计算所得。

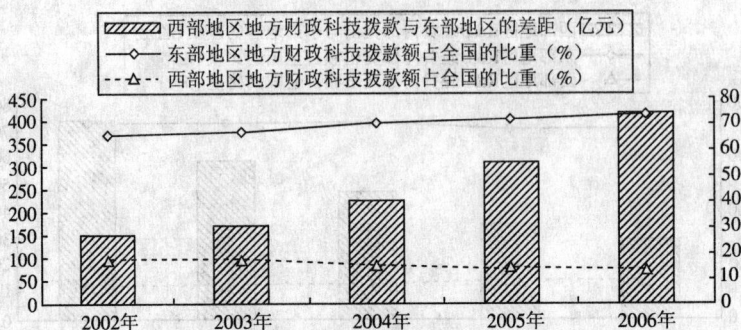

**图 2 - 16   2002 ~ 2006 年西部地区地方财政科技
拨款额与东部地区相比较的情况**

资料来源：根据中国主要科技指标数据库（http：//www. sts. org. cn/kjnew/
maintitle/MainTitle. htm）中的省市主要指标中相关数据计算所得。

万人①，扩大了 0.42 倍。其中，西部地区科学家和工程师的数量与东部
地区相比差距较大且呈扩大趋势，从 2002 年的 86.43 万人逐年扩大到
2006 年的 121.42 万人，2006 年比 2002 年差距扩大了 0.40 倍，这说明
西部地区科技活动人员与东部地区相比素质较低。其次，从东西部地区
科技活动人员数量占全国的比重来看，东部地区呈上升趋势，从 2002
年的 56.09% 逐年递增到 2006 年的 59.42%，其中，科学家和工程师的
数量占全国的比重逐年上升，从 2002 年的 56.65% 逐年递增到 2006 年
的 60.33%，而西部地区科技活动人员数量占全国的比重却逐年递减，
从 2002 年的 19.77% 逐年递减到 2006 年的 17.37%，科学家和工程师
的数量占全国的比重也逐年递减，从 2002 年的 18.94% 逐年递减到
2006 年的 16.93%。再次，从东西部地区科技活动人员数量的比例来
看，东部地区科技活动人员数量是西部地区的倍数且逐年递增，从
2002 年的 2.84 倍逐年上升到 2006 年的 3.42 倍。其中，科学家和工程
师的数量也是西部地区的倍数且逐年递增，从 2002 年的 2.99 倍上升到
2006 年的 3.56 倍，说明西部地区科技活动人员与东部地区相比无论数
量还是素质差距都在不断扩大，如图 2 - 17 和图 2 - 18 所示。

———————————

① 根据中国主要科技指标数据库（http：//www. sts. org. cn/kjnew/maintitle/MainTitle. htm）
中的省市主要指标中相关数据计算所得。

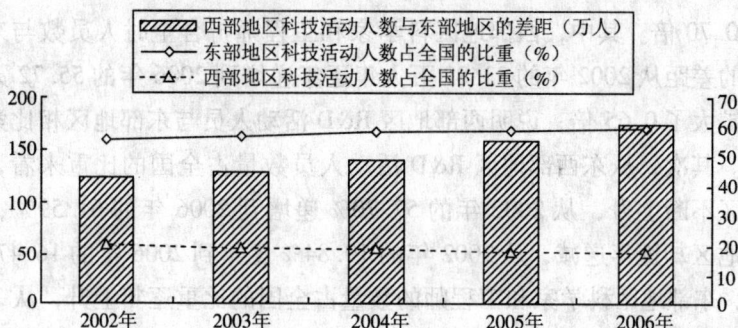

图2-17 2002~2006年西部地区科技活动人数与东部地区相比较的情况

资料来源：根据中国主要科技指标数据库（http：//www.sts.org.cn/kjnew/maintitle/MainTitle.htm）中的省市主要指标中相关数据计算所得。

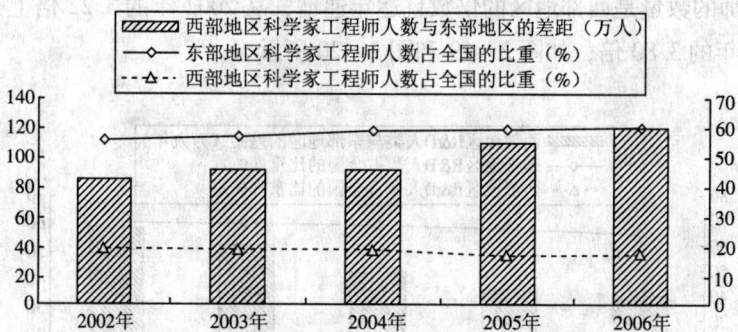

图2-18 2002~2006年西部地区科技活动人员中科学家工程师人数与东部地区相比较的情况

资料来源：根据中国主要科技指标数据库（http：//www.sts.org.cn/kjnew/maintitle/MainTitle.htm）中的省市主要指标中相关数据计算所得。

从R&D活动人员的数量来看，西部地区科学家和工程师与东部地区相比数量较少、素质较低且差距在不断扩大。首先，从绝对数来看，2002年到2006年，虽然西部地区R&D活动人员数量呈扩大趋势，差距却在逐年扩大，从2002年的39.81万人年扩大到2006年的67.80万人年①，扩

---

① 根据中国主要科技指标数据库（http：//www.sts.org.cn/kjnew/maintitle/MainTitle.htm）中的省市主要指标中相关数据计算所得。

大了 0.70 倍。其中，西部地区科学家和工程师折合全时人员数与东部地区的差距从 2002 年的 33.82 万人年逐年递增到 2006 年的 55.72 万人年，扩大了 0.65 倍，说明西部地区 R&D 活动人员与东部地区相比素质较低。其次，从东西部地区 R&D 活动人员数量占全国的比重来看，东部地区不断上升，从 2002 年的 57.70% 递增到 2006 年的 61.59%，而西部地区却逐年递减，从 2002 年的 19.84% 逐年到 2006 年的 16.47%。其中，东部地区科学家和工程师的数量占全国的比重逐年上升，从 2002 年的 59.04% 逐年递增到 2006 年的 61.78%，而西部地区却逐年递减，从 2002 年的 18.33% 逐年递减到 2006 年的 16.25%。再次，从东西部地区 R&D 活动人员数量的比例来看，东部地区是西部地区的倍数且逐年递增，从 2002 年的 2.91 倍上升到 2006 年的 3.74 倍。其中，东部地区科学家和工程师的数量是西部地区的倍数且逐年递增，从 2002 年的 3.22 倍上升到 2006 年的 3.80 倍，如图 2-19 和图 2-20 所示。

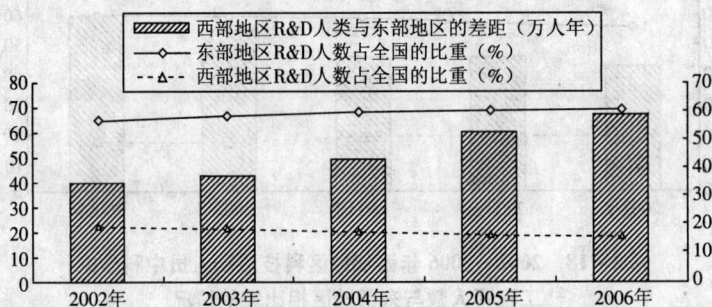

图 2-19　2002~2006 年西部地区 R&D 人数与东部地区相比较的情况

资料来源：根据中国主要科技指标数据库（http://www.sts.org.cn/kjnew/maintitle/MainTitle.htm）中的省市主要指标中相关数据计算所得。

3. 专利申请受理和授权的情况：西部地区专利产出与东部地区相距甚远、原始创新能力弱且差距还在不断扩大

从专利申请受理量及发明专利受理量来看，东西部地区差距很大，西部地区原始创新能力弱且差距也在不断扩大。首先，从绝对数来看，2002 年到 2006 年，虽然西部地区专利申请受理量不断增加，但东西部地区专利申请受理量的差距巨大且差距仍呈不断扩大的趋势，从 2002

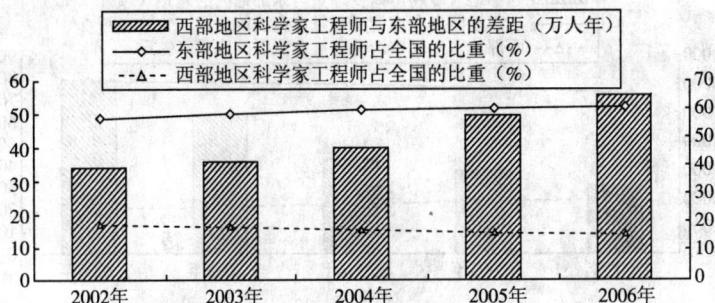

图 2 - 20　2002～2006 年西部地区 R&D 活动人员中科学家
工程师人数与东部地区相比较的情况

资料来源：根据中国主要科技指标数据库（http：//www.sts.org.cn/
kjnew/maintitle/MainTitle.htm）中的省市主要指标中相关数据计算所得。

年的 118772 项扩大到 2006 年的 305887 项①，扩大了 1.58 倍。其中，西部地区发明专利受理量与东部地区相差悬殊且差距呈扩大趋势，西部地区发明专利受理量与东部地区的差距从 2002 年的 20067 项逐年递增到 2006 年的 75851 项，扩大了 2.78 倍。其次，从东西部地区专利申请受理量占全国的比重来看，东部地区不断增长，从 2002 年的 74.15% 递增到 2006 年的 77.82%，而西部地区大体呈递减趋势，从 2002 年的 10.93% 递减到 2006 年的 9.12%。其中，东部地区发明专利受理量占全国的比重逐年上升，从 2002 年的 69.86% 逐年递增到 2006 年的 77.27%，而西部地区却逐年递减，从 2002 年的 12.21% 逐年递减到 2006 年的 9.15%。再次，从东西部地区专利申请受理量的比例来看，东部地区是西部地区的倍数且大体呈递增态势，从 2002 年的 6.79 倍上升到 2006 年的 8.54 倍。其中，东部地区发明专利受理量是西部地区的倍数且逐年递增，从 2002 年的 5.72 倍逐年上升到 2006 年的 8.44 倍，说明西部地区原始创新能力与东部地区的差距在不断扩大，如图 2 - 21和图 2 - 22 所示。

----

①　根据中国主要科技指标数据库（http://www.sts.org.cn/kjnew/maintitle/MainTitle.htm）中的省市主要指标中相关数据计算所得。

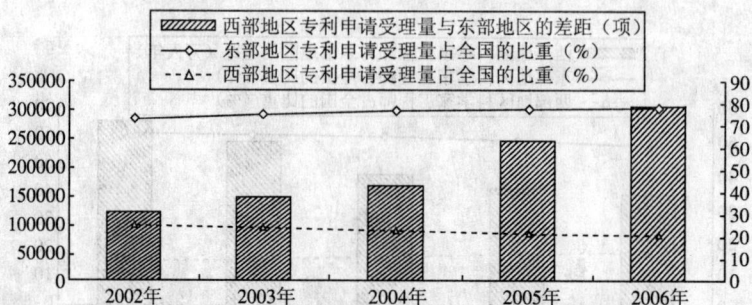

图例：
- 西部地区专利申请受理量与东部地区的差距（项）
- 东部地区专利申请受理量占全国的比重（%）
- 西部地区专利申请受理量占全国的比重（%）

图 2 − 21　2002 ~ 2006 年西部地区专利申请受理量与东部地区相比较的情况

资料来源：根据中国主要科技指标数据库（http：//www. sts. org. cn/kjnew/maintitle/MainTitle. htm）中的省市主要指标中相关数据计算所得。

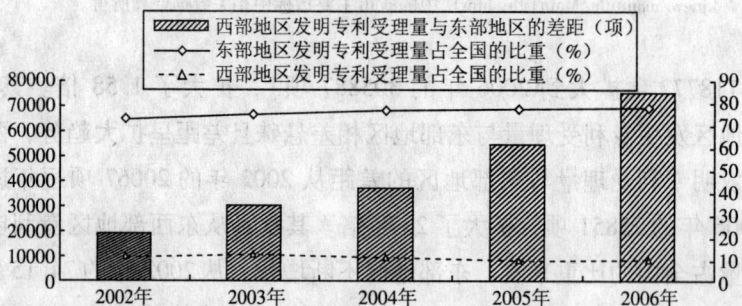

图例：
- 西部地区发明专利受理量与东部地区的差距（项）
- 东部地区发明专利受理量占全国的比重（%）
- 西部地区发明专利受理量占全国的比重（%）

图 2 − 22　2002 ~ 2006 年西部地区发明专利受理量与东部地区相比较的情况

资料来源：根据中国主要科技指标数据库（http：//www. sts. org. cn/kjnew/maintitle/MainTitle. htm）中的省市主要指标中相关数据计算所得。

　　从专利申请授权量及发明专利申请授权量来看，西部地区与东部地区相距甚远，原始创新能力弱且差距仍在不断扩大。首先，从绝对数来看，2002 ~ 2006 年，虽然西部地区专利申请授权量不断增加，但东西部地区专利申请授权量的差距巨大且差距仍呈不断扩大的趋势，从 2002 年的 63603 项扩大到 2006 年的 137880 项①，扩大了 1. 17 倍。其中，西部地区发明专利申请授权量与东部地区相距甚远且差距仍逐年扩

---

　　① 根据中国主要科技指标数据库（http：//www. sts. org. cn/kjnew/maintitle/MainTitle. htm）中的省市主要指标中相关数据计算所得。

大，从 2002 年的 2516 项扩大到 2006 年的 13171 项，扩大了 5.23 倍，说明西部地区原始创新能力与东部地区相差悬殊。其次，从东西部地区专利申请授权量占全国的比重来看，东部地区大体呈增长态势，从 2002 年的 74.56% 逐年递增到 2006 年的 76.62%，而西部地区大体呈递减趋势，从 2002 年的 11.41% 递减到 2006 年的 10.58%。其中，东部地区发明专利申请授权量占全国的比重逐年上升，从 2002 年的 63.23% 逐年递增到 2006 年的 71.42%，而西部地区却呈递减趋势，从 2002 年的 15.66% 递减到 2006 年的 12.19%。再次，从东西部地区专利申请授权量的比例来看，东部地区是西部地区的倍数且大体呈递增态势，从 2002 年的 6.53 倍上升到 2006 年的 7.24 倍。其中，东部地区发明专利申请授权量是西部地区的倍数也大体呈上升趋势，从 2002 年的 4.04 倍上升到 2006 年的 5.86 倍，说明西部地区原始创新能力与东部地区的差距在不断扩大，如图 2 - 23 和图 2 - 24 所示。

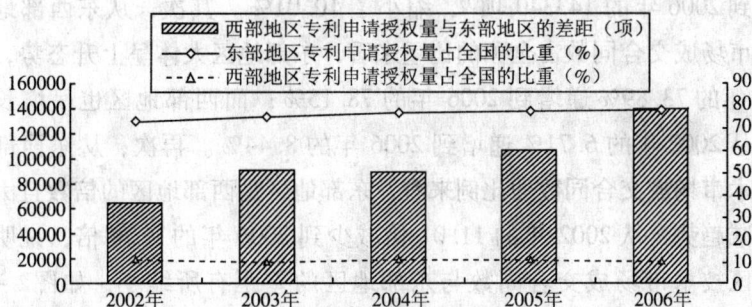

图 2 - 23　2002～2006 年西部地区专利申请授权量与东部地区相比较的情况

资料来源：根据中国主要科技指标数据库（http://www.sts.org.cn/kjnew/maintitle/MainTitle.htm）中的省市主要指标中相关数据计算所得。

（二）东西部地区转化能力的比较

以下从技术市场交易情况和新产品开发经费支出产生的新产品产值情况两个方面论述西部地区与东部在转化能力方面的差距。

1. **技术市场交易情况：西部地区技术市场交易与东部差距明显**

从技术市场成交合同数来看，西部地区技术市场成交合同数与东部地区相比差距明显，但已缩小。首先，从绝对数来看，2002～2006 年，

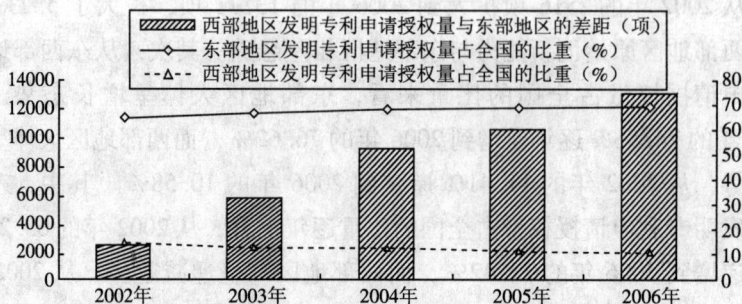

图 2 - 24　2002～2006 年西部地区发明专利申请授权量与
东部地区相比较的情况

资料来源：根据中国主要科技指标数据库（http://www.sts.org.cn/kjnew/
maintitle/MainTitle.htm）中的省市主要指标中相关数据计算所得。

西部地区技术市场成交合同数与东部地区的差距从 2002 年的 159276 项
缩小到 2006 年的 143340 项①，缩小了 10.01%。其次，从东西部地区
技术市场成交合同数占全国的比重来看，东部地区大体呈上升态势，从
2002 年的 73.89% 递增到 2006 年的 78.15%；而西部地区也呈增长趋
势，从 2002 年的 6.71% 递增到 2006 年的 8.44%。再次，从东西部地
区技术市场成交合同数的比例来看，东部地区是西部地区的倍数且大体
呈递减趋势，从 2002 年的 11.01 倍减少到 2006 年的 9.26 倍，说明西
部地区技术市场成交合同数与东部地区的差距有所缩小，如图 2 -25
所示。

从技术市场成交合同金额来看，西部地区与东部地区相比差距明显
且差距不断扩大。首先，从绝对数来看，2002～2006 年，西部地区与
东部地区的差距从 2002 年的 539.02 亿元逐年递增到 2006 年的 1261.4
亿元②，扩大了 1.34 倍。其次，从技术市场成交合同金额占全国的比重
来看，东部地区技术市场成交合同金额占全国的比重不断上升，从

① 根据中国主要科技指标数据库（http://www.sts.org.cn/kjnew/maintitle/MainTitle.htm）
中的省市主要指标中相关数据计算所得。
② 根据中国主要科技指标数据库（http://www.sts.org.cn/kjnew/maintitle/MainTitle.htm）
中的省市主要指标中相关数据计算所得。

2002 年的 73.52% 逐年递增到 2006 年的 81.06%；而西部地区却大体呈下降趋势，从 2002 年的 12.56% 递减到 2006 年的 8.70%。再次，从技术市场成交合同金额的比例来看，东部地区技术市场成交合同金额是西部地区的倍数且大体呈上升趋势，从 2002 年的 5.85 倍扩大到 2006 年的 9.31 倍，说明西部地区技术市场成交合同金额与东部地区的差距仍在扩大，如图 2-26 所示。

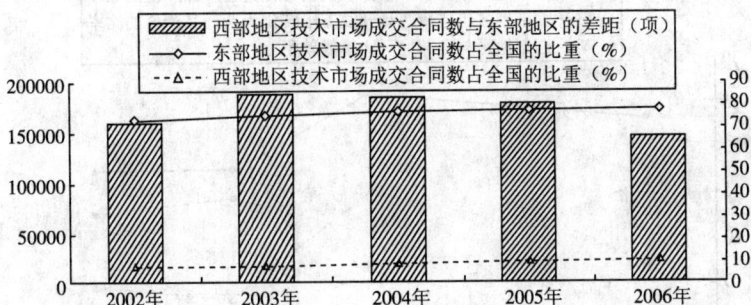

图 2-25 2002~2006 年西部地区技术市场成交合同数与东部地区相比较的情况

资料来源：根据中国主要科技指标数据库（http://www.sts.org.cn/kjnew/maintitle/MainTitle.htm）中的省市主要指标中相关数据计算所得。

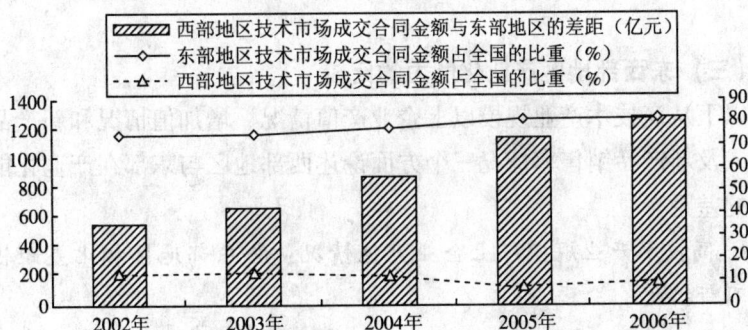

图 2-26 2002~2006 年西部地区技术市场成交合同金额与东部地区相比较的情况

资料来源：根据中国主要科技指标数据库（http://www.sts.org.cn/kjnew/maintitle/MainTitle.htm）中的省市主要指标中相关数据计算所得。

2. 新产品开发经费支出产生的新产品产值情况：与东部存在差距但有所减小

西部地区单位新产品开发支出转化为新产品产值的比率与东部地区相比差距有所减小。2002 年差距为 16.33，2006 年这一比率减至 4.79，① 缩小了 11.54，如图 2 - 27 所示。

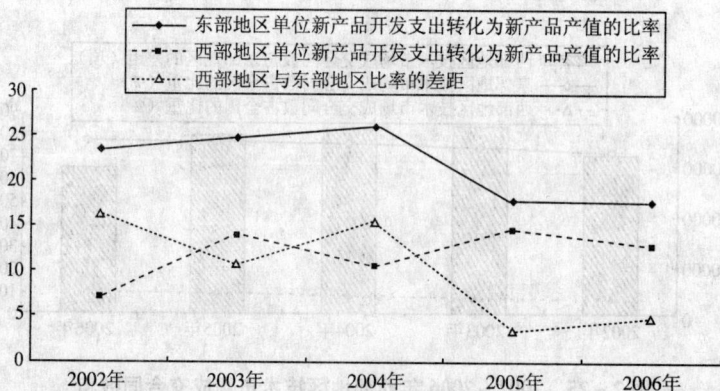

图 2 - 27 2002～2006 年西部地区单位新产品开发支出转化为新产品产值的比率与东部地区相比较的情况

资料来源：根据《中国高技术产业统计年鉴 2007》相关数据计算所得。

（三）东西部地区产业化能力的比较

以下从高技术产业规模以上企业产值情况、增加值情况和新产品销售收入及新产品销售率情况三个方面论述西部地区与东部在产业化能力方面的差距。

1. 高技术产业规模以上企业产值情况：与东部地区相比差距较大且在不断扩大

首先，从绝对数来看，2002 年到 2006 年，虽然西部地区高技术产业规模以上企业产值不断增加，但东西部地区高技术产业规模以上企业产值差距却在逐年拉大，从 2002 年的 11530.4 亿元扩大到 2006 年的

---

① 根据《中国高技术产业统计年鉴 2007》相关数据计算所得。

30392.42 亿元①，扩大了 1.64 倍。其次，从东西部地区高技术产业规模以上企业产值占全国的比重来看，东部地区逐年上升，从 2002 年的 84.11% 递增到 2006 年的 91.23%；而西部地区不断下降，从 2002 年的 7.74% 逐年递减到 2006 年的 4.29%。再次，从东西部地区高技术产业规模以上企业产值的比例来看，东部地区是西部地区的倍数且逐年递增，从 2002 年的 10.86 倍上升到 2006 年的 21.29 倍，如图 2－28 所示。

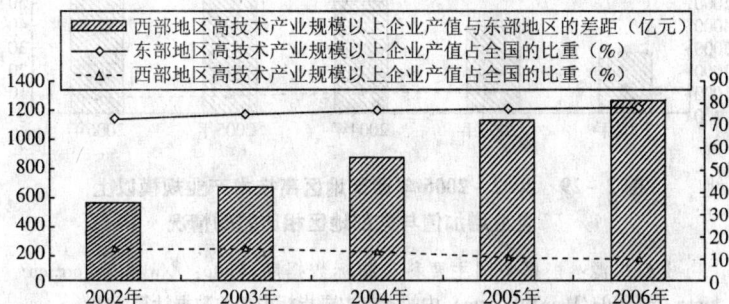

图 2－28 2002～2006 年西部地区高技术产业规模以上企业产值与东部地区相比较的情况

资料来源：根据中国主要科技指标数据库（http://www.sts.org.cn/kjnew/maintitle/MainTitle.htm）中的省市主要指标中相关数据计算所得。

2. 高技术产业规模以上企业增加值情况：与东部相比差距明显且在逐年扩大

首先，从绝对数来看，2002～2006 年，虽然西部地区高技术产业规模以上企业增加值不断增加，但东西部地区高技术产业规模以上企业增加值差距却在逐年拉大，从 2002 年的 2627.21 亿元扩大到 2006 年的 7782.64 亿元，大了 1.96 倍。其次，从东西部地区高技术产业规模以上企业增加值占全国的比重来看，东部地区大体呈上升趋势，从 2002 年的 79.74% 递增到 2006 年的 84.50%；而西部地区不断下降，从 2002 年的 10.02% 递减到 2006 年的 7.10%。再次，从东西部地区高技术产业规模以

---

① 根据中国主要科技指标数据库（http://www.sts.org.cn/kjnew/maintitle/MainTitle.htm）中的省市主要指标中相关数据计算所得。

上企业增加值的比例来看，东部地区是西部地区的倍数且逐年递增，且从 2002 年的 7.96 倍上升到 2006 年的 11.89 倍，如图 2－29 所示。

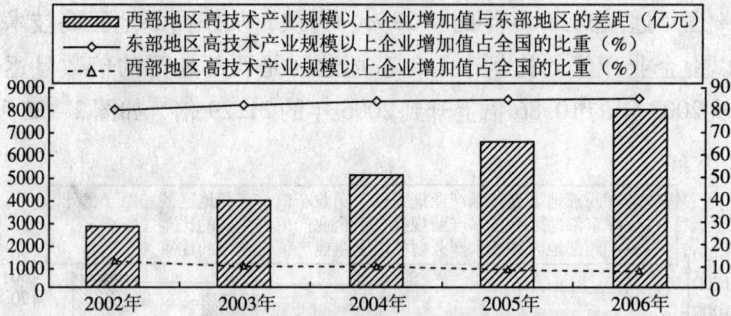

图 2－29　2002～2006 年西部地区高技术产业规模以上企业增加值与东部地区相比较的情况

资料来源：根据中国主要科技指标数据库（http：//www.sts.org.cn/kjnew/maintitle/MainTitle.htm）中的省市主要指标中相关数据计算所得。

3. 新产品销售收入及新产品销售率：东西部地区相比差距明显但有所减小

首先，从新产品销售收入的绝对数来看，2002～2006 年，虽然西部地区新产品销售收入不断增加，但东西部地区新产品销售收入差距却在逐年拉大，从 2002 年的 2997.07 亿元拉大到 2006 年的 6944.19 亿元，扩大了 1.32 倍，差距明显。其次，从东西部地区新产品销售收入的比例来看，东部地区是西部地区的倍数但大体呈下降趋势，从 2002 年的 22.80 倍降至 2006 年的 14.54 倍，相对差距有所缩小。从新产品销售率来看，西部地区与东部地区的差距呈缩小之势，2002 年时东部地区高出西部地区 10.36 个百分点，但 2003 年开始西部地区就高于东部地区，到 2006 年高出 11.42 个百分点，[①] 如图 2－30 所示。

（四）西部地区在自主创新能力方面与东部存在差距的原因分析

从总体上看，目前西部地区在研发能力、转化能力和产业化能力都与东部地区都存在着明显的差距而且呈扩大之势，造成这一差距的原因

---

① 根据《中国高技术产业统计年鉴 2007》相关数据计算所得。

是多方面的，以下论述其主要原因：

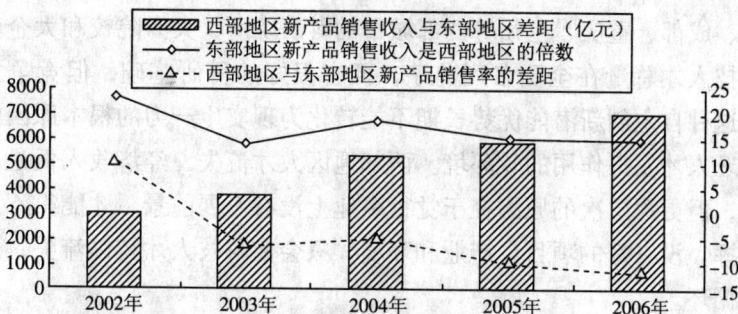

图2－30 2002～2006年西部地区新产品销售收入及新产品销售率与东部地区相比较的情况

资料来源：根据《中国高技术产业统计年鉴2007》相关数据计算所得。

第一，西部地区自主创新意识薄弱，过分追求短期效应。长期以来，西部地区发展重传统产业、轻高新科技，重招商、轻培育，急于求成等现象较为普遍。这样的经济发展模式，影响了实现产业结构的优化调整，导致投资加大，效率变小，虽然宏观经济指标上去了，但产业竞争力却没有得到相应提高。而且西部地区自主创新意识薄弱，过分依赖引进技术、项目和发展低附加值产业。所以，东西部地区间在自主创新能力上的差距是长期积累形成的结果。

第二，西部地区高素质的复合型人才缺乏，且缺少留人用人的人文环境。西部地区的科技产业向更高的层次迈进，关键在于人才，尤其是需要一批富有杰出智能和实践能力的创新型人才。但现有的人才分布结构不合理，高校和科研单位缺乏懂市场、善经营的复合型技术人才，企业缺乏知识面广、创新能力强的科技开发型人才。不少科研人员因不懂市场，不懂项目运作，走入误区。有的因开发出的成果没有紧密联系社会需求，要么欠缺实际应用价值，要么早已在市场上被推广应用，没有发展空间；有的因没有将科技成果做大做强的勇气和信心，要么成果束之高阁，要么被发达地区的企业瞄准后，以低价收购，在发达地区发展成大产业；有的因不懂得市场规律和现代企业运作方式，缺少团队精神，虽有好的科研项目，但执著于单干，往往由于运作不善而转化乏力。而且，西部地区更严峻的是缺少留住人才、用好人才的人文环境。西安、成都、重庆、兰州等西部城市的科研院所、大专院校和大企业中的科技人才总量在全国名列前茅，拥有很好的科研基础，但竞争力不强，这种自主创新潜能优势长期不能转化为现实生产力的根本原因就在于缺乏人才发挥作用的软环境。西部地区人才流失，经济收入低是原因之一，但更深层次的原因在于觉得事业上没有发展前景，才能得不到充分发挥。没有好的项目、产业和环境，只会使科技人才持续流失，造成恶性循环。

第三，西部地区科技活动经费投入不足，尤其是原创性科技开发薄弱。西部地区对科技活动经费投入不足，未能实现与地区经济发展同步增长，多元投入体系和稳定增长机制尚不健全。首先，西部地区地方财政科技拨款占财政支出的比重偏低，一些重点科研项目缺乏必要的经费保障。其次，由于商业银行的改革和银行风险控制的加强，企业科技贷款更加困难，致使新产品开发缓慢，科技成果难以转化。再次，西部地区科技活动经费投入分布不合理，缺乏技术开发投资。根据国际经验，R&D 经费、R&D 转化资金、批量生产的资金三者比例应达到 1：10：100，才能使 R&D 成果较好地转化为商品，形成产业。而西部地区技术开发的资金明显不足，科技成果转化率低。最后，低水平的 R&D 投入强度，导致西部地区绝大多数工业企业无力进行核心技术和前瞻性技术的战略研究，自主创新活动普遍维持在对一些低端技术的研发上。

第四，科研与经济脱节，科技成果转化率低。科技创新本应以服务经济、多出成果为目标，然而西部地区高等院校和科研院所的科研评价体系和激励机制还停留在以发论文，尤其是基础研究论文为主要考核指标的阶段，不注重实用成果的深度开发。这种评价体系没有充分考虑不同层次、不同定位的科研工作特点，无法适应自主创新发展的新形势，不利于科研人员发扬原始创新精神，造成平庸成果大量堆积。尽管仍有许多优秀的科技人才在努力创新，但终究难以形成强大的创新群体合力。此外，即使有好的成果，往往也由于得不到充分的支持，科研人员的运作能力有限而转化乏力。我国高校每年通过鉴定的科技成果有 1 万项左右，而科技成果转化率仅为 10% 至 15%，西部高等院校的成果转化水平就更低了。

第五，以企业为主体的创新体制、机制尚未完全形成。西部地区的企业尚未成为技术创新的主体，科研投入缺乏主动性、适用性和市场化动力。投入少、见效快的中小型科技企业，本应是科技创新的生力军，然而由于西部地区的小型科技企业先天缺乏足够的创业资金，后天又缺乏有效的融资渠道和孵化体系支持，往往在初创期就面临资金链条的断裂，更难以实现成功的技术创新。另外，西部地区的大型国有企业多数延续了计划经济时期的发展模式，技术创新管理机制僵化，资源优势难以转化为产业优势。很多企业负责人不重视自主创新，以至于不熟悉、不了解当前的科技发展前沿，更谈不上对科技成果的鉴别、利用和创新，导致企业缺乏发展后劲。

第六，技术创新体系尚不健全，市场服务意识淡薄。西部地区中介服务机构规模较小，专业化不强，服务功能较弱，经营管理机制不活，中介专业人才缺乏，在服务组织网络化、服务手段信息化、服务功能社会化、服务企业产业化方面存在明显不足，发展明显滞后。技术创新服务中心管理体制僵化，市场意识和服务意识比较薄弱，在信息服务、技术开发与推广、新技术交易服务、资金服务、组织创新政策、专业技术咨询和培训及其他专业化服务等方面还没有发挥应有的作用。技术市场发育不完善，缺乏高科技成果转化的市场服务体系，企业间协作联系薄弱，在发展过程中缺乏应有的技术和信息等方面的交流，没有建立起相应的专业化分工协作、技术与营销网络，企业间的交易费用高，增加了自主创新的成本。

第三章　西部地区优势产业现状及与东部比较

发展区域优势产业是区域经济发展的客观规律，而且提高自主创新能力也必须落脚在优势产业发展上，但是西部地区优势产业的规模小、实力弱，与东部地区差距较大。为尽快减小差距，迫切需要西部加快发展具有区域特色的优势产业，促进资源优势向产业优势和经济优势转化，这是振兴西部经济的必然选择。

第一节　西部地区优势产业发展现状

优势产业是指在一个地区的经济总量中占有较大比重的产业。优势产业对区域经济的发展起着举足轻重的作用。究竟西部地区有哪些优势产业，应进行深入的定性和定量相结合的分析，并从定量分析中作出定性的结论。从各产业工业增加值或旅游业总收入占西部地区 GDP 的比重，和各产业利润总额占工业利润总额的比重两项指标，可看出西部地区的优势产业主要有优势矿产资源和天然气、石油、煤炭、水等能源产业及其加工产业、特色农牧业及农牧产品加工业、装备制造业及军工产业、电子信息、生物医药、航空航天等优势高技术产业和旅游产业等五大优势产业，尤其是在矿产资源和天然气、石油、煤炭、水等能源产业上，西部地区比较优势显著，如表 3－1 所示。

表 3 - 1　西部地区五大优势产业的发展情况

西部优势产业	优势产业的工业增加值（2005 年数据）或旅游产业总收入（2007 年数据）（亿元）	西部地区GDP(亿元)	优势产业工业增加值或旅游产业总收入占西部地区 GDP 的比重(%)	各优势产业利润总额(亿元)	西部地区工业利润总额(亿元)	各优势产业利润总额占工业利润总额的比重（%）
优势矿产资源和天然气、石油、煤炭、水等能源产业及其加工产业	5672.59	33493.31	16.94	1454.82	2057.61	70.70
特色农牧业及农牧产品加工业	1935.97	33493.31	5.78	324.18	2057.61	15.76
装备制造业及军工产业（缺军工产业数据）	1340.18	33493.31	4.00	178.08	2057.61	8.65
优势高技术产业	580.6	33493.31	1.73	73.8	2057.61	3.59
旅游产业	4518.54	47454.64	9.52			
合　计	14047.88	181427.88	7.74	2030.88	2057.61	98.70

注：西部地区工业利润总额是指规模以上工业企业利润总额。

资料来源：《中国工业经济统计年鉴 2006》，中国统计出版社 2007 年版。

一、优势矿产资源和天然气、石油、煤炭、水等能源产业的发展现状

　　由于独特的地理位置和气候条件，西部地区蕴藏着丰富的能源和矿产资源。我国 60% 以上的矿产资源储量分布在西部地区，有 45 种主要矿产已探明其工业储量潜在价值占全国的 49.31%。能源资源中，天然气的储量占到全国总储量的 78.75%，石油远景储量仅新疆就占全国的 40%，煤炭储量占全国的 40% 左右。而且，西部地区水能资源丰富，长江、黄河、珠江和澜沧江等江河上游蕴藏的水能资源占全国总量的 85% 以上，可开发量占全国的 81% 以上。所以能源和矿产资源产业是西部地区最具优势的产业。

（一）西部地区得天独厚的矿产资源、能源优势

第一，矿产资源和能源储量丰富。目前已发现的 172 种矿产在西部地区均有发现，全国探明储量的 156 种矿产中，西部地区达 138 种。其中能源矿产 8 种，金属矿产 54 种，非金属矿产 74 种，水气矿产 2 种。我国 15 种国民经济支柱性资源中，煤、天然气、铜矿、铅矿、锌矿、钾盐、钠盐、硫铁矿和磷矿在西部地区具有绝对开发优势，水泥石灰质原料、金矿、石油和铀矿具有比较优势。在 9 种短缺资源中，西部地区在天然气、铬矿、锰矿、铜矿、铂族金属和钾盐上具有绝对开发优势，石油具有比较开发优势。第二，西部水能资源丰富。西部 12 省（自治区、直辖市）水资源总量为 15880 亿立方米，约占全国水资源总量的57%。第三，西部地区矿产资源和能源资源分布相对集中，有利于规模开发。西部地区有包括两个世界级构造成矿带在内的三大成矿带和四大含油气盆地，成矿地质条件优越，便于规模开发。第四，西部地区能源资源与矿产资源空间组合好，有利于配套开发。例如，滇东煤电和钢铁、有色金属、磷化工组合，乌江水电、黔西煤炭和黔中铝、磷、铁合金工业组合，红水河水电和桂西北铝、锡、铅、锌等有色金属组合，还有大渡河水电与攀西钢铁、有色金属工业组合，黄河上游水电、蒙陕宁煤炭和青甘宁蒙等产业带的组合，这些都是我国重要的能源和原材料工业联合开发基地。

（二）西部地区矿产资源和天然气、石油、煤炭、水等能源产业及其加工产业的发展现状

因为西部拥有丰富的能源和矿产资源，所以西部 12 省（自治区、直辖市）的优势资源产业大多属于矿产资源产业和天然气、石油、煤炭、水等能源产业。从西部地区优势资源产业中各行业的工业增加值占西部地区优势资源产业的工业增加值的比重，和西部地区优势资源产业各行业的利润总额占西部地区优势资源产业的利润总额的比重来看，西部地区在石油和天然气开采业，电力、热力的生产和供应业上有显著的优势，如表 3 - 2 所示。

表3-2 2005年西部地区矿产资源和天然气、石油、煤炭、水等能源产业发展情况

	各行业的工业增加值（亿元）	各行业的工业增加值占西部地区优势资源产业的工业增加值的比重（%）	各行业的利润总额（亿元）	各行业的利润总额占西部地区优势资源产业的利润总额的比重（%）
黑色金属冶炼及压延加工业	784.44	13.83	65.34	4.49
化学原料及化学制品制造业	570.5	10.06	132.12	9.08
非金属矿物制品业	353.63	6.23	30.8	2.12
有色金属冶炼及压延加工业	477.6	8.42	105.33	7.24
电力、热力的生产和供应业	1194.72	21.06	175.6	12.07
化学纤维制造业	20.69	0.36	1.6	0.11
石油加工、炼焦及核燃料加工业	234.35	4.13	-57.92	-3.98
有色金属矿采选业	176.17	3.11	100.64	6.92
黑色金属矿采选业	79.37	1.40	23.15	1.59
煤炭开采和洗选业	547.83	9.66	125.91	8.65
石油和天然气开采业	1233.29	21.74	752.25	51.71
合计	5672.59	100	1454.82	100

资料来源：《中国工业经济统计年鉴2006》，中国统计出版社2007年版。

1. 四川省水电、天然气化工和钢铁产业的发展现状

四川省具有丰富的水能、天然气和钒钛等优势资源。四川水能蕴藏量达到1.43亿千瓦，技术可开发量1.03亿千瓦，经济可开发量为0.76亿千瓦，是我国可开发水能最富集的区域。目前，四川已建在建的有二滩、瀑布沟，拟建的有溪洛渡、向家坝、锦屏等特大型水电站。四川省规划到2020年金沙江、雅砻江、大渡河"三江"流域水电投产规模可达5170万千瓦，将使四川成为全国最大的水电产业基地。而且，据全国第三次油气资源评价结果表明，四川盆地天然气总资源量71851亿立方米，加上盆周地区天然气资源量超过12万亿立方米。截至2006年底，全盆地已发现的天然气三级储量合计29897亿立方米，其中探明储

量14525亿立方米,控制储量5334亿立方米,预测储量10039亿立方米。四川盆地天然气探明储量约占全国的二分之一,产量占全国的26.2%。此外,四川探明储量的矿产达到89种,有28种矿产储量名列全国前三位,其中钒、钛等11种居全国第一,铁、钢、石棉等10种居全国第二位。目前,四川已具备了优质钢铁化工的开发基础,钒钛、稀土资源的综合开发利用初具规模,逐步形成了攀钢集团的系列钢铁产品、天原的聚氯化工产品、泸天化的氮肥、川投的黄磷以及元明粉、聚苯硫醚、有机硅氟等一批在国内外市场具有较强竞争力的优势产品。2006年,四川省优势资源产业增加值920亿元,增长了25.1%。

近年来,围绕优势资源的开发利用,四川加大了技术研发和招商引资的工作力度。80万吨乙烯和向家坝、溪洛渡水电站等一批大项目相继开工建设,四川工业发展的后劲显著增强。钒钛新材料基地建设取得新进展,攀钢集团加强钒钛资源综合利用关键技术攻关,成功研发钒氮合金、氯化法钛白生产核心技术,打破了国外长期以来的联合技术封锁。2006年,全省钢铁产量达到1226万吨,聚氯乙烯75.5万吨、配套电石原料72.9万吨、纯碱107.9万吨、烧碱92.5万吨、聚酯16.9万吨。宜宾天原、泸天化、金路集团、川化集团等骨干企业的聚氯乙烯、尿素、氯化铵、烧碱等重点产品在西部地区有明显的竞争优势。此外,天然气化工一直是四川的重点产业,在全省工业经济发展格局中占有极为重要的地位。目前,四川年产30万吨以上合成氨的化工企业有6家,不但总体生产规模居全国第一,而且技术水平先进。通过长期努力,四川已拥有较好的天然气化工产业基础。重点企业不仅在省内,在全国同行业也具有一定优势。一些重点区域发展天然气化工的基础设施完整,配套能力较强。而且,四川天然气化工起步较早,有实力的企业,天然气化工方面人才优势突出,特别是在开发"碳一"化学品(如甲醇、甲醛、甲酸及其衍生物)、氢氰酸及其衍生物、创制农药等领域有雄厚的科研开发实力。

2. 贵州省水电、煤化工产业的发展现状

贵州省具有水火互济的资源优势,全省可开发水能蕴藏量1683万千瓦,煤炭保有储量523亿吨,有"江南煤都"之称。贵州煤炭资源量2419亿吨,已探明储量523.69亿吨,为中国南方11省(自治区、直辖市）之和，是我国南方主要的炼焦煤基地和无烟煤基地。贵州煤炭资源不但量大质优，而且煤种齐全，既有适合各种现代新型、高效煤气化炉实现煤制气生产合成氨、甲醇以及通过甲醇转化制烯烃的烟煤、无烟煤，更有发展炼焦化工所必需的主焦煤、气煤、肥煤和瘦煤。此外，贵州水能蕴藏量1874.5万千瓦，可开发水能1683万千瓦，能够为省外提供丰富的清洁能源，对南方电网具有重要的调峰作用。2005年贵州投产电力装机容量连续三年超过200万千瓦，实现向广东送电400万千瓦，到2010年电力装机容量将达到3000万千瓦左右，其中向省外送电1000万千瓦以上。

丰富的煤炭资源为贵州的煤化工提供价廉物美的基础原料，煤化工逐渐发展为贵州化工业的重要分支，成为其特色优势产业。当前已经建成了一批以煤焦为原料的合成氨生产企业，形成年产53万吨的煤制合成氨生产能力；建成了以煤焦—电石为基本原料的大型有机化工企业和年产8万吨的聚氯乙烯生产装置；还建成了两个煤焦化工企业，煤焦油深加工产品10多种。在贵州西部、西北部依托丰富的煤和煤层气资源，大力开发煤化工、煤焦油加工、煤层气化工以及煤合成甲醇、二甲醇、合成汽油等大宗化工产品和高、精、尖的精细有机化工产品。丰富的"水火"能源不仅能满足本省的工业发展需要，同时还可以输送省外，在国家的能源发展生产力布局中，已经确定"西电东送的重点在云贵，云贵的重点在贵州"。2006年，贵州煤炭年产量1.2亿吨，省外销售约4000万吨。电网装机已达1100万千瓦，目前在建规模超过1750万千瓦。现在，贵州电力工业已与四川、云南、广西、广东电网联为一体，2006年贵州电网外送电271.56亿千瓦时，其中向广东送电140.29亿千瓦时，预计未来5年将向广东送电1800亿千瓦时。

3. 内蒙古自治区煤炭产业的发展现状

内蒙古自治区煤炭储量居全国第二位，约1.2万亿吨，煤种齐全、煤质优良。已查明含煤面积约占全区国土面积的十分之一，累计探明储量2460亿吨，保有储量约2232亿吨，预测远景储量12250亿吨。多数煤田埋藏浅、煤层厚、赋存稳定、构造简单、宜于开采，伴生矿产资源也比较丰富。内蒙古共生产原煤5.55亿吨，向区外输出煤炭2.95亿吨，占总量的53%，是我国第二大煤炭资源大省（区）、产煤大省

（区）和煤炭输出大省（区），为国家和自治区经济社会发展做出了较大贡献。2007 年前 11 个月，全区煤炭工业完成增加值 364.7 亿元，与去年同期相比增长 29.6%。而且，煤炭转换、深加工产业正在兴起。除传统煤电项目外，神华集团煤制油和煤制烯烃项目、内蒙古三维公司20 万吨煤制甲醇项目、山东久泰一期工程 50 万吨煤制甲醇及 10 万吨二甲醚项目、新奥集团 60 万吨煤制甲醇及 40 万吨二甲醚项目、蒙华能源公司一期 20 万吨煤制甲醇项目、多伦大唐 160 万吨甲醇及 46 万吨烯烃项目等一大批上规模、上水平的煤化工项目相继落地，这些项目建成投产必将极大提高内蒙古煤炭资源的就地加工转化能力。此外，黄铁矿回收系统、矸石电厂、矸石砖厂等煤炭资源综合利用产业也在逐步扩大。

4. 新疆维吾尔自治区石油、天然气产业的发展现状

新疆的石油和天然气资源蕴藏丰富，总资源量达 300 亿吨，占全国的四分之一。2006 年，石油、天然气产量分别约为 2474.7 万吨和164.2 亿立方米，分别居全国第三位和第一位。其油气资源主要分布在准噶尔、塔里木、吐鲁番—哈密盆地。目前已经建成了准噶尔盆地、塔里木盆地和吐哈盆地三大石油天然气生产基地，初步形成了克拉玛依、独山子、乌鲁木齐、库尔勒、库车、泽普等不同规模、各具特色的石油化工产品加工基地，一个全方位发展、多元投资、产业链逐渐延长的石油化工集群已经形成。新疆已成为我国西部重要的石油化工基地和能源生产基地。"十一五"期间，新疆将建成国家最大的石油、天然气生产基地和国家能源陆上安全大通道。为此，新疆将做大做强石化工业，集中力量建好独山子—克拉玛依、乌鲁木齐、南疆和吐哈等四大石化基地。石油化学工业增加值占全区规模以上工业增加值的比重超过 70%，占全区生产总值的近 25%，已成为新疆经济发展最重要的支柱产业。目前，原油加工能力达到 2030 万吨，乙烯生产能力 25 万吨，聚酯生产能力 11万吨，聚乙烯 14 万吨，初步建立起具有炼油、化肥、塑料等综合生产能力的原油加工和石油化工体系，可生产约 200 种石油化工产品。

5. 云南以有色金属和磷化工为主的矿产业发展现状

云南素有"有色金属王国"之称。其矿种全、储量大。全国已发现矿产 168 种，云南占 142 种，有 54 种矿产的储量居全国前十位，其中铅、锌、锡、磷、铜、银等 25 种产矿储量居全国前三位。云南矿产

资源不仅总量大、矿种齐全，而且配套条件好、经济价值高，为云南发展新材料技术等高新技术产业提供了很好的资源条件。目前已形成以锌锡铜铝为主、产学研配套发展的有色金属产业体系。云南磷矿石、黄磷、磷肥产量居全国第一，成为我国重要的有色金属和磷化工基地。2004 年云南 10 种有色金属产量完成 129.42 万吨，有色行业完成增加值 68.22 亿元，销售收入 283.71 亿元，利润 16.52 亿元。全省生产化肥 262.67 万吨，完成增加值 49.37 亿元，共实现销售收入 190.30 亿元，利润 17.29 亿元。由于丰富的有色金属矿藏以及多年形成的采选冶炼加工技术和化工技术在西部乃至全国具有比较优势，金属矿采选冶炼加工业及化学工业由此成为云南省的富有成长型的优势产业。

二、西部地区特色农牧业及农牧产品加工业的发展现状

西部地区独特的气候、土壤和丰富的农牧资源，为发展特色农牧业及农牧产品加工业提供了良好的基础。从西部地区特色农牧业及农牧产品加工各行业的工业增加值占西部地区特色农牧业及农牧产品加工业的工业增加值的比重，和西部地区特色农牧业及农牧产品加工业各行业的利润总额占西部地区特色农牧业及农牧产品加工业的利润总额的比重来看，西部地区在农副食品加工业和饮料制造业上有明显的比较优势，如表 3 - 3 所示。西部地区的特色农牧业主要有内蒙古的畜牧业、云南的烟草业、贵州的畜牧业和农业等；特色农牧产品加工业主要有四川的农产品加工业、贵州的烟、酒、特色食品产业、内蒙古自治区的畜产品加工业、广西的制糖业等，以下将分别论述这些产业的发展现状。

表 3 - 3　2005 年西部地区特色农牧业及农牧产品加工业发展情况

	各行业的工业增加值（亿元）	各行业的工业增加值占西部地区特色农牧业及农牧产品加工业的工业增加值的比重（%）	各行业的利润总额（亿元）	各行业的利润总额占西部地区特色农牧业及农牧产品加工业的利润总额的比重（%）
农副食品加工业	446.07	23.04	68.25	21.05
食品制造业	181.52	9.38	27.86	8.59
饮料制造业	306.07	15.81	76.53	23.61

	各行业的工业增加值（亿元）	各行业的工业增加值占西部地区特色农牧业及农牧产品加工业的工业增加值的比重（%）	各行业的利润总额（亿元）	各行业的利润总额占西部地区特色农牧业及农牧产品加工业的利润总额的比重（%）
烟草制品业	713.02	36.83	128.97	39.78
纺织业	185.27	9.57	13.43	4.14
纺织服装、鞋、帽制造业	14.66	0.76	1.23	0.38
造纸及纸制品业	89.36	4.62	7.91	2.44
合计	1935.97	100.00	324.18	100.00

资料来源：《中国工业经济统计年鉴2006》，中国统计出版社2007年版。

（一）西部地区特色农牧业发展现状

1. 内蒙古自治区特色畜牧业发展现状

内蒙古自治区的草地资源和蓄种资源十分丰富。其草地资源是世界上草地类型最多的天然草原之一，草场面积居全国五大牧场之首，达8666.7万公顷，占全区总面积的64.99%，其中可利用草地5755.8万公顷。草地有野生饲用植物793种，其中主要饲用植物约200多种。全区草地资源年生物总贮量约680.8亿公斤，其中可食甘草总贮量约408.57亿公斤。全区农区和半农半牧区发展畜牧业具有独特的饲草饲料资源。而且，内蒙古自治区是蓄种资源最丰富的省区之一，分布范围广、数量多的蒙古系地方品种有蒙古牛、蒙古羊、蒙古马、蒙古驼、滩羊等，是发展畜牧业的基础。全区培育的优良品种有三河马、锡林郭勒马，草原红牛、三河牛、黑白花奶牛、科尔沁牛，毛肉兼用的兴安细毛羊、内蒙古细毛羊、鄂尔多斯细毛羊、科尔沁细毛羊、乌珠穆沁肉用羊、内蒙古白绒山羊、罕山白绒山羊、阿拉善双峰驼等。另外，内蒙古自治区人均耕地居全国第一，森林面积居全国之冠，是国家重要的农牧林业生产基地。在自治区农业总产值的份额结构中，无论从产值绝对数或者其在农业总产值中所占的比重来看，畜牧业的上升幅度均居首。

2. 云南烟草业的发展现状

云南卷烟生产始于1922年，以烤烟为主，80%的产品销往省外，在全国占有广阔的市场，还有 10 多个牌号卷烟出口日本、缅甸、南非等二十多个国家和地区，尤其是昆明卷烟厂和玉溪红塔集团的产品最为有名。多年来，云南烟草在全国始终保持了"六项第一"，即品牌烟数量、产量、质量、销量全国第一；"两烟"产量、质量、销量全国第一；市场覆盖率全国第一；"两烟"出口创汇全国第一；"两烟"全国实现税利全国第一；卷烟工业装备全国第一。云南烟草产业创造的税收占全省财政收入的 60% 以上，是全省的优势产业和支柱产业之一，在全国烟草产业中占有举足轻重的地位。2004 年，云南省烟草系统共收购烤烟 1374.48 万担，生产卷烟 621.38 万箱，完成工业增加值 413.53 亿元，实现销售收入 525.49 亿元，利税 377.38 亿元，利润 92.35 亿元。烟草流通系统累计实现税利 51 亿元。全省出口烟叶 118 万担，卷烟 6.36 万箱，"两烟"出口总额 1.69 亿美元。烟草产业仍将在较长时期内处于云南省产业结构中的优势和支柱地位，对云南特色农业以及整个经济发展起着重要作用。

3. 贵州畜牧业和农业的发展现状

贵州地处云贵高原斜坡地带，是多种气候交汇的过渡区，冬无严寒、夏无酷暑，雨量充沛，独特的立体气候和种类繁多的生物资源，是全国重要的动植物种源地之一，也是发展特色农牧业最具潜力的地区。贵州是"天然牧草王国"，草山草坡资源丰富，作为全国重点牧区之一，具有发展畜牧业有着得天独厚的优势。目前，已具备了一定数量的畜牧生产、服务型企业，畜牧业推广体系和良种繁育体系在产业化经营中对养殖户的技术支撑和服务支撑作用，畜牧业重点龙头企业的带动作用明显增强，畜牧业市场体系建设和加工业有了较快发展，涌现了一批在国内有一定影响的畜产品交易市场和畜产品品牌。另外，贵州还有烤烟、油菜、辣椒、茶叶、油桐、刺梨、蚕桑、花卉、野木瓜、水果等十分丰富、产业化前景广阔的特色农产品。

（二）西部地区特色农牧产品加工业发展现状

1. 四川农产品加工业发展现状

近年来，四川省以食品加工、饮料制造、烟草加工等为代表的农产品加工业迅速发展，形成了五粮液集团、剑南春、泸州老窖、华润蓝剑、希望、通威、光友、成都卷烟、丝丽雅等一批全国知名企业以及高金、四海等农产品加工龙头企业，在白酒、啤酒、软饮料、卷烟、饲料、粮油肉制品、丝绸等领域形成了同业聚集型和龙头带动型的产业链，初步形成邛崃的白酒基地、成都武侯区簇桥的皮鞋、新都和成都武侯的家具制品、南充和遂宁的丝绸与纺织、达州的苎麻等一批农产品加工企业集群。2006年，四川省农产品加工产业增加值417.8亿元，增长24.3%，农产品加工产业已经成为四川工业经济发展的重要力量。2006年，全省农产品加工业主要产品产能迅速扩张，其中白酒64.98万千升、啤酒151.6万千升、鲜藏冷冻肉184.9万吨、罐头7.29万吨、软饮料156.4万吨、乳制品16.96万吨、家具320万件。通过不断加大技术改造和技术创新工作力度，四川农产品加工业正在焕发新的生机，2006年全省猪肉制品出口量超过全国的40%，白酒企业实现销售收入342.5亿元、占全国白酒销售收入的三成以上，实现利润总额42.2亿元，占全国白酒利润总额近半壁河山。家具产销量居全国第二位，其中板式家具产销量居全国第一位。

2. 贵州烟、酒和特色食品产业的发展现状

贵州传统的烟、酒在国内消费品市场一直占有重要的市场地位，特别是以茅台酒为龙头的白酒在全国白酒高端市场占据垄断地位。2004年，贵州茅台名列中国最具竞争力的上市公司20强的第5名，和我国酿酒食品前10强的第2名。贵州卷烟凭着自然醇和的独特口味，打响了"黄果树"品牌，塑造"驰"、"长征"等品牌的新形象，2002年，"黄果树"香烟销量36万箱，2003年销量达到49.1万箱，增幅达到36.4%。成为继白沙、红河、红梅之后的第四大卷烟品牌。另外，全省特色食品工业实现年平均增长18%左右，特色食品工业成为特色突出、实力较强、对农业带动面较大、经济和社会效益好的产业。以"老干妈"为首的贵州风味食品，产品不仅畅销全国，还远销美国、澳大利亚、南非、东南亚等地。

3. 内蒙古自治区畜产品加工业发展现状

内蒙古自治区的畜产品资源丰富，其肉、奶、绒毛等畜产品在国内占有重要地位，有些产品在国外也享有盛名。目前已初步形成了以农畜产品加工企业为龙头的产业化系列，涌现出了一大批知名度高、规模大的农畜产品加工龙头企业。全区工业总产值在100万元以上的农畜产品

加工企业有 900 家。其中，既有内蒙古自己培育的企业，如伊利、蒙牛、草原兴发、鄂尔多斯等，也有引进的全国知名企业，如北京的三元、上海的光明、河南的双汇等。内蒙古自治区绝大多数全国驰名商标都出自农畜产品加工业，如乳业的"伊利"、"蒙牛"，肉业的"草原兴发"、"小肥羊"、"科尔沁"，服装业的"鄂尔多斯"、"鹿王"、"仕奇"，酒业的"河套"，糖业的"草原"，"河套"面粉等，已形成了规模化的绿色草原品牌集群，不仅在西部地区处于领先地位，同时高于全国平均水平。依托全区各地资源禀赋，内蒙古逐步建立起了以牛奶、牛羊肉、羊绒和优质粮油等农畜产品为主的主导产业，促进了内蒙古农畜产品加工业的发展，使产业链不断延伸，有效促进了产销衔接，推进了规模化经营。

4. 广西制糖业发展现状

广西的制糖业不仅是其最大的农产品加工业、重要的优势和支柱产业，而且已在全国具有举足轻重的地位。广西有 56 个县种植甘蔗，涉糖农村人口 2000 余万人，甘蔗种植面积 1421.6 万亩，其食糖产量占全国食糖总量的 60% 以上。2007 年上半年，广西制糖业实现利润 19.02 亿元，居各行业创利之首；增加值达到 74.6 亿元，拉动规模以上工业增加值增长 4.6 个百分点。制糖业已经成为支撑全区规模以上工业利润高速增长的主要动力。广西还把发展综合利用作为打造糖业新优势的重要举措，使传统单一的制糖生产延伸到造纸、酒精、赖氨酸等生物化工与食品深加工等纵深领域。广西利用蔗渣造纸、制浆的技术达到国际水平，每产 2 吨食糖的蔗渣可以造 1 吨纸，每吨纸的价值是糖的 2.5 倍，而蔗渣造纸的成本只是木材造纸的一半。从生态效益看，广西制糖产生的蔗渣达 1100 万吨以上，如全部用来造纸，产纸量可达 250 万吨以上，可减少造纸用木材 1000 万立方米以上，相当于 2500 万亩以上森林的年生长量。

三、西部地区装备制造及军工产业发展现状

西部地区的装备制造及军工产业主要分布在重庆、四川、陕西、贵州、云南和广西等省（自治区、直辖市），而且是重庆、四川、陕西的支柱产业和优势产业，对西部各省（自治区、直辖市）社会经济的发

展起到了重要的推动作用。2005 年，西部地区装备制造业总产值为
4981.98 亿元，占全国的 6.03%；产业增加值为 1334.89 亿元，占全国
的 6.61%。重庆装备制造业的总产值占重庆市生产总值的比重高达
40.72%，陕西和四川也分别达到了 22.5% 和 20.08%。

（一）西部地区发展装备制造和军工产业的比较优势

基于西部各省区市的资源禀赋和产业基础，装备制造业在西部地区
形成了一定的比较优势。首先，西部地区特色的矿产资源优势是其发展
装备制造业不可替代的原材料优势。四川富集了全国 97.27% 的原生钛
铁矿、54.25% 的钒矿，陕西拥有全国 28.62% 的天然气资源，贵州、广
西和重庆分别占据了全国 28.12%、18.21% 和 4.91% 的铝土矿，云南和
贵州还分别拥有全国 21.81% 和 19.72% 的磷矿。其次，西部地区在国防
军工方面的优势推动了民用装备制造业的发展。四川、陕西和重庆作为
重要的军工产业基地，具备优于民用装备制造业的核心技术和研发队伍，
将这些核心技术和研发队伍同民用装备制造业的技术、人力和市场等方
面结合起来，能大大推动缺乏科技创新实力的民用装备制造业的发展。

（二）西部地区装备制造及军工产业的发展现状

西部地区矿产资源和国防军工方面的优势，为打造我国具有重要战
略意义的装备制造业及军工产业提供了坚实的基础。从西部地区装备制
造业及军工产业各行业的工业增加值占西部地区装备制造业及军工产业
的工业增加值的比重，和西部地区装备制造业及军工产业各行业的利润
总额占西部地区装备制造业及军工产业的利润总额的比重来看，西部地
区在交通运输设备制造和通用设备制造两个行业上有明显的竞争优势，
如表 3-4 所示。

表 3-4　2005 年西部地区装备制造业及军工产业发展情况

装备制造业及军工产业（缺军工产业数据）	各行业的工业增加值（亿元）	各行业的工业增加值占西部地区装备制造业及军工产业的工业增加值的比重（%）	各行业的利润总额（亿元）	各行业的利润总额占西部地区装备制造业及军工产业的利润总额的比重（%）
金属制品业	65.97	4.92	7.96	4.47

装备制造业及军工产业（缺军工产业数据）	各行业的工业增加值（亿元）	各行业的工业增加值占西部地区装备制造业及军工产业的工业增加值的比重（%）	各行业的利润总额（亿元）	各行业的利润总额占西部地区装备制造业及军工产业的利润总额的比重（%）
通用设备制造业	212.81	15.88	44.85	25.19
专用设备制造业	172.73	12.89	17.79	9.99
交通运输设备制造业	497.52	37.12	64.62	36.29
电气机械及器材制造业	181.65	13.55	28.65	16.09
通信设备、计算机及其他电子设备制造业	172.45	12.87	9.11	5.12
仪器仪表及文化、办公用机械制造业	37.05	2.76	5.10	2.86
合计	1340.18	100.00	178.08	100.00

资料来源：《中国工业经济统计年鉴2006》，中国统计出版社2007年版。

1. 重庆市装备制造业和军工产业的发展现状

重庆不仅是西部地区交通运输设备制造业优势最突出的地区，而且是我国最大的仪器仪表生产基地，还是重要的内燃机和大型变压器生产基地。已形成了一批在国内市场上具有比较优势的产品，包括为国家重大装备和重点建设项目提供配套产品、工业自动化仪表和元件、武器装备、能源开发和输送产品、船舶及齿轮加工机床等。第一，重庆汽车工业在全国具有举足轻重的地位。共有38家各类汽车生产厂家，已达到年产127万辆整车生产能力。2006年，全市生产汽车79万辆，占全国10.9%。而且重庆具有良好的汽车零部件产业基础。2006年，重庆规模以上汽车零部件企业261家，实现销售收入190亿元，有28个汽车零部件产品在全国市场份额居前3位。第二，重庆是我国最大的摩托车生产和出口基地，摩托车占全国市场份额的35%，发动机占50%以上，已经具备了成熟的摩托车产业集群。现有摩托车整车生产企业30家，上规模的零部件生产企业近425户，形成800万辆整车、1000万台发动机的生产能力。2006年，摩托车整车生产751万辆，摩托车及发动机连续 7 年位居全国第一，出口连续 6 年全国排名第一。第三，重庆是我国最大的仪器仪表生产基地。主要生产企业有四联集团、横河川仪、前卫仪表和宇通等。2006 年销售收入 32 亿元。第四，重庆是中国重要的内燃机生产基地。内燃机主机生产和配套体系齐全，可生产 1.6 马力到 3000 马力的汽油和柴油发动机，产量占全国的 20% 左右。第五，重庆是我国大型变压器生产基地之一。重庆 ABB 变压器公司拥有世界一流变压器设计制造技术，生产的 500KV 大型超高压电力变压器占全国市场份额的 47%。第六，重庆齿轮加工机床从设计到制造都代表了我国齿轮加工机床的最高水准。可生产滚、插、剃、珩、倒五大齿轮加工机床，数控滚齿机床国内市场占有率达 60%。第七，重庆船舶工业具有较完备的产业门类和生产体系，形成了以中央在渝大中型骨干企业为主体，以民营船舶企业为补充，综合配套，优势互补的产业群。同时，重庆还是我国船、机、仪、基础件最齐全的船舶科研与生产基地。2006 年重庆船舶工业主营业务收入、造船完工量以及船舶配套业主营业务收入在全国分别列居第 8 名、第 9 名和第 4 名。

"三线"建设时期，国家在重庆布局了一批包括从常规兵器到尖端科学在内的军事科技工业，并内迁了一批配套工业、大专院校及科研院所，从而奠定了较完整的现代工业体系和国防科研生产体系。经过几十年的发展，重庆已成为全国最大的常规武器、船舶配套产品开发生产基地、国家重点支持的十大装备制造基地之一。现有 38 户军工企业和科研院所，23 家军品配套企业，涉及兵器、船舶、电子、航空等领域，资产总额超过 550 亿元，职工 12 万余人。2006 年，重庆工业企业实现销售产值 4202 亿元，以汽车摩托车、装备制造为代表的军民结合产业实现产值超过 1000 亿元，占全市工业总产值的 1/4，军工溢出效应产生的民营企业和国防配套产业实现产值占全市工业总产值的 1/3。

2. 陕西省装备制造业发展现状

装备制造业已成为陕西省经济和工业发展的重要支撑和进一步加快发展的潜力所在，特别是在飞机制造、航天动力、高压输变电设备、数控机床等领域具有明显优势。2006 年，陕西省规模以上装备制造企业 725 家，从业人员近 40 万人；总资产 1567 亿元，完成工业总产值 1044 亿元，销售收入 980 亿元，分别占全省规模以上工业的 26.22%、

23.94%和23.02%。陕西装备制造业拥有大型企业34家，占全省大型工业企业的38.4%，其中国有及国有控股企业33家。34家企业实现了全省规模以上装备制造业60.3%的产值和61.8%的销售收入。陕西装备制造业的布局具有一定的规模竞争优势。绝大部分装备制造业都布局在关中"一线两带"上，集中了全省规模以上装备制造业90%的企业，包括西飞、西电、陕汽、陕鼓等大型骨干企业。有利于大型装备制造企业发挥龙头作用，带动周边的中小企业，形成装备制造业产业集群，促进陕西装备制造业基地早日建成。

3. 四川省装备制造业及军工产业发展现状

四川省在重大技术装备、汽车制造领域实力强劲，已初步形成了以德阳为中心的重大技术装备制造业基地，以成都为中心，资阳和绵阳为两翼，南充、遂宁和泸州配套的汽车工业带。经过长期发展，特别是抓住近年来重化工业化带来的市场机遇，四川省加大对装备制造业的产业整合力度，推动了装备制造业的快速发展，壮大了东电集团、二重集团、资阳机车厂、成飞等一批重大技术装备制造企业，初步形成了以大型发电设备、大型冶金化工成套设备为代表的重型机械、大型工程施工成套设备、机车车辆、石油天然气成套设备、大型环保成套设备、航空及空中交通管制系统成套设备以及数控技术与设备等在国内有较强竞争优势的重点产品链。以东电集团、二重集团为龙头，带动200多家配套企业集聚发展的德阳装备制造业基地已成为我国重大技术装备制造业集中度最高的区域。2006年，四川省装备制造产业增加值361.4亿元，增长37.3%；发电设备生产量达到2992万千瓦，火电、水电、风电发电设备量连续三年居世界第一位。

四川是军工产业相对集中的省份，是我国航空、航天、兵器、核工业、电子军工的重要战略基地，拥有较为先进的核技术、航空航天技术、电子信息技术和试验检测技术。其中核工业约占全国科研、生产能力的四分之一。四川军工产业共有企业58户，科研院所11户，其中各军工集团所属在川企业31户，科研院所7户；电子军工企业27户，科研院所4户，民用军品配套单位57家，综合实力居全国前列。四川军工产业不仅高技术成果显著，而且科技成果转化效果明显。已建成国防科技重点实验室13个，国防科技重点学科实验室3个，国家技术中心5

个, 省级技术中心 22 个。"十五"期间共获得专利授权 665 项, 国家和省部级科技成果奖 521 项。四川国防科技对经济增长的贡献率持续增长, 一批关键共性技术的推广应用带动了技术升级, 五年共实现科技成果转化 663 项, 实现产值 38.3 亿元。

四、西部地区电子信息、生物医药、航空航天等优势高技术产业[①]发展现状

西部地区主要形成了两条高技术产业带, 即"成都、绵阳、德阳"的四川高技术产业带、以西安为中心的关中高新技术开发区, 形成了以发展电子信息、新材料、新能源、生物医药、航空航天等高技术产业为主导的产业经济体系和区域。近年来, 西部地区利用其良好的科技创新基础, 不断增加科技投入, 使科技创新能力得到较大提高。技术交易市场也较为活跃, 高技术企业规模不断扩大, 经济效益指标也有所提高。从西部地区优势高技术产业各行业的工业增加值占西部地区优势高技术产业的工业增加值的比重, 和西部地区优势高技术产业各行业的利润总额占西部地区优势高技术产业的利润总额的比重来看, 西部地区在生物医药和电子信息两个行业上优势比较显著, 如表 3 - 5 所示。

表 3 - 5　2005 年西部地区优势高技术产业发展情况

	各行业的工业增加值 (亿元)	各行业的工业增加值占西部地区优势高技术产业的工业增加值的比重 (%)	各行业的利润总额 (亿元)	各行业的利润总额占西部地区优势高技术产业的利润总额的比重 (%)
生物医药制造业	278.14	47.91	49.25	66.73
航空航天制造业	87.74	15.11	9.76	13.22
电子及通信设备制造业	165.62	28.53	16.35	22.15

① 此处采用高技术产业, 而不是通常所说的高新技术产业, 原因在于高新技术是对高技术和新技术的统称, 其中新技术具有区域性, 某一地区的新技术在其他地区可能不是新技术, 因而在横向比较时存在口径不一致的问题, 而高技术是在一定时期绝对的高技术, 因而横向可比。

	各行业的工业增加值（亿元）	各行业的工业增加值占西部地区优势高技术产业的工业增加值的比重（％）	各行业的利润总额（亿元）	各行业的利润总额占西部地区优势高技术产业的利润总额的比重（％）
电子计算机及办公设备制造业	6.98	1.20	-7.20	-9.76
医疗设备及仪器仪表制造业	42.12	7.25	5.64	7.64
合计	580.60	100.00	73.80	100.00

资料来源：《中国高技术统计年鉴 2007》，中国统计出版社 2007 年版。

（一）西部地区优势高技术产业发展现状

根据国家统计局 2002 年颁布的《高技术产业统计分类目录》，高技术产业包括有核燃料加工、医药制造业、航空航天制造业、电子及通信设备制造业、电子计算机及办公设备制造业、医疗设备及仪器仪表制造业和公共软件服务等产业。以下将按"分类目录"所列产业论述西部地区有一定优势的高技术行业的发展现状。

1. 西部地区医药制造业发展现状

西部地区医药制造业的总产值、增加值和利润总额均不断增长，但其各项指标在全国的份额却呈下降趋势，并且除了四川和陕西之外，其余地区均处全国落后地位。首先，西部地区医药制造业的总产值逐年提高，从 2002 年的 341.54 亿元逐年递增至 2006 年的 652.63 亿元，增长了 91.08%（现价，下同）。但西部地区医药制造业的总产值占全国的比重略有下降，2006 年这一比值为 13%，比 2002 年降低了 1.35 个百分点。从总产值的全国排序来看，2006 年西部地区除四川居全国前列，陕西居中游水平外，其余地区均处于下游水平。其次，西部地区医药制造业的增加值逐年提升，从 2002 年的 130.57 亿元逐年递增至 2006 年的 271.1 亿元，增长了 1.08 倍。但西部地区医药制造业的增加值占全国的比重有所下降，2006 年这一比值为 15%，比 2002 年降低了 0.65 个百分点。从增加值的全国排序来看，2006 年西部地区除四川居全国前列，陕西居中游水平外，其余地区均处于下游水平。再次，西部地区医药制造业的利润总额逐年增加，从 2002 年的 30.15 亿元递增到 2006 年的 44.19 亿元，比 2002 年增长了 46.57%。但西部地区医药制造业的利润总额占全国的比重逐年递减，2006 年这一比值为 11.86%，比 2002 年降低了 3.11 个百分点。从利润总额的全国排序来看，2006 年西部地区除四川和陕西处于全国中游水平外，其余地区均处于下游水平。

2. 西部地区航空航天制造业发展现状

西部地区在航空航天制造业上有显著的比较优势，尤其是陕西、四川和贵州三省领先优势明显。西部地区在该行业的总产值、增加值和利润总额均不断增长，各项指标在全国的份额也呈上升趋势。首先，西部地区航空航天制造业的总产值逐年提高，从 2002 年的 182.88 亿元递增至 2006 年的 357.52 亿元，增长了 95.49%。而且，西部地区航空航天制造业的总产值占全国的比重不断上升，2006 年这一比值为 43.18%，比 2002 年增长了 9.01 个百分点。从总产值的全国排序来看，2006 年陕西和四川分列全国第一、第二位，贵州也处于上游水平，其余地区均处于中游或下游水平，可见陕西和四川在航空航天制造业上的领先优势明显。其次，西部地区航空航天制造业的增加值逐年提升，从 2002 年的 54.51 亿元逐年递增至 2006 年的 108.01 亿元，增长了 98.15%。从增加值的全国排序来看，2006 年陕西和四川分列全国第一、第二位，贵州居第四位，其余地区均处于中下游水平。可见，陕西、四川和贵州在航空航天制造业上比较优势显著。再次，西部地区航空航天制造业的利润总额逐年增加，从 2002 年的 3.24 亿元递增到 2006 年的 16.27 亿元，增长了 4.02 倍。从利润总额的全国排序来看，2006 年陕西和四川分处全国前两位，贵州居全国第五位，其余地区均处于中游或下游水平。

3. 西部地区电子及通信设备制造业发展现状

西部地区电子及通信设备制造业的总产值、增加值和利润总额均不断提高，但其各项指标在全国的份额却呈下降趋势，并且除了四川和陕西之外，其余地区均处于全国落后地位。首先，西部地区电子及通信设备制造业的总产值不断提高，2006 年为 609.77 亿元，比 2002 年增长了 41.22%。但西部地区电子及通信设备制造业的总产值占全国的比重逐年递减，2006 年这一比值为 2.87%，比 2002 年降低了 2.56 个百分点。

从总产值的全国排序来看，2006 年西部地区除四川居全国前列，陕西居中上游水平外，其余地区均处于中游或下游水平。其次，西部地区电子及通信设备制造业的增加值逐年提升，从 2002 年的 115.86 亿元递增至 2006 年的 174.29 亿元，增长了 50.43%。但西部地区电子及通信设备制造业的增加值占全国的比重逐年递减，2006 年这一比值为 3.41%，比 2002 年降低了 2.57 个百分点。从增加值的全国排序来看，2006 年四川居全国前列，陕西居中上游水平，其余地区均处于中游或下游水平。再次，西部地区电子及通信设备制造业的利润总额大体呈上升态势，2006 年为 19.16 亿元，比 2002 年增长了 14.32%。但西部地区电子及通信设备制造业的利润总额占全国的比重呈递减趋势，2006 年这一比值为 2.16%，比 2002 年降低了 2.52 个百分点。

4. 西部地区电子计算机及办公设备制造业的发展现状

西部地区电子计算机及办公设备制造业的总产值、增加值和利润总额均不断下降，但其各项指标在全国的份额也呈减少趋势，并且除了四川、广西和云南之外，西部其余地区均处于落后地位。首先，西部地区电子计算机及办公设备制造业的总产值呈下降态势，2006 年西部地区电子计算机及办公设备制造业的总产值为 15.55 亿元，比 2002 年下降了 52.91%。西部地区电子计算机及办公设备制造业的总产值占全国的比重呈递减趋势，2006 年这一比值为 0.12%，比 2002 年降低了 0.82 个百分点。从总产值的全国排序来看，2006 年广西、四川和云南处于中游水平，西部其余地区均处于下游水平。其次，西部地区电子计算机及办公设备制造业的增加值呈下降趋势，2006 年西部地区电子计算机及办公设备制造业的增加值为 5.25 亿元，比 2002 年下降了 37.28%。西部地区电子计算机及办公设备制造业的增加值占全国的比重不断递减，2006 年这一比值为 0.25%，比 2002 年降低了 1.14 个百分点。从增加值的全国排序来看，2006 年四川处于中上游水平，广西和云南居中游水平，西部其余地区均处于下游水平。再次，西部地区电子计算机及办公设备制造业的利润总额呈下降态势，从 2002 年获利 2.4 亿元下降至 2006 年亏损 2.39 亿元。西部地区电子计算机及办公设备制造业的利润总额占全国的比重也呈递减趋势。从利润总额的全国排序来看，2006 年四川处于全国中上游水平，广西居中游水平，西部其余地区均处于下游水平。

5. 西部地区医疗设备及仪器仪表制造业发展现状

西部地区医疗设备及仪器仪表制造业的总产值、增加值和利润总额均不断提高,利润总额指标占全国份额呈上升趋势。首先,西部地区医疗设备及仪器仪表制造业的总产值逐年提高,从 2002 年的 68.5 亿元递增至 2006 年的 161.57 亿元,增长了 1.36 倍。从总产值的全国排序来看,2006 年陕西居中上游水平,四川居中游水平,西部其余地区均处于下游水平。其次,西部地区医疗设备及仪器仪表制造业的增加值逐年提高,从 2002 年的 22.58 亿元逐年递增至 2006 年的 55.2 亿元,增长了 1.44 倍。从增加值的全国排序来看,2006 年陕西和重庆处于中上游水平,四川居中游水平,西部其余地区均处于下游水平。再次,西部地区医疗设备及仪器仪表制造业的利润总额呈上升态势,2006 年西部地区医疗设备及仪器仪表制造业的利润总额为 10.48 亿元,比 2002 年增长了 9.38 倍。西部地区医疗设备及仪器仪表制造业的利润总额占全国的比重也呈增长趋势,2006 年这一比值为 5.34%,比 2002 年增加了 3.38 个百分点。从利润总额的全国排序来看,2006 年重庆、陕西和四川处于全国中游水平,西部其余地区均处于下游水平。

(二) 西部地区优势高技术产业发展特点

西部地区优势高技术产业发展有如下特点:第一,有较强的科技实力和较好的技术创新基础,在全国具有一定的比较优势。西部地区重点经济带集中了大量的国防科技工业企业和一大批专业科技人才,拥有一批对国民经济建设至关重要且为国防建设配套的重点企业单位,具有较强的科技实力和竞争能力。例如,位于成渝经济带的绵阳,是国家重要的国防军工和科研生产基地,拥有中国工程物理研究院、中国空气动力研究与发展中心等国防科研院所 18 家,大专院校 6 所,大中型骨干企业 50 家,各类科研和工程技术人员 10 万人,两院院士 21 人,集聚着大量重要科技领域的高层次人才。第二,已经形成了一批独具特色的高科技产业和品牌,一批重大高技术项目建设取得显著成效。西部高技术产业覆盖了电子信息技术、通讯设备与器材、电气设备制造、飞机航空器制造、生物工程及医药制造、科学仪器制造、新型材料等多个领域的许多行业,其中不少企业在国内同行业中处于领先地位,开发生产的产品也在国内属于先进水平。电子信息、新材料等重点领域的基本框架已初步形成。在电子及通讯设备制造业出现了四川绵阳的长虹集团、陕西的彩虹集团等，形成了一批在国内有影响的骨干高新企业和名牌产品。第三，随着科技体制改革的深化，大多数科研机构转变为科技型企业或成为企业的技术开发机构，日益成为高技术产业发展的新生力量。第四，科技基础设施建设不断加强，为高技术产业化提供了技术支持。近两年来，以高新技术创业服务中心为主的高技术创业服务机构，在规模和数量上得到了迅速的发展。不少服务中心已初步成为高技术成果转化的基地和高技术企业的孵化器，并成为高技术产业开发区支撑服务体系的重要内容和技术创新体系的重要环节，为科技成果转化和科技人员创业提供了良好的创业环境和条件。第五，国际高科技公司逐步入驻西部。产业环境、人才和成本的优势，正在吸引越来越多的高科技公司在西部一些城市设立研发中心和分公司，如诺基亚、爱立信、摩托罗拉等国外的系统设备公司和软件公司在成都成立了研发中心，汇集了众多优秀的系统设计、软件开发人才，对周边产业环境提供了有益的补充。

五、西部地区旅游产业发展现状

西部地区覆盖了我国西北和西南广阔的疆域，汇集了高原、草原、平原和盆地的各色风光，集居在这个地区的少数民族又以其独特的民族风情和民俗文化成为我国乃至全世界的瑰宝。在我国悠久的历史长河里，西部地区积淀了丰厚的历史文化，使西部地区的自然资源和历史文化浑然一体，构成了西部地区旅游产业的核心价值。

（一）西部地区发展旅游产业的资源优势

西部地区旅游资源异常丰富，主要可以分为生态旅游资源、历史文化旅游资源、少数民族风情旅游资源。生态旅游资源包括青海、甘肃、内蒙古和新疆广袤的大漠风光，内蒙古和宁夏的草原风光，云贵和青藏高原圣洁的雪山和冰川等特色的高原风光，以及四川盆地的湖光山色。历史文化旅游资源主要有四川和重庆的巴蜀文化，陕西的古城文化，新疆、内蒙古、广西、贵州、西藏和云南的少数民族异域风光。另外，西部地区还是世界文化遗产分布最多的地区，如表3-6所示。

表3-6 世界文化遗产在西部地区的分布图

世界文化遗产	敦煌莫高窟、秦始皇陵及兵马俑博物馆、拉萨布达拉宫、丽江古城、大足石刻、都江堰—青城山	占我国24项中的6项
世界自然遗产	中国南方喀斯特、四川大熊猫栖息地、九寨沟—黄龙风景名胜区、三江并流	占我国5项中的4项
世界文化和自然遗产双重	四川峨眉山和乐山大佛	占我国4项中的1项

资料来源：唐浩、蒋永穆、贺刚：《西部大开发特色优势产业发展研究》四川大学出版社2008年版，第138页。

(二) 西部地区旅游产业的发展现状

由于西部地区旅游资源异常丰富，旅游产业自然成为西部地区的优势产业之一。从旅游总收入占各地GDP的比重来看，贵州、西藏、云南、四川和重庆的旅游产业发展较好，如表3-7所示。将旅游产业作为优势产业的西部地区主要有云南、贵州、青海、新疆、西藏、四川、广西、甘肃和陕西，以下将分别论述这些地区旅游产业的发展现状。

表3-7 2007年西部地区旅游产业发展情况

地 区	旅游总收入（亿元）	各地GDP（亿元）	旅游总收入占各地GDP的比重（%）
内蒙古	390.77	6018.81	6.49
广 西	443.88	5885.88	7.54
重 庆	444.12	4111.82	10.80
四 川	1217.3	10505.3	11.59
贵 州	512.28	2710.28	18.90
云 南	559.21	4721.77	11.84
西 藏	48.52	342.19	14.18
陕 西	502.86	5369.85	9.36
甘 肃	115.79	2699.2	4.29
青 海	47.38	760.96	6.23
宁 夏	31.64	834.16	3.79
新 疆	204.79	3494.42	5.86
西部地区合计	4518.54	47454.64	9.52

资料来源：《中华人民共和国国家统计局统计公报》，http：//www.stats.gov.cn/tjgb。

1. 云南省旅游产业发展现状

云南丰富多彩的自然环境和民族文化景观在我国是独一无二的。不仅拥有景色迤逦的西双版纳、美丽且具有丰富文化内涵的大理山水、名闻天下的丽江古城更是风景与人文的和谐统一。云南旅游业综合竞争力高于全国平均水平，旅游收入及其增长率、国内游客人数等指标都远高于全国平均水平。2000 年至 2006 年，云南省接待游客人数和旅游收入在西部各省区市中均居榜首。2005 年，云南接待海外旅游者 150 万人次，旅游外汇收入 5.20 亿美元；接待国内游客 6700 万人次。同时，旅游业已成为吸纳就业人员的重要行业之一。包括昆明、玉溪和楚雄三州市，以生态旅游、民族风情、乡村游为基础，兼顾休闲度假、会展商务以及高尔夫球、自驾车、体育娱乐运动为主的康体娱乐，是云南连接海内外客源市场、面向东南亚和南亚的国际旅游集散中心。

2. 贵州旅游产业发展现状

贵州神秘雄奇的自然风光、古朴浓郁的民族风情、悠远凝重的历史文化交相辉映，堪称世所罕见。贵州现有 2 个国家级历史文化名城，4 个国际生态博物馆，4 个人类古生物发源地，12 个国家级风景区，9 个国家级自然保护区，9 个国家级水利旅游区，15 个国家森林公园，6 个国家地质公园，19 个国家级重点文物保护单位，46 个省级风景区，370 多个省级文物保护单位。其旅游资源具有原生性、稀缺性、多样性的特征。典型、奇特的喀斯特地貌和丹霞地貌条件，山石、水景、洞穴、林木融为一体，遍布全省，构成了令人神往的"中国旅游宝库，世界天然公园"。黔西南更有被誉为"百里画廊"的国家级风景名胜区马岭河峡谷，以"贵州龙"化石闻名遐迩的兴义国家地质公园，还有被列入世界自然遗产预选文本、号称"中国锥状喀斯特博物馆"的万峰林等。旖旎而神奇的自然风光和多样的少数民族文化使得贵州旅游具备得天独厚的发展优势。2006 年旅游人数为 4715.75 万人。

3. 青海旅游产业发展现状

青海旅游资源丰富、类型繁多，自然风光雄奇壮美，独具青藏高原特色。全省现有世界级旅游景点 11 处，国家级旅游景点 52 处，省级旅游景点数百处。既有雄浑壮丽的自然景观，又有文化底蕴深厚的人文景观和民俗风情，特别是"中华水塔"三江源、"鸟类天堂"青海湖、

"高原珍稀动物王国"可可西里、"碧水丹山"坎布拉、"佛教圣地"塔尔寺、昆仑"始祖"、绚丽盐湖、热贡艺术、原子城等，对中外游客都具有很强的吸引力。近年来，青海已初步形成了青海湖、鸟岛、坎布拉高原自然风光景区；互助土族、循化撒拉族民俗为主的民族风情园景区；西宁、贵德文化休闲旅游景区；塔尔寺宗教文化旅游景区；黄南热贡艺术藏族绘画艺术景点；"三江源"生态和藏族文化、歌舞民族风光旅游景区；青藏铁路沿线旅游景区等重要旅游景区。旅游业正日益成为青海省新的经济增长点。2006年全省接待国内外旅游人数达814.56万人次，比2002年增加392.21万人次，年均增长17.84%。2006年取得旅游总收入35.69亿元，比2002年的15.2亿元增长1.35倍，年均增长23.79%。全省各类旅行社总数由2002年的101个发展到2006年的155个。旅游直接从业人员由2002年的1.9万人增加到2006年的3.1万人。

4. 新疆旅游产业发展现状

新疆拥有5112.47万公顷牧草地面积，天山、阿尔泰山、喀喇昆仑山及昆仑山、帕米尔的雄峻的冰川和雪山风光，以及博斯腾湖、乌伦古湖、赛里木湖和艾比湖四大鲜有的咸水湖。新疆的少数民族人口占到59.43%，少数民族风情成为新疆的特色风光。"丝绸之路"的神秘魅力更增添了新疆旅游资源的吸引力和影响力。目前，已形成了以"丝绸之路"为主线，以喀纳斯湖、天池、赛里木湖和博斯腾湖风景旅游区，吐鲁番、库车的古文化遗址和喀什的民俗风情旅游区，伊犁的塞外江南风光旅游区为重点的"五区三线"发展格局。并在此基础上延伸开发了包括天池、喀纳斯、葡萄沟等一批在国内外有较大影响的拳头旅游产品。旅游业已成为新疆特色经济的新亮点和第三产业的龙头支柱产业。新疆旅游总收入在服务业收入中的比重由2000年的12.8%上升为2005年的16.6%。2006年，其旅游外汇收入达12800万美元，较上年增长了27.88%。

5. 西藏旅游产业发展现状

西藏素有"世界三级"、"世界屋脊"、"雪域高原"之称。独特的自然风光、别样的民族风情、众多的名胜古迹、浓厚的宗教氛围构成了西藏独特的旅游资源，吸引了来自世界各地的游客。从2003年到2006

年有关旅游产业的指标呈现逐年递增的趋势。2006 年比 2005 年具有更快的增长，这主要是得益于 2006 年青藏铁路的通车。据自治区最新统计显示，2007 年上半年，西藏旅游业呈现"火暴"场面，共接待国内外旅游者 110.27 万人，比上期同期增加 51.06 万人，增长 86.3%。实现旅游总收入 9.9 亿元，同比增长 92.1%。自治区旅游企业 161 家，其中国际国内旅行社 39 家，涉外饭店 84 家。旅游直接从业人员 1.9 万人，间接参与旅游业人数 11 万人。仅 2007 年"五一"黄金周，西藏共接待游客近 40 万人次，旅游总收入首次突破亿元。

6. 四川旅游产业发展现状

四川旅游资源极为丰富，拥有美丽的自然风景、悠久的历史文化和独特的民族风情，山水名胜、文物古迹、民族风情兼备，历来有"天下山水在于蜀"之说，并有"峨眉天下秀，夔门天下雄，剑门天下险，青城天下幽"之誉。四川是中国拥有世界自然文化遗产和国家重点风景名胜区最多的省区。童话世界九寨沟、国之瑰宝大熊猫、古蜀文化三星堆已经成为四川省三大国际旅游品牌，九寨沟、黄龙、乐山大佛—峨眉山和卧龙 4 处被联合国教科文组织纳入《世界自然文化遗产名录》和"人与生物圈"保护网络，都江堰—青城山、剑门蜀道、蜀南竹海、四姑娘山、西岭雪山等 9 处为国家重点风景名胜区。另外，四川还有国家森林公园 11 处、自然保护区 40 处、省级风景名胜区 44 处，从高原、山地、峡谷到盆地、丘陵、平原，从江河湖泊到温泉瀑布，从岩溶地区到丹霞地貌，一应俱全，素有"风景省"的美称。尤其是我国三大林区、五大牧场之一的川西横断山区，雪峰卓立，林海苍茫，金沙江、雅砻江、大渡河、岷江汹涌澎湃，奔流其间，形成了许多神秘、险峻的旷世奇观，吸引了无数中外游客。2007 年实现旅游总收入 1217.3 亿元，比上年增长 24.3%。其中，接待入境旅游者 170.9 万人次，实现外汇收入 5.1 亿美元；接待国内游客 18569.7 万人次，实现收入 1179.9 亿元。

7. 广西旅游产业发展现状

广西奇观胜景遍布八桂大地。其旅游资源以喀斯特地貌景观为主体，以桂林山水、北海银滩、民族风情、边关风貌为主要特色，旅游资源的等级和品位高，特点突出，其中有些在全国甚至世界范围内具有代表性和垄断性：如世界驰名，山水甲天下的桂林风光；滩长平、浪柔软、沙洁净、水湛蓝、无鲨鱼的北海银滩；险峻壮观、神秘莫测的乐业大石围天坑群；多姿多彩、令人陶醉的壮、瑶、苗、侗等各少数民族风情；"千古之谜"的花山崖画；我国古代三大水利工程之一的兴安灵渠；震惊中外的太平天国起义旧址桂平金田村；亚洲第一跨国瀑布——横跨中越两国边境的大新德天瀑布；世界第五长寿之乡的盘阳河流域及其风光；高峰丛、深洼地喀斯特地貌奇观——大化七百弄；世界奇观——龙胜龙脊梯田等。广西独特的区位优势，也极利于广西旅游客源市场的开拓。2007 年旅游业实现收入 443.88 亿元，比上年增长 23.3%。其中，接待过境旅游者人数 205.18 万人次，增长 22.4%。国际旅游收入 41.85 亿元，增长 33.3%。国内旅游者人数 8549.73 万人次，增长 15.5%。国内旅游收入 402.03 亿元，增长 20.4%。

8. 甘肃旅游产业发展现状

甘肃省旅游资源丰富多样，闻名中外的古"丝绸之路"横贯甘肃，留下了极其重要的文化遗产。有享誉全国乃至世界的敦煌莫高窟、天水麦积山石窟、永靖炳灵寺石窟、安西榆林石窟、嘉峪关城楼、悬壁长城及玉门关、阳关等；有 7800 年前的新石器文化遗址——秦安大地湾；碑刻类有武威的重修护国寺感应塔碑（西夏碑），举世闻名的"汉三颂"之一的成县"西峡颂"；古建筑有雄伟壮观、金碧辉煌的夏河拉卜楞寺；天水伏羲庙不仅闻名内陆，也是中国台湾、日本伏羲庙的主宗寺庙。丰富的自然风景旅游资源，既有壮观的北国风光，浩瀚的戈壁沙漠，巍峨的祁连雪峰，又有秀丽的水乡景色，广阔的草原牧场。此外，甘肃省陇东、陇南、兰州、河西等地还保留有大量近代革命文物和革命纪念地。丰富的旅游资源对海内外游客具有强烈的吸引力。2007 年国内旅游人数 2389.93 万人次，比上年增长 51.83%；国内旅游收入 110.64 亿元，增长 47.15%。全年境外入境 33.12 万人次，比上年增长 9.2%。其中，外国人 23.39 万人次，增长 26.7%。全年国际旅游外汇收入 7021.05 万美元，比上年增长 11.6%。

9. 陕西旅游产业发展现状

陕西是中国旅游资源最富集的省份之一，资源品位高、存量大、种类多、文化积淀深厚，地上地下文物遗存极为丰富，被誉为"天然的历史博物馆"。全省现有各类文物点 3.58 万处、博物馆 151 座、馆藏各类文物 90 万件，文物点密度大、数量多、等级高，均居全国首位。浏览这座"天然历史博物馆"，随处可看到古代城阙遗址、宫殿遗址、古寺庙、古陵墓、古建筑等，如"世界第八大奇迹"秦始皇兵马俑，中国历史上第一个女皇帝武则天及其丈夫唐高宗李治的合葬墓乾陵，佛教名刹法门寺，中国现存规模最大、保存最完整的古代城垣西安城墙，中国最大的石质书库西安碑林，仅古代帝王陵墓就有 72 座。全省各地的博物馆内陈列的西周青铜器、秦代铜车马、汉代石雕、唐代金银器、宋代瓷器及历代碑刻等稀世珍宝，闪烁着耀眼的历史光环，昔日的周秦风采、汉唐雄风从中可窥一斑。陕西省不仅文物古迹荟萃，而且山川秀丽，景色壮观。境内有以险峻著称的西岳华山、气势恢弘的黄河壶口瀑布、古朴浑厚的黄土高原、一望无际的八百里秦川、婀娜清秀的陕南秦巴山地、充满传奇色彩的骊山风景区、六月积雪的秦岭主峰太白山等。截至 2006 年底，国家 4A 级旅游区 21 家，省级风景名胜区 29 处、国家级森林公园 11 处、省级 37 处。国家级自然保护区和保护点 5 个，省级1 个。历史文化名城 11 个。2007 年接待国内旅游人数 8015 万人次，比上年增长 15.3%；国内旅游收入 458 亿元，增长 21.2%。接待境外旅游者人数达 123.13 万人次，增长 16.0%；旅游收入 6.12 亿美元，增长 20.0%。

第二节　东西部地区优势产业比较研究

在了解西部地区优势产业发展现状后，还需要认清西部地区在这方面与东部地区的差距，才能对症下药，解决西部地区经济发展中的瓶颈问题，实现西部地区经济又好又快发展。

一、东部地区优势产业与西部地区优势产业的比较

从东西部地区优势产业的比较来看，主要存在以下五个方面的差异：

（一）产业发展层次不同

西部地区优势产业以农业、资源开采及粗加工业、传统服务业为主。第一产业比重偏高；工业偏重于资源开采和粗加工，工业企业规模较小，带动能力强的龙头企业较少，技术含量和附加值较低，资源优势远未转化为产业优势和经济优势；服务业发展滞后，仍以传统服务业为主，现代服务业和新兴服务业发展尚处于起步阶段。而东部地区优势产业以先进制造业、高技术产业和现代服务业为主，重在输出消费品或劳务。占据着价值链的高端，因而附加值较高。以工业为例，东部地区的利润主要来自于技术密集型产业和资本密集型产业，两者分别占东部地区利润总额的29.25%和26.7%；而西部地区的利润主要来自于资源密集型产业，占西部地区利润总额的49.31%，如表3-8所示。而且，东部地区带动能力强的龙头企业较多。从2008年中国企业500强地域分布来看，东部地区占绝对优势。东部地区有356①家企业进入500强，占71.2%；而西部地区只有57家企业进入500强，占11.4%。500强企业数量排在前5位的省市（北京、江苏、广东、浙江、山东）全部属于东部地区。

表3-8　东部地区与西部地区工业产业利润比较

	资源密集型产业		劳动力密集型产业		资本密集型产业		技术密集型产业	
	利润总额（亿元）	产业利润占地区利润的比重（%）	利润总额（亿元）	产业利润占地区利润的比重（%）	利润总额（亿元）	产业利润占地区利润的比重（%）	利润总额（亿元）	产业利润占地区利润的比重（%）
东部地区	1369.21	14.06	1449.72	14.88	2600.68	26.70	2848.73	29.25
西部地区	1014.66	49.31	324.18	15.76	334.49	16.26	170.12	8.27

资料来源：根据《中国工业经济统计年鉴2006》相关数据计算所得。

---

① 《2008中国企业500强地域分布更加均衡》，新华网，http://news.xinhuanet.com/fortune/2008-80/30/content_9739268.htm。

（二）产业的资本、技术和劳动密集度不同

按照主要生产要素的贡献程度、产品加工程度或轻重程度，可将工业内部产业划分为四类①：第一类是资源密集型产业，以采掘业为主，如煤炭、石油和天然气、黑色金属矿、有色金属矿开采业，生产的主要是初级产品；第二类为劳动力密集型产业，包括食品加工、食品制造、饮料制造、纺织、烟草加工、造纸及纸制品等，生产的主要是轻工业产品；第三类为资本密集型产业，包括石油加工及炼焦、化学原料及化学制品、医药制造、化学纤维制造、非金属矿物制造、黑色金属冶炼及压延加工、有色金属冶炼及压延加工、金属制品等，生产的主要是重化工业产品；第四类为技术密集型产业，包括普通机械制造、专用设备制造、交通运输设备制造、电器机械及器材制造、电子及通信设备制造、仪器仪表及文化办公用机械制造，生产的主要是高加工度产品。根据上述的划分标准，对东部及西部地区工业内部结构进行计算，结果如表3-9所示。东部地区比重最高的两类产业是技术密集型和资本密集型产业，两者增加值占到东部地区工业增加值的59.04%；西部地区比重最高的两类产业是资本密集型和资源密集型产业，两者增加值占到西部地区工业增加值的50.61%；而同期全国比重最高的两类产业为资本密集型和技术密集型产业，两者增加值占到全国工业增加值的54.17%。因此，东部地区优势产业多为技术密集型和资本密集型产业，而西部地区优势产业多为资本密集型、资源密集型和劳动密集型产业。此外，从工业化进程来看，总体上具有"资源密集型产业→劳动力密集型产业→资本密集型产业→技术密集型产业"的结构演进特征。从演进趋势看，西部地区的工业结构不仅落后于全国平均水平，而且落后于东部地区。东部地区技术密集型和资本密集型产业占东部地区工业总量的近60%，是全国工业结构程度最高的区域。

---

① 电子热力的生产及供应业未考虑在内。这种分类方法的精确性还值得探讨。比如，在第三类产业中也存在技术含量较高的产业，在第四类产业中也存在劳动力相对密集的产业，如果详细划分还可分为资本技术型产业、劳动技术型产业等。但这里主要想反映工业化发展阶段以及不同阶段的主导产业。

表3-9　东部地区与西部地区工业产业结构比较

	资源密集型产业	劳动力密集型产业	资本密集型产业	技术密集型产业
东部地区	6.99	17.88	27.99	31.05
西部地区	21.68	20.11	28.93	13.24
全国总额	12.24	17.93	28.53	25.64

数据来源：根据《中国工业经济统计年鉴2006》相关数据计算所得。

（三）产业发展重点不同

一般来讲，当行业的区位商超过1时，就说明该行业在该地区拥有一定的比较优势，已经初步形成了较明显的产业梯度。由此可见，东部地区在技术密集型产业的绝大多数行业上占有显著的比较优势（除了交通运输设备制造业外）；而西部地区在资源密集型产业的全部行业上都具有明显的比较优势，尤其是在有色金属矿采选业和烟草制造业上占绝对优势，两者的区位商分别达到3.09和2.6，如表3-10所示。此外，在劳动力密集型产业上，东部地区在纺织服装、鞋、帽制造业、纺织业、造纸及纸制品业上具有比较优势；西部地区在饮料制造业、农副食品加工业、食品制造业上具有比较优势。在资本密集型产业上，东部地区在金属制品业、化学纤维制造业、化学原料及化学制品制造业上具有比较优势；西部地区在有色金属冶炼及压延加工业、医药制造业、黑色金属冶炼及压延加工业上具有比较优势。

表3-10　东部地区与西部地区工业区位商对比

		区位商大于1的行业	区位商
东部地区	劳动力密集型产业	纺织服装、鞋、帽制造业	1.38
		纺织业	1.25
		造纸及纸制品业	1.11
	资本密集型产业	金属制品业	1.30
		化学纤维制造业	1.26
		化学原料及化学制品制造业	1.05
	技术密集型产业	通信设备、计算机及其他电子设备制造业	1.41
		仪器仪表及文化办公用机械制造业	1.30
		电气机械及器材制造业	1.27
		通用设备制造业	1.19
		专用设备制造业	1.07

		区位商大于 1 的行业	区位商
西部地区	资源密集型产业	有色金属矿采选业	3.09
		石油和天然气开采业	1.92
		煤炭开采和洗选业	1.42
		黑色金属矿采选业	1.40
		非金属矿采选业	1.36
	劳动力密集型产业	烟草制造业	2.60
		饮料制造业	1.97
		农副食品加工业	1.22
		食品制造业	1.17
	资本密集型产业	有色金属冶炼及压延加工业	1.86
		医药制造业	1.36
		黑色金属冶炼及压延加工业	1.02

资料来源：根据《中国工业经济统计年鉴 2006》相关数据计算所得。

（四）产业的科技含量、技术水平和能耗及污染水平不同

东部地区优势产业多为技术密集型产业，因而其优势产业不仅科技含量高，技术水平也高，能源消耗和污染水平较低；而西部地区优势产业多为资源开采及粗加工业，因此其优势产业大多科技含量低，技术水平也不高，并包含不少高能耗、高排放、高污染的产业。此外，在目前的资源禀赋条件、资源配置方式和产业政策下，西部很多能源产区成为一些企业发展高耗能产业的最佳选择地域。现在，西部高耗能产品已和国际跨国公司以及东部地区的大型企业实现对接，具有广阔的市场空间。然而，高耗能产业大多是高能耗、高污染、高排放的产业，不仅会加重我国能源紧张的局面，而且还严重污染了西部地区的生态环境，因此，目前西部地区高耗能产业的发展模式是不可持续的，必须采取切实可行的措施，创新西部高耗能产业发展机制，促进高耗能企业提高资源利用率，创新高耗能产品生产技术，提高高耗能产品竞争力，走科技含量高、经济效益好、资源消耗少、环境污染轻、人力资源充分发挥的新兴工业化道路。

（五）产业所有制结构不同

西部地区优势产业中国有经济占主体，而东部地区优势产业中民营

经济占主体，因而东部地区的体制和机制比西部地区更具活力。以工业为例，2006 年，西部地区国有及国有控股工业企业增加值占工业增加值的比重达 50.82%[1]，而东部地区民营企业增加值占工业增加值的比重为 75.74%。再以东部地区中的长江三角洲地区为例，目前其民营经济已占到整个区域经济总量的半壁江山，成为推动区域经济增长和要素流动的主引擎之一。2005 年底，全国民营企业共有 431 万户[2]，长三角地区约占三分之一，其中江苏超过 50 万户，上海 47 万户，浙江 36 万户。在长三角民营经济的带动下，其国有资产迅速增值。上海地方国有资产 2005 年为 7400 亿元，比 1994 年增长了 4.7 倍。2006 年长三角民营经济继续以高于全国平均增长速度的水平发展，且民营企业的实力也不断增强。据全国工商联 2006 年对上规模民营企业的调查，2005 年销售收入规模排在前三位的企业中，长三角地区就占了两个，沙钢集团和苏宁电器分别以 405 亿元和 397 亿元的营业收入排在第二和第三位，仅次于联想控股集团。

二、西部地区部分优势产业与东部地区对应产业比较分析

由于经济技术发展水平的不同，西部地区的特色优势产业与东部地区的优势产业发展存在较大差距，这也是东西部经济发展存在差距的主要原因。但西部的部分优势产业如旅游和装备制造业，在资源和发展条件较优的情况下与东部地区对应产业也存在一定差距，其原因值得思考。

（一）东西部地区在装备制造业上的差距及其主要原因

1. 东西部地区在装备制造业上的差距

以下从装备制造业的七大产业分别论述西部地区在这些产业上与东部地区的差距。

第一，金属制品业。四川在该领域发展较好，2006 年共有金属设备制造企业 256 家，工业总产值为 117.44 亿元，工业增加值为 38.17 亿元。[3] 其金属制品业产品销售收入为 109.31 亿元，居西部第一，全国

---

① 根据《中国统计年鉴》（2007）相关数据计算所得。

② 《长三角年鉴 2007》，河海大学出版社 2008 年版。

③ 企业数、工业增加值和工业总产值数据来源于《2007 年中国工业经济统计年鉴》，下同。

第十三位。从利润指标来看，西部地区金属制品业与东部地区差距较大但相对差距略有减小。首先，从绝对数来看，西部地区金属制品业的利润与东部地区的差距较大且差距逐年扩大。2006 年西部地区金属制品业的利润与东部地区的差距为 315.96 亿元，比 2002 年差距扩大了 1.86倍。其次，从东西部地区金属制品业的利润占全国的比重来看，东部地区大体呈下降趋势，从 2002 年的 91.07% 降至 2006 年的 87.44%，而西部则由 2002 年的 2.60% 增至 2006 年的 2.89%，说明东西部地区的差距很大但相对差距略有减小。

第二，通用设备制造业。四川在该领域发展比较好，2006 年共有通用设备制造企业 570 家，工业总产值为 473.56 亿元，工业增加值为149.53 亿元。其通用设备制造业产品销售收入为 395.66 亿元①，居西部第一，全国第八位。从利润指标来看，西部地区通用设备制造业与东部地区差距明显但相对差距有所减小。首先，从绝对数来看，2006 年西部地区通用设备制造业的利润与东部地区的差距为 630.13 亿元，比2002 年差距扩大了 2.79 倍。其次，从东西部地区通用设备制造业的利润占全国的比重来看，东部地区不断下降，从 2002 年的 93.91% 逐年降至 2006 年的 83.17%，而西部从 2002 年的 3.95% 增至 2006 年的6.22%，相对差距有所减小。

第三，专用设备制造业。四川在该领域发展比较好，2006 年共有专用设备制造企业 294 家，工业总产值为 224.83 亿元，工业增加值为75.41 亿元。其专用设备制造业产品销售收入为 233.62 亿元，居西部第一，全国第十一位。从利润指标来看，西部地区专用设备制造业与东部地区差距较大但相对差距略有减小。首先，从绝对数来看，2006 年西部地区专用设备制造业的利润与东部地区的差距为 312.17 亿元，比2002 年差距扩大了 2.00 倍。其次，从东西部地区专用设备制造业的利润占全国的比重来看，东部地区大体呈下降趋势，从 2002 年的 86.18%降至 2006 年的 75.51%，而西部则从 2002 年的 0.41% 增至 2006 年的7.24%，相对差距略有减小。

①　根据中宏数据库（http：//www.macrochina.com.cn/macro_data/）有关数据计算所得，下同。

第四，交通运输设备制造业。重庆在该领域优势比较突出，2006年共有交通运输设备制造企业779家，工业总产值为1139.52亿元，工业增加值为273.06亿元，产品销售收入为1125.20亿元，居西部第一，全国第八位。从利润指标来看，西部地区交通运输设备制造业与东部地区差距明显但相对差距略有减小。从绝对数来看，2006年西部地区交通运输设备制造业的利润与东部地区的差距为598.82亿元，比2002年差距扩大了1.28倍。从东西部地区交通运输设备制造业的利润占全国的比重来看，东部地区大体呈上升趋势，从2002年的60.45%增至2006年的72.09%，西部从2002年的6.06%增至2006年的11.21%，说明东西部地区的相对差距略有减小。

第五，电气机械及器材制造业。四川在该领域发展比较好，2006年共有电气机械及器材制造企业308家，工业总产值为304.98亿元，工业增加值为94.58亿元。其电气机械及器材制造业产品销售收入为287.81亿元，居西部第一，全国第十二位。从利润指标来看，西部地区电气机械及器材制造业与东部地区差距明显但相对差距有所减小。从绝对数来看，西部地区电气机械及器材制造业的利润与东部地区的差距明显且差距逐年扩大。2006年西部地区电气机械及器材制造业的利润与东部地区的差距为656.58亿元，比2003年差距扩大了1倍。其次，从东西部地区电气机械及器材制造业的利润占全国的比重来看，东部地区不断下降，从2003年的89.68%降至2006年的85.91%，而西部从2003年的2.16%增至2006年的5.01%，说明东西部地区的相对差距有所减小。

第六，通信设备、计算机及其他电子设备制造业。西部地区该产业的规模普遍较小，在为数不多的制造企业中，四川在该领域发展相对较好，2006年共有通信设备、计算机及其他电子设备制造企业229家，工业总产值为388.8亿元，工业增加值为105.9亿元。其通信设备、计算机及其他电子设备制造业产品销售收入为403.27亿元，居西部第一，全国第十二位①。从利润指标来看，西部地区通信设备、计算机及其他

---

① 由于中宏数据库通信设备、计算机及其他电子设备制造业的数据中没有青海的数据，故这里的西部地区数据和排序也就不包括青海，下同。

电子设备制造业与东部地区差距巨大且相对差距略有减小。首先，2006年西部地区通信设备、计算机及其他电子设备制造业的利润与东部地区的差距为1007.12亿元，比2002年差距扩大了3.12倍。其次，从西部地区通信设备、计算机及其他电子设备制造业的利润占东部地区的比重来看，该比率大体呈上升的趋势，从2002年的1.13%增至2006年的2.30%，相对差距略有减小。

第七，仪器仪表及文化、办公用品机械制造业。重庆在该领域发展相对更好，2006年仪器仪表及文化、办公用品机械制造企业工业总产值为51.57亿元，工业增加值为15.58亿元。其仪器仪表及文化、办公用品机械制造业产品销售收入为48.15亿元，居西部第一，全国第十一位[①]。从利润指标来看，西部地区仪器仪表及文化、办公用品机械制造业与东部地区差距明显且相对差距略有减小。首先，从绝对数来看，2006年西部地区仪器仪表及文化、办公用品机械制造业的利润与东部地区的差距为161.51亿元，比2002年差距缩小了58.54%。其次，从西部地区仪器仪表及文化、办公用品机械制造业的利润占东部地区的比重来看，该比率大体呈上升的趋势，从2002年的4.88%增至2006年的5.09%，相对差距略有减小。

2. 西部地区在装备制造业上与东部地区存在差距的主要原因

西部地区装备制造业虽然已经具备了一定的竞争力和市场规模，但其与东部地区的差距仍然很大，究其原因在于目前西部地区装备制造业的发展中主要存在如下问题：第一，自主创新能力较弱，缺乏具有核心竞争力的大型企业。虽然西部地区装备制造业形成了较为完整的制造体系，但以企业为主体的技术创新体系尚未形成，自主开发和技术创新能力总体上十分薄弱，大多数装备制造业企业没有建立起较强的技术中心，尚未成为技术创新的主体，现在还只是"加工基地"。制造技术主要依靠引进，原创性的技术和产品稀少，特别是能进入国家重点工程和重大技术项目的产品和企业极少。第二，没有形成强大的产业链，产业配套能力弱。目前，西部装备制造业还没有形成规模化的产业集群，只

---

① 由于中宏数据库仪器仪表及文化、办公用品机械制造业的数据中没有内蒙古的数据，故这里的西部地区数据和排序中也就不包括内蒙古，下同。

有重庆形成了摩托车氧化、生产、经营、零配件配套等一条龙的完整产业链和行业协调、销售运输、信息集散等服务体系，涌现出了嘉陵、建设、力帆等摩托车著名品牌。其他省区的装备制造业还比较分散，大而全、小而全，导致企业经济规模偏小，大企业不大不强，缺乏带动力强的特大企业集团。专业化生产和社会化协作不够发达，产业配套能力弱，中小企业发展不足，严重影响了规模经济和聚集经济的形成，这将使西部失去参与国际分工、承接国际制造业产业转移的发展机会。第三，产业专业化程度较低。产业的区位商和集中系数能反映产业的专业化程度。从 2005 年西部 12 省（自治区、直辖市）的七大装备制造业行业的区位商和集中系数来看，区位商均小于 1，而且只有重庆的交通设备制造业的集中系数大于 2，说明西部地区装备制造业的专业化程度较低。第四，对外开放力度不够。产业的出口交货值指标反映了产业国际市场的渗透力。从 2006 年西部地区制造业七大行业的这一指标来看，西部省区市装备制造业的出口交货值普遍不高，这说明西部地区装备制造业的国际市场狭小，对外开放力度不够。

（二）东西部地区在高技术产业上的差距及产生差距的主要原因

1. 东西部地区在高技术产业上的差距

西部地区高技术产业增加值与东部地区相比差距较大且差距在逐年扩大。首先，从绝对数来看，西部地区高技术产业增加值与东部地区相比差距在逐年拉大。2002 ~ 2006 年，虽然西部地区高技术产业增加值在逐年提高，但东西部地区科技活动经费支出额差距却在逐年拉大。西部地区高技术产业增加值与东部地区的差距从 2002 年的 2697.68 亿元逐年递增到 2006 年的 7940.07 亿元，2006 年比 2002 年差距扩大了 1.94 倍。其次，从东西部地区高技术产业增加值占全国的比重来看，东部地区高技术产业增加值占全国的比重呈上升趋势，从 2002 年的 80.39% 逐年递增到 2006 年的 85.07%；而西部地区高技术产业增加值占全国的比重逐年下降，从 2002 年的 8.81% 逐年递减到 2006 年的 6.10%。再次，从东西部地区高技术产业增加值的比例来看，西部地区高技术产业增加值占东部地区的比率不断下降，从 2002 年的 10.95% 逐年降至 2006 年的 7.18%，说明西部地区高技术产业增加值与东部地区的差距在不断扩大。

2. 西部地区在高技术产业上与东部地区存在差距的主要原因

西部地区优势高技术产业虽然已经具备了一定的发展优势，但其与东部地区的差距很大且还在不断扩大，究其原因在于目前西部地区优势高技术产业的发展中主要存在如下问题：第一，企业技术创新意识落后，创新能力不足。西部大多数大中型企业沿用过去旧的思维方式来管理企业，对高技术、新技术的引进、开发、应用没有很好的规划，对管理、人才、技术的创新也没有能很好地纳入规划之中，对开发、应用高技术信心不足。有些企业认为自主开发风险太大；有的则认为维持企业现状已经十分困难，没有多余的资金去搞高新技术；有的企业想通过购买先进的设备来提高效率，但往往忽视了对先进设备的管理与自主创新和新产品的开发。第二，缺乏高素质科技人才。由于西部多数地区相对贫穷、交通不便、环境较差等客观条件（除了成都、西安、昆明、绵阳等大中城市相对好一些外），所以对人才的吸引力太小。一些地方缺乏对人才的培养、引进、使用、激发潜能的有效机制与政策，因此吸引不了懂技术、善经营、会管理的新型科技人才，也会让已经入住西部的人才选择到中部或东部发展。第三，相关政策不配套。在西部专项建设中，有一些高技术产业化项目在技术水平、产品技术含量、产品示范、市场前景、项目组织与实施等方面很好，但由于一些相关政策，比如产业政策、生态保护政策、政府采购政策、价格政策、扶贫政策、社保政策等不配套，使得项目实施、项目产品的市场开拓和营销在不同程度上受到影响，面临困难。这不仅影响项目企业的效益和企业的正常经营，同时也造成了很多人力、物力的浪费。

（三）东西部地区在旅游产业上的差距及产生差距的主要原因

1. 东西部地区在旅游产业上的差距

西部地区国际旅游（外汇）收入与东部地区相比差距明显且差距呈扩大趋势。首先，从绝对数来看，西部地区国际旅游（外汇）收入与东部地区相比差距呈扩大趋势。2000年到2006年，虽然西部地区国际旅游（外汇）收入保持增长趋势，但东西部地区国际旅游（外汇）收入差距呈扩大趋势。西部地区国际旅游（外汇）收入与东部地区的差距从2000年的132.27亿美元递增到2006年的218.17亿美元，2006

年比 2000 年差距扩大了 64.94%。其次,从东西部地区国际旅游(外汇)收入占全国的比重来看,东部地区国际旅游(外汇)收入占全国的比重呈上升趋势,从 2000 年的 81.93% 递增到 2006 年的 82.34%;而西部地区国际旅游(外汇)收入占全国的比重呈下降趋势,从 2000 年的 10.55% 递减到 2006 年的 10.19%。再次,从东西部地区国际旅游(外汇)收入的比例来看,西部地区国际旅游(外汇)收入占东部地区的比率大体呈下降态势,从 2000 年的 12.88% 降至 2006 年的 12.38%,说明西部地区国际旅游(外汇)收入与东部地区的差距呈扩大趋势。

2. 西部地区在旅游产业上与东部地区存在差距的主要原因

西部地区虽然在旅游资源禀赋方面具有绝对优势,但西部旅游产业的发展却与其资源的优势地位不适应,旅游收入与东部地区的差距明显且呈扩大趋势,究其原因在于目前西部地区旅游产业的发展中主要存在如下问题:第一,旅游企业经济效益水平较低。西部旅游企业的营业收入在全国旅游企业的营业收入中所占份额较小,比重最大的四川也只达到了 3.77%。旅游企业对当地经济的贡献率也有所不同,贵州为西部各省市中比重最高的,占贵州地区生产总值的 3.55%。从人均实现利税来看,四川、甘肃和新疆的水平排在全国前十位,其余省区市在全国处于中低水平,说明西部旅游的利税率较低,旅游业对社会的贡献度不够。从人均实现利润这一指标来看,西部地区除四川、甘肃、西藏、内蒙古和新疆实现了正利润,其余省区市的利润率比较低,说明西部旅游企业的经营管理水平较低,需要进行优化调整,提高旅游企业的竞争力。第二,市场竞争力尚待提升。从西部旅游的市场竞争力指标来看,只有贵州和云南两省的区位商大于 1,也就是说,贵州和云南的旅游业具有一定的区位优势。从集中系数来看,只有新疆的集中系数超过了 1,意味着只有新疆的旅游产业较集中。西部地区市场占有率最高的是四川,其次是云南和贵州,这三省的旅游市场占有率居全国前十名。这种竞争力与西部旅游资源的禀赋是不匹配的,西部旅游应有的市场竞争力还没有充分显现出来。第三,国际市场渗透力不足。西部地区旅游资源在国际市场具有重要地位,则应当成为西部旅游进军国际市场的重要优势,但是从 2000 年到 2006 年西部地区国际旅游外汇收入的数据来看，这种资源禀赋优势还没有充分转化成旅游经济收益。从全国排名来看，云南旅游外汇收入排名全国第十位，说明云南的旅游业在国际旅游市场上占有一定的份额，而其他各省区市的旅游外汇收入水平较其资源禀赋而言相对落后，体现了这些省区市的国际化进程还比较滞后，国际市场的渗透力不足。

第四章 西部地区提高自主创新能力和发展优势产业的紧迫性与有利条件

提高自主创新能力，发展特色优势产业，推动资源优势向产业优势和经济优势转化，是我国西部地区长期发展经验的总结。这对于优化西部经济结构、转变发展方式、加快工业化和城镇化建设进程等具有重要意义，也是优化全国资源配置，缩小东西部差距，促进区域协调发展的迫切要求。多年的经济快速增长和西部大开发取得的巨大成就，为西部特色优势产业发展搭建了良好的经济技术平台，而丰富的资源优势也为其特色经济发展奠定了坚实的基础。同时，经济全球化和新技术革命引发的新一轮国际产业结构调整也为西部特色经济发展带来了重大机遇。因此，西部地区应主动出击，在国家支持下，抓住机遇，利用有利条件，提高自主创新能力，加快特色优势产业发展，不断增强自我发展能力，尽快缩小与中东部的差距。

第一节 西部地区提高自主创新能力和发展优势产业的必要性和紧迫性

一、提高自主创新能力和发展优势产业是西部地区经济发展实践经验的总结

纵观我国西部地区的经济发展历程，可以看到，不断提高自主创新能力，发展特色优势产业是促进西部地区经济发展的必然选择。

新中国成立初期，我国西部大部分地区尚处于农耕和游牧时代，几乎没有工业基础，经济贫困，发展落后。为了支持西部的经济建设，国家先后通过"一五"、"二五"计划和"三线"建设，投入了大量的人力、物力和财力，在西部投资兴建了一批能源、电力、冶金、机械、纺织、军工等大型企业和项目，极大促进了西部地区的经济发展，对启动西部地区的工业化进程发挥了极为重要的作用。

如"一五"计划时期，国家将156个重点项目中的21个民用项目放在了西部，另有近20个军工项目也建在了西部，共投资39.2亿元，占同期总投资的20%。这21个项目中，能源项目有：铜川玉石凹立井、西安热电站、乌鲁木齐热电站、鄠县热电站、兰州热电站、成都热电站、重庆电站、个旧电站；有色金属项目有：云南锡业公司、白银有色金属公司、东川矿务局、会泽铅锌矿；石油化工企业有：兰州炼油厂、兰州合成橡胶厂、兰州氮肥厂；机械制造企业有：兰州石油机械厂、兰州炼油化工机械厂、西安高压电瓷厂、西安开关整流器厂、西安绝缘材料厂、西安电力电窗容器厂。由于每一个重点建设项目还需要安排一系列配套项目，这极大地改变了西部地区的落后面貌，在其传统和自然经济的框架中，嵌入了现代意义的工业企业，促进了西部地区经济发展和城市建设，并且为其工业化发展奠定了初步的基础。

"三线"建设时期，国家提出集中力量建设西南和西北"三线"重点项目：修筑了连接西南的川黔、成昆、贵昆、襄渝、湘黔等重要交通干线，先后建设了攀枝花、酒泉、包钢等钢铁基地以及为国防服务的10个迁建和续建项目；贵州省的六枝花、水城和盘县等12个煤炭工业矿区；四川省的映秀湾、龚嘴、夹江和甘肃的刘家峡等水电站；为军工服务的四川德阳重机厂、东风电机厂，贵州轴承厂；以及为国防服务的化学工业项目，并开始重点开发四川省的天然气。1966～1975年的"三五"、"四五"期间，累计向"三线"地区投资1173.41亿元，占全国基本建设投资比重的近50%。"三线"建设及其配套服务项目有效促进了西部地区的经济发展，改善了全国的经济布局，在西部地区工业化进程中发挥了举足轻重的作用。

但是，"一五"、"二五"计划和"三线"建设都是在高度集中的计划经济体制下进行的，并且将重化工业和军工企业作为经济建设优先发展的战略重点，同时强调健全配套服务项目，从而造成西部地区产业结构偏重于重化工业，而轻工业发展缓慢，并且区域经济、产业结构趋同，重复建设严重，经济特色不突出，产业竞争力不强，产品科技含量和附加值低，整体效益不高。尤其"三线"建设，是在特定国际、国内形势下的产物，其建设核心是国防安全，而不是经济发展，因此各项目的经济效益都比较低。并且"三线"企业大多远离城市，不建设相应的社会保障体系就不能生存，因而从一开始这些企业的各种社会保障、后勤服务一应俱全，形成了一个相对封闭的系统，也进一步加剧了西部地区产业大而全、小而全和重复建设的状况。

改革开放后，西部地区由于受传统体制的制约以及区位和自然环境恶劣的影响，经济发展市场化进程缓慢，对外开放水平不高，没能抓住当时世界新技术革命所带来的全球产业结构调整和经济全球化的机遇，形成较强的区域竞争力。相反，在我国经济市场化改革和对外开放水平不断提高的进程中，西部地区的经济发展并没有摆脱对资源开发和重化工业的依赖，产业结构不但没能升级，反而在市场竞争中不断劣化。大多能源、矿产以及自然资源开发只能提供原材料和初级产品，原有的一些纺织、家电、电子信息、家居用品等轻工企业在竞争中纷纷倒闭，相关产业基本转入中东部。例如，西部拥有全国最大的牧场，却没有出一家"双汇"这样的肉食品加工企业，大量的皮革也只能提供给东部的鞋厂；新疆拥有全国最大、最优的棉花基地，但在本地纺织企业纷纷倒闭后也只能给东部地区的纺织及服饰企业提供原材料；陕西在改革开放初期依靠军工优势，在全国率先发展家电产业，开发出黄河彩电、海燕洗衣机和秦岭冰箱，然而由于不重视技术创新、品牌建设和市场开发，很快就在竞争中被淘汰。这种态势使西部地区的不少产业不断萎缩，无法有效发展。即使是有特色的农牧产品和能源、矿产资源也普遍存在技术水平低，产品层次不高，产业链难以有效延伸的缺点，这极大制约了西部经济的发展，使其应有的优势无法有效发挥。

进入21世纪以来，国家实施了西部大开发战略，通过规划指导、政策扶持、项目安排等加大了对西部地区的支持力度。2000～2007年，中央对西部地区的各类财政转移支付累计近15000亿元，国债、预算内建设资金和部门建设资金累计安排西部地区7300多亿元。促使西部地区的基础设施和生态环境建设取得了明显成效。但是基础设施建设和生态环境的优化改善并不能直接转化为经济优势。因此，国家在西部大开发"十一五"规划中也明确提出，新时期西部大开发战略已从加强基础设施建设和生态环境保护阶段迈入大力发展特色优势产业，增强自我发展能力的新阶段。并确定大力发展特色优势产业是西部大开发今后一段时间的战略重点。而西部地区在能源、矿产资源、装备制造、军工、旅游以及农副产品深加工等方面所具有的优势，也为西部发展特色优势产业提供了有利条件。

从近年来西部地区经济发展的成效来看，取得成功的企业，恰恰是依托优势资源，发展特色经济，通过不断提高自主创新能力，努力培育竞争优势取得的。一是依托农牧业资源，发展特色农业，大力推进农业产业化，发展商品粮、优质棉、糖料、烟草、瓜果、畜牧等产品的生产加工。二是依托能源、矿产资源优势大力发展石油化工、新能源、冶金制造，机械加工产业，培育了一批优势骨干企业和具有竞争力的名牌产品。三是四川、陕西、重庆等地依托科技教育资源优势，大力发展电子信息、生物医药、装备制造等，并围绕新材料、能源、矿产资源、石油天然气、军工产业，培育和发展高新技术产业。四是挖掘西部历史、文化、风土人情、自然景观等资源，大力发展旅游业。西部地区经济发展的实践和经验证明，特色者居上，特色者领先，提高自主创新能力，发展特色经济，是西部地区经济发展中具有全局指导意义的根本性、方向性和长期性的战略问题。

二、提高自主创新能力和发展优势产业是西部地区经济发展的内在需要

（一）西部地区优化经济结构，提高发展水平的需要

长期以来，由于历史、体制和自然的原因，西部地区经济发展缓慢，经济结构不合理，产业层次低下。第一产业所占比重较大，农业人口较多，生产结构比较单一，仍然以粮食生产为主，特色农业的发展远远不够；第二产业过度依赖能源和矿产资源开发，传统产业、低技术含量和低附加值的产业仍占主导地位，且轻重工业比例失调的矛盾突出，重化工业比重较大，轻工业发展严重滞后；第三产业发展缓慢，对经济

发展的促进作用有限。

西部地区这种以资源型产业为主导经济结构的形成与国家经济整体发展规划有关。"七五"期间，国家首次提出了我国经济区域按东、中、西三大地带划分的模式。突出了沿海地区加速发展，着力采用新工艺、新技术改造传统产业，发展知识技术密集型产业和新型的高档消费品工业；中部地区重点开发能矿资源，同时在有条件的地方开发新型产业；西部地区主要大力发展农林牧业、交通运输业，并积极开发本地资源，发展一些加工业和民族特需用品工业。从而，在这种东、中、西经济区域划分基础上形成了中、西部以开发生物资源、能源资源和原材料工业为主，东部以利用中、西部的产品和原料发展加工制造业为主的"资源互补"或"产品互补"的纵向型分工产业格局。并且，在这以后国家对西部地区的投入也主要着眼于西部地区的资源开发，将其作为东部地区能源、原料供应基地，所以它的工业结构呈现出明显的资源依赖型特征，形成了以附加值较低的资源型产业为主导；重工业比重比较高的产业结构模式。西部这种产业结构在发展到一定的深度后难以通过技术创新来提高发展水平，严重束缚了产业结构变革的空间，成为导致经济发展缓慢、效益低下、竞争力弱的重要原因，直接影响了总体经济水平的提高。因此，采取有效的措施及时进行经济和产业结构的优化升级已经成为西部地区实现突破性发展的迫切要求。

而要突破我国长期经济发展中形成的现有东中西部产业分工格局，实现西部地区经济和产业结构的优化升级，就必须依靠现有比较优势，大力发展特色优势产业才有可能实现。另外，特色优势产业的发展壮大必须依靠自主创新能力的提升。因此，全面提高自主创新能力，发展特色优势产业，既是调整和优化西部地区的经济和产业结构，促进西部经济持续、快速、健康、稳定发展的有效途径，也是合理配置和有效利用西部的优势资源，促进西部资源优势向产业优势和经济优势转化，进而提高西部经济发展水平的客观需要。

（二）保护生态环境，提高发展质量的需要

西部地区经济发展过于依赖能源和矿产资源开发，农业比重偏高，工业以粗放的资源消耗产业为支撑，服务业以传统行业为主。因此许多地区的经济增长方式表现为高投入、高耗能、低效益、粗放经营的"外

延式"发展方式。必须依靠科技创新，为企业节能减排降耗和改善技术装备提供足够的技术支撑，推动特色优势产业发展，优化经济结构，提高发展质量，走内涵式发展道路，才能不断促进西部地区的生态和自然环境改善，全面提高其可持续发展能力。

从产业发展方面看，目前西部地区仍有 63% 的人口依赖农地和牧场生存。农业精细化耕作基本无从谈起，林业和牧业过度开发现象严重，农田灌溉采取滴灌、喷灌等节水措施的比重不超过 5%。在工业生产中，基于资源开采加工的采掘业和原材料工业的比重约在 45% 左右。开采煤、油、气等能源以及其他矿产资源时，"吃白菜心"现象严重。现阶段我国重点煤矿的回采率平均为 65%，而西部地区普通煤矿的回采率只有 50%，地方煤矿和小煤矿的回采率一般仅为 20% 至 30%。

从经济增长方面来看，西部地区走的仍是高投入、高消耗和高排放的道路。1999～2007 年西部 12 省（自治区、直辖市）国内生产总值虽然保持了年均 9.5% 左右的增长，但西部地区资本形成占地区 GDP 的比重也从 41.89% 上升到 57.2%；全社会固定资产投资也从 5428.7 亿元，增加到 28250.9 亿元，投资对西部 GDP 的贡献率从 35.1% 增加到 59.53%，均超过全国同期平均水平。这说明西部地区经济发展过度依赖资本高投入和整体规模的扩张。

从能源消耗来看，西部地区远高于全国平均水平。2006 年全国单位 GDP 能耗为 1.206 吨标准煤/万元，同期西部地区 11 个省（自治区、直辖市）（因数据暂缺而未包括西藏，下同）单位 GDP 能耗为 2.21 吨标准煤/万元，接近全国平均水平的两倍。从单位工业增加值能耗看，2006 年全国单位工业增加值能耗水平为 2.53 吨标准煤/万元，而同期西部地区 11 省（自治区、直辖市）的单位工业增加值能耗平均为 4.054 吨标准煤/万元，比同期全国水平高出 60%。从单位 GDP 电耗水平看，2006 年西部地区万元 GDP 电耗为 2229.31 千瓦时，比全国平均水平高 60% 左右。[①] 从能源消费的行业分布分析，在西部各省（自治区、直辖市）能源消费总量中第二产业所占比重最高。2007 年西部地区能源消耗水平有所改善，但总体效果并不是很明显，详见表 4-1。

---

① 布和朝鲁：《西部地区节能降耗的形势与选择》，载《兰州学刊》2008 年第 3 期。

表 4 −1 　2007 年西部地区与发达地区单位 GDP 能耗、单位工业增加值能耗、单位 GDP 电耗对比情况

	单位 GDP 能耗		单位工业增加值能耗		单位 GDP 电耗	
	指标值（吨标准煤/万元）	上升或下降（±%）	指标值（吨标准煤/万元）	上升或下降（±%）	指标值（千瓦时/万元）	上升或下降（±%）
北　京	0.714	−6.04	1.188	−10.81	758.25	−3.66
上　海	0.833	−4.66	1.006	−8.49	914.19	−5.20
江　苏	0.853	−4.28	1.408	−7.65	1221.44	0.02
浙　江	0.828	−4.18	1.302	−5.36	1246.97	−0.03
广　东	0.747	−3.15	0.980	−5.28	1156.85	−1.30
广　西	1.152	−3.31	2.612	−7.82	1278.73	2.14
内蒙古	2.305	−4.50	4.879	−9.22	2101.68	10.13
重　庆	1.333	−4.46	2.410	−7.19	1148.00	−4.10
四　川	1.432	−4.44	2.620	−7.10	1232.10	−2.65
贵　州	3.062	−3.97	4.890	−4.61	2662.14	1.07
云　南	1.641	−3.98	3.156	−7.11	1704.70	2.64
陕　西	1.361	−4.54	2.270	−7.81	1340.24	−1.79
甘　肃	2.109	−4.09	4.293	−6.53	2537.33	2.02
青　海	3.063	−2.20	3.470	−4.76	4173.16	4.12
宁　夏	3.954	−3.52	8.124	−6.40	5706.63	3.23
新　疆	2.027	−3.08	2.779	−5.18	1273.90	3.38

资料来源：《中国统计年鉴》（2008），中国统计出版社 2008 年版。

从排放量来看，2007 年西部地区工业的废水排量 554747 万吨，占全国的 22.49%，废水排放达标率为 88.31%，低于全国 91.65% 的平均水平；西部地区的工业废气和工业固体废物排放量分别为 104519 万吨和 53143 万吨，分别占全国的 26.92% 和 30.25%；环境污染与破坏事故次数占全国的 30.52%，均高于西部经济总量占全国的比重。[①]

这种高投入、高消耗、高排放、低效益的粗放型经济发展模式，必然使得西部地区脆弱的生态环境遭受重压。西部地区自然资源丰富但分布不均衡。西北地区土地辽阔，但大多地区干旱少雨，水资源匮乏，荒

---

① 　根据中国统计出版社《中国统计年鉴》（2008）相关数据整理所得。

漠化严重。而西南、青海处于黄河、长江等大江大河的源头，是国家生态安全的关键地区，同时也是生态脆弱和敏感地区。在这样一个生态环境脆弱区内进行开发，本来就极易造成新的环境破坏，使生态环境更为恶化。目前，西部地区已经面临一系列的破坏及退化问题：如水土流失、土地荒漠化、土壤盐渍化；植被稀少、森林草原大面积退化，生物多样性减少；西北地区水资源短缺而恶化；生态景观单一、缺少生态屏障，沙尘暴发生的次数逐年增加、影响范围逐年扩大等。日趋恶化的生态环境必然严重阻碍西部地区的可持续发展。

造成这种状况的根本原因就在于西部地区的科研技术水平低下，无法为经济增长方式的转变和经济结构的优化提供足够的技术支撑，无法为打破现有国际国内分工格局提供足够的技术保障。因此，大力发展科研教育，全面提高自主创新能力，推动特色优势产业发展，促进产业结构优化升级，就成为西部地区转变发展模式，提高发展质量，推动经济和生态环境改进的必然选择。

（三）西部地区工业化和城镇化发展的需要

西部大开发以来，西部地区高度重视工业化和城镇化建设，工业发展速度明显加快，工业增加值占生产总值的比重由 2002 年的 31.9% 提高到 2007 年的 38.78%，人均生产总值由 2003 年的 6317 元增长到 2007 年的 13025 元。初步建立起了规模较大、相对完整的工业体系，基本进入了工业化发展中期阶段，并且四川、陕西、重庆等省市已步入工业化中后期阶段，工业已成为带动区域经济发展的主导力量。同时，随着西部地区工业化进程的加快和农业结构的战略性调整，中国西部城镇化率也已由 2000 年的 28.7% 提高到 2007 年的 37% 左右。

但总体上西部地区的工业化和城镇化水平仍然较低，与全国平均水平和先进地区还有很大的差距，已难以适应进一步提高经济发展水平的需要。从全国经济发展水平看，2007 年我国实现工业增加值 107367.2 亿元，占国内生产总值的 43%，比西部高 4 个百分点；全国人均 GDP18934 元，远高于西部的 13025 元，整体已经进入工业化中期的后半阶段；2007 年东部地区实现工业增加值 71329.98 亿元，占其国内生产总值的 46.82%，高于西部 8 个百分点，已基本进入工业化发展后期阶段。从城镇化水平来看，截至 2007 年底，我国共有城镇人口约 5.94

亿，城镇化水平达到44.9%，比西部地区高出8个百分点；全国共有设市城市655个，建制镇约2万个，已初步形成以大城市为中心、中小城市为骨干、小城镇为基础的多层次的城镇体系。而西部地区城镇数量仍较少，建制市仅有166个，只占25.34%；并且西部城镇体系发育不全，大城市数量较小，中小城镇尚处于起步阶段，吸纳剩余农业人口的能力有限。①

西部地区工业化和城镇化发展水平滞后已成为制约西部发展，并长期落后于中东部的重要因素。工业化建设不仅可以保持西部地区国民经济在未来一段时期内快速稳定增长，提高人们的生活水平，改变人们的生活方式，还能使西部地区的潜在资源优势，通过工业化建设的优化配置转变为经济优势，促进区域经济协调发展。同时，西部相当部分地区生态环境脆弱，不适宜开展经济开发活动，也基本不适宜人类生活居住，为实现西部的可持续发展，通过把分散居住在生态脆弱区的人口转移到城镇来，实行城镇化，促进人口集中，能有效扩大公共产品的服务半径，提高公共服务的效率。并且，村庄的减少，人口居住密度的降低，必然会大大减少人类在自然界的活动范围，减少道路、输电线路、学校、医院等基础设施建设的数量，从而减少对脆弱地区生态环境的影响和破坏。

但西部地区的工业化和城镇化不能复制东部地区发展模式，应该绝对避免重复西方乃至我国东部地区工业化和城镇化初期，以生态环境恶化为代价，追求经济扩张，造成严重资源浪费和社会生产成本增加的老路。而是要依据自身实际，主动回避区位、自然条件和经济基础薄弱等传统因素的不利影响，充分利用要素资源禀赋，发挥后发优势，以信息化推动工业化，以工业化促进城镇化，并形成良性互动，走出一条科技含量高、经济效益好、资源消耗低、环境污染少、人力资源优势得到充分发挥的新型工业化和城镇化的路子。

为此，就必须充分学习和借鉴世界先进科学技术的最新发展成果，全面提高西部地区的科研技术实力，带动西部工业化在更高的起点上起步，并为走新型工业化发展道路提供足够的科技支撑。通过自主创新能

---

① 根据中国统计出版社《中国统计年鉴》(2008) 相关数据整理所得。

力的提升，加快西部特色优势产业发展，优化资源配置，提高能源、矿产资源的利用效率和整个社会的投入产出效率，减少资源占用与消耗，降低污染排放，促进生态保护，全面提高经济社会效益，进而促进资源优势向产业和经济优势转化。

三、提高自主创新能力，发展优势产业是西部适应经济全球化，借鉴国际国内经济发展经验，参与国际分工和国际竞争，建立竞争优势的需要

经济全球化和新技术革命的不断深化仍是世界经济发展的大趋势。一方面，以电子信息和现代生物技术为主导的新技术革命不断深化，并逐步渗透到生产部门的各个环节，促使世界经济结构不断优化，产业结构调整加速，新兴产业不断涌现。尤其是发达国家和地区的产业不断向高度化和价值链高端发展，促进世界范围内的产业结构调整和产业转移加速。另一方面，在世界贸易组织、世界银行、国际货币基金组织等机构以及跨国公司的推动下，经济全球化和区域经济一体化不断向纵深发展，推动资本、生产、技术、服务、信息等要素在全球范围内大规模快速流动，使各国在生产、分配、消费等方面的经济联系日益紧密，市场开放程度不断扩大。区域内，欧盟一体化进程达到了前所未有的高度，不但统一了货币，经济政策也日趋协调。北美自由贸易区、南美共同市场和东盟区域经济一体化的程度不断发展，使得各国在关税、外贸、金融等方面的政策趋于一致，经济联系与合作更加紧密。2007 年全球贸易总额高达 28.11 万亿美元，外国直接投资总额也创纪录的达到 1.54 万亿美元。

我国在加入世界贸易组织后，虽然仍奉行独立自主的经济和外交政策，但也已开始把与其他国家和地区建立自由贸易区作为国家战略并积极实施。截至 2007 年 10 月，我国已与亚洲、大洋洲、拉美、欧洲、非洲的 29 个国家和地区建设了 12 个自由贸易区，并与东盟签署并实施了自由贸易区货物和服务贸易协议。还积极参与双多边和区域经贸合作，与美国、日本、欧盟、东盟等建立战略经济对话机制，加强了与主要经贸伙伴的协调与沟通，进而使我国对外开放和参与经济全球化的水平达到了前所未有的高度。2007 年我国进出口贸易总额 21737 亿美元，占

国内生产总值的 66.8%，占世界贸易总额的比重达到了 7.7%，成为仅次于美国与德国的世界第三大国际贸易国；全年吸引并实际利用外国投资 748 亿美元，占全球外国直接投资的 54%，占发展中国家的 19%，已连续 15 年成为吸收外资最多的发展中国家；并且 2007 年还实现对外投资 187 亿美元。

科技进步和经济全球化在为世界经济发展带来巨大动力和市场空间的同时，也使竞争空前激烈，不同国家和地区纷纷采取措施，发展优势产业，抢占价值链高端，争取在国际竞争中的有利地位。西部地区作为我国经济发展的重要组成部分，改革开放以来，随着对外开放程度的不断提高，参与经济全球化和国际国内分工的程度也有所提高。但由于开放、开发时间较晚，再加上区位条件和自然环境条件不利等因素的影响，西部地区参与经济全球化和国际分工的水平不高，现有产业与国际经济对接能力不强，缺乏国际竞争力。如 2007 年西部地区对外贸易总额只有 785.9 亿美元，占全国的 3.6%，仅为东部地区 19337.7 亿美元的 1/25；其中出口 470.3 亿美元，进口 315.5 亿美元，分别与东部地区 10754.5 亿美元的出口额和 8583.2 亿美元的进口额相差甚远，显示出西部地区经济发展国际化水平不高。①

但是世界经济一体化和新技术革命深化的趋势是不可阻挡的，我国的对外开放也将进一步扩大，西部地区的经济发展必将在更加开放和竞争激烈的环境中进行，这既带来了重大机遇，也带来了严峻的挑战。要在这样的条件下保有一席之地，实现可持续增长，就必须充分发挥西部地区的比较优势和后发优势，利用国际国内两个市场和两种资源，努力形成并保持竞争优势，积极参与和应对市场竞争所带来的挑战。通过全面提高科技发展水平，不断增强自主创新能力，依托要素资源禀赋，充分发挥西部地区市场潜力大、自然资源丰富和劳动力成本低的比较优势，发展特色经济和优势产业，积极参与国际分工，并通过承接国际和东部地区的产业转移提升产业发展能力，进而大幅度提高整体竞争能力，争取在国际市场竞争和国际分工体系中处于有利位置，避免在经济全球化进程中被边缘化。

---

① 根据中国统计出版社《中国统计年鉴》（2008）相关数据整理所得。

而经济全球化给西部地区带来的最大机遇，是能够利用全球的知识、资源和市场，用以解决其自身的发展与资源、环境的矛盾问题。这就要求西部地区必须坚持贸易自由化和投资自由化，充分发挥"后发效应、追赶效应"，积极推行"比较优势战略"，充分利用"两种资源，两个市场，两种资本，两种技术"，增强获取全球知识、全球资源、全球市场的能力，不断拓宽西部地区的知识资源、物质资源的市场利用空间，从而使西部有可能从全球范围内解决自身的发展问题。

为此，西部就必须按照国际分工与贸易理论中的比较优势原则，依托西部地区丰富的自然、能源、矿产、旅游和人力资源及部分地区科技资源富集的优势，大力发展特色优势产业，以"人无我有、人有我多、人多我优、人优我特"的原则发展经济，积极参与国际分工与合作，以克服由于自身经济技术实力较弱，发展能力不强，而在国际竞争中所处的不利位置。同时，根据美国经济学家波斯纳（Posner）和克鲁格曼（P. Krugman）等人在比较优势理论基础上提出的技术差异理论，一个国家通过技术创新，可以获得垄断竞争优势，因而可以在国际贸易中获得更多的收益。因此，西部地区在发展特色产业的同时，必须全面提高自主创新能力，以促进特色优势产业尽快发展壮大，形成比较优势和竞争能力。

比较优势理论很好地解释了国际分工与贸易运行的机理与原则，对不同国家和地区参与国际分工，发展优势产业起到了很好的指导作用。这一原理虽然是针对国际贸易与分工提出的，但它同样适用于一个国家不同地区间的分工与发展问题。我国地域辽阔，各地区间要素资源禀赋分布差异很大，现有的东西部差距很大程度上也是由此造成的。因此，西部地区要想尽快缩小东西部差距，也必须全面提高自主创新能力，大力发展特色优势产业，实行差异化发展和错位竞争，以求尽快打破现有分工格局中的不利局面。

从世界经济发展历程和现状来看，美国、西欧和日本等发达国家，之所以能够长期保持世界领先地位，与他们拥有强大的自主创新能力和产业竞争优势是分不开的。二战后，日本、德国和西欧一些国家，之所以能迅速从战争的废墟中走出来，在较短时间内就步入发达国家行列，最重要的原因就在于他们根据当时的国际经济环境和本国的要素资源禀赋状况，选择了能促进本国经济高速增长的经济结构和产业模式。同样，亚洲"四小龙"也是在战后积极参与国际分工，主动承接国际产业转移，充分发挥后发优势，努力发展特色优势产业的基础上迅速取得成功的。而瑞士、芬兰、挪威、瑞典等欧洲小国，其产业模式的共同特点是，只重点发展几个具有要素禀赋优势的特色产业，如银行、旅游、造船、通信等，并通过不断创新发展，使这些产业具有强大的国际竞争优势，使他们的人均国民收入一直名列世界前茅。

东南亚诸国和巴西、阿根廷等南美国家在战后也曾保持了较快的增长，但他们主要是依靠充裕的资源和劳动力要素禀赋，通过发展较低层次的产业来实现的。随着这些国家经济的增长、劳动成本的提高，及更多具有充裕资源和劳动要素禀赋的国家加入全球市场经济体系，这些国家的优势逐渐消失。而他们并未根据比较优势的变化，通过提高创新发展能力及时调整经济结构，导致国际竞争优势和比较利益下降，在 20世纪末先后出现了经济、金融危机，致使经济发展缓慢。

这些事实从正反两个方面表明，一国或一个地区的经济发展速度与收入水平的高低主要取决于利用现有优势要素参与分工和实现比较利益的程度。同时也表明，市场经济在一定意义上就是特色经济，市场竞争就是特色竞争。从这个意义上说，西部地区只有立足于科技创新，大力发展特色优势产业才能在国际国内市场竞争中争得一席之地。

四、提高自主创新能力，发展特色优势产业是缩小东西部差距的根本途径

我国西部地区幅员辽阔，物产丰富，涵盖了 12 个省市，占有全国 71.5% 的国土面积和 27.9% 的人口，拥有丰富的石油、煤炭、天然气、水利和矿产资源，农牧业生产、旅游资源开发潜力巨大，是我国经济发展和现代化建设的重要组成部分。但长期以来，西部地区经济发展滞后，与中东部地区的差距不断加大，尽管国家和西部各省区市都做了较大的努力，但这种差距仍有进一步扩大的趋势。2007 年，西部地区实现 GDP47864.1 亿元，占全国的 17.34%，较 1978 年下降 1.88 个百分点，相当于东部地区的 31.42%，较 1978 年下降了 11.78 个百分点；西部地区人均 GDP 为 13212 元，仅相当于全国的 69.77% 和东部的

40.92%，分别较 1978 年下降了 0.48 和 15.37 个百分点；2007 年西部地区实现工业增加值仅占全国的 15.2% 和东部地区的 26.36%；西部地区人均城镇居民可支配收入只有全国平均水平的 82% 和东部的 66.6%，农村人均居民收入更是只有全国平均水平的 73.1% 和东部的 51.7%。[①]经济发展的差距，导致西部地区在社会、文化、科技、教育、基础设施建设、对外开放水平等方面与东部存在着全方位的差距。这种状况不仅不利于西部地区的自身发展，也严重制约了我国区域经济协调发展和整体水平的提高。如果放任发展，必将形成"马太效应"，严重影响我国社会与经济发展、民族团结和政局稳定，最终对构建和谐社会造成不良影响。因此，加快西部地区发展，从根本上改变西部地区相对落后的面貌，努力建设一个山川秀美、经济繁荣、社会进步、民族团结、人民富裕的新西部，是事关我国经济发展和现代化建设全局的大事，是中国崛起不可或缺的一环。

造成我国东西部经济发展差距的原因很多，但从根本上讲，产业发展的差距是造成西部地区长期落后，最直接也是最重要的原因。因为，区域经济的发展最终是由产业，特别是优势产业的发展来支撑的。西部地区特色产业的规模、创新能力和经济效益与东部地区差距较大，在市场竞争中缺乏竞争优势，也无法支撑和引领西部地区产业结构的优化升级，因而长期处于国内分工体系的低端，无法在发展中与东部地区形成良性互动，致使在东部和全国经济保持快速增长的同时，西部却长期处于滞后的状态。要改变这种局面，就必须从加快西部地区特色优势产业发展入手，通过全面提高自主创新能力，增强产业的自我发展能力，提高产业竞争优势，支撑西部地区经济发展，进而尽快缩小与东部地区的差距。

（一）有利于增强西部地区产业竞争优势，提高自我发展能力

区域经济总量取决于产业规模的大小及产出总量，区域经济的发展能力和发展速度，同样取决于产业的发展能力和发展速度。长期以来，西部地区经济发展缓慢，无论是经济总量还是增长速度都与东部存在明显差距，主要原因就在于其产业发展缓慢，缺乏竞争优势和自我发展能

---

① 根据中国统计出版社《中国统计年鉴》（2008）相关数据整理所得。

力，无法支撑和引领西部地区经济的快速发展。而西部地区产业自我发展能力不强，缺乏竞争优势，又与其缺乏特色和自主创新能力有直接关系。自改革开放以来，西部地区许多缺乏特色和与东部产业发展趋同的产业都在竞争中逐渐萎缩或被淘汰，而生存下来和目前发展较好的产业通常都具有明显的自身特色和较强的自主创新能力。因此，要通过科技体制创新，全面提高自主创新能力，将科技进步和技术创新与产业发展结合起来，按照有所为有所不为的原则，发挥优势，集中力量，选择符合国家产业政策，资源优势明显，建设条件有利，技术起点高，具有较大生产规模，较好经济效益和社会效益，对整个经济发展具有较强辐射带动作用的特色产业，加大培育力度，促进其尽快发展壮大，实现与东部地区差异化发展和错位竞争，提高自我发展能力，进而促进自然资源优势向大规模的市场优势转换，推动产业和区域经济的优化重组和合理配置，带动相关产业兴起，从根本上推动西部地区经济发展，尽快缩小与东部地区的差距。

（二）有利于西部地区产业结构调整和经济结构的优化升级

目前西部地区经济结构的总体特征主要表现为：第一、二、三产业发展失调，许多地区的经济增长方式表现为高耗、低效、粗放经营的"外延式"发展。并且多年来这种状况改进速度缓慢，主要原因就在于西部地区经济发展过于依赖能源和矿产资源开发，但又囿于技术水平的限制，只能进行较低层次的加工，无法有效延伸产业链，带动相关产业发展，致使主导优势产业的引导和带动作用不强，难以支撑产业结构的优化演进。此外，由于科技水平低下，创新能力不强，有自主知识产权和专利的产业少，产业趋同现象严重，新兴产业发展缓慢，制约了产业规模的形成。可见，缺乏特色和技术水平落后是阻碍西部地区经济结构优化调整的重要原因。

因此，应该不断提高自主创新能力，优化改进现有特色优势产业的生产技术和装备水平，努力开发新产品、新工艺和新技术，延伸产品和产业链，创建品牌优势，努力开拓市场，形成竞争优势，促进产业规模尽快做大做强，同时带动相关产业发展，推动特色优势产业向纵深发展，延伸产业链条，促进西部地区产业结构向高度化和合理化发展。同时，通过科技创新和技术进步，推动西部地区能源和矿产资源合理开发，提高深加工水平，培育和发展新兴产业，促进在西部地区形成新的特色产业和优势项目，尽快促进经济和产业结构优化升级。

（三）有利于将西部地区的资源优势转化为经济优势

西部地区拥有丰富的自然、能源和矿产资源，特别是水、土、光、热、生物，和石油、天然气、煤炭、有色金属、非金属材料等核心资源在全国都具有开发利用的比较优势，是我国经济发展的资源库。然而，西部地区的资源优势并没有带来经济优势。使西部地区陷入著名的"资源陷阱"和"富饶的贫困"的尴尬境地。

根本原因在于西部地区处于我国东西部分工体系的低端，产业发展过于依赖资源开发，但开发方式又过于"粗放"造成的。因为欠缺技术创新能力，西部各省对资源产品深加工的能力不强，产业链条较短，产品技术含量不高，基本处于只能卖资源的状态。而农牧产品加工缺乏龙头企业引导，也存在同样的问题。可见技术进步是推动产业发展和优化升级的根本动力，也是将地区资源优势转化为产业竞争优势、促进地区经济不断发展的决定性因素。只有通过技术创新才能强化资源禀赋的特殊性和不可替代性，进而培育出真正具有比较优势和竞争优势的产业。

因此，西部地区要想尽快跳出"资源陷阱"就必须转变资源开发方式，依靠科技进步，提高自主创新能力，以资源禀赋比较优势为基础，通过改善人力、资金和技术等要素投入条件，推动资源开发向纵深开发，大力发展深加工业，对能源、矿产、农牧产品、原材料进行深加工，延长资源加工链条，逐步实现原材料到特色产业的纵向一体化发展，实现对资源的深加工和精加工，改变单纯作为能源和资源输出地的不利地位。近年来，西部地区优质能源产业、特色农牧业、旅游业等产业发展势头强劲，一些地区的优势产业发展已经走在全国的前面，如内蒙古的农畜产品加工业、陕西、新疆、四川的能源资源开发等，是西部地区成功将资源优势转化为经济优势的典范，实践和理论都证明，通过科技创新，精细开发特色优势资源，深入开掘其资源附加值，是西部走出"富饶的贫困"的有效途径。

（四）有利于优化我国经济结构和产业布局，促进东西部协调发展

合理确定西部地区主导产业发展方向，建立特色鲜明，优势突出的产业体系，对于优化我国东西部分工体系和产业布局，进而促进区域协调发展具有重要意义。但在过去相当长时期内，我国在产业分工和经济布局上呈现出西部以能源、矿产开采业和输出资源为主、东部以加工业、输出消费品为主的特点，致使东西部发展不平衡，西部地区出现了经济社会发展缓慢、人民群众生活水平较低、生态保护可持续能力弱小等一系列问题。严重影响了区域经济协调发展。因此，从优化全国产业布局和提高国民经济整体效益的要求出发，必须将加快建立有特色有优势的西部产业体系放在突出位置。从构建和谐社会、实现共同富裕目标来讲，更应该加大西部特色优势产业的发展力度。而通过提高自主创新能力，增强西部地区特色优势产业自我发展能力和竞争优势，实现与东部地区差异化发展和错位竞争，促进区域合作和良性互动，改善西部在国内分工体系中的地位，最终实现东西部优势互补、互利共赢。这对于优化我国整体经济结构和重大产业布局，增强西部地区的自我发展能力，促进区域协调发展及构建和谐社会具有重要意义。

（五）有利于提高西部在国际分工体系中的地位，加快发展速度

经济全球化和新技术革命在给各国和各地区经济发展带来严峻挑战的同时也带来了重大机遇。在日趋开放的条件下，依托要素资源禀赋，努力提高比较和竞争优势，积极参与国际分工与合作，占据价值链条的有利环节，充分利用国内外两种资源、两个市场，实施"引进来"和"走出去"战略，对于促进国家和区域经济发展具有重要意义。这一点从国际及我国东部地区的发展经验中都可以看到。我国西部地区由于开放、开发得较晚，参与国际分工与合作的水平相对不高，与东部差距很大。但西部12个省区，除少数外，基本都处于我国边疆地区，总共与14个国家和地区接壤，有几千公里长的边界线，周边国家有十几亿人口，目前已形成不同规模、不同层次的近百个边境口岸。提高自主创新能力，发展特色优势产业既有利于实现西部与周边国家和地区的经济互补和投资贸易，提高在国际分工体系中的地位和作用，也有利于西部联合东中部地区共同依托边境陆路通道扩大对外开放，推动我国的区域和双边经济合作不断开创新局面。

（六）有利于提高西部工业化和城镇化水平，增加城乡居民收入

加快工业化进程和城镇化建设是促进我国乃至西部地区经济发展和

提高现代化水平的重要举措。西部地区工业化和城镇化发展水平不高，与东部地区存在较大差距，是导致西部地区经济发展缓慢，城乡居民收入不高的重要原因。提高区域自主创新能力，促进特色优势产业发展，有利于推动西部地区产业结构优化升级和经济结构调整，降低第一产业的比重，增加第二、第三产业的比重，从而加快西部地区工业化进程，提高工业化水平。工业化水平的提高必然会带动城镇化建设，提高城镇化率，增加城镇人口比例，从而提高城乡居民整体收入水平，缩小与东部在人均收入方面的差距。

（七）有利于降低对生态环境的压力，增强西部经济承载力

生态环境脆弱，经济承载能力不强是制约西部发展的一个重要"瓶颈"问题。一方面，长期以来，西部依靠高投入、高耗能、低效益、粗放经营的发展模式，更增加了本来就脆弱的生态环境的压力。环境污染、水土流失、荒漠化、沙尘暴等状况有不断恶化的趋势，这进一步降低了西部经济发展的承载力。另一方面，西部地区经济发展的压力不断增加，经济发展与生态环境保护的矛盾突出。提高区域科技创新能力，不仅有利于生态保护，提高综合治理水土流失、荒漠化和沙尘暴等环境灾害的能力。更重要的是通过促进特色优势产业发展，优化西部地区的经济结构，转变发展模式，减少对资源的消耗和污染排放，提高经济效益，从而降低对生态环境的压力，相对提高其经济承载能力，促进西部尽快发展。

第二节　西部地区提高自主创新能力和发展优势产业的有利条件

一、中国经济、科技发展迅速，综合国力不断增强

改革开放以来，我国经济发展迅速，科技实力不断提高，为西部地区提高自主创新能力和发展特色优势产业提供了良好的宏观环境和经

济、科技发展平台。

（一）经济建设成效显著，国际影响力不断提高

1979～2007 年，我国国内生产总值年均增长 9.8%，远高于同期世界年均 3.0% 的增速，由 1978 年的 3645 亿元升至 2007 年的 24.95 万亿元，总量跃居世界第四；人均 GDP 也由 1978 年的 381 元上升到 2007 年的 18934 元，人均国民总收入同步快速增长，由 1978 年的 190 美元上升至 2007 年的 2360 美元，已进入世界中等偏下收入国家行列；经济结构不断优化，工业化水平不断提高，三次产业比重由 1978 年的 28.2∶47.9∶23.9 调整为 2007 年的 11.3∶48.6∶40.1，现代经济结构性特征明显；工业经济发展迅速，工业增加值由 1978 年的 1607 亿元增至 2007 年的 10.74 万亿元，已进入工业化中期发展阶段；工业企业数量和质量大幅提高，市场竞争力不断提升，在国民经济中的主导地位进一步加强；国家财政实力不断增强，财政收入由 1978 年的 1132 亿元上升至 2007 年的 5.13 万亿元，为国家建设和公共事业发展奠定了雄厚的财力；能源、水利、交通、通信等基础设施建设不断完善，科教文卫等事业发展迅速；对外开放水平和在世界经济中的地位不断提高，对外贸易总额由 1978 年的 206 亿美元增至 2007 年的 2.17 万亿美元，年均增长 17.4%，占世界贸易总额的比重也由 0.8% 提高到 7.7%，成为仅次于美国与德国的世界第三大对外贸易国；利用外资规模不断扩大，由 1979 年的 8 万美元增至 2007 的 748 亿美元，1979～2007 年，我国实际使用外资 7602 亿美元，是发展中国家最多的；外汇储备由 1978 年的 1.67 亿美元增至 2007 年的 1.53 万亿美元，位居世界第一；对外投资从无到有，由 2003 年的 29 亿美元增至 2007 年的 187 亿美元，"走出去"战略稳步推进；我国对外开放程度的提高，吸引大量外国人到我国旅游观光，入境游客由 1978 年的 71.6 万人次增至 2007 年的 5472 万人次，极大促进了我国旅游业的发展。①

（二）科技事业发展迅速，创新性国家建设成效显著

改革开放以来，我国科技体制改革进展迅速，对科技事业的投入力

---

① 中国统计局网站（http：//www.stats.gov.cn/tjfx/ztfx/jnggkf30n/）纪念改革开放 30 年系列报告。

度不断增强，科技队伍不断发展壮大，科技产出质量大幅提高，为西部地区科技水平和自主创新能力的提高创造了良好条件。2006 年我国用于科技事业的财政拨款为 1689 亿元，是 1980 年的 26.1 倍，年均增长达 13.4%；2007 年全社会 R&D 经费支出 3710.2 亿元，位居世界第六，R&D 经费支出占国内生产总值的 1.49%。国家共安排了 1540 项科技支撑计划课题，2541 项"863 计划"课题。科技队伍不断壮大，人员素质不断提高。截至 2007 年底，国有企事业单位专业技术人员达 2255 万人，是 1978 年的 5.2 倍；全国从事科技活动人员达 454.4 万人，全国研究与试验发展折合全时人员达 173.6 万人年，其中科学家和工程师142.3 万人年，目前，我国的研发人员总量仅次于美国，居世界第二位。国家创新体系建设进展顺利，产学研互动合作体系逐步建立，企业在科技创新中的主体地位日益显现。2007 年我国企业 R&D 支出2681.9 亿元，占全社会的 72.3%。以企业技术中心为主要形式的企业技术创新体系建设不断加强，截至 2007 年，国家认定的企业技术中心已有 499 家，2007 年投入研发经费超过 800 亿元；省级企业技术中心达 4023 家；企业新产品销售收入超过 2 万亿元，企业的自主创新能力进一步增强。科技产出能力不断提高。从 1981 年到 2007 年，我国累计取得省部级以上重大科技成果 74.6 万项；累计颁发国家自然科学奖 842 项，国家技术发明奖 2962 项，国家科学技术进步奖10099 项；这些成果为创新型国家建设提供了重要技术保障。1986～2007 年，我国专利申请量和授权量分别以 16.7% 和 25% 的年均速度递增，截至 2007 年底，我国专利部门已累计受理国内专利申请 331.5万件，授权专利 179 万件。其中 2007 年受理国内专利申请 58.6 万件，授权 30.2 万件；全年共签订技术合同 21 万项，合同成交金额2200 亿元，比上年增长 21%。①

全国经济的快速发展和科技水平的迅速提高，为我国西部地区经济社会的迅速发展提供了良好的宏观环境，也为其科技发展和产业结构的优化升级提供了重要支撑。

---

① 中国统计局网站（http：//www. stats. gov. cn/tjfx/ztfx/jnggkf30n/）纪念改革开放 30年系列报告。

二、西部地区经济和科技发展态势良好

改革开放 30 年来，在我国经济整体保持快速增长，科技实力不断增强的同时，我国西部地区经济发展也取得明显成效，科技水平不断提高，为提高自主创新能力和发展特色优势产业提供了良好的发展平台。

首先，从经济发展来看，尽管西部开放、开发的时间较晚，改革进程较东部缓慢，但仍实现了经济的持续快速增长，经济实力显著提升，人民生活明显改善。1978～2006 年，西部 12 省市实现国内生产总值年均增长 9.54%，特别是国家实施西部大开发以来，西部经济增长速度明显加快，1999～2006 年年均增长达 11.6%，高于全国平均水平。2007 年，西部地区实现国内生产总值 47454 亿元，是 1978 年 654.23 亿元的 72.54 倍。人均 GDP 由 1999 年的 4302 元增长到 2007 年的 13025元，城镇居民人均可支配收入和农村居民人均纯收入分别由 1999 年的5659 元和 1662 元增长到 2007 年的 11309 元和 3028 元。产业结构不断优化，三次产业比重由 1978 年的 37.13：42.75：20.12 调整为 2007 年的 16.53：45.86：37.61。工业化水平不断提高，2007 年西部地区工业增加值占 GDP 的比重为 38.78%，比 1978 年提高 2.38 个百分点，已初步进入工业化中期阶段。地方财政收入不断增加，由 1999 年的 1029 亿元增加到 2007 年的 4085 亿元。2007 年实现外贸易总额 785.9 亿美元，对外开放水平有所提高。[①] 基础设施建设加快，生态环境明显改善。经济的发展为西部地区科技与特色优势产业的发展提供了坚实的基础。

其次，西部地区科技事业发展迅速，科技投入和产出水平不断提高，区域创新体系基本建立，科技体制日趋完善，为进一步提升区域自主创新能力搭建了良好的平台。2002～2006 年西部地区科技活动经费支出额逐年提高，从 2002 年的 397.44 亿元增加到 2006 年的 779.94 亿元，R&D 经费支出由 2002 年的 183.99 亿元提高到 2006 年的 357.49 亿元。科技活动人员由 2002 年的 66.57 万人增加到 2006 年的 71.76 万人，其中科学家和工程师的数量由 43.39 万人增至 47.38 万人。从科技

---

① 根据中国统计局网站（http：//www.stats.gov.cn/tjfx/ztfx/jnggkf30n/）纪念改革开放30 年系列报告和中国统计出版社《中国统计年鉴》（2008）相关数据整理所得。

产出来看，西部地区专利申请量从 2002 年的 2.05 万件增加到 2006 年的 4.06 万件，专利授权从 2002 年的 1.15 万项增长到 2006 年的 2.21 万项，其中发明专利从 828 项增加到 2711 项，专利转化率和新产品开发数量也有明显提高。2006 年西部地区技术市场成交合同数为 17354 项，成交合同金额为 151.75 亿元，分别比 2002 年增长 9.08% 和 36.67%。①此外，西部地区的科技体制改革不断推进，以企业为主体，市场为导向，产学研互动结合的区域创新体系已基本建立。一些重点城市如西安、成都、重庆、昆明、绵阳等拥有的科技资源和科技水平在全国的排位也较靠前，充分发挥它们的引导和带动作用，必将有效促进西部区域创新能力步上一个新的台阶。

三、西部地区丰富的资源优势，为特色产业发展奠定坚实的基础

我国西部地区幅员辽阔，自然地理环境独特，使得水、土、光、热、能源、矿产等自然资源富集，生态、人文和旅游等资源都具有很强的比较优势，为西部地区发展特色经济打下了坚实的基础。

西部地区拥有丰富的能源矿产资源，是我国最富有的"两源兼富"地区。西部矿产资源的特点是品种多、储量大、分布集中且与水资源配套条件较好，便于规模开发，利于建成大型的能源、原材料基地。我国 60% 以上的矿产资源储量分布在西部地区。在全国已发现的 172 多种矿产资源中，西部均已发现，其中已有 156 多种已探明储量，并有 45 种主要矿产已探明其工业储量，潜在价值占全国的 49.31%。西部的钒、钛、铜、铅、锌、汞、锂、钾盐、云母、石棉、石膏、重晶石等近 30 种矿产储量居全国首位。此外，以铅、锌为主的有色金属，以锡、镍、钒、钛、稀土为主的稀有战略性矿产，以铂族金属为主的贵金属等储量都占有较大的优势。比如，甘肃的镍矿储量占全国的 70%。贵州的铝、磷、汞、锑、锰的储量居全国前五位。内蒙古已探明的氧化铝、稀土氧化物储量占全国的 90% 以上，铍、钽、钴的探明储量都居世界的前两

---

① 根据中国科技统计网站、中国科技统计数据（http://www.sts.org.cn/sjkl/kjtjdt/index.htm）相关资料整理。

位。云南兰坪的铅锌矿为全国最大。西部的非金属矿主要是磷矿、钾盐、岩盐等。磷矿主要分布在川、滇、黔，钾盐主要分布在新疆及柴达木盆地，岩盐主要分布于四川盆地，川南地区硫铁矿规模为全国最大。

西部地区能源种类齐全，拥有丰富的煤炭、石油、天然气、水能、太阳能和风能资源。西部地区煤炭、石油、天然气储量丰富，其中煤炭储量1650.52亿吨，占全国储量的50.61%。内蒙古、新疆、陕西、四川等地拥有许多大型优质煤田，开采条件极为优越。天然气储量占到了全国总储量的81.19%，塔里木、柴达木、鄂尔多斯盆地及四川、重庆等地均发现了大量的天然气资源。目前，西部拥有全国陆上石油资源储量的43%，远景储量仅新疆就占全国的40%左右。近年来在新疆、陕西、甘肃、宁夏、青海、四川陆续发现了不少大中型整装油气田，使得西部的油气资源开发前景更加广阔。由于西部地区多山，地势落差较大，长江、黄河、珠江、澜沧江等江河上游，蕴藏着极为丰富的水能资源，蕴藏量占全国总量的85%以上，可开发量占全国的81%以上。全国重点开发的10大水电基地，有7个分布在西部。

西部土地资源丰富，类型多样，后备资源潜力巨大。土地面积686.7万平方公里，占全国的71.5%，人均拥有土地面积是全国平均水平的2.6倍。耕地面积占全国的38%，人均2.5亩，有后备耕地2448.84万亩，占全国的72.13%。有后备林地10387.78万亩，占全国的54.15%，后备草地有1766.75万亩，占全国的66.53%。未开垦土地占32%，可供开发利用的宜农荒地储备巨大。西部地区农牧业优势明显，是全国重要的商品粮、棉花、水果、蔬菜油料产区，青海、新疆、西藏、内蒙是我国的四大牧区。森林资源丰富，全国木材储蓄量最大的西南林区，其面积仅占全国的24.4%，但储积量却占全国的45%以上。水资源丰富，占全国总量的50%以上。地域辽阔，气候条件复杂多样，水土光热资源别具特色，西部地区孕育了丰富的生物资源，被誉为世界植物的基因库，是发展橡胶、甘蔗、香蕉等南亚地区经济作物的良好地区，并有丰富多样的中草药资源，如冬虫夏草、藏红花、枸杞、雪莲、独叶草等。西部还有著名的大熊猫、金丝猴、藏羚羊、野牦牛、雪豹、白唇鹿等珍稀动物，是我国乃至世界生物资源的宝库。

西部地区历史悠久，自然风光独特，民族风情浓郁，形成了众多独具特色的自然、人文和历史文化景观，旅游资源极为丰富。自然风景名胜中的陕西华山、壶口瀑布，广西桂林、漓江、花坪，四川九寨、黄龙、卧龙、青城山，云南西双版纳、路南石林、大理洱海，贵州织金洞、黄果树瀑布，青海湖、新疆天山天池；历史古迹名胜中的西安古都、秦始皇陵与兵马俑、西夏王陵，宗教名胜中的四川峨眉山与乐山大佛、西藏布达拉宫、大昭寺，甘肃敦煌莫高窟，重庆大足石刻等，都是誉满天下的旅游资源。从自然旅游资源数量来看，目前西部拥有国家自然保护区 34 个，占全国总数的 34.3%；拥有国家风景名胜区 46 个，占总数的 38%；拥有国家森林公园 40 个，占总数的 17.7%。从人文旅游资源数量来看，西部有 31 座历史文化名城，占全国总数的 31.3%；国家重点文物保护单位 138 个，占总数的 27.6%，有优秀旅游城市 88 座、5A 级景区 21 家、4A 级景区 193 家。目前半数以上西部省区市的旅游总收入相当于 GDP 的比重超过或接近 10%。旅游业已经成为西部地区具有后发优势的特色优势产业和新兴支柱产业，西部拥有的丰富旅游资源优势正在转化为经济优势。

四、西部大开发取得巨大成效及战略转型带来新机遇

西部大开发是我国为加快西部地区经济发展，缩小东西部差距，协调区域经济发展作出的重大战略决策。通过几年的深入实施，西部地区的基础设施建设及生态环境保护得到了明显改善，经济社会发展成效显著。但西部大开发初期的重点，主要是放在基础设施建设及环境保护上，对西部地区产业发展的支持力度却并不明显。因此，国家于近期明确提出要支持西部特色优势产业发展，以提高其自身发展能力。可以说西部大开发战略已进入了一个新的阶段。

（一）西部大开发为西部提高自主创新能力和发展特色优势产业打下坚实基础

西部大开发八年来，国家对西部的投入和支持力度不断加大，并取得明显成效，2000～2007 年，中央对西部地区的各类财政转移支付累计近 15000 亿元，国债、预算内建设资金和部门建设资金累计安排 7300 多亿元，有力地推动了西部地区交通、水利、电网和通讯等基础设施建设。截至 2007 年，国家累计安排西部地区新开工重点工程 92 项，投资

总规模超过1.3万亿元。青藏铁路、西气东输、西电东送、水利枢纽等一批标志性工程相继建成并开始发挥效益。西部地区累计新增公路通车里程65万公里，铁路营运里程6600多公里，电力装机11300万千瓦，民航机场26个。成渝高速、新疆机场改扩建、寸滩码头等基础设施工程让西部交通、航空和水运条件获得了极大改善。生态环境保护和建设显著加强。2000～2007年，退耕还林工程累计安排建设任务3.85亿亩，退牧还草工程累计安排严重退化草原保护面积5.19亿亩，天然林保护工程全面展开，生态效益明显。科技教育和人才培养等社会事业加快发展，西部地区重点科研院所、高等院校、国家工程实验室和企业技术中心等建设步伐加快。

基础设施及环境的改善有效地促进了西部地区经济社会发展，使西部地区经济增长年均达到11.6%，超过全国同期水平。同时也促进了西部产业结构调整和特色优势产业发展，初步形成新疆、陕甘宁、川渝等石油天然气生产基地，黄河上游、长江上游水电基地，陕北、蒙西、宁夏和云贵等煤电基地，甘肃、云南铅锌、四川钒钛、内蒙古稀土开发利用基地，青海、新疆钾肥生产基地。内蒙古、四川等地商品粮，新疆优质棉，广西、云南、新疆糖料，云南烟草，四川、贵州名酒，陕西、新疆瓜果，内蒙古畜牧产品等生产加工，在全国进一步发挥独特优势。西安、成都、重庆等地的航空航天、装备制造、高新技术产业也渐成规模。

（二）西部大开发战略转型带来的新机遇

西部大开发战略的实施，在加强西部基础设施和生态环境保护建设方面取得了很大成就，包括公路、铁路、机场等建设，以及退耕还林、退牧还草等建设。这些建设都为西部地区今后的发展创造了条件。并且国家在西部大开发"十一五"规划中明确提出今后还要继续把基础设施建设作为西部大开发的重大任务。抓好在建重点工程建设，积极开展重大项目前期工作，坚持每年新开工一批重点工程，不断提高基础设施建设的质量和综合效益。但国家也指出西部大开发战略也到了新阶段，要进行必要的调整。因此，西部大开发"十一五"规划中明确提出，中国西部大开发战略已从加强基础设施和生态环境保护建设阶段迈入新阶段，即大力发展西部特色优势产业的阶段。

国务院西部开发办副主任曹玉书在对西部大开发"十一五"规划进行说明时指出,如果没有产业支撑,基础设施的功能就不会得到充分发挥,财政收入得不到提高,就业岗位也不会增加,居民收入也就得不到提高。加大力度发展有特色的优势产业是西部大开发战略今后一段时间努力的重点。他认为西部地区在能源、矿产资源、装备制造、旅游以及农副产品深加工等方面都具备相当的优势,西部地区要利用这些优势,加大发展力度,尽快建立起有特色的产业,形成西部地区发展的新亮点。

事实上,西部大开发几年来,在国家重大项目投资的带动下,西部经济发展加快,取得了明显成效。但总体上与东部的差距并没有明显缩小,其中主要原因就在于西部地区产业发展能力不强,无法在竞争中与东部形成良性互动。因此,加快西部特色优势产业发展,是提高西部自我发展能力和竞争优势的重要举措,必将有力地促进西部经济步上新台阶。

五、国内外经济、科技发展及产业转移新形势带来的机遇

(一) 经济全球化及新技术革命的深入推进有利于西部科技水平的提高及特色优势产业的发展

进入 21 世纪,世界经济全球化和区域经济一体化的趋势继续推进,不断向纵深发展。促进世界经济更加开放,各国市场的联系和开放水平不断提高。我国在加入 WTO 后,已先后与 29 个国家建立了 12 个自由贸易区。与东盟、韩国、日本、中亚五国、俄罗斯、蒙古、印度等周边国家政治关系不断改善,经济联系日趋紧密。这非常有利于大多处于边疆的西部地区在更大范围、更广领域和更高层次上参与国际经济技术合作与竞争,充分利用国际国内两个市场、两种资源,加快产业结构调整,促进特色优势产业发展。

进入 21 世纪,世界新技术革命不断深化,以信息科学为领先,带动生物科学、材料科学、能源科学飞速发展,新的发现、新的技术突破以及重大集成创新不断涌现,科学传播、技术转移和科技成果产业化速度越来越快。科学技术渗透到经济发展的每个环节,极大提高了社会生产力和生产技术水平。经过多年的发展,我国的科技水平也不断提高,

科技人员素质、技术创新能力明显增强，整体技术水平和生产能力显著提高，国家创新体系已基本形成，创新型国家建设成效显著。这就使我国西部地区可以充分学习、借鉴和利用国内外先进的技术，发挥后发优势，全面提高自主创新能力，促进特色优势产业发展。

（二）国际产业结构调整及分工体系的新变化有利于西部地区科技水平的提高和特色优势产业的发展

随着经济全球化和新技术革命的深化，国际分工开始更多地趋向于水平分工及基于价值链上的产业内分工，即在同一产业的同一部门内，按产品生产的不同工艺环节，或按产品零部件、产品型号，所进行的产品"差异化"分工和工序上的分工，即中间产品与组装成品的分工。通常发达国家掌握关键部件的核心技术，而将其余部件和工序交由其他国家生产，参与国同样能在分工中提高技术水平。同样在技术革命的推动下，近年来，以美国为首的发达国家开始进入新一轮产业结构调整升级，也开始向发展中国家进行大规模的产业转移。这一轮产业转移明显以金融、保险、咨询等业务在内的第三产业和资本、技术密集型制造业为主，转移产业的生产技术水平和科技含量明显提高，使发展中国家和地区可以通过承接产业转移，加快产业升级，改善在国际分工体系中的地位。

目前，新一轮产业转向我国的力度仍然很大，同时，随着我国东部地区经济的发展，其各类生产要素成本不断增加，区域综合生产成本上升，在承接产业转移方面，已明显没有西部地区具有竞争力，东部不少产业已开始向西部转移。因此，国际国内产业向我国西部转移的趋势已开始形成。从世界经济发展史可以看到，国际产业转移对承接国家或地区经济实现跨越发展起到过重大作用。日本、联邦德国二战后以及亚洲"四小龙"20世纪70年代的成功发展，皆得益于有效地承接产业转移。我国东部沿海地区经济在改革开放后的迅速发展，原因也在于充分利用区位、资源和政策优势，主动承接了亚洲"四小龙"及发达国家和地区的产业转移。因此，西部地区应抓住机遇，通过积极承接国际国内发达地区产业转移，参与国际分工，提高生产技术水平和创新能力，促进特色优势产业发展。

随着世界经济的持续发展，2005年以来，国际能源、矿产等不可再生资源价格不断上涨，并且涨幅较大，国际原油价格一度涨至每桶140美元，煤炭和金、银、铜、铁等有色金属及众多非金属原材料价格也一度飞涨。同时由于国际人口和消费的增加，需求不断增加，世界粮食、油料、糖、肉等农产品价格也不断上涨。2006年以来，我国的能源、矿产资源及粮食、油料、肉食品等价格受国际影响和消费拉动，上涨也很快，并且涨幅较大。尽管近期美国的金融及次贷危机引发世界经济增长大幅减缓，并出现衰退的可能，致使能源、矿产及原材料价格大幅波动，下降较快。但从长远发展来看，能源、矿产等非再生资源以及粮、油、肉等农产品的需求不会减少，因此它们的价格仍会保持持续上涨的趋势，这非常有利于西部的资源开发，有利于促进其特色优势产业快速发展。

六、国家的高度重视及西部加快发展的迫切愿望和努力

加速西部发展，缩小东西部差距，是协调我国区域经济发展、促进国民经济持续健康发展的客观要求；是改善西部生态环境、实现可持续发展的急切要求；也是提高我国人民生活水平，保持社会稳定、民族团结和边疆安全的迫切要求。因此，国家高度重视西部地区的发展，努力采取各种措施，加大对西部的支持力度，尤其是西部大开发以来，国家通过规划指导、政策扶持、项目安排等不断加大对西部的资金和政策支持，有效促进了西部地区的基础设施建设和生态环境保护，为西部地区的进一步发展奠定了坚实的基础。为充分发挥西部地区的比较优势和后发优势，切实增强其自身发展能力，国家又在"十一五"规划中及时提出，调整西部大开发战略重点，由初期阶段的重点支持西部基础设施及生态环境建设转变为重点支持西部地区特色优势产业发展，增强其自我发展能力。并在"十一五"规划中对西部地区特色优势产业发展的重点和主导方向提出了指导和政策扶持意见。随后，国务院西部开发办又联合发改委等六部门，于2006年5月出台了《关于促进西部地区特色优势产业发展的意见》，提出了促进西部地区特色优势产业发展的重点、方向、思路、原则和目标，并提出多项促进西部地区特色优势产业发展的政策措施和扶持办法，有力支持了西部地区特色产业的发展。

为促进西部地区特色优势产业发展，积极采取措施增强其自主创新

能力，提高其市场竞争优势是唯一有效的途径。因此，国家不断加大对西部地区科技创新的政策扶持与支持力度，在国家西部大开发"十五"科技发展规划建设的基础上，在国家中长期科技发展规划中提出了西部科技发展的重点、方向和目标等，先后出台了《关于进一步加强西部地区人才队伍建设的意见》等多项支持西部地区科技发展的意见，并通过国家"863"、"火炬"等科技计划加大对西部地区科技发展的资金和项目支持，有力地促进了西部地区科技创新体系的建设和自主创新能力的提高，为西部特色优势产业发展提供了有力的科技支撑。

同样，加快西部自身发展，改善人民生活水平，对西部各省市来说是更加迫切的愿望和需求。因此，西部地区自身提高科技创新能力和发展特色优势产业的愿望更迫切，采取的措施也更有力。西部大开发以来，西部地区充分发挥自然资源丰富、市场潜力大和劳动力成本低等比较优势，积极配合国家产业政策扶持，努力推动特色优势产业发展。

为了促进西部科技实力提高，西部各省在国家创新体系建设和中长期科技发展规划的指导下，纷纷制定本省区的创新体系建设和中长期科技发展规划，有效促进了西部科技创新体系和自主创新能力的提升，为西部特色优势产业发展提供了重要的技术支撑。经过多年实践，西部地区积累了一定的特色产业发展经验，特别是西部地区广大干部群众加快发展、缩小差距的愿望更加迫切、决心更大、干劲更足、办法更多。只要充分利用各种有利因素，调动各方面的积极性，充分发挥西部地区的比较优势和巨大潜力，就一定能够把西部地区的经济发展推向一个新阶段。

第五章 西部地区提高自主创新能力和发展优势产业的经验和存在的问题

　　21世纪以来，在国家西部大开发和创新型国家建设战略的引导下，西部地区自主创新能力建设和特色优势产业发展迅速。科技投入和产出水平不断提高，区域创新体系不断完善，自主创新能力明显提高，有效促进了区域经济社会的发展。特色优势产业的规模和实力不断增强，已成为区域经济发展的主导力量，极大地推动了西部地区经济结构的优化和增长方式的转变，工业化和城镇化进程明显加快。但总体上，西部地区的自主创新能力和特色优势产业发展与东部地区还存在较大差距。并且由于历史、文化、自然和人口素质的影响，西部地区的经济、科技发展受到很大限制，目前国内外经济形势的一些新变化，也存在不利于西部特色优势产业发展的因素。西部地区改革开放进程启动较晚，进展缓慢，市场体系不完善，致使现行管理体制和经济运行机制还存在与市场经济发展不适应的因素，这些一定程度上制约了西部经济、科技的发展。因此，西部地区必须积极应对经济全球化和新技术革命所带来的挑战，克服不利因素，才能有效推动自主创新能力建设和特色优势产业发展。

第一节 西部地区提高自主创新能力和
发展优势产业的成效和经验

经过多年的发展，西部地区的自主创新能力建设成效显著，区域创新体系不断完善，科技创新投入和产出水平不断增加，自主创新能力明显增强，特色优势产业发展迅速，已成为区域经济发展的主导力量。这些成效的取得表明，提高自主创新能力，发展特色优势产业是促进西部发展的有效途径。

一、西部地区提高自主创新能力和发展优势产业成效显著

（一）区域创新体系不断完善，自主创新能力明显增强

西部大开发以来，尤其是我国建设创新型国家战略实施以来，西部地区高度重视科技事业发展，不断深化科技管理体制改革，加大科技创新投入，优化创新创业环境，完善宏观政策和科技服务体系，已初步形成了以企业为主体，市场为导向，产学研互动合作，军民联系紧密的区域创新体系，有效促进了自主创新能力建设，为区域经济发展提供了重要的科技支撑。

1. 以企业为主体、产学研互动合作机制不断完善

近年来，西部各省通过不断深化科技管理体制改革，加大对企业科技创新的投入和扶持力度，帮助国有大中型企业建立技术中心和研发机构，并采取措施鼓励企业加大科技投入，提高科技产出，并通过积极引进先进、成熟的生产技术，强化企业科技创新的主体地位，增强其自主创新能力。2006 年西部科技活动经费支出总额中，大中型工业企业支出最多，达 385.66 亿元，占总额的 49.45%；而企业 R&D 经费支出占西部总额的比重也超过了 50%。从科技产出看，西部地区工业企业在专利申请、技术开发、科技成果转让和转化等方面都发挥了重要作用。

各省市积极探索产学研互动合作和军民结合的有效运行机制，鼓励

企业与科研院校充分发挥各自优势，开展多种形式的产学研合作，有力促进了高校和科研院所向企业的技术转移和人员流动，有效推动了新知识、新技术的研发应用、扩散与产业化，培育壮大了企业及优势产业的自主创新能力和核心竞争力。一些省市还依靠其强大的军工科技实力和生产能力，积极推动军民结合，促进西部的军工优势与民用项目相结合，加强与地方经济发展的联系，并逐步转化为区域经济发展的优势。

2. 创新支撑体系和平台建设卓有成效

西部各省市高度重视自主创新支撑体系和服务平台建设，依托区域实际，优化创新环境和配套服务体系建设，已初步形成了以企业为主体，以中心城市、高新科技园区、技术中心、创新项目、中介服务五个层次构成的区域创新支撑体系，为各类科技主体的创新创业活动提供了良好的宏观制度环境和强大的信息、技术和资金支撑。

中心城市在人才、技术、产业、信息、资金等方面具有其他区域无法比拟的优势，充分发挥其强大的聚集扩散功能，构建以城市为核心的区域创新支撑平台，对于增强企业的创新能力具有重要推动作用。西部地区的西安、成都、重庆、绵阳、兰州、昆明、西宁等省会及中心城市，高校和科研院所众多，人才、科技资源丰富，经济技术实力较强，在区域创新体系建设和经济发展中起着重要的支撑引导作用。近几年，这些城市以促进区域特色优势产业发展为目标，依托大学和科研机构，整合资源、技术优势，组建重点实验室和研究基地；努力帮助重点行业和优势产业构建公共技术信息和网络服务平台；积极引进和发展创业基金、风险投资、信用担保等机构，帮助有条件的企业上市融资，不断完善企业创新创业和投融资服务平台；积极推动知识产权交易市场建设，法律、会计、评估及科技等中介服务体系不断完善；优势产业积聚加快，配套产业和服务体系建设卓有成效，基本建立了较完善的城市创新支撑体系，为区域企业创新发展提供了有力支持。

而且，西部地区先后建立了 15 个国家级高新技术产业开发区和众多省市级高科技园区，这些园区大多位于省会及中心城市，区位条件优越，经济科技基础较好。创建以来，秉承发展高科技、实现产业化的使命，不断完善基础设施和配套服务体系建设，吸引和汇聚了大量高端创新要素和优秀企业，初步建立了局部优化的创新创业环境，成为西部地区企业自主创新的重要载体和平台。近年来，这些高新区围绕创新发展，从支持高端要素聚集、创新孵化体系建设、中介服务发展、公共技术平台建设、技术创新及科技成果转化、科技人才创业、高成长企业发展以及重点企业做大做强等各方面努力开展工作，积极制定和出台扶持政策，全力为企业创新创业提供各种服务和帮助，吸引和汇聚了大批优秀企业和高端创新要素，已经成为西部科技成果孵化和产业化的重要载体、西部地区创新创业环境最好的区域之一，有力支撑了区域创新体系建设。

此外，各地还通过帮助企业建立技术中心和研发机构，支持省内国家重点实验室和工程技术中心建设，建立生产力促进中心等服务机构，有力促进了西部自主创新能力建设和科技事业的发展。

3. 区域创新的政策支持体系和公共服务体系不断完善

近年来，为了支持区域创新体系和科技事业的发展，西部各省市不断出台扶持和优惠政策，增加科技投入，优化创新环境，使西部自主创新的政策支持体系不断完善。首先在国家科学技术发展第十一个五年规划和中长期发展规划的指导下，各省市都制定了自己的科技发展"十一五"规划和到2020年的中长期发展规划，对各省市科技发展的战略目标、方向、重点和实现路径，做出了详尽的规定和安排。并且在国家创新体系建设的指导下，各省也都结合省情制定了区域创新体系建设计划。此外，各省还在促进技术创新，加强科技基础建设，鼓励产学研合作，支持科技成果转化等方面出台了大量支持政策和意见，如新疆出台的《关于面向优势资源转换加强科技创新的意见》、四川省出台的《关于加强技术创新，发展高科技，实现产业化的实施意见》等，尤其是四川省还专门出台了《四川省企业自主创新条例》，从法律上确立了企业自主创新的主体地位，这一系列的政策措施，为提升西部自主创新能力，构建了良好的制度环境和政策支持体系。

各省市还通过推动技术开发类科研机构实现企业化转制，使其成为活跃的技术创新主体；社会公益类科研机构为全社会提供服务的职责进一步明确；科技服务体系较快发展、逐步完善并日益社会化。科技运行机制发生了根本性变化，市场机制在科技资源配置中开始发挥基础性作用，科研机构和科技人员面向经济社会服务的动力与能力明显增强，改革促进了科技与经济的结合和区域创新体系的建设。科技发展的政策环境和社会环境进一步改善。科技宣传与培训广泛开展，"科学技术是第一生产力"的思想和科技兴省的观念开始深入人心，社会及企业对科技的需求日益旺盛。

　　为优化区域科技创新环境，降低科技创新的成本和风险，提高科技成果转化率，西部地区不断加大对科技中介服务体系建设的支持力度，依托省会和中心城市，努力帮助重点行业和特色优势产业构建公共技术、信息交流和网络服务平台；积极引进和发展创业投资、科技保险、信用担保等机构，帮助有条件的企业上市融资，不断完善区域融资服务平台；积极推动知识产权交易市场建设，组建由社会各界参与的技术创新促进会和生产力促进中心；法律、会计、评估、咨询及科技等专业化的科技中介服务体系健康发展。这些中介机构，与产品设计、法律服务、人才培训、市场营销、科技咨询、产品检测等方面的市场力量一道，成为企业自主创新重要的服务平台，促使区域优势产业积聚加快，配套产业和服务体系建设卓有成效，对区域科技、经济发展起到了积极的推动作用。

　　4. 科技创新投入和产出水平不断提高，自主创新能力显著增强

　　2002 年以来，西部地区科技创新投入不断增加，并且增加幅度较大，有效增强了区域创新能力。首先，西部地区科技活动经费支出额由 2002 年的 397.44 亿元，增加到 2006 年的 779.94 亿元，增长近一倍；R&D 经费内部支出从 2002 年的 183.99 亿元，增加到 2006 年的 357.49 亿元，同样增长近一倍；地方财政科技拨款也由 49.9 亿元，增加到 84.7 亿元，增长 69.7%。表明随着西部地区经济实力的增强，其科技投入的水平也不断提高。其次，西部地区科技活动人员的数量，由 2002 年的 66.57 万人增加到 2006 年的 71.76 万人，增长 7.8%；其中科学家和工程师的数量由 43.3 万人增加到 47.38 万人，增长 9.2%；西部地区 R&D 人员折合全时人员从 2002 年的 20.87 万人年，增加到 2006 年的 24.74 万人年；同时，R&D 活动人员中科学家和工程师的数量也由 15.23 万人年增加至 19.88 万人年。表明西部地区科技人员不仅数量增加较快，素质和能力也明显提升。

　　从科技产出水平来看，西部地区专利申请受理量从 2002 年的 2.05

万件，逐年增长到 2006 年的 4.06 万件，增长了 97.7%；其中发明专利从 4251 件上升为 10189 件，增长 1.4 倍；专利授权量从 2002 年的 1.15 万项增长到 2006 年的 2.21 万项，增长 92.08%，其中发明专利授权量由 828 项增至 2711 项；2006 年西部地区技术市场成交合同数为 17354 项，比 2002 年的 15805 项增长 9.08%；而 2006 年技术市场成交金额为 151.75 亿元，比 2002 年的 111.03 亿元增长了 36.67%；2002 年到 2006 年西部地区新产品销售收入由 137.48 亿元增加到 512.8 亿元，增长近 4 倍；高技术产业规模以上企业产值，也由 1169.22 亿元增长到 1498.17 亿元。科技创新投入和产出水平的提高，显示西部地区的自主创新能力有了明显提升，为西部经济社会的发展奠定了坚实的科技基础。

（二）特色优势产业发展迅速，已成为西部经济发展的主导力量

西部地区紧紧依托自身资源，发挥比较优势，按照错位竞争和差异化发展的要求，选择确定能源和矿产资源开发、农牧业及农牧产品加工、装备制造及军工产业、优势高技术和旅游产业等作为优先发展的特色优势产业。经过多年的努力，这些产业发展迅速，无论在规模、效益和发展能力上都有很大提升，已成为支撑区域经济发展的重要力量。2005 年，西部地区除旅游业之外的四大特色优势产业实现工业增加值 9529.3 亿元，占西部地区 GDP 的 28.45%，各产业实现利润总额 2030.9 亿元，占西部工业利润总额的比重更是高达 98.7%。表明西部地区的特色优势产业对其经济发展的支撑作用重大。在五大产业中，能源和矿产资源开发，如天然气、石油、煤炭、水等能源产业具有明显比较优势，2005 年实现工业增加值 5672.59 亿元，占西部地区 GDP 的比重为 16.94%，创造利润 1454.82 亿元，占西部工业利润总额的 70.7%；其次是特色农牧业，产业增加值为 1935.97 亿元，占西部 GDP 的 5.78%，实现利润 324.18 亿元，占地区总额 15.76%；而西部的装备制造及军工产业和优势高技术产业分别实现工业增加值 1340.18 亿元和 580.6 亿元，占西部 GDP 的比重分别为 4% 和 1.73%，目前这两项产业规模还相对较小，但具有明显的区域特色，发展潜力巨大；西部旅游业发展迅速，2007 年实现增加值 4518.54 亿元，占当年西部 GDP 的 9.52%，已成为西部经济发展的支柱产业。

（三）特色优势产业发展有效促进了西部优势资源转换和增长方式转变

西部地区拥有丰富的水、土、光、热、草场及生物资源，同时拥有得天独厚的能源矿产资源优势，但长期以来，西部地区的资源优势并没有转化为产业和经济优势。通过几年的发展，西部地区的能源、矿产资源开发能力和水平明显提高，农牧业加工能力不断增强，有效促进了西部优势资源的转化和增长方式的转变。

各省市充分利用自身的特色资源优势，调整优化能源结构，促进集中布局，提高优势资源加工增值比重，使西部成为我国重要的能源、矿产资源基地。如煤炭资源丰富的内蒙古、陕西、新疆，通过大力开发煤化工、煤焦油加工、煤层气化工以及煤合成甲醇、二甲醇、合成汽油等大宗化工产品；四川是我国可开发水能最富集的区域，通过已建和在建的二滩、瀑布沟和拟建的溪洛渡、向家坝、锦屏等特大型水电站，规划到 2020 年水电规模可达 5170 万千瓦，将成为全国最大的水电产业基地；新疆的石油和天然气资源蕴藏丰富，近年来通过发展石油化工，初步建立起具有炼油、化肥、塑料等综合生产能力的原油加工和石油化工体系，有效延伸了产业链；云贵地区磷矿资源丰富，磷矿资源深加工业的发展很快，已成为我国重要的磷肥、磷复肥生产基地和磷精细化工产业基地；青海依靠盐湖资源，已形成包括钾肥加工业，金属镁、锂、锶等深加工利用在内的大盐湖产业链。2006 年西部地区原煤产量 9.3 亿吨，占全国的 39.1%；天然气产量 437.8 亿立方米，占全国的 74.8%，为四大区域之首。原油产量 4789.7 万吨，占全国的 25.9%；发电量7350.9 亿千瓦时，占全国的 25.7%；原盐产量 1210.43 万吨，占全国的 21.4%。矿产资源的开发利用有效促进了区域经济发展。

各省市还充分利用各自独特的气候、土壤和丰富的农牧资源，大力发展特色农牧业及农牧产品加工业，形成了具有明显特色的产业。如新疆、内蒙、西藏的畜牧业、中药材及民族药材的种植基地，新疆的棉花、甜菜基地，广西、云南的甘蔗基地，云南、贵州的烟草、花卉，西北地区的苹果、葡萄等优质水果，西南地区热带、亚热带水果，西藏的藏红花、宁夏的枸杞等已成为区域农业经济发展的象征，在全国优质农产品布局中的重要地位已经形成。

同时，西部各地还围绕棉花、糖料、烟叶、水果、肉类、奶类、花卉、中药材等农产品，推进农业产业化经营，发展西部地区特色农业和农副产品加工业，形成一批具有明显特色和优势的产业。如四川、贵州的酒业，茅台、五粮液、剑南春等名满天下；云南和贵州的烟业，广西的制糖业；内蒙古的农畜产品加工发展迅速，培育了伊利、蒙牛、草原兴发、鄂尔多斯等多家龙头企业，有效带动和促进了农牧业的发展。西部特色优势农产品及其深加工正在成为区域经济发展新的增长点。2006年西部地区粮食产量12925.9万吨，占全国粮食产量的比重为26%；棉花产量242.3万吨，占全国棉花产量的35.9%；油料产量735.6万吨，占全国的24.0%。西部农业资源优势正逐步转化为产业和经济优势。

西部地区的装备制造业主要分布在重庆、四川、陕西和广西等省区市，并且是重庆、四川、陕西的支柱产业和优势产业，对西部各省区市社会经济的发展起到了重要的推动作用。2005年，西部地区的装备制造业的总产值为4981.98亿元，占全国的6.03%；产业的增加值为1334.89亿元，占全国的6.61%。西部地区依靠四川及西安丰富的科技资源，形成了两条高技术产业带，即"成都、绵阳、德阳"的四川高技术产业带、以西安为中心的关中高新技术开发区，形成了以发展电子信息、新材料、新能源等高技术产业为主导的产业经济体系和区域。

另外，西部地区的旅游资源丰富，特色优势明显。旅游业的开发，吸引了大批国内外游客，为西部带来巨大的经济收益，不少西部省市的旅游收入已超过了其生产总值的10%，2007年西部旅游总收入占区域GDP的9.52%，已成为经济发展的重要的支柱产业。特色优势产业的发展，有效促进了西部经济结构的优化升级和增长方式的转变，工业化和城镇化建设进程明显加快，经济发展对生态环境的压力也明显减小。

二、西部地区提高自主创新能力和发展优势产业的基本经验

（一）提高自主创新能力和发展优势产业已成为西部各省的共识和国家战略

经过多年的发展实践，西部各省市已充分认识到，提高自主创新能力，发展特色优势产业是促进区域经济结构优化升级，转变发展模式，加快工业化和城镇化建设进程，实现跨越式发展，并最终缩小与东部差

距的有效途径。

特色优势产业发展能够有效促进区域经济结构的优化升级，是区域产业结构合理化演进的必然过程。根据西部地区自身的特点，大力发展特色优势产业，在比较利益机制作用下，充分发挥各区域的比较优势，形成本区域的优势产业，并将其培育为本区域的支柱产业和主导产业，带动其他相关产业的迅速发展，在取得地域分工效益的同时，形成合理的地域分工格局，使各产业之间与地区之间能够相互呼应，实现地区之间产业的优势互补，为各地区保持开放，加强合作打下良好的基础。产业结构的优化升级，必然带动区域经济实力的提升和发展模式的转变，有效促进西部工业化和城镇化进程，缩小与东部发达地区的差距。

而特色优势产业的发展必须依靠自主创新能力的提升，通过科技创新和技术进步，不断开发出新产品、新技术，提高市场竞争优势，扩大市场份额，实现快速发展。近年来，西部各省坚持把科技进步和技术创新作为推动经济社会发展的强大动力，不断加强区域创新体系建设，优化创新创业环境，加大科技创新投入，完善基础设施和配套服务体系建设，自主创新能力明显提高，重大科技成果不断涌现，全民创新意识明显增强，有力地支撑了优势资源转换和特色优势产业发展，科技进步对经济社会发展的服务能力和贡献率不断提高。各省紧紧依托自身优势，抓住国家西部大开发和构建创新型国家的战略机遇期，积极吸引和优化科技资源配置，依靠高新技术和先进适用技术改造提升传统产业，大力培育和发展特色优势产业，实施优势资源转换战略，区域特色优势产业技术水平和产品竞争力进一步提高，涌现出一批科技创新能力强、具有竞争优势的龙头企业和企业集团，中小企业集群发展迅速，有力拉动了区域经济增长，明显增强了西部地区的整体经济实力。

随着国家西部大开发战略的深入实施，西部地区的基础设施和生态环境建设有了明显改进，为其进一步发展奠定了坚实的基础。而国家也适时提出转变西部大开发的战略重点，由初期阶段的重点支持西部基础设施和生态环境建设，调整为加快西部地区特色优势产业发展，促进资源优势向产业优势和经济优势转化，增强西部地区自我发展能力和经济实力，并将其作为加快西部发展，缩小东西部差距，协调区域经济发展的国家战略来实施。在西部大开发"十一五"规划中，详细制定了西部地区特色优势产业发展的目标、方向、重点和实施路径。随后由国务院西部开发办和国家发改委联合出台了《关于促进西部地区特色优势产业发展的意见》，为西部地区特色优势产业发展提供政策和制度保障，有力地推动了西部地区特色优势产业的发展。

（二）自主创新与经济发展，尤其是特色优势产业发展紧密结合

对于区域经济发展来说，提高自主创新能力的主要目的是为了促进经济尤其是产业的发展，脱离产业发展的创新没有任何现实价值，只能使创新成果束之高阁。同样，产业的发展，也必须依靠自主创新能力的提高。经过多年的发展，西部地区的科技创新能力有了明显的提高，但总体上，综合实力还处于较低的水平，科技资源和投入能力有限，因此，必须将有限的资源用于事关区域经济社会发展关键的科技领域，突破特色优势产业发展的技术障碍，有效促进区域经济发展。

首先，科技创新必须为特色经济发展服务。近年来，西部地区紧紧围绕能源及化工、重要矿产资源开采及加工、特色农牧产品加工、装备制造及军工、高技术等特色优势产业发展的需要，不断加大科技投入，增强研发实力，推进关键领域的重大技术突破，有效促进了特色优势产业的发展。如通过加强在复杂地质条件下油气及矿产资源勘探开发、矿产资源综合利用、煤炭清洁高效开发利用及液化、农牧产品精深加工与现代储运等领域的技术攻关；提高西部地区重大装备制造研发设计、核心元器件配套、加工制造和系统集成的整体技术水平；积极开展航天航空、软件和集成电路、数字音频视频产品等信息产业、生物产业、新材料、新能源等高技术产业领域的技术创新；加强循环经济、节能降耗、污染减排等技术研发，取得了大批科技成果，并应用于各个领域，为西部地区特色优势产业的发展提供了强大的技术支撑。有效促进了相关产业链的延伸和附加值的提高，产业竞争优势明显提升，为把西部地区的资源优势转化为产业优势和经济优势，提高自我发展能力做出了重要贡献。然而，西部地区仍有大量科研项目游离于区域经济发展之外，如陕西和四川省的科技资源丰富、研发能力较强，但多数科技成果都没有与产业发展相结合，无法实现产业化，转变为经济效益，以促进区域经济发展。这一问题非常值得深思。而且，西部地区各省市省情不同，科技基础和研发能力不同，因此，各省应根据实际情况，重点面向优势资源转换和特色优势产业发展，选择确定原始创新、集成创新和引进消化吸收再创新等不同创新模式在各省创新体系建设中的比重，有效促进整体创新能力的提升。

其次，西部特色优势产业的发展也必须依靠科技创新，科技进步、自主创新是支撑和引领西部地区特色优势产业发展的关键环节。只有坚持依靠科技进步，加强科学技术的应用和推广，才能提高科技成果的转化率，不断增加工农业生产中的科技含量，增强特色产品的深加工能力，提高产品的附加值，才能促进产业结构优化升级，实现经济增长方式由粗放型向集约型转变。西部特色产业发展，必须提高资源的深加工系数，增强产业竞争力。如果西部资源的深加工系数能达到全国水平，则西部经济的增加值将会成倍增长。为此，应建立健全科技管理、示范、培训、推广服务体系，加快新产品的开发、培育和推广，形成具有地方特色的名优产品，加快实施名牌带动战略。充分利用西安、成都、重庆等地现有的科教资源推动地区经济的发展，重点推动科研管理体制改革，使科研院所的发展与地方经济的发展结合起来，充分利用其人才和科技优势促进最新科技成果尽快转化为现实生产力。积极引进先进的技术和管理手段，改造传统产业，提高科技成果在经济增长中的比重，创建更多的科技先导型和示范型实体，形成新的经济优势。

（三）特色产业选择必须依托比较优势，且以市场为先导

特色经济的发展是建立在优势理论基础之上的，因此，西部特色经济的发展一定要根据本区域的实际情况，因地制宜，依托资源优势，以市场为导向，注重产业关联和潜在发展规模，强调环境保护和技术的可持续发展能力。做到"人无我有、人有我多、人多我优、人优我特"。

西部地区产业基础薄弱，资金、人才、技术缺乏，但资源丰富，因此，以本地区的特色资源为依托，是西部地区发展特色经济的内在要求。近年来西部紧抓资源优势型产业，通过逐步加深资源的开发力度、增加相关产品的附加值，逐步提高产业竞争力，实现产业升级，有效促进了能源、矿产资源的开发和农牧产品加工业的发展，使资源优势正逐步向产业优势转化。

特色经济的发展必须以市场为导向，脱离了市场的产业是无法发展的。因此，选择主导特色产业时，一定要关注它是否具有市场前景，是否能快速占领市场，将产品转化为利润。此外，要注重产业的关联度及发展潜力，培植关联度大的产业，并将其作为区域的主导特色产业。关联度大的产业，其链条一般很长，对其他产业的带动效应较大，因而对区域经济发展的贡献显著。同时，应注重产业的发展潜力。只有可以发展为较大规模的产业才能获得规模效益，才有可能不断发展适用技术，提高市场竞争力，发展出自己特有的品牌，带动整个区域经济的快速发展。内蒙古的农牧产品加工业，四川、贵州酒业，云南、贵州的烟草，广西的蔗糖，新疆、内蒙、陕西的矿产资源开发以及陕西、四川、重庆的高新技术产业是西部特色产业发展成功的典范，它们具有明显关联度及发展潜力大的特点。"蒙牛"、"伊利"、"鄂尔多斯"、"五粮液"、"茅台"、"红塔山"、"长虹"等品牌的发展，有效带动了相关产业的发展，成为区域经济发展的重要支柱。

此外，西部地区特色经济发展一定要注意对环境的保护，不能以牺牲环境为代价，使本来就十分脆弱的环境进一步恶化。从生态系统脆弱程度来看，西部大部分省市都为极其脆弱地区，这已成为制约经济发展的重要因素。西部大开发以来，在国家的支持下，西部地区不断加大生态环境建设力度，通过退耕还林、退耕还草、天然林保护、防沙治沙等措施，有效改善了西部的生态环境和经济承载能力。因此，西部特色经济发展必须依靠技术创新，转变发展模式，提高对环境的保护力度，再也不能走原来发展的老路。

（四）坚持对外开放，积极参与国内外产业分工

随着科技进步和经济全球化的深入发展，我国对外开放的水平和范围不断扩大。尽管起步较晚，但西部的开放程度也日益提高，经济建设和社会发展的环境更加开放。因此，西部的自主创新能力建设和特色优势产业发展，必须学习和借鉴世界先进的科学技术和生产管理经验，扩大与外界的交流与联系，积极参与国际国内分工，承接国内外产业转移，以开放的态度迎接挑战，应对竞争，实现快速发展。

从世界各地及西部自身的发展实践来看，自我封闭的环境是无法实现经济社会的快速发展的。尽管改革开放前，西部地区的产业发展形成了一定的基础，但那种"大而全"或"小而全"的封闭式产业发展模式是不具有经济效益和竞争优势的，在改革开放大潮的冲击下，不少劣

势产业在竞争中很快萎缩衰退了。而留存和发展起来的产业则具有明显的专业特色和竞争优势，并逐步发展成为区域经济发展支柱。因此，西部应学习和借鉴日本、亚洲四小龙及我国东部地区经济发展的经验，积极参与国际及区域分工，主动承接国内外产业转移，加大引进消化再创新力度，努力促进特色优势产业发展，在竞争与合作中形成自身特色和竞争优势，以获得分工效益和贸易收益。

第二节　西部地区提高自主创新能力和发展优势产业存在的问题及原因分析

一、西部地区提高自主创新能力和发展优势产业存在的问题

（一）自主创新能力和特色优势产业发展水平与东部地区差距较大

经过多年的发展，尤其是我国西部大开发和构建创新型国家两大战略开始实施以来，西部地区不断加大科技投入，构建区域创新体系，努力推动科技事业发展，区域创新能力有了明显提高，特色优势产业发展成效显著，为区域经济发展提供了重要支撑。但与东部发达地区相比，西部无论是在自主创新能力，还是在优势产业发展的规模和效益上都与东部地区相差甚远，基础相当薄弱，与经济社会发展的需要相比还有很大差距。

1. 区域创新能力不强，科技教育事业落后

在区域创新能力方面，西部地区无论是在科技创新投入还是产出方面都与东部存在有较大差距。首先，从科技投入情况来看，2006 年西部地区科技活动经费支出额为 779.94 亿元，占地区生产总值的比重为 1.97%，而东部地区的科技活动经费支出额为 3967.31 亿元，是西部的 5.08 倍，占东部生产总值的比重为 3.08%，远高于西部；2006 年西部地区 R&D 经费支出 357.49 亿元，占地区 GDP 比重为 0.90%，远低于全国 1.42% 的水平，而东部 R&D 经费支出为 2186.32 亿元，是西部的

6.12 倍，占地区生产总值的比重为 1.7%；西部地区地方财政科技拨款为 84.7 亿元，不到东部 501.3 亿元的 1/5。2006 年西部地区科技活动人员为 71.8 万人，其中有科学家和工程师 47.4 万人，而东部地区有科技活动人员 292.9 万人，其中科学家和工程师 168.8 万人，基本都是西部地区的 4 倍；2006 年西部地区 R&D 人员折合全时人员为 24.74 万人年，其中科学家和工程师折合全时人员的数量为 19.88 万人年，分别为东部地区 92.54 万人年和 75.60 万人年的近 1/4。其次，从科技产出情况来看，2006 年西部地区申请专利 4.06 万件，其中发明专利 10189 件，而东部分别为 34.65 万件和 86040 件；获得授权专利西部地区为 2.21 万件，其中发明专利 2711 件，而东部地区分别为 16 万件和 15882 件，差距都在 7 到 8 倍之间；2006 年西部地区技术市场成交合同数为 17354 项，成交金额 151.75 亿元，两者都只有东部的近 1/10 （东部分别为 160694 项和 1413.15 亿元）；东部地区实现新产品销售收入达 7456.99 亿元，是西部 512.8 亿元的近 15 倍；2006 年西部地区高技术产业规模以上企业产值为 1498.17 亿元，不到东部 31890.59 亿元的 1/20。西部地区在科技投入与产出水平上与东部的巨大差距，表明西部地区自主创新能力不强，科技基础薄弱，无法有效满足区域经济社会发展的需求。

在科技教育方面，西部地区无论是在整体教育水平还是科研院所的数量和质量方面都与东部存在显著差距。首先，西部地区整体教育水平相对落后，人均受教育年限较短，文盲、半文盲比例较高，劳动者掌握现代生产技术的人员不多，素质亟待提高。目前我国人均受教育年限达到 8.5 年，而西部只有 7 年左右；2007 年在全国 15 岁以上人口的抽样调查中，全国文盲率平均为 8.4%，而西部文盲率达到 11.31%，东部只有不到 6%。而且，教育经费投入严重不足，缺少创新创业人才，企业内掌握现代科学和管理技术的企业家和管理人员十分短缺，创新创业活动不活跃。2006 年，西部地区教育经费投入为 1900.36 亿元，仅占全国 9815.3 亿元的 19.36% 和东部地区 4267.78 亿元的 44.5%；截至 2007 年底，西部地区拥有普通高校 467 所、招生数和在校生分别为 124.8 万人和 401.8 万人，分别少于东部的 769 所高校、201.7 万招生数和 685.65 万人的在校生数。不仅如此，在西部地区，适应市场经济和集约型经济增长的职业技术教育落后，目前西部地区企业职工 80%

是高中以下文化水平，这种科技教育方面的落后状况，制约了科技人才的培养和劳动者素质的提高，也阻碍了西部自主创新能力的提高和特色优势产业的发展。其次，西部地区科研院所的数量与东部地区相差较多，科研人员的素质和能力也有较大差距，并且由于恶劣的自然环境、气候条件和较低的收入水平，使得西部地区的工作和生活条件较差，与东部地区相比存在"同工不同酬"的现象。因此，西部地区对人才缺乏凝聚力和吸引力，很难吸引高素质、高水平的优秀人才到西部地区发展。相反，许多科研人员和高素质人才受经济利益的驱动，被东部地区吸引，造成西部优秀人才流失严重。20 世纪 80 年代以来，西部地区人才流出是人才流入的 2 倍以上，特别是中青年骨干人才大量外流，而且人才外流呈现出范围广、批量大、层次高、关键技术岗位的多、年富力强的多等特点，出现西部地区花血本培养出来的人才"孔雀东南飞"，流向发达地区。人才匮乏和流失严重已成为制约西部经济科技事业健康发展的重要因素。

2. 西部地区特色优势产业与东部地区差距较大

西部地区特色优势产业主要集中在能源、矿产资源开发、特色农牧业及农牧产品加工业、装备制造业及军工产业、优势高技术产业和旅游产业等方面，其中能源、矿产资源开发如天然气、石油、煤炭、水等能源产业具有明显比较优势，2005 年所实现的工业增加值占西部地区 GDP 的比重为 16.94%，占工业利润总额的比重达 70.7%。其次是特色农牧业，产值占西部 GDP 的 5.78%，利润占西部 GDP 的 15.76%。而东部地区优势产业主要以先进制造业、高技术产业和现代服务业为主，尤其电子信息、通信设备、计算机及其他电子设备制造、生物医药、纺织服装、鞋、帽制造业、仪器仪表及文化办公用机械制造业上占显著优势；重在输出消费品或劳务，由于其占据着价值链的高端，因而附加值较高。

而且，东部地区优势产业多为技术密集型和资本密集型产业，科技含量高，能耗和污染水平较低；而西部地区优势产业多为资源和劳动密集型产业，技术水平低，并包含不少能耗高、污染排放量大的产业。另外，东部地区带动能力强的龙头企业较多。西部地区民营经济不发达，优势产业中国有企业居多，因而在科技创新和产业发展的机制和体制上比东部地区缺乏活力。

此外，即使同类产业西部地区与东部也存在差距。以高技术产业和旅游业为例，2006 年西部地区高技术产业增加值为 613.86 亿元，占全国的比重仅为 6.1%，东部则高达 8553.93 亿元，占全国的 85.07%。西部地区的旅游收入和旅游企业的规模与服务质量水平也存在不少差距。2007 年西部地区入境旅游人数和创汇分别为 801.95 万人和 40.03 亿美元，东部则分别为 2623.95 万人和 290.47 亿美元。表明西部地区的旅游资源尚未发挥应有的优势，国际市场渗透力不足，企业的经济效益不高。

总体来看，西部地区特色优势产业的规模、效益和自我发展能力与东部差距较大，如何在开放的市场环境里，抵御竞争，加快发展，是西部地区特色经济发展面临的严峻挑战。

（二）西部地区经济基础薄弱，工业化和城镇化进程缓慢

1. 西部地区经济基础薄弱，制约了科技、产业发展能力的提升

西部地区底子薄、基础差、经济发展长期滞后，经济实力不强，致使财政收入水平不高，资本积累有限，产业和科技发展能力有限。尽管经过多年的发展和西部大开发的推动，西部地区经济实力有了显著提升，但与东部地区相比差距仍然很大，并有进一步扩大的趋势。2007 年，西部地区实现 GDP4.78 万亿元，仅占全国的 17.34% 和东部地区的 31.42%，分别较 1978 年下降 1.88 和 11.78 个百分点；人均 GDP 为 13212 元，相当于全国的 69.77% 和东部的 40.92%，分别较 1978 年下降了 0.48 和 15.37 个百分点；实现工业增加值 18804.2 亿元，仅占全国的 15.2% 和东部地区的 26.36%；实现地方财政收入 4085.5 亿元，仅为全国的 17.3%；人均城镇居民可支配收入 11309 元，只有全国平均水平的 82% 和东部的 66.6%，农村人均居民收入 3028 元，只有全国平均水平的 73.1% 和东部的 51.7%。经济基础的薄弱，导致西部地区在教育、科技、文化及基础设施建设等方面的投入严重不足，极大地制约了西部地区科技和产业发展能力的提升。

而且，低水平的教育科技及基础设施建设投入，致使西部地区科技及产业自我发展能力不强，整体水平不高，没有力量进行有关特色产业发展核心技术和前瞻性技术的战略研究，自主创新活动普遍维持在对一些低端技术的研发上，产业技术水平和竞争能力的提高受到很大限制。2006 年，西部地区教育经费投入为 1900.36 亿元，仅占全国 9815.3 亿元的 19.36% 和东部地区 4267.78 亿元的 44.5%；科技活动经费支出 779.94 亿元，仅有全国 7098.9 亿元的 10.98% 和东部地区的 19.65%；占西部地区生产总值的比重为 1.97%，低于全国平均水平；R&D 经费支出 357.49 亿元，占全国 3710.2 亿元的 9.6%，西部地区 R&D 经费占 GDP 比重为 0.90%，远低于全国 1.49% 的水平；地方财政科技拨款 84.7 亿元，只有东部 416.6 亿元的 1/5，全社会固定资产投资总额 2.83 万亿元，为全国的 21%。

2. 西部地区工业化和城镇化进程缓慢的制约

西部地区工业化进程缓慢和城镇化发展水平滞后，一定程度上制约了西部地区科技创新能力的提高和特色优势产业的发展。

西部地区经济发展长期以农牧业为主，工业化进程起步较晚，基本上是从建国后才开始启动的，并且在相当长的时期内是在计划体制下进行的，企业对于科技创新的积极性不高。改革开放后，通过市场化改革，西部地区的企业通过体制和机制转变，一定程度上适应了市场经济发展的需要，开始注重自主创新和企业竞争能力的提升，有效促进了企业的发展和西部工业化的进程。但总体上，西部地区民营经济发展缓慢，缺乏资本积累能力，工业仍以国有企业为主，企业市场化意识不强，缺乏创新和竞争意识，工业文明对于西部经济、社会及科技发展的影响作用还较小。

西部大开发以来，西部地区高度重视工业化建设，将推动西部工业化进程作为促进经济发展的重要手段，不少省份都提出了工业强省的战略目标，并不断加大推进力度，取得了一定的成效。2002 年以来，西部地区工业增加值占生产总值的比重由 31.9% 提高到 2007 年的 38.78%；人均生产总值由 2003 年的 6317 元增加到 2007 年的 13025 元，已初步建立起了规模较大、相对完整的工业体系，并已初步进入了工业化发展中期阶段。但总体上西部地区工业化水平仍然比较低，与全国平均水平和先进地区差距较大。如 2007 年全国实现工业增加值 10.74 万亿元，占国内生产总值的比重为 43%，比西部高 4 个百分点；人均 GDP 18934 元，远高于西部的 13025 元，已基本达到了工业化中期后半阶段的标准。而 2007 年东部地区工业增加值占其生产总值的比重为 46.82%，高于西部高 8 个百分点，已基本进入工业化发展后期阶段。工业化进程缓慢，工业文明对区域经济和社会发展的影响较小，使得企业和社会缺乏强烈的市场意识和创新激励机制，对技术进步和科技创新及其产业化发展所需要的基本条件和组织制度保障缺乏明确的认识，无法创造有效环境促进科技产业的快速发展。

此外，西部相当部分地区生态环境脆弱，人口、经济承载能力有限，通过把分散居住在生态脆弱区的人口转移到城镇来，有利于增加居民收入，提高居民教育水平，相应地提高劳动者素质，促进工业发展。目前，中国西部城镇化率为 37% 左右，低于全国 44.9% 的水平，并且西部城镇体系发育不全，大城市数量较少，中小城镇尚处于起步阶段，人口集中的能力有限，对基础设施的改进和科技教育资源的优化能力有限。西部地区工业化和城镇化发展水平滞后已成为制约西部经济科技发展水平提高的重要因素。

（三）西部地区基础设施建设和配套服务体系不健全

1. 基础设施建设落后制约了西部地区的经济科技发展

基础设施是现代经济发展的基本条件，尽管西部大开发以来，国家加大了对西部地区的投入，西部 12 个省区市的基础设施状况已有较大改善，但由于西部地区的地形特点及特殊的地理环境，加上西部地区经济实力薄弱和资金投入能力有限，故而西部地区基础设施建设的投入仍然不足，交通、水利、能源、通讯等基础设施依然薄弱，生态环境总体恶化的趋势尚未得到有效控制。西部的铁路、公路交通设施的密度稀，通达深度差，公路网等级低，运输成本高；通讯设施与全国平均水平和东部地区存在明显差距，信息流通不通畅；经济开发区、工业园区基建和配套设施建设不到位；生产、生活设施不完备，远远难以满足经济发展和人民生产生活的需要。相对落后的基础设施，不仅阻碍了人口的集中，而且阻碍了物质、信息、技术和能量的交换，不利于社会分工的完善和市场的发育，阻碍了西部地区科技经济的发展。

2. 科技创新公共服务体系不健全、产业配套能力不强

产业发展与科技创新需要有完善的资金、技术、信息、市场、中介等公共服务体系来支撑。西部地区金融服务体系和资本市场发展缓慢，

企业发展过分依赖银行，融资渠道单一，成本较高，缺乏创业投资、风险基金、担保公司等机构及融资服务平台为企业的创新创业和特色产业的发展提供资金支持。缺少公共技术服务平台，只在少数几个大中城市和国家级高新技术产业开发区内建立了技术创新服务中心和科技孵化体系，但多数管理体制僵化，市场意识和服务意识还比较薄弱，在信息服务、技术开发与推广、新技术交易服务、资金服务、组织创新政策、专业技术咨询和培训及其他专业化服务等方面还没有发挥应有的作用。中介服务体系不完善，中介服务机构规模较小，专业化不强，服务功能较弱，经营管理机制不活，中介专业人才缺乏，在服务组织网络化、服务手段信息化、服务功能社会化、服务产业化方面存在明显不足，发展明显滞后。产权交易市场建设尚处于起步阶段，技术市场发育缓慢，缺乏科技成果转化的市场服务体系。缺少公共信息服务平台，企业间协作联系薄弱，在发展过程中缺乏应有的技术、市场和信息等方面的交流，没有建立起相应的专业化分工协作、技术与营销网络，企业间的交易费用高，增加了自主创新的成本。产学研互动合作网络体系不完善，经济科技分离、军工民用分离的现象严重，科技成果转化率不高。公共服务体系的不健全很大程度上制约了西部科技创业环境的优化改善，增加了自主创新的难度，不利于西部科技产业的发展。

产业配套能力是指围绕区域内主导产业和龙头企业，与企业生产、经营、销售过程具有内在经济联系的上游和下游的相关产业、产品、人力资源、技术资源、消费市场主体等支撑条件。发达地区传统优势产业经过多年的发展，已经形成规模较大、配套能力较强、服务齐全的生产体系，而产业的集聚效应使得在产业链上的有限区域内，各种生产要素的流动更加快捷方便，对企业生产、销售等环节上的配套支持、成本的降低起到了很大的推动作用。而目前西部地区仍处于工业化进程初级阶段，工业基础薄弱，很多产业部门还未得到有效发展，产业链条短缺，产业集群发展缓慢，产业配套能力严重不足，致使产业环境与组织成本较高，从而限制了特色优势产业的发展。

（四）经济全球化和新技术革命所带来的竞争压力巨大

1. 西部地区在开放的市场环境下面临严峻考验

经济全球化和新技术革命的深入发展，在为各国经济发展带来巨大机遇的同时，也带来了严峻挑战。首先，随着经济全球化和区域一体化的发展，各国各地区通过建立自由贸易区、关税同盟、经济共同体等形式，不断降低关税和取消要素资源流动的限制，促使全球贸易及生产要素流动的壁垒不断降低，市场环境更加开放，因此，各国间经济发展的竞争也更加激烈。随着我国改革开放的深化，尤其是加入 WTO 后，对外开放的程度明显提高，范围不断扩大，国际国内市场接轨进程加快，吸引和利用外资的数量增加，企业生产不仅要面对国内企业的竞争，还要面对国际企业的竞争，国内竞争国际化和国际竞争国内化的趋势明显。西部地区经济发展缓慢，企业及产业实力相对较弱，但市场开放程度是一样的，企业及产业发展必须面对强大的市场竞争，而无法得到保护。事实上，在世界经济发展进程中，相对弱小和落后的国家及地区，在经济发展的初期，都曾采用过贸易保护主义，来保护本国弱小产业的发展，使其免受国际市场和发达国家的竞争，尽快得以发展壮大。但西部地区特色产业的发展却基本无法得到任何保护，从一开始就必须面对较强的国际竞争和市场进入壁垒。

随着世界新技术革命的深化，以信息科学为先导的生物科学、材料科学、能源科学飞速发展，新的发现、新的技术突破以及重大集成创新不断涌现，科学传播、技术转移和科技成果产业化速度越来越快。科学技术渗透到经济发展的每个环节，极大提高了社会生产力和生产技术水平。但新的技术革命是以美国为首的西方发达国家主导并推动的，在这一过程中，他们的科技实力和生产技术水平发展很快，并形成明显的技术垄断和竞争优势。相对而言，我国西部地区的科技水平和技术实力，不仅与东部地区差距较大，与国际发达国家更是相距甚远。其产业发展必然受到发达地区技术垄断和竞争优势的影响。因此，西部地区如何在开放的市场环境下，突破发达国家和地区的技术垄断，抵御强大的市场竞争，打破现有分工格局，实现特色优势产业发展，是其面临的严峻考验。

2. 西部地区要素资源比较优势的弱化

丰富的自然资源、众多的人口、低廉的劳动成本和潜力巨大的市场需求是西部地区特色优势产业发展可依托的比较优势，但这些比较优势都是相对静态的，随着经济形势的变化，有明显弱化的趋势。首先，由于新技术、新工艺、新材料和新能源的迅速发展，以及投资和贸易自由化的不断扩大，制度和技术因素对经济发展和产业升级起着日益重要的支撑作用。相对而言，以自然资源和廉价劳动力为依托的比较优势，正在逐步弱化。二战后，日本及亚洲四小龙等新兴工业化国家经济的迅速崛起说明，在不具备资源优势的情况下，通过技术创新、资本积累，大力发展资本、技术密集型产业，可以克服自身劣势，并通过对外贸易获取分工利益，进而促使本国经济快速发展。相反一些自然资源丰富的国家和地区，由于过分依赖自然资源和廉价劳动力优势参与国际国内分工，忽视技术进步与创新和产业结构优化升级的作用，则只能获得较低的产业附加值和分工利益，并形成低效循环，无法使本国经济发生质的提高，陷入所谓"比较优势陷阱"和"富饶贫困"的尴尬境地，与先进国家和地区的差距不断扩大。东南亚国家在 20 世纪末的快速发展和迅速衰退就是典型的例证，我国西部地区目前也面临同样的困境。

此外，由于 20 世纪末以来，我国周边一些国家和地区，如越南、老挝、缅甸、印度及中亚等国的对外开放程度和经济发展水平有所提高，对国际分工和贸易的参与程度不断增加，它们同样具有资源丰富、人口众多和劳动成本低廉的比较优势，并且大多与我国西部地区接壤或邻近，甚至在某些方面比西部更具竞争优势。近年来，我国东部地区的一些产业在转移或对外扩张过程中，不是选择的西部，而是将目标定在了这些国家，国际产业转移和投资也有相同的趋势。这进一步弱化了我国西部地区的比较优势，并使西部特色优势产业发展面临更强的竞争。

（五）国内市场需求不足和买方市场形成的制约

我国西部大开发所面临的经济市场环境，已经与 20 世纪 80 年代东部地区经济发展开始起步阶段有了很大的不同。改革开放初期，由于长期实行计划经济体制，造成我国经济生产能力严重不足和商品供给短缺，社会生产和商品供给难以满足市场需求，形成典型的短缺经济和卖方市场。商品生产方和供应者相对处于优势地位，社会缺乏的是资本和生产规模扩张能力，企业产品销售相对容易，企业只要通过生产销售积累资本，扩大规模，很容易实现快速发展。东部地区抓住了这一有利时机，通过引进外资和资本积累，不断扩大生产规模，迅速实现了经济发展。

随着我国经济的发展，特别是市场化改革方向的确定，极大解放了社会生产力和人们投资创业的积极性，社会投资和创业不断增加，推动我国民营经济、外商投资企业和国有经济迅速发展，生产能力和商品供应能力不断增强，20世纪90年代中后期逐步出现了相对过剩的现象。我国经济发展也由80年代的短缺经济逐步过渡到过剩经济，卖方市场已向买方市场转变。进入21世纪以来，这种经济过剩的状况有明显加强的趋势，不仅表现为商品过剩、投资过剩、生产力过剩，并逐步向经济发展的各个领域延伸。这种经济发展相对过剩的状况，使西部地区产业按照传统的数量、规模扩张型发展已难以为继。

这种经济过剩造成社会需求严重不足，不仅直接减少了经济发展对能源、原材料及其他资源产品的市场需求，也减少了对消费品和各类制成品的消费，西部地区特色产业发展和资源优势必然受到明显的抑制。由于我国人均国民收入水平本来就不高，尤其是广大农村，农民的收入水平更低，为了医疗、住房和子女教育需要大笔投入，致使我国人均消费水平不高，国内市场消费品的需求严重不足。这就更限制了西部特色优势产业的发展和资源优势的发挥。因为市场需求和交换的顺利进行是西部地区特色优势产业发展和资源优势转化为经济优势的重要前提，而市场需求的缩减必然直接影响西部地区产业的发展和资源优势的实现。

二、制约中国西部提高自主创新能力，发展特色产业的原因分析

（一）历史原因

我国西部地区经济、科技发展长期滞后，有其深刻的历史原因。解放前，西部地区经济发展主要以农牧业为主，几乎没有工业基础，生产方式简单原始，经济凋敝，交通闭塞，社会制度落后，人民生活困苦。据统计，1949年，占全国总面积60%以上的西部少数民族地区工业总产值只有5.4亿元，仅占全国的3.8%。新中国成立后，为促进西部和我国区域经济协调发展，国家通过"一五"、"二五"和"三线"建设向西部投入了大量资金，建立了不少大型项目，初步奠定了西部地区的工业和现代经济基础，但这一时期国家主要是着眼于西部的资源开发、重化工业及军工基地建设，致使西部的工业结构偏重于重化工业、采掘

业和原材料加工，轻工业发展缓慢，产品科技含量和附加值较低。为满足西部地区经济和工业的发展，国家将一部分科研机构设在了西部，但数量较少，主要集中在西安、成都、绵阳、重庆等几个大城市，且多是围绕军事科学、矿产资源开发和重化工业项目建立的，初步引导和带动了西部地区的科技发展。

1978年后，在"地区经济梯度发展和两个大局"战略的指导下，国家将改革开放和经济建设的重心放在了东部沿海地区，通过财政倾斜、政策优惠等将更多的经济科技资源投到了东部地区，重点支持东部利用有利的区位和经济条件优先发展。并鼓励东部通过引进外资和先进技术改造传统产业，发展知识技术密集型产业和新型的高档消费品工业，而西部地区主要发展能源、矿产资源、原料加工、农林牧业和交通运输业。西部将资源和原材料运往东部，由东部进行加工制造，制成品销往西部地区，逐步形成了东西部地区以"资源互补"或"产品互补"的纵向型产业分工格局。而这以后国家对西部地区的投入也主要着眼于西部地区的资源开发，将其作为东部地区能源、原料供应基地，进一步强化了西部经济资源依赖型特征和与东部的垂直分工格局。

可以说，西部地区的经济和科技发展现状，是在国家宏观经济政策引导下，为满足全国经济发展的需要，特别是早期建立国家重工业体系，以及现阶段为支持东部经济发展形成的。如作为国家西部大开发标志性工程的"西气东输"、"西电东送"以及交通干线建设，正将西部地区的能矿资源，源源不断地输往全国各地。西部的这种资源依赖型发展模式在对国家经济做出重要贡献的同时，也做出了很大牺牲。西部大开发以来，国家在不断加大对西部基础设施建设和生态环境保护投入的同时，也意识到了产业发展的重要性，逐步将大开发的战略重点转向支持西部特色优势产业发展和科技创新上来，并取得了较明显的成效。

此外，西部地区改革开放进程起步较晚，发展缓慢，也在很大程度上制约了西部经济科技的发展。我国的改革开放进程是采用先行试点，分步实施和逐步推广的渐进模式进行的，通常是在东部沿海条件较好的地区先行试点，然后再逐步推广到中西部地区。因此，西部地区改革开放的历史进程相应要比东部晚几年。致使西部在某些事关发展的机遇把握上，处于相对落后的地位。

（二）体制、机制原因

西部地区改革开放起步较晚，进程相对缓慢，受传统计划经济体制影响较深，在经济、科技体制、市场化建设、政府职能转变和对外开放等方面还存在不少问题，与西部地区科技、经济发展的需要还有很大差距。

1. 西部地区经济体制改革进程缓慢，市场体系不完善

资源配置效率取决于市场发育程度和市场体系完善与否，市场化程度越高，资源配置效率也越高。20世纪80年代以来，东部地区市场化取向的制度变迁，尤其是在产权制度上的不断创新，使非国有经济迅速发展，国有经济的经营机制也得到了很大的转换，资源配置效率大为提高，从而有效地促进了区域经济的增长和发展。而西部地区经济体制改革缓慢，国有经济比重过高，非国有经济发展缓慢，政府干预过多，对外较为封闭，工业化程度低，市场发育不完善，资本等要素市场尚未形成，致使市场机制不健全，资源配置效率较低，企业缺乏活力和创新激励，市场化进程远远落后于东部地区。2006年西部地区有私营工业企业13951个、工业总产值6159.84亿元、工业增加值2036.52亿元，分别仅为东部地区的13.6%、13.1%、16.9%。2006年西部地区"三资"工业企业单位数为1986个、工业总产值3322.16亿元、工业增加值1040.85亿元，分别只是东部地区的3.8%、3.8%、4.8%。由于国有企业为主导，西部地区市场主体的竞争意识、开放意识、创新意识、危机意识普遍落后，在吸引资源方面，尤其是在引进和留住高素质人力资源方面缺乏优势，在产品的研发和专利、市场占有率方面处于弱势地位。市场经济规则不健全，地方政府习惯插手干预，造成资源配置效率低下甚至浪费，交易成本较高。而非国有经济发展较慢，抑制了经济发展的活力，也影响了区域经济的快速发展。

2. 政府职能转变滞后

经过20多年的市场化改革，西部地区的政府职能虽然有了一些转变，但仍有较深的计划经济烙印，政资、政事、政企不分以及政府管理越位、缺位、错位现象不同程度地存在，机构设置随意性较大，法律规范不够，组织体系仍不合理等，与现代服务型政府所要求的"精简、统一、高效"的管理体制和运行机制还有很大的差距。目前，不少政府部门还习惯用行政的手段管理经济，不尊重市场规律，过多插手要素资源配置、企业经营和资产重组及各种投资建设项目。政府的行政性直接调控仍占主导地位，间接调控能力和服务功能十分薄弱，考虑市场发展、企业发展需要少，审批事项繁多，程序复杂，部门收费多。在经济、科技体制和经济增长方式的转型过程中，政府培育调控市场体系的办法不多，地方性法规政策体系建设落后，地方保护主义盛行。

而且，由于国有经济成分较高，政府还有相当的工作在管理国有企业和协调国有企业的改革。但政府对微观经济干预过多，一方面严重影响了企业自主经营和自主创新的积极性，另一方面也为一些政府官员设租、企业寻租提供了制度上的方便。所有这些都增加了企业的生产成本或交易成本，使企业的收益下降，从而削弱了西部地区对外部生产要素的吸引力，阻碍了西部特色经济发展所需要的资本、技术等外部生产要素流入。另外，西部政府对交通、通讯、市政设施、教育、科技、环境保护等公共产品的投入不足，与东部相比有很大差距，一定程度上制约了西部地区科技及特色经济发展所需要的外部生产要素流入。

3. 科技管理体制改革进程缓慢

经过多年的发展，尤其是我国西部大开发及建设创新型国家战略实施的带动下，西部地区的科技创新能力有了很大的提高，对经济发展的促进作用日益显现。但总体而言，西部地区的科技发展尚处在较低水平，区域创新体系不完善，科技管理体制改革滞后，知识产权保护意识不强，科技成果转化能力较低，严重影响了西部自主创新能力建设和特色产业的发展。

一方面，区域创新体系不完善。首先是企业在区域创新体系中的主体地位不稳固，大量高水平的科技人才、研发设备及资金资源仍分布于高校和科研院所内，企业自主创新意识淡薄，缺乏科研投入的主动性、适用性和市场化动力，缺少高层次的科研技术管理人员，科技人员的整体素质不高，研发能力较弱。其次是产学研互动合作与军民结合的网络体系不完善，科研院所和军工企业融入地方经济发展的动力不强，创新资源难以共享和有效整合、产学研分割，军民隔离的体制仍无多大突破。致使科研与经济脱节，技术与产业发展相互脱离，无法有效实现科技成果的转化和产业化。科技创新本应以服务经济和科技发展为目标，然而西部地区高等院校和科研院所的科研评价体系与激励机制还停留在以论文，尤其是基础型研究论文为主要考核指标的阶段，不注重实用成果的深度开发，致使科技成果转化率较低。目前我国高校的科技成果转化率仅为10%至15%，西部地区就更低了。同样西部地区的军工企业科技实力较强，但与地方经济结合不紧密，军转民的项目较少。再次是科技成果产业化的资金投入严重不足，创新创业环境不完善。长期以来，由于政府投入有限，又缺乏有效的政策引导，西部地区尚未形成支持科技创新的社会资金投入机制，无论是对科技创新的前期开发，还是成果转化中的产业化、工程化，国家、地方、银行和社会投入都严重跟不上发展的需求，同时缺乏公共技术、信息、融资、孵化等服务平台，科技创新的支撑体系和中介服务体系不完善，极大制约了西部自主创新能力的提升和优势产业的发展。

另一方面，科技管理体制改革滞后，无法适应市场经济发展的需要。西部地区拥有众多的科技资源，尤其是四川、陕西两省拥有众多科研院校和研发人员，每年的科技产出在全国也位居前列，但真正实现产业化的科技成果却并不多。这主要是因为大多数的科技资源都分布在军工企业、中央在地方的科研院所和高校内，由于体制和既有利益格局的影响，他们融入地方经济的动力不强，很难将这些资源有效整合在一起，形成高效的产学研合作与军民结合机制，促进高新技术成果的产业化，致使丰富的科技资源对区域创新能力的带动作用不强，众多的科研成果无法转化成现实生产力和经济效益。一是科技管理部门在很大程度上仍是计划经济的管理运作模式，科研计划制定、科研项目的选题立项、科研机构的运行管理仍然沿袭计划经济的做法，而不是遵循市场经济的科技运行规律。二是条块分割的封闭科研体系使有限的科研开发力量布局分散，科研机构、科研立项低水平重复，科技资源的利用率低，科技创新能力不足。三是僵化的行政区划和部门专业分工，客观上阻断了科技与经济的有效结合，企业缺乏依靠科技创新获取市场竞争优势的内在动力和条件，同时也导致科研成果难以进入企业，不能及时转化为实际生产能力，从而导致科技对西部社会经济发展的贡献率大大降低。四是缺乏有效的科技奖励机制和政策。目前，西部科技成果奖励制度仍主导着科技创新和科技人员的行为，市场需求尚未真正成为科技创新的源泉和主导力量，市场机制尚未在科技资源配置中起到基础性的作用。同时，在科技成果评定和奖励中只重课题、学术级别和排位，忽视科技成果的社会、经济效益。在科技成果的利益分配上，缺乏相应的激励机制。五是缺乏具有吸引力的科技人才政策，难以吸引外部优秀的科技人才，相反是西部的科技人才大量流失。

此外，西部地区创新激励机制不完善，知识产权保护有待加强。科技及人力资本参与分配的激励机制还没有形成，科技人员创新创业的积极性不高。完善的知识产权保护制度，是有效激励科技创新的重要保障。西部地区企业不愿申报专利或专利受侵权时，维权较困难，这一定程度影响了区域创新环境的优化和激励机制的形成。

4. 资源开发利用管理体制不合理

长期以来，西部地区资源优势难以转化成产业及经济优势的一个重要原因，就在于资源开发利用的制度不完善。主要包括：第一，产权不明晰。在我国，自然资源所有权属于国家，但产权不明确，这导致一些资源被滥用。由于缺乏明确的产权，一些资源出现"公用地的悲剧"，如新疆、内蒙古草场的过度放牧等现象。第二，管理体制不健全。我国西部自然资源一般都由中央政府委托地方政府进行管理，但双方的权责并不明确，利益分配也无定制，导致双方的行为目标不一致，甚至会有冲突。如在西部的优势资源开发领域，国家占主导地位，不仅国有企业比重大，而且在有的地方，中央直属国有企业高达60%，控制着最为重要的石油、天然气、煤炭等能源和矿产资源的开发利用。相对而言，地方政府和地方经济发展从中获得利益较小。而且，西部的某些地方政府为了片面追求GDP的高增长，不顾生态环境和可持续发展，过度开发利用自然资源的例子不在少数。第三，资源产品定价的非市场化。西部能源、矿产资源及其产品在全国占有绝对优势，不少稀缺或特殊资源产品甚至在世界市场上占有重要地位。但在改革开放以前，国家对西部能源、矿产资源实行计划低价，从而使西部能源、矿产资源的输入地区——东部获得本应留在西部的利润，而东部加工制成品向西部的返销又使东部再一次获得更高的利润。这种利润的双重流失使西部不断积累着落后和贫穷。改革开放以来，尽管国家逐步放弃对西部能源、矿产资源价格的计划控制，但仍通过中央直属国有企业进行管制，西部利润双重流失的局面并未改变。西部能源、矿产资源产品定价的非市场化，不仅造成西部利润的巨额流失，严重削弱西部地区自我积累资本的能力，而且极大地限制了市场对西部资源的有效配置，使西部特色经济发展受到严重的制度约束。

（三）思想观念落后，创新意识不强，缺乏鼓励创新的文化氛围

西部地区受传统体制和历史文化的影响较深，在思想观念和体制建设方面还存在与现代经济发展不协调的因素，主要表现在思想保守、观念落后和市场意识淡薄。企业和社会缺乏鼓励创新的激励机制和宽容失败的文化氛围，创新创业的积极性和主动性不强，缺乏追求变革的活力。

西部地区创新观念的落后，是历史与现实诸多因素作用的结果，与西部地域封闭、传统的自然经济积淀深厚、计划经济影响严重等有着直接的联系。这些客观条件作用于人，久而久之容易使人产生不思进取、小富即安，甚至不富也安，习惯向上伸手等思想观念。比如，在激烈的市场竞争中，"酒香不怕巷子深"的观念仍较牢固；在不断创新的环境中，墨守成规，重模仿、轻创造的思想根深蒂固；在开放的世界中，活动半径小，满足于在当地有一定影响的意识仍然存在。因此，西部地区要实现跨越式发展，就必须以思想解放为先导，缩小与东部地区在思想观念上的差距，建立与现代经济发展相适应的思想观念和文化氛围，以符合时代要求的观念确立新思路，用开拓创新的意识探索新方法，靠市场经济的思路构建新体制，使观念更新成为抓住机遇的触角和西部大开发战略转型的前奏，改变面对落后心安理得、面对差距怨天尤人、面对竞争麻木迟钝、面对机遇不思进取的精神状态。只有这样，才能依托自主创新和发展模式的转变，把西部丰厚的资源条件和中央的政策支持充分转化为产业优势和经济优势。

（四）区位条件和自然生态环境恶化的影响

区域经济发展与区位和自然环境条件密切相关，西部在地理位置上大多位于我国内陆边缘地区，位置相对偏僻，内外交通运输不发达，地形复杂，土壤普遍贫瘠，风沙危害严重，自然环境和气候恶劣，这在客观上制约了西部科技和经济的发展。

从自然生态环境方面来看，西部地区土地辽阔，但自然环境恶劣，生态脆弱，可利用土地少，总体质量较差，多数地方干旱少雨，沙漠戈壁面积大，植被覆盖率低，海拔高，气候冷，很大一部分土地不适合人类居住，致使土地承载能力较弱，人口密度不及全国平均水平的一半，如西藏适宜居住的面积仅占西藏的27%，新疆适宜居住的绿洲仅占新疆的3%～5%。西部耕地面积占全国的31.75%，但是土质疏松、土壤肥力低下。从耕地等级划分来看，西北区一等地只占40%，二、三等地占60%。西部冬季寒冷干燥，各种气候时空分布不均，自然灾害经常发生，给农牧业造成巨大的损失，也极大地影响了农牧民的生产和生活。西部地区后备耕地资源充足，但是土壤侵蚀、沙化严重，开发难度大。西部地区也是我国主要的牧区，但草场超载日趋严重，草场不断在退化减少，新中国成立以来，西部地区草原亩均干草生产量已下降40%，有2亿亩草地已转变成沙漠或戈壁，还有2亿亩草地正在受风沙危害，碱化草地面积亦超过1亿亩；而牲畜却在增加，造成草场超载率非常严重。草场超载已经严重影响到我国畜牧业的可持续发展。而且，西部地区拥有丰富的自然资源，但分布极不平衡。西南各省水资源丰富而土地资源利用少，西北各省区一些地方经济发展的最大障碍就是水资源的严重匮乏。西部地区的地质条件复杂，矿产资源和动植物资源极为丰富。但与此同时，西部地区又多处于干旱、半干旱的地理环境之中，生态系统脆弱且不稳定。目前，西北地区的植被平均覆盖率只有5%，西藏高原西北部的植被覆盖率不到1%。植被锐减必然导致大范围的水土流失，造成一系列生态恶果，使生态系统处于恶性循环状态，从而影响西部地区经济的健康发展。从西部地区生态环境现状看，已面临着一系列的破坏及退化问题：水土流失、土地荒漠化、土壤盐渍化等土地退化现象严重；植被稀少、森林草原大面积退化，生物多样性减少；西北地区水资源短缺而恶化；生态景观单一、缺少生态屏障，沙尘暴发生的次数逐年增加、影响范围逐年扩大等。日趋恶化的生态环境，是制约西部地区社会进步和经济发展的重要因素，也是阻碍西部特色优势产业发展的重要原因，它不仅大大降低了环境容量，缩小了经济可持续发展空间，而且增加了生产成本，降低了对科技创业人才的吸引，限制了科技及生产力的进一步发展。

从区位条件来看，西部地理位置上大多位于我国边疆或内陆地区，位置相对偏僻，且地域辽阔，地形复杂，内外交通运输不发达，导致区域市场分隔，商品、资源流通不畅，运输成本高。西部距离我国中东部发达地区空间遥远，多数特色产品和优势资源远离目标市场达 1000～5000 公里，加之自身市场容量有限、对特色产品和资源型产品消费量较小，长途的运输距离更增加了部分特色产品的运输成本，使其在市场竞争中的比较优势明显降低。西部相邻国家有 14 个，但边境国家中除俄罗斯外，都是发展中国家、甚至是贫穷国家，贸易互补性不强，边境口岸开放程度低，使边境贸易条件难度加大，贸易额小，层次不高，这也使西部地区利用国外市场发展特色优势产业的难度加大。

第六章 西部地区提高自主创新能力和发展优势产业的战略思路

战略思路是关系方向和全局的大思路，是对带有全局性、长远性、方向性、根本性的问题，如战略目标、战略重点等问题所作的战略决策，必须在科学发展观的指导下，立足西部实际，抓住发展机遇，迎接严峻挑战，制定有科学依据的提高西部地区自主创新能力和发展优势产业的战略目标、战略重点和战略措施。

第一节 西部地区提高自主创新能力和发展优势产业的战略目标

一、西部地区提高自主创新能力和发展优势产业战略

西部地区提高自主创新能力和发展优势产业战略（简称创新、优势战略）是指，西部地区各级政府在较长时期内（5~20年或更长时期），在本地区提高自主创新能力和发展优势产业所要达到的战略目标，以及为实现战略目标而相应采取的重大方针、政策和措施，是对西部地区提高自主创新能力和发展优势产业全局性的筹划和指导。具体地说，是国家、西部地区各级政府经过科学论证对西部地区提高自主创新能力和发展优势产业提出的基本路线和指导方针，以及据此规定的一定时期内的全局性战略目标、战略重点及重大政策和措施。发

展战略所要研究的不是一时性的、局部性的、事务性的具体问题，而是全局的规律性问题。什么是全局？全局是一个多层次的概念。如果研究全国提高自主创新能力和发展优势产业战略，即全国就是全局；如果研究西部地区提高自主创新能力和发展优势产业战略，那么西部地区就是全局；如果研究一个省或市提高自主创新能力和发展优势产业战略，那么一个省或市就是全局。研究西部地区提高自主创新能力和发展优势产业的战略，既要联系全国这个大的全局，又要结合西部地区各个省（自治区、直辖市）的局部，通过综合研究、处理，提高自主创新能力和发展优势产业有关的各个方面、各个环节、各种因素之间的相互关系来驾驭西部地区这个全局，去实现一定时期内提高自主创新能力和发展优势产业的战略目标，推进西部地区区域经济又好又快发展。这就说明制定西部地区提高自主创新能力和发展优势产业战略，就是要制定西部地区提高自主创新能力和发展优势产业在较长时期（10 年、20 年或更长时期）带有全局性的有决定意义的大政策方针，即规定较长时期内提高自主创新能力和发展优势产业的基本目标、主攻方向、力量部署，并区分轻重缓急，确定发展重点，以调动各种积极因素，促进自主创新能力不断提高，优势产业快速、健康、协调发展。

制定西部地区提高自主创新能力和发展优势产业战略，至关重要。有了明确的提高自主创新能力和发展优势产业的战略目标和战略重点，可以克服盲目性、少走弯路，有利于调动各方面的积极性，有效地利用人力、物力、财力，为实现既定的战略目标而奋斗；有利于从长远出发，合理利用资源，充分发挥已有的技术和产业优势，搞好西部地区自主创新能力的快速提升和优势产业的总体布局。所以，西部地区应在全国国家创新战略的指导下，从实际出发因地制宜地确定本地区提高自主创新能力和发展优势产业的战略目标和战略重点，制定适合本地区的具体方针、政策，根据本地区的自然资源、技术条件、生产力发展水平，使技术和经济实现最优结合，在提高自主创新能力的基础上，大力发展适合本地区特点和优势的产业，形成合理的产业结构，取得最佳的区域经济效益。

二、西部地区提高自主创新能力和发展优势产业的战略目标

战略目标的制定要坚持从实际出发，从西部地区相对落后和发展不平衡的现状出发，既不能脱离实际，制定过高的战略目标，也不能把目标定得过低，延缓西部地区自主创新能力的提高和优势产业的快速发展。

（一）提高自主创新能力的战略目标

西部地区提高自主创新能力的战略目标可以概括为"三快速、四形成"，即：快速发展高新技术产业，快速提升企业研发能力，快速引进和培养技术创新人才；形成以企业为主体的技术创新体系，形成产学研相结合的技术创新联盟，形成良好的自主创新环境，形成自主创新公共服务平台和服务体系。

快速发展高新技术产业。到 2020 年，西部地区高新技术产业增加值比 2000 年翻两番，占西部地区工业增加值的比重达到 15% ~ 20%，高新技术产业在西部地区产业结构调整中的作用明显增强；西部地区高新技术企业达到 1 万家以上，其中创新型企业达到 200 家以上，销售收入超百亿元的大型企业 20 家以上，成为西部地区自主创新的主体。

快速提升企业研发能力。到 2020 年，西部地区企业研发经费占产品销售额比例达到 5%（其中高新技术企业达到 10% 以上）；研发人员占从业人员的比例达到 5% ~ 10%（其中高新技术企业达到 20%）；授权发明专利数大幅增加，并在一些重要领域参与国际标准的制定，西部企业的研发能力得到快速提升。

快速引进和培养技术创新人才。到 2020 年，西部地区引进和培养的各类技术创新人才达到 400 万人以上，其中 80% 为企业聚集的研发人才。

形成以企业为主体的技术创新体系。到 2020 年，以企业技术开发中心为主体，行业技术开发中心、各种类型的科技企业孵化器也有相当发展的技术创新体系基本形成，大型企业和高新技术企业拥有国家级技术研发中心 10 ~ 20 个，省级技术研发中心 100 ~ 200 个。

形成产学研相结合的技术创新联盟。到 2020 年，重大技术领域、

重点技术项目，均能通过产学研结合共建的技术经济实体和研发基地，攻克技术难关，突破核心技术。产学研相结合的技术创新联盟成为普遍采用的创新模式。

形成良好的自主创新环境。到 2020 年，保护知识产权的法律法规体系基本建立，尊重和保护知识产权的法治环境基本形成。

形成自主创新公共服务平台和服务体系。到 2020 年，国家和西部各省（自治区、直辖市）分别建立的技术创新信息资源共享平台，覆盖整个西部地区，西部地区科技资源共享共建协调机构得到进一步健全完善，多层次的技术创新的交易机构、交易场所基本建立，连通西部地区和国内外的技术供求信息传送和技术交易平台基本形成。

（二）发展优势产业的战略目标

西部地区发展优势产业的战略目标，可以概括为"一确保、四提升"，即：确保优势产业又好又快发展，提升优势产业自主创新能力，提升优势产业国际竞争力，提升优势产业辐射带动作用，提升优势产业可持续发展能力。

确保优势产业又好又快发展。到 2020 年，西部地区优势产业的增加值占西部地区工业增加值的比重达到 70% 以上，成为西部地区的支柱产业；支柱产业中销售收入超百亿元的大型企业达到 50 家以上，成为区域经济发展的产业支撑。

提升优势产业自主创新能力。到 2020 年，西部地区优势产业中的大型企业和重点骨干企业均拥有企业自身的国家级或省级技术开发中心，企业研发经费的投入占产品销售收入的比重达到 5% 以上，研发人员占企业从业人员比例达到 10% 以上（高新技术产业达到 20% 以上），聚集研发人才 100 万人以上。

提升优势产业国际竞争力。到 2020 年，力争西部地区优势产业的技术达到国际中等或中上水平，少数领域达到先进水平，产品占有较大的市场份额。通过技术创新的重大突破，培育出若干优势新兴产业。形成一批产业特色明显、上下游紧密联系的产业集群。"十一五"期间出口的优势产业产品销售额年均增长 20% 以上，"十一五"以后年均增长 25% 以上，造就一批有国际影响力的知名企业和知名品牌。

提升优势产业可持续发展能力。到 2020 年，西部地区优势产业节能减排取得重大成效，资源、能源可持续利用得到进一步加强，每万元增加值能耗在"十五"基础上降低 30%，在西部地区优势产业中建成若干循环经济示范工业园区和示范企业。

提升优势产业的辐射带动作用。到 2020 年，西部地区优势产业的辐射带动作用显著增强，优势产业的主要经济指标在"十一五"期间年均增长 20% 以上，"十一五"以后年均增长 25% 以上。到 2020 年底，西部地区优势产业的工业增加值达到 5 万亿元以上（2005 年末为 1.34 万亿元，力争在 2005 年基础上翻两番），年利润达到 8 千亿元以上（2005 年末为 2.1 千亿元，在此基础上翻两番）。

第二节　西部地区提高自主创新能力和发展优势产业的战略重点

西部地区实施创新优势战略，不能平均使用力量，必须抓住重点，抓住主要环节，抓住主攻方向。从横向看，西部地区和东部、中部地区各有特点，存在很大的差异性，西部地区内各省（自治区、直辖市）也各有特点，存在很大的差异性，这就不仅使得西部地区提高自主创新能力和发展优势产业的重点同东部、中部地区是完全不同的，而且西部地区内部各省（自治区、直辖市）的重点也是完全不同的；从纵向看，就西部地区整体来说，在一个较长时期内，由于划分为若干发展阶段，不同发展阶段存在着差异性，这就使各个阶段中也会有不同的战略重点。战略重点是各个阶段提高自主创新能力和发展优势产业的主攻方向和中心目标。对西部地区提高自主创新能力和发展优势产业的全局和长远发展有着决定性的意义。正确选择各个阶段的战略重点，直接关系到能不能做出合理的战略决策和指导，能不能集中使用和合理分配自己的力量。所以，实施创新优势战略，必须正确地确定战略重点。

一、提高自主创新能力的战略重点

在西部地区自主创新能力薄弱、内部各省（自治区、直辖市）之间差异大、人力物力财力有限的现阶段，提高自主创新能力的战略重点应放在三个方面：一是重点经济区，以提升区域自主创新能力；二是重点高新技术产业园区和高新技术产业，以提升高新技术产业的自主创新能力；三是重点大型工业企业，以提升企业自主创新能力。

（一）重点经济区

西部地区提高自主创新能力的战略重点，首先应紧紧抓住科技和经济实力最强、工业化程度最高、发展前景最好的重点经济区，通过重点经济区的快速发展，带动周边地区提高自主创新能力，推进经济又好又快发展。在现阶段，西部重点经济区有两个：

一是以成都和重庆为中心的成渝经济区。该区由四川省和重庆市两个行政区的部分区域组成，重庆和成都两个特大中心城市处于两端，在两大城市辐射区内，有 33 个中等城市和小城市，130 多个县城和 2213 个小城镇，形成全国少见的双核城市群。2005 年该区经济总量（GDP）达到 7089 亿元，占四川、重庆两省市的 91.98%，占西部的 30.88%，占全国的 6.05%[①]，是西部地区最有能力支撑经济快速增长的区域；该区有良好的工业、交通、科技、教育基础，是西部地区最发达、经济密度最高、科技力量最雄厚的区域，已形成 3000 多亿元的工业固定资产，能源工业、重化工业、国防工业在全国具有特殊优势，有高等学校 67 所，中等专业学校 200 多所，每万人有大学生 63 名，有各类科研院所 1766 个，两院院士 50 名，科技人才达 20 多万人；该区共有 6 个国家级工业园区，在西部居首位。该区具备提高企业自主创新能力和区域自主创新能力的优势，并能有效地将两者结合起来。

二是以西安为中心的关中—天水经济区。该区东到潼关，西到宝鸡，南到安康、汉中，北到延安，大约 350 平方公里的空间范围，有较强经济实力和科技实力，是国家重要的老工业基地，高新技术产业、装备制造、国防科技工业基础雄厚，西安高新区是联合国工业发展组织向

---

① 林凌：《中国经济的区域发展》，四川人民出版社 2006 年版，第 476 页。

世界推荐的中国最具活力的城市和城市区之一，是科技部规划建设的六个世界一流科技园区之一，西安市的综合科技实力居全国第三位，国防科技实力位居全国第一，有较高的自主创新能力。

这两大经济区，基础条件较好，可以作为西部地区提高区域自主创新能力的战略重点。

（二）重点工业园区和高新技术产业

西部地区提高自主创新能力的第二个战略重点，是重点工业园区和高新技术产业。在高新技术园区方面，现阶段，应紧紧抓住三个重点高新技术园区：

一是成都高新。该园区 2006 年被科技部确定为全国首批"创建世界一流园区"试点之一，建成了全国最大的科技企业孵化器群体，拥有 IG 设计、软件、信息安全、数字娱乐和中药现代化等国家级产业化基地，聚集了各类创新人才 6 万多人，其中创新创业的归国留学人员占四川全省的 80%，转化科技成果 1000 多项，高新技术企业的数量已占全省的 2/3、成都市的 80% 以上，区内重点高新技术企业平均拥有专利 3.33 项、注册商标 2.38 项，自主创新成果达国际国内先进水平的超过 50%，高新技术企业实现工业总产值和税收均占全区总量的 70% 以上。2005 年，在科技部组织的考评中，技术创新和科技成果转化指标达到全国第三位。成都高新区是科技实力和自主创新能力很强的工业园区，作为中国西部地区提高自主创新能力的战略重点是完全必要的。

二是西安高新区。该区设立了了六个专业园区、四个大学园区和长安科技产业基地，形成了"十园一基地"的产业发展格局。区内有科技企业 4100 家，形成了电子信息、光电机一体化、生物医药、软件四大产业，西安高新区软件园区是我国首批十大软件产业基地之一，国家首批五个国家软件出口基地之一，成为全国仅有的三家"双基地"（国家软件产业基地和国家软件出口基地）之一。西安高新区拥有较强的科技实力和自主创新能力，也应作为中国西部提高自主创新能力的战略重点。

三是绵阳科学城。拥有核工业研究院（九院）、国家级空洞试验基地等国家重点国际科研基地，还有国家级绵阳高新技术开发区、绵阳家电城、长虹电视等国家级工业园区和大型骨干企业。绵阳科学城的科技实力和经济实力都特别雄厚，也应作为中国西部提高自主创新能力的战略重点。

在重点高新技术产业方面，现阶段，应紧紧抓住两个重点高新技术产业：

一是航空航天产业。成都、西安是中国西部的航空工业基地，四川西昌是航天基地。成都飞机公司和相关科研单位，研制生产的歼十和枭龙歼击机，在技术和性能上，大大缩小了同发达国家的差距；西安是民航客机的研制和生产基地。到 2020 年，中国西部的航空航天工业应在自主创新能力方面有重大突破，在歼击机和大型民航客机的生产技术上达到当时的国际先进水平，在火箭发射和运载技术上领先国际先进水平。

二是新材料产业。目前，新材料产业还比较薄弱，但发展潜力巨大，发展前景很好。四川成都和乐山是多晶硅生产基地，如何实现从多晶硅到单晶硅再到集成电路的产业链生产系列，亟须在技术上有重大突破，只有突破技术上的薄弱环节，才能推进硅材料生产的产业化进程。到 2020 年，应在中国西部的成都、乐山建成中国西部最大的多晶硅—单晶硅—集成电路生产基地。攀枝花拥有丰富的钒钛资源，重点发展氧化钒、钒氮合金、钒铁纳米 TiO_2、钛白粉、钛合金等产品，到 2020 年，攀枝花应建设成为中国最大的钒钛新材料研发和产业化基地。

（三）重点大型骨干企业

企业是自主创新主体，提高企业、特别是大型重点骨干企业的自主创新能力至关重要。在大企业中，大集团公司是一个地区区域经济实力的集中体现，是带动大产业、形成企业集群的载体。从西部地区现有的产业优势出发，着力培育十户规模巨大、实力雄厚、竞争力强、具有自主知识产权和知名品牌，经过努力能够在几年或更长一点时期内进入世界 500 强的大集团公司，对支撑西部地区区域经济快速、稳定发展，具有重要意义。目前，西部地区虽然还没有一家企业进入世界 500 强，但在西部地区的优势产业中，也有一定数量销售收入超过百亿元的大集团公司，如四川的五粮液、攀钢、长虹、贵州的茅台、重庆的长安、内蒙的伊利、包钢、云南的云南铜业、陕西的西飞等。西部地区提高自主创新能力必须落足于西部企业，必须把培育能够在不太长的时期进入世界 500 强的大集团公司同提高企业自主创新能力有机结合起来，通过提高企业自主创新能力，促进企业进一步做强做大，通过企业做强做大，促进企业自主创新能力进一步提高。提高大型骨干企业自主创新能力始终是西部地区提高自主创新能力的战略重点。

二、发展优势产业的战略重点

现阶段，在西部地区优势能源、矿产资源及加工产业，特色农牧业及农牧产品加工产业，装备制造及优势军工产业，电子信息、生物医药、航空航天等优势高新技术产业及特色旅游业等五大优势产业中，发展优势产业的战略重点应放在三大重点优势产业上：一是重点能源产业；二是重大装备制造和优势军工产业；三是特色农牧产品加工产业。

（一）重点能源产业

包括天然气能源和水能两大能源在内的能源产业。在天然气能源方面，中国西部的天然气资源主要在四川和新疆。根据全国第三次油气资源评价结果，四川盆地天然气总资源量为 7 亿多立方米，已发现的天然气三级储量为 3 亿立方米，其中探明储量为 1.45 亿立方米，2006 年四川生产天然气 153.37 亿立方米，占全国的 25.8%，预计 2010 年将达到 340 亿立方米。新疆是我国能源相对富集的地区，蕴藏着储量丰富、品质优良的石油、天然气，石油、天然气产业已成为新疆第一大优势产业，目前已经建成了准噶尔盆地、塔里木盆地和吐哈盆地三大石油天然气生产基地，初步形成了克拉玛依、独山子、乌鲁木齐、库车、泽普等不同规模、各具特色的石油化工基地。四川和新疆都是"西气东输"的重要基地。在水能源方面中国西部地区水能资源主要在四川，四川河流众多，泾流充沛，落差大，水能资源极为丰富，开发条件优越。据 2004 年水能资源复查，全省水能资源理论蕴藏量 10 万亿千瓦，年发电量 1.26 万亿千瓦时；技术可开发量 1.20 亿千瓦，年发电量 6121.59 亿千瓦时；经济可开发量 1.03 亿千瓦时，年发电量 5232.89 亿千瓦时，约占全国水能总量的 1/4。如此丰富的能源资源，使重点能源产业成为中国西部地区发展优势产业的战略重点。

（二）重大装备制造和优势军工产业

西部的重大装备制造业具有明显的优势，如重型设备制造业、大型发电设备制造业、电子通讯设备制造业、航空航天设备制造业，近几年订货都呈爆满之势，中国新一轮的增长周期离不开西部制造业。四川德阳的大型火电、水电成套设备制造和核电设备制造，在全国占有十分重要的地位。大型火电和大型水电设备制造已占有全国三分之一以上的份额。随着大型水电站和火电站建设规模的扩大，在全国市场所占份额还将进一步提高。国家做出以我为主发展核电的重大决策，又给四川发展核电站的设计和设备制造提供了千载难逢的机遇，四川是我国三线建设的核工业基地，建在成都的中国核动力研究设计院是全国最具核电设计水平和实践经验的研究机构，承担过泰山一期 2×60 万千瓦核电站设计任务，参与过多个核电站设计；位于德阳和自贡的东方电机、东方汽轮机、东方锅炉、中国二重等大型企业，参加过 2×60 万千瓦核电机组设备的制造，完全具备大型核电机组制造能力。四川已经具备建立一个核电设计公司和核电设备制造公司的能力。在军工产业方面，四川、陕西、甘肃、重庆、贵州的国防军工产业具有总量大、领域全、技术水平高、战略地位突出、科技创新能力和军民结合能力强等特点，有一支高素质的人才队伍，有一流的科研院所和实验设备，有重点大型国防军工企业和大型高精度加工设备，特别在航空航天产业方面，成都和西安都是我国重要的航空工业基地，是研究、设计、制造、航空电子等配套齐全的基地，四川的西昌、甘肃的酒泉是我国重要的航天工业基地。航空航天工业既是提高自主创新能力的战略重点，也是发展优势产业的战略重点。

（三）特色农牧业及农牧产品加工产业

西部地区特色农牧业具有明显的优势，新疆的棉花、广西的蔗糖、云南的烟草、内蒙的奶牛、宁夏的枸杞应作为特色农牧业发展的重点。在农牧产品加工业中，白酒业、乳制品加工业和羊毛加工业应作为发展的重点。在酒业方面，四川和贵州不仅是我国白酒产量最大的省份，销售收入、利润总额和上交税金最多的省份，而且拥有全国最知名的白酒品牌。贵州有茅台，四川有五粮液、泸州老窖、郎酒、剑南春、全兴、沱牌六朵金花，四川和贵州的酒业不仅在西部，而且在全国均占有举足轻重的地位。在乳制品和羊毛制品产业方面，内蒙古是我国最大的乳制品和羊毛制品生产基地，形成了以农牧产品加工企业为龙头的产业化系列，拥有"伊利"、"蒙牛"等乳制品品牌和"鄂尔多斯"、"鹿王"、"维信"等羊绒制品品牌。特色农牧品加工产业也是西部地区发展优势产业的战略重点。

第七章 西部地区提高自主创新能力和发展优势产业对策研究

西部地区提高自主创新能力和发展优势产业取得了一定成效，也积累了一些有益的经验，但面临的困难和问题仍然严峻，同东部的差距仍然很大，有不少有利条件，也有诸多不利因素，必须从实际出发，按照发展社会主义市场经济的要求，有针对性地提出提高西部地区自主创新能力和发展优势产业的对策。

第一节 西部地区提高自主创新能力对策研究

从提高企业自主创新能力、产业自主创新能力、区域自主创新能力三个方面提出对策。

一、提高企业自主创新能力和产业自主创新能力的对策

提高西部地区自主创新能力，首先要从企业层面和产业层面研究对策，这是提高自主创新能力的基础和前提。

（一）抓大促小，培育创新型企业

企业自主创新能力是区域创新能力的核心，提高西部地区自主创新能力必须落足于西部企业，不断增强西部企业特别是西部优势产业中的企业自主创新能力，在优势产业的大型骨干企业中培育创新型企业。企业是自主创新的主体，培育创新型企业是提高企业自主创新能力的重大

举措，必须花大力气在西部地区优势产业中培育一批拥有自主知识产权、核心竞争力突出的创新型企业。这既是优势产业跨越式发展的需要，也是提高西部地区区域经济实力的需要。西部地区应在资源类产业、高新技术、装备制造、农牧产品加工等四大优势产业中选定 30 ~ 50 户左右科技实力雄厚、领导班子科技意识强、技术创新体系完善、产业发展方向符合国家产业政策、有资金筹措能力的优势大型骨干企业，加大科技投入，加快技术改造，尽快形成本行业中的技术优势、产品优势和市场优势，将其建设成为具有较强自主创新能力的创新型企业；力争部分企业进入国家创新型企业行列；"十一五"期间，每年培育 5 ~ 10 家拥有自主知识产权、核心竞争力突出的创新型企业；2010 年形成 30 户以上销售收入上 100 亿元的国家级创新企业。

加大对科技型中小企业的扶持力度。在西部地区的科技型中小企业中，选择 80 ~ 100 户有较强自主创新能力、有较好盈利能力和较好发展前景及成长快的高科技中小企业，加大扶持力度，优先安排科技开发项目，优先支持和推荐上市，优先推荐或安排国家和省的有关扶持基金，并享受国家和省有关高新技术企业的各种优惠政策，促使其自主创新能力再上一个新台阶，并将其培育成国家级和省级创新型企业。

（二）加强以企业为主体的技术创新体系建设

做强做优企业技术开发中心。企业的技术开发中心是企业技术创新的重要基地，西部地区多数省份的大型骨干企业基本上都建立了本企业的技术开发中心，在技术创新中发挥着重要作用。但是，多数技术开发中心研发资金不足，技术力量不足，难以独立承担重大技术项目的研发。增强自主创新能力，必须以企业为主体，从企业做起，特别要大力支持重点大型骨干企业中的国家级和省级技术开发中心做强做优；要大力支持和推动有条件的大企业与国际知名跨国公司、国内领先龙头企业，共建技术开发中心，开展技术创新合作；对新建的国家级和省级企业技术开发中心，西部地区各省（自治区、直辖市）政府可给予一定数量的一次性启动财政拨款支持。企业的技术开发中心要组织好企业的新产品开发，按照"构想一代、研制一代、储备一代、开发一代、生产一代"和"人无我有、人有我精"的思路，加快新产品升级换代，提高技术创新能力，力争每个重点大型骨干企业每年至少有 3 ~ 5 项以上新产品通过省级鉴定，有两项以上新产品通过国家级鉴定，投放市场。

发展行业技术开发中心。行业技术开发中心重点研究开发本行业具有共性的重大技术创新问题，如节能、减排、降耗、循环经济等方面的重大技术问题。发展行业技术开发中心有利于整合本行业的技术资源，集中优势技术力量攻克技术难关。西部地区各省（自治区、直辖市）地方政府和行业主管部门应鼓励和支持在企业群落集中的地方依托有条件的大企业，联合科研单位、高等院校，吸收相关的学会、协会、研究会等民间机构及各类科技智囊机构（如各省、市的科技顾问团）的科技力量，以西部地区各省（自治区、直辖市）的优势产业和特色产业为对象组建专业性的行业技术开发中心，建立行业技术开发基地，承担国家、省和企业的重大技术创新项目，面向行业、企业提供技术开发、技术转化、技术转移和技术培训等方面的服务。

办好工程研究中心，生产力促进中心。办好工程技术研究中心和生产力促进中心，对促进技术与经济结合，提高科技成果工程化、配套化和产业化水平，加速科技成果转化和为中小企业提供技术服务等方面，能够发挥重要作用。西部地区各省（自治区、直辖市）政府应给予政策扶持、经济支持和任务委托，促进其健康发展。

大力发展各种类型的科技企业孵化器。科技企业孵化器在转化科技成果、培育科技型中、小企业等方面发挥着重要作用。西部地区各省（自治区、直辖市）要采取切实有效措施，从政策、资金等各个方面对孵化器建设提供支持；积极引导社会力量、特别是民营资本参与孵化器的投资，努力把孵化器建成为转化科技成果的基地、培育高新技术的摇篮、培养科技创新人才的学校和技术创新资源汇聚中心。

通过做强做优企业技术开发中心，发展行业技术开发中心，办好工程技术研究中心和生产力促进中心，大力发展各种类型的科技企业孵化器，在中国的西部地区逐步形成以企业为主体、以市场为导向的技术创新体系。

（三）大力培养和引进技术创新人才

增加智力投入。在西部地区各省（自治区、直辖市）的投资结构中，应逐步提高智力投资所占的比重，特别要提高培养高新技术人才所占的比重，保证西部地区各省（自治区、直辖市）教育适度先行。为了提高智力投资的比重，可以实行中央、省、城市、企业、社会团体和个人并举的多渠道智力投资的体制，在政策上和理论上，要大力提倡和鼓励把钱花在智力投资上。

发展人才市场，促进人才合理流动，鼓励科技人才流向企业，特别是流向大型企业和中小科技型企业。科技人才的招聘要通过人才市场的公开竞争来进行，逐步形成公平竞争、合理流动、人尽其才的科技人才管理制度，发达国家科技人才大部分分布在企业，而我国，特别是西部地区大多数优秀科技人才分布在政府部门的科研机构和大专院校，企业的科技人才较为缺乏，特别是民营中小科技型企业科技人才尤为缺乏，应通过深化科技体制改革和经济体制改革，形成一种新型的促使科技人才从科研机构和大专院校流向企业的机制。

吸引海外科技人才。鼓励和吸引留居海外的优秀科技人才到西部地区工作，西部地区各省（自治区、直辖市）政府对他们实行来去自由、往返方便和给予优厚待遇的政策，不受用人单位编制、增人指标、工资总额和出国前户籍所在地限制，欢迎他们以多种形式为西部地区企业技术创新贡献力量。

加强重点大型骨干企业创新人才队伍建设。西部地区所有大型骨干企业都要建立本企业的人才培训中心，培训技术人才和技术工人，还要适应本企业技术开发的需要，采用多种形式和办法，加速培养和造就一大批技术开发人才和骨干。重点大型骨干企业的技术开发人才占工程技术人员的比例应高于同行业企业。

建立推动企业技术创新的人才激励机制。企业对科技人才，工作上要创造条件，生活上要给予照顾，对有突出贡献的科技人才，企业可以实行重奖政策，奖励应同科技人才的贡献挂钩；设立企业技术创新评价指标，将技术创新成果，特别是核心技术自主知识产权的取得及其转化作为衡量创新人才、提高待遇的重要标准；西部地区有条件的大企业可对科技人员实行年薪制；对关键科技人才还可以实行期权奖励。

抓好人才使用。企业要适应自主创新的需要整合科技人才资源，把科技人才集中到科技前沿和企业发展急需攻克的关键性技术领域，抓紧攻关，协同作战，做到人尽其才，逐步形成企业自主创新人才团队；西部地区各省（自治区、直辖市）政府要围绕本省（自治区、直辖市）

的优势产业、重大科技攻关项目和重大建设工程，以项目支撑、团队支持为主要形式，利用现有各类科技项目经费和基金，集中资助一批企业自主创新人才团队。

（四）攻克核心技术，抓好共性技术

大型骨干企业要以企业为主体攻克核心技术。自主创新的关键是突破核心技术，拥有核心技术的自主知识产权，打破发达国家对核心技术的垄断。西部地区的大型骨干企业应集中优势科技人才，集中研发资金，攻克本企业主要产品的核心技术，鼓励企业同科研机构、大专院校联合攻关；每年编制的技术创新计划中应包括核心技术攻关项目；西部地区各省（自治区、直辖市）政府应使用技术专项资金，调动企业开展重大核心技术攻关；对核心技术攻关取得突出贡献的科技人才给予重点奖励。

抓好共性技术。西部地区的优势产业，都应建立本行业的技术开发中心，重点研发本行业的共性技术，如节能、减排、降耗和发展循环经济等方面的重大共性技术；特别要围绕西部地区的特色优势资源，依托工程技术中心和生产力促进中心，依托高校、科研院所及国内外大公司在西部地区设立的研发中心，建立和发展产业技术联盟，注重资源的集成和整合，通过攻克一批特色优势产业的共性关键技术，以龙头企业带动，形成一大批各具特色的产业集群。

二、提高区域创新能力的对策

在从企业层面和产业层面研究提高自主创新能力的基础上，还必须从西部地区的现状和实际出发，进一步从区域层面研究提高自主创新能力的对策，并将两者有机地结合起来。

（一）加大自主创新投入

加大技术研发投入。西部地区各省（自治区、直辖市）政府都要设立关键技术和核心技术开发资金，设立核心技术创新配套资金，引导企业加大技术创新投入；要求重点大型企业每年技术研发投入不得低于本年销售收入的3%，一般企业不得低于2%，高新技术企业则应提取5%以上的销售收入作为研发资金。在经营者的考核中增加技术创新投入指标，技术创新投入的增长率应高于销售收入的增长率和GDP增

长率。

加大科技成果转化的投入。增加对市场前景好、拥有自主知识产权的科技成果转化的资金投入，使其尽快转化为现实性生产力，并逐步形成新的产业；西部地区各省（自治区、直辖市）财政每年安排一定数量的科技成果转化专项资金；引导支持技术含量高、推广应用价值大、市场前景好的科技成果产业化项目，特别要引导有市场潜力的休眠状态的技术成果转化，责任落实到有关部门。

多渠道筹集技改资金，加大技改投入。企业技术改造是企业自主创新的重要领域，"十一五"期间，西部地区各省（自治区、直辖市）财政预算内安排的省（自治区、直辖市）技术改造资金、技术改造贴息基金和新产品开发推广基金，应逐年有较大幅度的增加，用于支持重点技改项目和重点企业的技术改造和新产品开发；各省（自治区、直辖市）和有条件的大中城市可以建立技术改造投资基金和技术改造投资公司，支持重点技改项目和重点企业的技术改造；银行中长期贷款要向重点技改项目和重点企业的技术改造倾斜；银行的短期贷款要积极支持重点企业发展有市场、有效益、技术含量高的产品，要积极支持和帮助重点企业面向社会发行股票、债券，特别要帮助有条件的重点企业改制为上市公司，采用直接引资的办法，在资本市场筹集技改资金。

（二）增强自主创新激励机制

政策激励。全面落实中央制定的科技 60 条，制定鼓励工业园区和企业自主创新的产业政策，技术政策，金融、财政、税收政策，促进技术人才向企业流动的政策，以及对技术创新人才的激励政策。对已有的政策，能够落实的逐渐具体化，应予补充的应尽快完善，相互矛盾或不能落实的应明确取消，解决政出多门、政策多变、政策落实难的问题，使工业园区和企业真正清楚并享受到政府的扶持和优惠政策。

股权激励。鼓励和支持技术向资本转化，高新技术入股可以不受 35% 的比例限制；允许企业采取职工购买企业股份、新增净资产股份激励、股份期权等激励方式；鼓励和支持技术创新人员持有本企业的股份，鼓励和支持对技术创新做出突出贡献的人员，奖励一定的股份。

建立有利于激励自主创新的奖励制度。改革和完善西部地区各省（自治区、直辖市）的科技奖励制度，建立政府奖励为导向，社会力量奖励和用人单位奖励为主体的奖励自主创新的科技奖励制度。鼓励民间和不同行业设立技术创新奖励基金。奖励重大自主创新成果，特别要奖励原始性创新。各省（自治区、直辖市）科技进步应体现以企业为主体，向企业倾斜，企业获得的奖项应占2/3以上。各省（自治区、直辖市）政府设立省级自主创新贡献奖，主要奖励企业、科研院所，大专院校在自主创新中做出突出贡献的科技开发、经营管理人员。

（三）推进以企业为主体的产学研结合

产学研结合要以企业为主体、改革为动力、市场为导向。目前我国企业还没有真正成为创新主体，从总体上看，企业的科技素质不高，更多的高水平研究开发资源仍然集中在大学、科研院所。所以，应充分发挥大学和科研院所的作用。要采用多种形式，加强企业与科研机构、大专院校的合作，增强企业吸引力、开发以及应用先进技术的能力，加速科技成果特别是高新技术成果尽快转移到生产领域，实现商品化、产业化和市场化。国家的重大应用性技术开发项目，应由具备条件的企业牵头，联合有关科研院所或大专院校共同研发；大型骨干企业每年应向专业科研机构和相关大专院校，发布一次技术开发和新产品开发技术招标项目，由中标的科研单位或大专院校，承担技术开发课题任务，由企业给予经费，促进科研成果符合企业需要，并尽快转化为现实生产力。

建立产学研合作机制。建立以企业为主体、科研院所和高校优势互补、风险共担、利益共享、共同发展的产学研合作机制。以共性技术和重要产品为纽带，以大中型骨干企业和创业骨干企业为核心，推出一批产学研联合承担的项目。通过先进适用技术的系统集成，进一步提高产品的附加值和竞争力。

鼓励企业通过产学研结合与国内外科研院所、高等院校共建技术经济实体和创新示范基地。要善于利用国外的先进设施、信息和资源，鼓励科研机构和大学与国际一流大学和科研机构建立联合实验室或研发中心；要善于利用多边合作、国际大科技计划，利用其研究成果和很多有用的信息、资料来提高我们的创新能力。新建实体和基地可申请享受创新计划和科技基础条件平台建设计划的有关优惠政策。企业设在科研院所和高等院校的技术开发中心、产学研基地，可申请享受省级认定企业技术开发中心的有关优惠政策；进入企业的科研单位，除享受企业技术开发机构和科研人员有关待遇外，仍享受独立科研单位的政策待遇。

面向社会、面向市场开放式办科研。专业科研院所和大专院校要面向社会、面向市场、特别要面向中小企业，建立健全完善的社会化服务体系，办成开放式的技术开发机构。中小企业的技术开发，在很大程度上要依靠专业的科研院所和大专院校。为了推进产学研结合，促进科技服务社会化和市场化，要推动和支持专业科研院所实行企业化经营。科研院所可实行会员制度，这是推进企业化经营的好办法，相关的中小企业均可以成为科研院所的会员单位，会员单位的技术开发课题可直接找科研院所，科研院所对会员单位的技术开发服务可按较低的标准收费。会员制有利于加强与科研单位的联系，实现科研与经济结合。

（四）抓好自主创新平台建设

各级政府要进一步加强自主创新公共基础服务能力建设。充分利用专利信息资源，打造覆盖整个西部地区的自主创新信息资源共享平台；充分挖掘和开发科技和专利文献，提高自主创新的起点，防止低水平开发和重复开发；成立科技资源共享协调机构，制定、实施科技资源共享共建规划，构建科技资源信息网络，建立科技资源信息发布制度。

加强自主创新基础建设。西部地区各省（自治区、直辖市）的国家级和省级研发基地，基础设施平台全面向企业开放，使用费用和条件享受内部优惠待遇。在重庆、成都、西安、绵阳、宝鸡等中心城市建设科研基础设施和大型科学仪器、设备共享平台、成果转化公共服务平台、网络科技环境平台等，对企业技术创新活动全面开放。

发展技术创新成果交易平台。加强技术创新成果交易机构、交易场所、交易信息、交易方式探索，打造以知识产权为主、多种技术创新成果的交易平台，培育以重庆、成都、西安等中心城市为中心辐射整个西部地区，连通全国，以至海外的技术供求信息通道和技术交易平台。

（五）营造尊重和保护知识产权的法制环境

尊重和保护知识产权。一要落实好中央和西部地区各省（自治区、直辖市）制定的保护知识产权的相关政策法规，如《关于加强与科技有关的知识产权保护管理工作的若干意见》、《进一步加强知识产权工作的意见》等政策法规，加强对企业自主创新中的知识产权保护；二要在西部地区各省（自治区、直辖市）各级财政资助的研究开发、技术改造和产业化项目的立项、评审、实施和成果鉴定及产业化中，加强知识产权管理和保护；三要建立和完善自主创新知识产权评价体系，将拥有自主知识产权的数量、质量及其保护情况，作为高技术企业，企业技术开发中心以及高新技术、技术创新成果等认定和评价的条件和重要指标，作为各级政府支持中小企业技术创新基金，风险投资和担保资金使用的重要指标和条件。

切实保障科技人员的知识产权权益。职务技术成果完成单位应对职务技术成果完成和在科技成果转让中作出贡献的人员依法给予奖励和报酬。要大力加强知识产权法律宣传，提高全社会知识产权保护意识和法制观念。建立健全知识产权保护体系，加大保护知识产权力度，建立适合西部地区各省（自治区、直辖市）实际的知识产权法规体系，坚决查处和制裁各种侵权行为，形成良好的保护知识产权的法制环境。

确保知识产权经费。西部地区各省（自治区、直辖市）各级财政应拨出一定经费作为专项资金支持知识产权保护，企业应确保知识产权获取、保护、奖励以及宣传培训、专利信息利用等方面的工作经费，使企业自主创新和市场开拓的投入相匹配；支持发展前景好的发明创造，在申请国家专利时给予补偿。

支持企业争创著名商标和开发自主版权。鼓励企业争创国家驰名商标和西部各省（自治区、直辖市）的省著名商标，支持企业积极开发国家自主版权，进行软件著作权登记，推进计算机软件正版化。

（六）发展风险投资

设立风险投资引导基金。政府应该引导和支持风险投资发展，引导就要投入一部分资金，建议西部地区各省（自治区、直辖市）政府设立"科技创新风险投资引导基金"引导各类风险投资参与自主创新战略的实施，鼓励和支持风险投资机构参与国家科技投资项目产业化，帮助和推动具有较强自主创新能力的高新技术企业上市融资，支持和鼓励风险投资应把重点放在种子期和初创期。

拓宽风险投资退出渠道。目前，风险投资的退出渠道还比较狭窄，这是阻碍风险投资发展的主要原因。风险投资的退出渠道能否拓宽，在很大程度上要依赖于我国多层次资本市场的形成和发展。资本市场和科技创新的有机结合就能形成自主创新的巨大推动力，即将建立的创业板市场将成为风险投资退出的重要渠道。目前，风险投资的退出渠道是海外上市、主板上市和中小企业板上市。2005 年北京中关村代办系统的建立，形成了三板市场，投资于未上市中小高新企业的风险投资还可以通过中关村三板市场退出。目前，国家级高新技术产业开发区里的非上市公司股份进入深交所代办转让系统（俗称新三板）的试点正在加速推开，将会有越来越多的高科技中小企业纷纷在深交所"新三板"流通，风险投资的退出又有了新的渠道。西部地区各省（自治区、直辖市）部分省会城市和重要中心城市设立的产权交易所，如成都的联合产权交易所也能为未上市中小高新企业提供风险投资的退出渠道。要充分利用上述四个方面的退出渠道，推进西部地区风险投资的进一步发展。

第二节　西部地区发展优势产业对策研究

从做强做大优势产业和营造良好环境、实现可持续发展两个方面提出对策。

一、做强做大优势产业对策

可以概括为四个"做强做大"和三个"大力发展"。

（一）做强做大优势产业十大工业基地

工业基地是发展优势产业的支柱。西部地区经过建国以来 59 年、改革开放以来 30 年的发展，在工业方面形成了优势能源、矿产资源及其加工产业、特色农牧产品加工产业、装备制造和国防军工产业、电子信息、生物医药、航空航天等优势高新技术产业以及特色旅游产业等五大优势产业，初步建成了四川攀枝花钢铁工业、德阳重大装备制造业、陕西关中"一线两带"装备制造业、重庆军工、内蒙煤炭及煤化工、内蒙奶制品及羊绒加工、云南烟草工业、宁夏枸杞及枸杞加工、广西糖业、新疆石油天然气采掘等十大工业基地。只有把这十大工业基地按照科学发展观、新型工业化道路和发展循环经济的要求，进一步做强做大，才能促进西部地区优势产业又好又快发展。

四川攀枝花钢铁工业基地。以生产优质特色钢和开发钒钛新材料为特色。攀枝花有丰富的钒钛磁铁矿资源，现已具备年产铁 800 万吨、钢材 800 万吨及钒钛系列产品 50 万吨的综合生产能力，但目前对钒钛等稀有金属的开发利用还没有实现现代化和产业化，应加快攀枝花钒钛稀土的开发和综合利用，培育钒钛新材料产业，将其建成为中国最大的优势特色钢、钒钛新材料基地。

四川德阳重大装备制造基地。有二重、东电、东汽等大型机械制造企业，有强大的重型机械制造能力和水电、火电、气电、核电、风电设备的制造能力。随着四川水电产业的大规模开发，向家坝、溪洛渡等大型水电站相继上马，以及我国核电产业的发展，风电的开发利用，给大型机械设备、水电设备、核电设备、风电设备、气电设备等带来数千亿元的市场需求。目前是西部地区发展大型机械设备制造产业的最好时机，应立足于现有的产业基础，抓好德阳重大装备制造产业基地建设，着力提升大型发电设备、交通运输设备、重型机械、大型工程基础等成套设备的开发和制造能力，延伸产业链，形成企业群落，做强做大德阳装备制造业基地。

陕西关中"一线两点"装备制造业基地。陕西的装备制造业高度集聚，90% 以上的企业集中在关中"一线两带"地区，包括西飞、西电、陕汽、陕陵、法士特等大型骨干企业，从业人员达 40 万，2006 年完成销售收入 980 亿元，在飞机制造、航空动力、高压输变电设备、数控机床等领域具有明显优势。关中地区"一线两带"的产业布局，有利于发挥大型骨干企业的龙头作用，带动周边中小企业，形成装备制造产业集群，建成中国西部地区重要的装备制造业基地。

重庆军工产业和汽车、摩托车工业基地。重庆是我国重要的军事工业基地，几家大型军工企业集中在重庆，不仅拥有强大的军品研发和生产能力，而且多年从事军品研发生产积累的技术人才及装备，为军工企业开发生产民品，走军民结合之路打下了坚实的基础，长安汽车、嘉陵摩托都是军民结合取得的突出成效，应大力支持重庆建成我国西部军工产业和汽车、摩托车工业基地。

内蒙煤炭及煤化工产业基地。内蒙古自治区煤炭储量居全国第二位，不仅资源丰富，而且煤种齐全，煤质优良，埋藏浅、煤层厚、结构简单、宜于开采，累计探明储量 2460 亿吨，预计远景储量 12250 亿吨，2005 年煤产量达 2.753 亿吨，向区外输出 1.6 亿吨，占总量的 61%，已成为我国仅次于山西的第二大煤炭资源生产和输出的重要基地，为国家和自治区经济社会发展做出了巨大贡献。此外，煤炭转换、深加工和煤化工产业正在兴起。除传统煤电项目外，神华集团煤制油和煤烯烃项目、内蒙古三维公司 20 万吨煤制甲醇项目、山东东泰一期工程 50 万吨煤制甲醇及 10 万吨二甲醚项目、新奥集团 60 万吨煤制甲醇及 40 万吨二甲醚项目、蒙华能源一期 20 万吨煤制甲醇项目、多伦大唐 160 万吨煤制甲醇及 46 万吨烯烃项目、赤峰市阿鲁科尔 10 万~20 万吨煤制甲醇项目、平煤公司 20 万吨制甲醇项目等一大批、上水平的煤化工项目相继落地，内蒙古正在建成为我国最大的煤化工基地。

内蒙奶制品及羊绒加工基地。牛奶加工业是内蒙古的优势产业，也是最具民族特色的产业，近几年，内蒙古不断扩建奶源基地，大力发展奶牛产业，引进设备，提高产品档次，建成了伊利、蒙牛等全国知名大企业，使内蒙古成为全国最大的奶制品加工基地。羊绒加工业是内蒙古的特色产业，内蒙古有丰富的羊绒资源，发展羊绒加工和纺织工业的优势得天独厚，有"鄂尔多斯"、"鹿王"、"维信"等知名大企业和知名品牌，"十五"末，全区羊绒加工企业年设计加工能力达到 2.4 万吨，实际加工数量为 1.1 万吨，羊绒原料购进总额为 38.5 亿元，产成品出厂价值总额为 51.6 亿元，已成为中国最大的羊绒加工产业基地。

云南玉溪烟草基地。烟草产业是云南的优势产业和支柱产业，云南的烤烟产量占全国的 1/3，卷烟占全国的 1/5，烟草税利占全国的 1/2，云南烟草创造的税收占云南全省财政收入的 60% 以上。云南烟草有 30多个卷烟品牌获国优、部优、省优称号，出口 20 多个国家和地区，玉溪烟厂是全国最大的烟草企业，以玉溪烟厂为中心，带动周边一大片地区烟草种植的产业化经营，使玉溪成为中国最大的烟草产业基地。

宁夏中宁枸杞及枸杞加工基地。宁夏通过全区推行"优质名牌枸杞基地建设"、"枸杞工程"，建设万亩枸杞园区 4 个，千亩园区 30 个，500 亩以上连片种植区近百个，基本形成了以中宁为核心、清河流域和银环灌区为两翼的枸杞产业带。近几年，宁夏枸杞产业发展迅速，枸杞产品产销两旺，2005 年全区枸杞面积达到44.3 万亩，总产量达 5 万吨，产值达 15 亿元，形成了宁夏红、杞浓、圣杞乐、旱康等为主体的枸杞酒、枸杞籽油、果汁、叶茶等 10 大类 40 多种产品，枸杞加工转化率已达到总产量的 15%。宁夏中宁地区已成为我国最大的枸杞生产和加工产业基地。

广西糖业基地。广西糖业在全国具有举足轻重的地位，2006 年机制糖产量突破 600 万吨，占全国糖产量一半以上，广西糖业产业链较长，蔗渣造纸制板、糖生产氨基酸、单细胞蛋白、酒精以及提取丙酮等有机化合物、滤泥生产复合肥等综合利用技术达到世界先进水平，由于实现循环生产，制糖成本比国内其他糖主产区每吨低 100 ~ 200 元，加上综合利用的效益，市场竞争力较强，广西已成为我国最大的糖业生产基地。

新疆石油、天然气工业基地。石油、天然气采掘是新疆第一大优势产业。石油、天然气总资源量达 300 亿吨，占全国的 1/4。2006 年，石油、天然气产量分别为 2474.7 万吨和 164.2 亿立方米，分别居全国第三位和第一位。目前已建成准噶尔盆地、塔里木盆地和土哈盆地三大石油、天然气生产基地，初步形成了克拉玛依、独山子、乌鲁木齐、库尔勒、库车、泽普等不同规模、各具特色的石油天然气化工产品加工基地，一个全方位发展、多元投资、产业链逐步延伸的石油化工集群正在形成，新疆已成为我国西部最重要的石油天然气工业基地。

（二）做强做大五大工业园区

工业园区是发展优势产业的重要支撑。园区经济具有资本集中化、经营集约化、企业集群化的优势，西部地区产业结构和产业布局的调整要与工业园区建设相结合，通过各类工业园区的发展实现结构优化和产业集聚。工业园区是工业发展的重要载体，有利于集聚产业，形成特色产业和优势产业；有利于发展专业化分工和协作，形成产业集群；有利于节约资源，降低成本，向集约化发展转型；有利于招商引资，引进资本、人才、先进技术和现代管理。因此，发展优势产业，离不开工业园区的发展，既要办好国家级园区，又要办好各具特色的省、市级园区。要培育、发展和壮大一批优势突出、特色鲜明、功能齐全、配套完善的工业园区，特别要做强做大成都高新区、成都经济技术开发区、重庆高新区、西安高新区、绵阳高新区五大国家级工业园区，以此为支撑，推动产业升级，推动高新技术和优势产业向园区集中，延伸产业链，形成企业集群。同时，要认识到做强做大工业园区，不是无限制地扩大园区的规模，而是在有限的地域内做强做大优势产业。这是因为工业园区的建设和发展，要受到土地、环境、技术、资本等多种因素的制约，一定要防止工业园区热，特别要防止工业园区遍地开花。盲目圈地会使耕地面积大量减少。因此，要严格土地管理，严禁盲目圈地，严格审批制度，对县、区开办的各种名目的工业园区要严格监管，对造成大量土地荒废、产业难以发展的园区要加大整治力度。西部地区各省（自治区、直辖市）政府应把工业园区建设和发展纳入规范和法制轨道，要对园区规划和环境建设、土地征用和管理、审批程序、管理制度、资金、市场、人才、知识产权保护、技术经济合作、政府行为和法律责任等方面做出规定，既推动园区经济健康发展，又防止各地违规圈地，盲目发展。

（三）做强做大做长做精四大优势产业链

延伸产业链、做强做大做长做精产业链，是发展优势产业、提升优势产业竞争力的重要途径。西部地区应在资源类产业、农牧产品加工产业、装备制造及军工产业和高新技术产业等四大优势产业中，选择在国内同行业中具有现实和潜在的竞争优势和成本比较优势的小类产业，向上下游延伸产业链，将其做强做大做长做精。

1. 资源类优势产业链

西部地区资源采掘产业有较大优势，应逐步向资源加工产业延伸产业链，才能变资源优势为经济优势，逐步缩小东西部差距。在内蒙古以神华集团为优势企业，发展煤化工产业链；在新疆和四川以中石油和中石化为龙头企业发展石油、天然气化工产业链；在四川以攀钢为龙头企业发展钒钛新材料产业链和优质钢产业链；在四川以三峡公司、二滩公司、华地集团、华能集团、中电集团为龙头企业发展包括水电勘探设计、水电站建设和发展及电力传输等环节的水电产业链；在云南以云铝为龙头企业发展铝制品产业链。

2. 农牧产品加工类优势产业链

在贵州、四川以茅台、五粮液、泸州老窖等大企业为龙头发展白酒产业链；在云南以玉溪烟厂为龙头企业发展烟草产业链；在广西以南宁糖业和贵糖为龙头企业发展蔗糖产业链；在内蒙以鄂尔多斯为龙头企业发展羊绒制品产业链，以伊利、蒙牛为龙头企业发展奶制品产业链；在宁夏以宁夏红、杞浓、圣杞乐、早康为龙头企业发展枸杞加工产业链。

3. 装备制造和军工类产业链

在四川德阳以东方电气集团、二重集团、中国核动力研究设计院、川化机、攀长钢为龙头企业发展大型发电成套设备产业链；在陕西、四川以西飞、西电、成飞、成发、成飞研究所、四川航天技术研究院为龙头企业发展航空航天及空中交通管制系统成套设备产业链。

4. 高新技术类产业链

在四川以长虹集团为龙头企业发展数字家电产业链；以新光硅业、峨眉中导体、乐山菲力克斯、莫特尔、中芯国际、友尼森、南山三桥、成都华为、威斯达芯片、微软成都基地等为龙头企业发展集成电路产业链；以迪康制药、四川银发、吉安康药业、三勒浆药业等龙头企业发展中药产业链；在陕西以西安杨森、利君集团、东盛集团等为龙头企业发展医药产业链。

（四）做强做大八大集团公司

大集团公司是发展优势产业的强有力的支点，是一个地区经济实力的集中体现，是带动大产业、形成企业集群的载体。从西部地区现有的产业优势出发，着力培育几户规模巨大、实力雄厚、竞争力强、具有自主知识产权和知名品牌，经过努力能够在几年内进入世界 500 强的大集团公司，对支撑西部地区优势产业又好又快发展，具有特殊重要的意义。目前，西部地区总资产、净资产和销售收入均超过 100 亿元，发展前景好的大集团公司有长虹、五粮液、攀钢、东方电气、长安汽车、茅台、伊利、包钢等 8 家，进一步做强做大这 8 大集团公司，是实施大集团公司战略，推进区域经济快速、稳定发展的现实选择。

长虹已经具备发展为世界级大集团公司的基础条件：一是巨大的生产能力及较低的成本，彩电生产能力达年产 1700 万台，为全球最大，空调、视听、电池、网络等都具备了巨大的生产能力和开发能力；二是庞大的网络资源，产品辐射 70 多个国家和地区；三是拥有市场占有率最高的中国著名品牌，连续 14 年市场占有率居中国第一位；四是巨大的资产和融资能力，总资产近 200 亿元，财务状况和市场信誉良好；五是主要产品的应用技术开发居国内领先水平，掌握了以数字技术为核心的相关专业技术和知识产权。长虹的进一步做强做大必须同绵阳高新区电子工业基地的建设发展有机结合起来，并作为支柱和龙头企业支撑电子工业基地建设。长虹要通过技术创新、产品升级、市场开拓、产业布局调整，充分发挥龙头带头作用，发展数字视听产品产业链，按照专业化协作原则，带动机顶盒、显示器件、嵌入式软件、芯片设计、元器件及材料等生产企业的发展，形成以长虹为核心的企业群落。

五粮液在 20 世纪 50 年代初建时仅是一个小作坊，到 80 年代初也只是一个国营小企业。五粮液的发展起步于 80 年代中期，90 年代发展较快。"九五"期间，特别是 1998 年上市以后，出现了超高速发展，现已发展成总资产和销售收入均超过百亿元，利税超过 30 亿元，以龙头企业（上市公司）为核心，六大支柱（五粮液系列酒、葡萄酒、药业、玻璃制品、塑料制品、模具）、众多分支（瓶盖、印刷、包装、外贸、物流、饲料、养殖等）多元发展的现代大型企业集团。进一步做强做大五粮液，必须紧紧抓住品牌扩张，并把品牌扩张与产业扩张、资本扩张有机地结合起来。五粮液实施品牌扩张战略取得很大成效。在全国白酒市场上五粮液集团公司的产品基本上形成了以五粮液为核心，各系列品牌众星捧月、星光灿烂的良好局面。2005 年白酒销量超过 20 万吨，是全国白酒销量最大企业。五粮液的进一步发展壮大必须通过产业扩张和资本扩张来实现：一是将非酒产业链进一步做强做大做长做精，建立粮食产业化基地，从上游延伸产业链，发展酒糟综合利用产业链，向循环经济的方向发展，开拓高新技术产业链。二是充分利用上市公司通过资本市场实现低成本的资本快速扩张。

攀钢已经是总资产超过 300 亿元、销售收入接近 200 亿元的大集团公司，经济实力相当雄厚，又控制了三个上市公司，具备十分有利的发展条件。攀钢应充分利用攀枝花丰富的钒钛磁铁矿资源。目前，对钒钛等稀有金属的开发利用还没有实现产业化，应加快攀西钒钛、稀土的开发和综合利用，培育钒钛新材料产业。力争 5~10 年内形成年产 2000 万吨特种钢的生产能力，销售收入达到 1000 亿元以上，进入世界 500 强，建成中国西部最大的优质特色钢、钒钛新材料工业基地。以攀钢为龙头，带动钒钛企业、钒钛系列产品加工的相关企业快速发展，形成企业群落。

东方电气集团公司下属的控股或全资公司东电、东汽等都是德阳的大型机械制造企业，拥有强大重型机械、水电设备、火电设备和核电设备制造能力。应紧紧抓住目前发展重大装备制造产业的有利时机，立足于现有产业基础，抓好德阳重大装备制造基地建设，以东方集团为支撑，着力提升大型发电设备、交通运输设备、重型机械、大型工程基础等成套设备的开发和制造能力，形成自己的品牌，并不断延伸产业链，形成企业群落，建设和发展德阳重大装备制造工业基地，进一步做强做大东方电气集团公司，力争 5～10 年内销售收入达到或超过 600 亿元。

长安汽车的前身是中国长安工业集团公司下属大型国有骨干企业长安汽车有限责任公司，1997 年改制为上市公司，2006 年总资产达 167 亿元，销售收入达 257 亿元，主产品利润达 42.9 亿元。在全国汽车行业中，总资产仅次于上海汽车，全国排名第二。由于中国汽车总保有量基数尚低，在相当长一段时期内，中国汽车业仍将保持 10%～15% 的适度增长速度，远远高于全球 3%～5% 的增速，中国广阔的市场有利于长安汽车进一步做强做大。长安汽车集团作为国内最大的小排量汽车生产企业，计划在未来数年投入 30 亿元研发高科技含量的小排量汽车，并将推出一系列拥有自主知识产权的国民车。长安汽车作为美国福特在中国唯一的专用车合作伙伴，能够充分分享福特在中国高速发展所带来的业绩提升，并从福特定位的改变得到最大收益。做强做大长安汽车具有良好的市场条件和产业基础。

贵州茅台的总资产、销售收入和主营利润在同行业中仅次于五粮液，在全国居第二位。茅台酒为国内白酒市场唯一获"绿色食品"及"有机食品"称号的天然优质白酒，是中国酱香型白酒的典型代表和知名品牌。2001 年贵州茅台上市，为其进一步做强做大提供了良好的融资环境，2008 年茅台拟投资 7 亿元实施"十一五"万吨茅台酒工程三期技改项目，完工后，将新增 2000 吨茅台酒产能，可新增销售收入 11 亿元，利润 4.34 亿元。

伊利集团公司总资产 88 亿，销售收入 194 亿（2007 年），在奶制品行业中，居全国第一。在中国的乳业市场上，伊利股份是无可争议的龙头，凭借奶源、品牌、产业开发能力和营销等方面的优势，有望进一步提高市场占有率。伊利控制了大量优质廉价奶源，具备规模和原材料成本优势，目前正计划通过整合资源、强化品牌建设，完善产业基地布局等举措，积极提升企业核心竞争力，进一步做强做大，力争在2010年提前达到进入世界乳业15强的目标。

包钢总资产315亿元、销售收入267亿元（2007年），是中国西部最大的钢铁类上市公司，拥有世界稀土储量最大的白云鄂博铁矿，铁矿石自给率相当高，在资源成本方面，具有明显的比较优势，而且所在内蒙地区，电力资源充足，并与宝钢签订了战略合作协议，在管理技术方面能够得到行业先进龙头企业的支持。包钢正在建设的冷轧薄板、中厚板等具有高附加值的新产品投产后将使其规模进一步扩大，盈利能力进一步提升。包钢整体上市后，迎来了全新的发展机遇。

（五）大力发展民营经济

发展优势产业，民营经济是一支不可忽视的重要力量。目前，民营经济正面临着最好的历史新机遇。党的十六大报告提出的"必须毫不动摇地鼓励、支持和引导非公有制经济发展"的政策导向，有利于民营经济快速发展。要从西部地区各类优势产业的特点出发推进民营经济快速发展。在西部地区五大类优势产业中，资源类产业中的资源开采类产业，如石油开采、天然气开采等为中石油、中石化等国有大集团公司所垄断，民营经济难以进入，但资源加工类产业的产业链可以在发展中不断做长做精，如天然气化工、石油化工、煤化工，特别是精细化工，则可以引导和鼓励民营资本进入，促进附加值较高的资源加工产业快速发展。在特色农牧业和农牧产品加工产业中，民营经济占有重要地位，要进一步优化外部环境，推进优势民营企业进一步做强做大，进入资本市场，成为上市公司直接融资，不仅做到政策上给予鼓励，而且要在法律上给予保护，运作上给予指导，服务上给予方便，尽量减少和消除体制上的障碍。在装备制造和军工类产业中，大型企业居多，目前仍然以国有企业为主体，但为大企业生产配套所需部件和提供各种服务的则是众多中小民营企业，四川德阳有近500家中小民营企业为二重、东电、东汽等大型国有或国有控股企业提供配件和各类服务，它们是一个整体，构成不可分割的企业群落，要支持和鼓励中小民营企业上规模、上档次、不断提高技术水平和产品质量。在高新技术类产业中，以中小科技型民营企业为主体，要确定一批信誉好、产品有销路、有自主知识产权、经营效益突出、有发展潜力的优势科技型民营企业，在用地、信贷、税收、项目审批等方面给予保护支持，并为其在深圳中小企业板上市牵线搭桥，通过资本市场，促进其尽快做强做大。在旅游产业中，民营经济有较大的发展，为了促使西部旅游产业进一步做强做大，向旅游产业化的方向迈出更大步伐，应对民营资本进入旅游产业提供更大的政策支持，做到思想上放心、放胆，操作上放手、放开，政策上放宽、放活，引导、鼓励和支持民营旅游企业又好又快发展。

西部地区民营经济的比重大大低于东部地区，要通过在五大优势产业中大力发展民营经济，形成一批民营大集团公司，支持一批优势中小科技民营企业上市，大大提高民营经济在西部地区国民经济中的比重，缩小东西部差距。

（六）大力发展资源加工产业

西部地区的资源类产业具有明显的优势。在能源资源生产方面，新疆的石油、天然气，四川的水能、天然气，贵州的水能、煤炭，内蒙、陕西的煤炭，甘肃的石油，在全国占有举足轻重的地位；在矿产资源生产方面，四川的钒钛磁铁矿、内蒙的稀土铁矿，云南的铜、锌、锡、铝等有色金属；青海的钾盐、铅、锌、铜等有色金属，在全国占有重要地位。西部地区以资源开采为主，资源加工产业则十分薄弱，即使有一点，也仅仅是初级加工，精加工产业几乎是空白。西部资源大部分支援东部经济发展，"西气东输"、"西电东送"西部大量的能源输送到东部发达地区，形成了西部以资源开采类产业为主，东部则以加工类产业为主的产业分工格局。由于资源开采投入大，产出小，附加值低，而资源加工产业的附加值高，这是形成东西部差距不断扩大，而且越拉越大的经济根源。为了实施西部大开发战略，逐步缩小东西部差距，应当在西部条件具备的地区大力发展资源加工产业，特别要大力发展精细加工产业，建设资源加工产业基地。例如，在四川天然气原产地达川可以建设天然气大化工基地，以天然气为原料，生产精细化工系列产品；在新疆克拉玛依、独山子等地建设石油化工基地，生产附加值高的石油化工系列产品；在内蒙以神华集团的龙头，建设现代煤化工基地，生产煤化工系列产品。西部地区大力发展资源加工产业，不仅有利于缩小东西部差距，而且，有利于就地利用资源，有利于减少运输压力，降低资源运输成本，提高资源利用效益。

（七）大力发展西部特色旅游产业

西部地区各省（自治区、直辖市）的旅游产业各具特色和优势，从实际出发，大力培育和开发具有西部特色的国际国内知名旅游景区和路线，加快旅游基础设施和信息化建设，加强国内外旅游市场开发，推进跨区域旅游整合，重点开发一批跨区域旅游区。继续发展红色旅游，大力发展文化旅游产业，积极开发文化旅游产品。鼓励发展休闲度假旅游、探险旅游、边境旅游、科普旅游、农业旅游和工业旅游等专题旅游。加强保护、合理利用文化自然遗产资源，推动几家重点重要风景区可持续发展。加快发展西部跨区域十大重点旅游区。

1. 丝绸之路旅游区。包括西安古城、秦始皇陵、宝鸡法门寺、天水麦积寺、武威雷台公园、张掖卧佛寺、敦煌莫高窟、吐鲁番古文化遗址、喀什民族风景旅游。

2. 香格里拉生态旅游区。包括茶马古道、康定跑马山、稻城亚丁、海螺沟冰川、丽江玉龙雪山、丽江古城、迪庆香格里拉峡谷、德清梅里雪山、西藏盐井、八宿然乌湖。

3. 长江三峡高峡平湖旅游区。包括三峡库区、大足石刻、巫山山峡、丰都名山、奉节白帝城、云阳张飞庙。

4. 青藏高原特色旅游区。包括布拉宫、林芝大峡谷、雅砻河谷、三江源头、青海湖、塔尔寺。

5. 川黔渝旅游区。包括成都金沙和三星堆、乐山大佛、峨眉山、自贡恐龙博物馆、宜宾蜀南竹海、泸州佛宝、重庆武隆天生三桥、黄果树瀑布、九寨沟、黄龙寺、都江堰、梵净山。

6. 珠三角—桂东—桂北旅游区。包括桂林漓江、阳朔遇龙河—兴坪田园风光、桂平太平天国起义遗址、昭平黄姚古镇历史文化旅游。

7. 滇桂民族风光边境旅游区。包括大理苍山洱海、西双版纳热带雨林、沧源河佤山佤文化、建水—石屏历史文化、乐业大石围天坑群、防城港江山半岛—东兴金滩。

8. 西北大漠草原旅游区。包括锡林郭勒草原、鄂尔多斯成吉思汗陵，阿拉善贺兰山宗教文化与原始次生林、西夏王陵、沙坡头、喀纳斯、天山天池。

9. 黔东南—湘鄂西民族风情与生态旅游区。包括贵阳、凯里、榕山、从江、黎平苗侗少数民族风情，湘西、恩施土家族、苗族民族风情，湘西凤凰古城。

10. 重点红色旅游区。包括左右江、黔北黔西、滇北、川西雪山草地、陕甘宁、川陕渝、延安、遵义、广安。

二、营造良好环境，实现可持续发展的对策

（一）营造良好的投资环境，扩大招商引资

在营造良好的政策环境方面，实行指导性准入政策，鼓励外资和民营资本进入西部地区五大类优势产业；实行优惠的财政政策，设立西部优势产业发展专项基金，对需要鼓励快速发展的西部优势产业，给予财政贴息、财政资助和奖励等；实行税收优惠政策，对符合西部大开发税收优惠政策的企业、外商投资企业等按相关规定给予相关税收优惠；实行优惠的融资政策，争取政策性银行对西部五大优势产业中的中小企业融资的软贷款给予支持，建设公共融资平台和融资担保体系，解决中小企业融资难的问题；实行优惠的人才政策，对发展西部优势产业需要的高级技术和管理人才，人事、公安、劳动和社保等部门给予优先审批和办理调入手续。通过实行上述优惠政策营造良好的政策环境。

在营造良好的法制环境方面，西部地区各省（自治区、直辖市）要严格实行《公司法》、《劳动法》和相关经济法规条例，依法行政、廉洁执法，保护外商的合法权益，不干扰企业的正常生产经营活动。执法部门要制定统一的管理办法、管理制度和政策，避免重点和交叉检查。企业可以拒绝一切未经省级政府批准的不合法和不符合规定的检查。通过依法办事、严格执法，为招商引资营造良好的法制环境。

在营造良好的服务环境方面，建设政府服务体系和社会服务体系，为招商引资促进西部优势产业发展提供高效、优质、配套、廉洁的行政服务，同时，治理整顿和规范各类行政事业性收费，坚决制止乱收费、乱罚款、乱摊派行为，取消和纠正不符合国家、省规定的收费项目和收

费标准。还要根据招商引资、发展优势产业的需要，建立技术创新、投融资信息资讯、人力资源、现代物流等社会化服务体系，形成良好的服务环境。

在扩大招商引资方面，既要加大招商引资力度，又要正确引导外商投资方向，把利用外资同优化产业结构、提升技术水平和扩大对外经贸有机地结合起来，千方百计吸引国内外各类资本、企业、技术和人才进入西部地区各优势产业领域。招商引资既要建立长期稳定、有效的机制和渠道，积极组织参与各类招商会，又要创新招商引资方式，更多地开展网上招商、中介代理招商和行业主题招商等活动，在努力引进东部、中部资金、项目的基础上，重点吸引港台、东南亚、欧美等国家和地区的资本，积极吸引世界 500 强和国内 500 强企业，进入西部地区。

（二）抓好节能、减排、降耗，实现可持续发展

西部地区发展优势产业，一定要按照科学发展观的要求，抓好节能、减排、降耗，实现可持续发展。

一要严禁发展高耗能、高污染产业。认真落实国家产业政策，对高耗能、高耗水、高耗材、高污染、低产出以及低水平重复的项目，在项目审核时严格把关。以国家产业政策为准绳，凡是国家产业政策限制、不符合行业发展规划和行业准入标准的项目，坚决不予审核；还要严把环境关，建立环境报告制度，凡是环境未通过的项目，坚决不予审核；凡是核准项目申请报告、审批项目的可行性报告中没有节能专篇和节能评估意见、环保意见的项目，坚决不予审核。

二要实行目标责任制、严格考核节能、减排、降耗指标。将节能、减排、降耗指标分解到西部地区各省（自治区、直辖市），再由省（自治区、直辖市）分解到五大优势产业内的各个企业，一定要把节能、减排、降耗的约束性指标落到实处，并纳入企业领导班子目标责任制的评价考核范围和国有大中型企业绩效考核体系。

三要加大节能、减排投入。政府和企业都要加大节能、减排投入。政府要大力支持节能、减排重点项目，对关键节能、减排技术和高效节能产品的开发，对重点节能、减排工程和高耗能企业的节能技改项目，可给予一定的财政资金支持；企业也要加大本企业节能、减排技术和技改项目的投入，特别要加大发展本企业循环经济的投入。

四要大力发展循环经济。在西部地区花大力气组织好重点城市、行业和园区的循环经济试点。"十一五"期间，中央已确定重庆市（三峡库区）作为西部地区的循环经济的试点城市，四川省西部化工城、青海省柴达木循环经济试验区、陕西省杨凌农业高新技术产业示范区等作为西部地区循环经济试点园区，金川集团有限公司、云南驰宏锌锗股份有限公司（有色行业）、重庆发电厂（电力行业）、四川宜宾天原化工股份有限公司、贵州宏福实业有限公司、贵阳开阳磷化工集团公司、新疆天业有限公司、宁夏金昱元工业集团有限公司（化工行业），贵州赤天化纸业股份有限公司、宜宾五粮液集团有限公司（轻工行业）等作为西部地区循环经济的试点行业和企业。通过试点，逐步推行，促进循环经济在西部地区快速发展。

附　　录

西部 12 省（自治区、直辖市）
自主创新能力和优势产业调查

走追赶型跨越式发展之路

——提高自主创新能力助推四川优势产业发展

四川是西部大省，工业发展起步于"一五"时期，布局于"三线"建设时期。经过多年的投入和建设，形成了以电子、机械、建材、冶金、化工、医药、纺织、食品等为主导的工业体系，在西部地区具有举足轻重的地位。目前，四川的工业经济已整体进入工业化中期阶段。但是，四川重工业比重偏大、工业经济发展粗放等问题制约工业经济快速发展。因此，四川要在工业发展上有所突破，必须转变经济发展方式，发展区域特色优势产业，走追赶型跨越式发展之路，提升四川在区域经济竞争中的地位。

一、四川自主创新能力和优势产业现状

四川以完善企业技术创新体系为主要内容，不断提高企业自主创新能力为目的，以产学研合作和人才队伍建设为支撑，大力推进以高新技术产业为代表的技术创新体系建设和技术成果转化，有力推动了产业结构优化升级。通过大力发展四大优势产业，使技术创新的作用更加突出，四大优势产业在全省工业经济中的支撑作用日益明显。

（一）四川省自主创新能力现状

四川拥有众多研究机构和科研人员，具有较强的自主创新能力。有独立科研机构 261 个，国家级重点试验室 6 个，企业技术研发中心 351个；有工程技术研究中心 35 个，其中国家级工程技术研究中心 9 个，省级工程技术研究中心 26 个；有生产力促进中心 132 个；全省企、事业单位共有各类专业技术人员 124 万人，居全国第四位。独立科研院所、大中型企业及高等院校中从事科技活动的人员 167023 人，其中科学家和工程师 99989 人。在川两院院士 54 人。全省有成都、绵阳 2 个国家级高新技术开发区和自贡、乐山、德阳 3 个省级高新技术开发区。

1. 创新投入不断提高，重点项目取得突破

"十五"期间，四川省围绕高新技术、装备制造、优势资源开发、农产品加工四大优势产业，通过组织实施中小企业技术创新专项、平台技术创新专项等项目，开展关键技术创新与系统集成，努力突破产业发展技术瓶颈，使产业结构进一步优化，产业技术得到积极提升，高技术产业进一步发展壮大。2006年，新产品产值首次突破1000亿元大关，达到1310.44亿元，实现新产品产值率16.6%；全省完成技术创新投入85亿元，其中重点企业技术开发经费支出达到58.9亿元，户均达到了4062.06万元，同比增长39.6%；完成技术开发项目5862项，其中557项达到国际水平，3643项达到国内先进水平；全年全省共申请专利1114项，授权专利592项。

经国家、省技术创新立项开发研制，达到当期国际国内先进水平的新产品新技术计700余项，计划外经国家、省新产品新技术鉴定达到当期国际国内先进水平的有100余项。如：地奥集团和中昊晨光化工研究院共同研制的抗非典药物"多肽"的关键设备——"裂解仪"，填补了国内空白，保证了抗非典的急需。省级技术创新试点企业绵阳新晨动力，自1996年以来开发了十余项国内技术领先、具有自主知识产权、达到20世纪90年代国际先进水平的车用汽油发动机，使企业成为国内六大汽车发动机制造基地之一。宜宾天原股份的"优化尿素法生产水合肼工艺"、龙蟒集团的"利用湿法磷酸盐废渣生产磷酸铵肥料的方法"、攀枝花钢铁集团的"氮化钒的生产方法"三项专利年实现利润过亿元，被评为第九届中国专利优秀奖。目前，一批影响产业发展的关键技术项目正按计划进行，如在国内实现首台套的120千米/时大功率交流传动货运内燃机车研制，具有国际先进水平的节能降耗甲醇厂节气节能新工艺开发，具有资源综合利用及循环经济典型特征的新型硫酸法金红石钛白粉清洁生产工艺开发及产业化项目，全球环境治理攻关招标项目的生态综合治沙技术及材料的开发等，将成为行业技术发展的焦点和企业竞争制胜的关键支点。

2. 院地合作深入推进，科技成果得到有效转化

四川省通过院地合作，企业与高校、科研院所共建联合实验室，技术人员交流，组织技术创新院士行活动等方式，积极探索产学研联合的

有效模式和运行机制。省经委和中科院成都分院致力推进全省工业系统与中科院系统的产学研合作。攀钢集团与清华大学、北京科技大学、四川大学等 20 余所高校和科研院所开展了联合科技攻关。长虹公司与电子科大、西安交大建立了战略合作关系，公司建立了 11 个联合实验室，同时在北京、上海、深圳、成都四地成立了研发分部。目前，四川省 145 户省级以上企业技术中心基本上都建立了产学研合作关系，绝大多数的技术创新项目，都是通过产学研合作的方式完成的。

"十五"期间，四川省共有 1072 项成果获得省级科技进步奖，其中二等奖以上有 331 项，占全部获奖成果的 30.9%。2006 年，507 项国家"863"高科技成果和近 300 项省重大科技成果与 338 家本土企业进行对接，成交或意向项目 40 余项，涉及金额 10 亿元。全年技术交易合同登记总额达 19.4 亿元。环境微生物菌剂研制及其在炼油与印染废水生物处理中的应用、年产 10 万吨级气相法生产二甲醚装置等一大批科技成果实现成功转化。

3. 积极发挥区域优势，加快产业化步伐

"十五"期间，四川省依托绵阳科技城—德阳重大装备制造基地—成都高新区，加快推进成德绵高新技术产业带建设。成都利用老电子工业基地和中草药集散地的优势，大力发展电子信息产业和生物医药产业，形成了以迈普和地奥等一批企业为龙头的产业群；德阳依托原有的重工业基础积极发展重大装备工业，被誉为"中国重大装备工业城"；绵阳以长虹集团为首的配套产业链形成了电子工业视听产品产业群。

2005 年，绵阳科技城获得重大科技成果 210 项，完成"863"、"973"计划项目 30 多项，实现生产总值增长 15%，技术进步对经济增长的贡献率达到 45% 以上；成都高新区成为高新技术产业发展的重要空间载体，依托 8 个国家级专业孵化器、23 家民营科技孵化器构成的孵化器群体，入孵企业 1300 多家，推动了 IC 设计、软件、信息安全、数字媒体等国家产业化基地建设，催生了一批中小型高科技企业。川大智胜公司自主开发的空中交通管制中心系统关键设备，达到国际先进水平。科技创新带动了高新区快速发展，建区以来主要经济指标年均增长 60% 以上；德阳"国家重大技术装备制造业基地"建设取得新进展。中国二重集团、东方电气、东方电机三大重装企业带动了全市一大批中小机械加工企业发展，中小配套企业已超过 300 家，形成了具有一定规模和特色鲜明的重装产业集群。全市 2005 家规模以上工业增加值达到 164 亿元，成为四川省仅次于成都的第二个工业大市。2004 年，成都、绵阳、德阳 3 市工业企业 R&D 与技术创新能力分别列全省的前三位，共投入 R&D 经费 18.44 亿元，占全省的 66.5%。

4. 原始创新力度较大，集成创新和引进消化吸收再创新亟待加强

四川省主要以原始创新为主，集成创新和引进消化吸收再创新为辅。以四川省技术创新重点企业为例，2006 年共完成的技术开发项目 5862 项，其中消化吸收 1085 项，占 18.5%；自主开发 4106 项，占 70%；联合开发 496 项，占 8.5%；委托开发 175 项，占 3%。四川企业平均的自主发明创新程度（指发明专利数在专利申请数中所占的比例）为 0.34，消化吸收再创新程度（指消化吸收经费支出在技术引进经费支出中所占的比重）为 0.059，四川在消化吸收再创新方面较为薄弱。

5. 四川省自主创新能力的特点

（1）发挥企业创新的主体作用。四川省强调以企业为主体的自主创新支撑体系建设，到 2006 年，全省已建省级以上企业技术中心 145 家（其中国家级中心 15 家），占全省大中型企业总数的 16.24%。全省大型工业企业开展科技活动的比重已达 93.2%。依靠技术创新的强大推动，攀钢集团公司、长虹电器集团公司、五粮液集团公司进入中国制造业 100 强，成为全省经济发展的领头羊。

（2）建立创新的政策法规体系。四川建立了应用技术研发资金和科学事业费，资金总规模超过 8 亿元，加大对产业发展共性、关键技术研发的引导与支持。将国家、省相关政策上升为法律规范，在全国率先制定了《四川省企业技术创新条例》，从法律上保障企业的创新发展。

（3）强化社会中介服务。四川省积极构建面向中小企业的技术创新服务体系，组建了社会各界参与的省技术创新促进会。成都、绵阳、内江三个试点城市成立了"工业技术创新中心"。设立了生产力促进中心 132 个，其中省级 1 个，市、州 21 个，县级 110 个。这些中介机构，与产品设计、法律服务、人才培训、市场营销、科技咨询、产品检测等一起，成为企业自主创新重要的服务平台。

（二）四川省优势产业现状

四川省工业进入了工业化初期向中期发展的阶段，"十五"以来呈现从支柱产业结构向更适应市场竞争的优势产业结构转变趋势，初步形成了优势资源产业、农产品加工业、装备制造业和高新技术产业等四大工业优势产业。

1. 高新技术产业

四川的高新技术产业主要包括电子信息产业和现代中医药产业。四川是国家"一五"和"三线"建设时期布局的重要电子工业基地，聚集了长虹、迈普、菲力克斯、汇源等具有较强研发和生产实力的企业，在数字家电产品、集成电路、软件、网络通信（光通信）设备、军事电子设备等领域形成了一批科技含量高、附加值高、市场占有率高的优势产品，是国家重要的信息安全产业基地、国家软件产业化基地之一。同时，四川也是全国"中药之库"，有中药材资源 5000 余种，入药中药材品种占全国的 80% 以上，其中四川独有的中药材 30 余种，蕴藏量 100 万吨左右，居全国第 1 位；中药材年产销量达 10 多万吨，占全国的 1/3，是全国最大的中药材基地。培育和发展了地奥、迪康、华西等中医药生产企业以及一批化学药品生产企业，成为国家中医药现代化产业基地。

2. 优势资源产业

四川的优势资源产业主要包括水电、钢铁钒钛、氯碱化工、天然气化工等产业。四川省规划到 2020 年金沙江、雅砻江、大渡河"三江"流域水电投产规模达 5170 万千瓦，建成全国最大的水电产业基地。目前，四川已具备了优质钢铁、氯碱化工、钒钛、稀土和电解铝等特色产业的开发基础，钒钛、稀土资源的综合开发利用初具规模，逐步形成了攀钢集团的系列钢铁产品、天原的聚氯化工产品、泸天化的氮肥、川投的黄磷以及元明粉、聚苯硫醚、有机硅氟等一批在国内外市场具有较强竞争力的优势产品。

3. 装备制造业

四川省加大对装备制造业的产业整合力度，壮大了东电集团、二重集团、资阳机车厂、神钢、成飞、宏华、川大智胜、九洲电器等一批重大技术装备制造企业，初步形成了以大型发电设备、大型冶金化工成套设备为代表的重型机械、大型工程施工成套设备、机车车辆、石油天然气成套设备、大型环保成套设备、航空及空中交通管制系统成套设备以及数控技术与设备等在国内有较强竞争优势的重点产品链。以东电集团、二重集团为龙头，带动 200 多家配套企业集聚发展的德阳装备制造业基地已成为我国重大技术装备制造业集中度最高的区域。

4. 农产品加工业

四川形成了五粮液集团、剑南春、泸州老窖、华润蓝剑、希望、通威、光友、成都卷烟、丝丽雅等一批全国知名企业以及高金、四海等农产品加工龙头企业。在白酒、啤酒、软饮料、卷烟、饲料、粮油肉制品、丝绸等领域形成了同业聚集型和龙头带动型的产业链，初步形成邛崃的白酒基酒基地、武侯区簇桥的皮鞋、新都和武侯的家具制品、南充和遂宁的丝绸与纺织、达州的苎麻等一批农产品加工企业集群。

此外，四川是我国旅游资源大省，是拥有世界自然文化遗产和国家重点风景名胜区最多的省份。四川省大力打造精品旅游区，以龙头景区带动全省旅游业的全面发展。重点建设了"中国第一山国际旅游区"、"大九寨国际旅游区"、"卧龙中华大熊猫生态旅游区"、"三星堆古遗址文化旅游区"、"青城山—都江堰旅游区"五大国际旅游区。4 年来，五大旅游区共完成 179 个重点建设项目，总投资 300 亿元。目前，旅游业成为四川经济支柱产业之一，2007 年全省旅游总收入达 1217.31 亿元，是全国唯一旅游收入占 GDP 比重超过 8% 的省份。

5. 四川优势产业的特点

2006 年，四川省四大优势产业完成工业增加值 1904.7 亿元，占规模以上工业增加值的 73.3%，增长 27%。其中，高新技术产业完成工业增加值 205.5 亿元，增长 23.9%；优势资源产业增加值 920 亿元，增长 25.1%；装备制造产业增加值 361.4 亿元，增长 37.3%；农产品加工产业增加值 417.8 亿元，增长 24.3%。

（1）高新技术产业先导作用显著增强。四川以长虹、迈普、菲力克斯、汇源等企业为支撑，在数字家电、集成电路、软件、网络通信、军事电子等领域形成了一批科技含量和市场占有率均较高的优势产品，成为国家重要的信息软件基地、信息安全基地、数字娱乐基地。四川长虹电子集团加大了产品结构调整力度，平板电视和空调的销售情况大幅度回升，企业品牌价值又回到全国第三位。英特尔、摩托罗拉、微软、思科、爱立信、友尼森、中芯国际、联想、东软等数十家IT大公司纷纷落户四川，使四川作为电子信息产业基地的优势进一步凸显；医药企业切实加强中医药科技创新，全省中成药生产达到98254.4吨，增长20.98%，国家中药现代化科技产业（四川）基地建设积极推进，组建了国家中药安全性评价、国家中药临床试验等7个研发中心。

（2）优势资源产业的创新能力进一步增强。围绕优势资源的开发利用，四川加大了技术研发和招商引资工作力度，80万吨乙烯和向家坝、溪洛渡等水电站等一批大项目相继开工建设，四川工业发展的后劲显著增强。钒钛新材料基地建设取得新进展，攀钢集团加强钒钛资源综合利用关键技术攻关，成功研发钒氮合金，打破了国际技术权威关于我国不可能实现的断言；掌握氯化法钛白生产核心技术，打破了国外长期以来的联合技术封锁。2006年，全省钢铁产量达到1226万吨大关；聚氯乙烯产量达到75.5万吨、配套电石原料72.9万吨、纯碱107.9万吨、烧碱92.5万吨、聚酯16.9万吨。宜宾天原、泸天化、鸿鹤化工、川天华、金路集团、川化集团、乐山和邦集团等骨干企业的聚氯乙烯、尿素、氯化氨、烧碱等重点产品在西部地区有明显的竞争优势，中昊晨光和四川化工研究院的有机硅氟、华拓科技的聚苯硫醚等产品在国内外市场也具有较强竞争力。

（3）重大技术装备制造业基地建设取得重大进展。2006年，重大装备制造业"1+8"工程35户重点企业完成工业增加值175亿元，同比增长33.9%，实现净利润44.1亿元，同比增长26.6%。全年发电设备生产量达到2992万千瓦。东方汽轮机厂与日本三菱公司合作研制的27万千瓦F级重型燃气轮机国产化率已达46.5%。重大装备出口欧美市场也取得重大突破。川油宏华公司首台ZJ40DBST数控变频拖装石油钻机出口美国；中国二重集团的2250MM热连轧机成套设备出口波兰米塔尔钢厂。

（4）农产品加工业呈现典型的集聚发展态势。四川省注重将农业资源优势转化为经济优势。2006年，全省农产品加工业主要产品产能迅速扩张，其中白酒64.98万千升、啤酒151.6万千升、鲜藏冷冻肉

184.9万吨、罐头7.29万吨、软饮料156.4万吨、乳制品16.96万吨。五粮液、希望、丝丽雅等一批龙头企业带动的白酒、肉食品、烟草、纺织、优质茶叶等产业链得到有效延伸。成都市武侯女鞋、崇州皮革制品、郫县豆瓣、新繁泡菜、成都送仙桥艺术城旅游工艺品等地域品牌的同业生产集散地日益壮大。西部服装工业园、成都纺织印染工业园、安岳工业园和广元绿色农产品加工园等成为当地农产品加工业企业集聚发展和对外招商引资的重要平台。通过不断加大技术改造和技术创新力度，四川农产品加工业正在焕发新的生机，2006年全省猪肉制品出口量超过全国的40%，白酒企业实现销售收入342.5亿元，占全国白酒销售收入的三成以上，实现利润总额42.2亿元，占全国白酒利润总额近半壁江山。

二、四川提高自主创新能力和发展优势产业的基本经验

四川在提高自主创新能力和发展优势产业方面，走在的西部地区的前面，取得了一定的成效，也有一些好的经验，值得借鉴。

1. 建设以企业为主体、社会中介服务为内容、政府宏观调控为辅的创新体系

四川一直注重发挥企业作为提高自主创新能力的主体作用，从1996年开始，围绕优势产业、行业的重点、龙头企业，在全省开展以技术中心为主要形式的企业研发机构建设。2004年末全省规模以上工业企业开展科技活动的比例达15.2%，高于全国平均水平3.3个百分点。全省大型工业企业开展科技活动的比重达93.2%。

同时，还以社会中介服务机构为主，积极构建面向中小企业的技术创新服务体系，以工业技术创新中心、生产力促进中心等形式促进中小企业技术进步。

政府通过《四川省企业技术创新条例》等法律、法规手段对自主创新进行规范和引导。2007年4月，出台的《四川省高新技术产业及园区发展实施方案》，确定了发展本省高新技术产业具有比较优势的电子信息、航空航天、先进制造、新材料、生物医药和生物农业、核技术和新能源6大领域，9大战略产品和80个重点产品。目前，已确立首批30个高新技术创新产品、61家示范企业、37家示范科研单位。

2. 坚持以企业为龙头，推进产学研合作，加快科技成果转化

在区域层面，为推动产学研合作的规模化与制度化，四川省及各市先后与中科院签订了"院省合作协议"、"院地合作协议"；在体制层面，四川省加快推进科技体制改革，使中央在川和省属应用型科研院所基本完成企业化转制或进入企业；在企业层面，坚持以企业为龙头，推动企业与省内外高校、研究院所开展课题委托、联合研发、共建研发机构、人才培养、科技咨询与服务、成果转让等多种形式的产学研合作。一些企业也成为产学研合作的典范。如地奥集团、亚联瑞兴、智胜软件等一批民营科技企业，通过"借脑"、"引智"、"合作研发"等多种模式，形成了"小核心、大网络"的技术创新组织模式。

3. 以中心城市为依托，积极构建区域创新平台

四川充分发挥成都、绵阳、德阳科教资源和产业优势，加快推进成德绵高新技术产业带建设，通过构建高新区孵化器群体，催生中小型高科技企业；通过工业园区公共技术创新平台建设，解决集聚产业的关键性、共性技术瓶颈，促进具有一定规模和特色鲜明的产业集群的形成。

4. 抓好关键技术攻关与集成，突破产业发展技术瓶颈

四川省围绕高新技术、装备制造、优势资源开发、农产品加工等四大优势产业，通过组织实施中小企业技术创新专项、平台技术创新专项等项目，开展关键技术创新与系统集成，努力突破产业发展技术瓶颈。新产品产值连创新高，产品结构调整取得初步成效；装备制造业产业技术水平显著提高，一批产品技术达到国际国内先进水平；钒钛、稀土、多晶硅等优势资源得到了有效开发和利用；产业结构进一步优化，特别是农副产品加工企业达3137家，占全省的6.7%，成为全省企业数第二的产业门类，为四川省实施工业反哺农业提供了坚实的产业基础。

5. 强化人才支撑，为企业自主创新提供有力保障

四川省拥有各类专业技术人员189.8万人，直接从事科技活动人员17.3万人，两院院士55人。为把人才资源优势转化为人才资本优势，四川省着重通过政策引导、体制改革和机制创新三方面措施，进一步激发人才创新创业。出台了《关于加快人才资源向人才资本转变的若干意见》，制定了24个配套文件。加快整合科技资源，推动产学研联合，大力转换科研院所内部运行机制，综合运用分配、产权、社会价值激励等

多种方式，鼓励科技人员创新创业，对 9 位有突出贡献的专家分别重奖了 50 万 ~ 100 万元。

6. 以产业整合推进优势产业发展

四川省优势产业在国内外市场的竞争中还处于规模较小、整体竞争力较弱的状况。因此四川以提高优势产业竞争力为主要目标，集中力量、加大支持力度，针对工业产业发展中存在的突出问题，进一步强化只有整合才能发展的理念，充分发挥市场机制作用，狠下工夫整合各类资源。一是充分发挥资本市场的作用，以产权为纽带，通过收购、兼并、重组、参股等形式实现龙头、重点企业迅速扩张，打造产业"航空母舰"，形成一批大企业、大集团，有效提高产业集中度。二是通过主导产品的上下游延伸，沿价值链进行整合，加强产业内上下游企业的配套协作，提高加工深度和附加值，着力降低综合制造成本。三是以工业园区（工业集中区）为载体促进同类生产型企业聚集，积极发展供应、研发、市场、物流等配套产业，培育特色产业集群，充分发挥产业聚集效应。四是以龙头、重点企业的技术中心为主导，通过产学研合作聚集科研院所的研发力量和人才资源，积极发展对产业有重大推动作用的共性、关键、平台技术，推进优势产业的技术创新，加快科技成果的产业化进程，增强优势产业以自主技术为核心的竞争力。

7. 以发展优势产业（产品）链推进产业整合

发展产业链、产品链是迅速提高优势产业竞争力的有效产业组织形式。四川省积极组织和大力发展优势产业（产品）链，一是有利于完善优势产业的配套体系建设，将四川省各地的企业和资源、人才、技术等要素有机地组织起来，形成更有竞争力的产业组织模式。二是有利于全面降低综合成本，提高优势产业的效益和效率。通过产业链、产品链的延伸提高加工深度和附加值，通过产业链、产品链内企业和相关生产型服务业的发展降低各类交易成本。三是有利于大企业与中小企业的协调发展，以大公司、大企业的主导产品为龙头带动发展一大批前向、后向和侧向协作配套的中小企业，从而有效提高大企业主导产品的规模水平，促进一批中小企业逐步发展成为"专、精、特、新"的"单打冠军"。四是有利于创新招商引资方式，针对优势产业（产品）链发展的重点环节和弥补的短缺环节，发挥产业链、产品链配套能力强的显著优势，有效吸引国际国内产业转移中的重大项目。

三、四川提高自主创新能力和发展优势产业的有利条件和面临的困难与问题

（一）有利条件

1. 四川拥有提高自主创新能力和发展优势产业的资源优势

四川是西部的科技高地和人才高地，具有提高自主创新能力的科技资源优势。发展优势产业也具有较强的资源优势。四川省的水能资源丰富，经济可开发装机容量达 10327 万千瓦，居全国第一位；钢铁钒钛稀土产业形成一定竞争优势，铁矿保有储量居全国第二位，达 180 亿吨左右，攀西地区钒钛磁铁矿储量约 100 亿吨，储量居全国第一位；天然气资源丰富，三级储量达 1.7 万亿立方米，居全国第一位；盐卤和石灰石资源富集，岩盐矿储量 180 亿吨，居全国第一位；钙芒硝保有储量约 153 亿吨，占全国总储的 45%，居全国首位。同时四川也是全国粮食、油料、蚕茧、苎麻、柑桔、茶叶等多种经济作物的主要产区和五大牧区之一，猪牛羊肉年总产量居全国首位，麦、棉、丝、茶、柑桔、白蜡、桐油、乳品在全国也占有重要地位。

2. 四川提升自主创新能力和发展优势产业具有较好的基础

党的十五大以来，四川省科技事业进入新的发展时期，实施科教兴川战略的思路更加清晰，措施更具体，重点更为突出，传统的科技体制不断突破，科技经济结合更加紧密，科技创新能力不断增强，科研水平不断提高，科技成就硕果累累，这些都为新时期加快区域创新体系建设奠定了坚实基础。一是科技体制改革取得历史性突破。随着省属技术开发类科研机构企业化转制基本完成，省属社会公益类科研机构分类改革的酝酿启动，区域创新体系已经发生根本性改变。国有大中型企业技术创新能力增强，科技型中小企业特别是民营科技企业迅速成长，科技中介服务机构不断壮大，创新主体多元化格局基本形成，市场机制在科技资源配置中的作用更突出。二是创新制度环境逐步完善。四川省先后出台实施了一系列与科技创新有关的法规和政策，促进了区域创新蓬勃开展。三是普遍实行了市、州、县（市区）党政一把手抓第一生产力目标责任制，为区域创新提供了组织、政治保障。四是全社会科技投入不

断增加，各级财政在财力紧张的情况下也逐年对科技创新加大了投入。五是科技进步对经济社会发展的支持能力正在提高。电子信息产业连续两年增加值增长超过20%；中药现代化科技产业在全国处于优势地位；各类开发园区特别是成都高新区、绵阳科技城建设加快，聚集效应和辐射作用增强；科技对农业贡献的份额超过50%，科技对全省经济增长的贡献率已超过38%以上。

四川省经过"一五"和"三线"时期的国家布局和改革开放以来厂长经理负责制、减税让利、股份制改造、产权制度改革等一系列改革，工业实现了二十多年的持续增长，初步建立了产权明晰、权责明确、政企分开、管理科学的企业生产经营机制。外资、民营等非公有制经济成为四川省工业经济的重要组成部分。形成了以电子、机械、建材、冶金、化工、医药、纺织、丝绸、烟草、食品为主导的工业体系，建成了以攀枝花为中心的钢铁工业基地，以川南为中心的盐化工和天然气化工生产基地，以成都、德阳、绵阳、广元为中心的电子、重型机械、发电设备制造工业基地，初步奠定了以机械、冶金、军工、电子为特征的产业结构基础，优势产业发展具备良好的产业基础。

（二）困难和问题

四川在构建创新体系和发展优势产业方面已有一定的基础。但与全国先进省市比，还有很大的差距，主要存在以下问题：

1. 以企业为主体的创新体制、机制尚未完全形成

由于现代企业制度建设滞后，部分企业尤其是国有企业仍沿用传统的粗放型发展模式，热衷于低水平扩张，尚未形成技术进步和新产品开发的内在机制。2005年全省企业研发支出为42.3亿元，仅占全社会研发支出的43.9%，全省大中型工业企业中没有开展技术创新活动的占55.5%，无一家企业进入国内发明专利申请量前10名。其次，创新资源整合不够，科技与经济脱节，产学研结合度低。全省41.2%的科技活动机构独立于企业之外，企业主体、市场导向的产学研结合机制尚未有效建立，没有形成实质性的创新联盟。全省大中型工业企业研制经费投入万元以上的技术创新项目中，产学研合作项目仅占12.9%，企业创新经费中对研究机构、高等院校的支出仅占技术创新经费支出的2.5%，低于全国平均水平。再次，技术改造、技术引进和技术创新脱

节，加上国内工业研究与开发经费同技术引进金额不成比例（约为1：12），使企业的技术创新能力不能随企业的经济实力的增强而增强。

2. 企业研发经费投入不足，原创性科技开发薄弱

首先，四川省部分地方科技投入占财政支出的比重偏低，一些重点科研项目缺乏必要的经费保障。"十五"以来，全省规模以上工业企业研究开发投入共 48.36 亿元，仅占销售额的 0.88%，为全国平均水平的2/3。企业 R&D 投入占企业科技活动的比例，低于西部的平均水平。其次，企业科技贷款困难。由于商业银行的改革和银行风险控制的加强，银行科技开发贷款从 1996 年开始逐年下降，有些市连续几年没有获得任何科技开发贷款。资金投入不足，致使新产品开发缓慢，科技成果难以转化。再次，投资分布不合理，缺乏技术开发投资。根据国际经验，R&D 经费、R&D 转化资金、批量生产的资金三者比例应达到1：10：100，才能使 R&D 成果较好地转化为商品，形成产业，而四川省这三者比例是 1：0.7：100，技术开发的资金明显不足，致使科技成果转化率低。

3. 科技人才缺口较大，结构性不合理

四川从业人员素质与装备技术的进步不协调，影响了四川企业的科学管理，影响了企业机械化、自动化的生产进程，影响了企业的 R&D与技术创新。四川一直是教育程度较高的人口净流出省，全省中等教育程度的人口流出率为 4%，大专以上 8%，全省科技竞争型人才缺口为30% 以上。科技人员分布不合理。在大中型企业人事科技开发的人员不到全省科技人员的 10%，与国外 60% 的科技人员在企业相比，差距太大。科技人才的年龄结构、知识结构、专业技能结构也存在问题。高级技工、技师类人才匮乏，远远不能满足企业发展的需要。

4. 企业技术创新扶持政策不完善，支持力度小

四川省科技活动经费投入综合评价在全国位居第 8 位，投入总量在全国名列前茅，但其中 60% 左右的经费是中央财政向国防军工和部属院校的科技拨款。同时，还缺乏推动企业技术创新的一系列配套政策和法规。产业规划、金融、税收、政府采购等政策对企业技术创新的引导、支持力度不够。对企业技术创新的绩效评估不完善，激励力度较小。

5. 中介和支撑服务体系不健全，市场服务意识淡薄

四川省中介服务机构规模小、专业化不强、服务功能弱、经营管理机制不活、中介专业人才缺乏，在服务组织网络化、服务手段信息化、服务功能社会化、服务产业化方面存在明显不足，发展明显滞后。技术创新服务中心管理体制僵化，市场意识和服务意识还比较薄弱，在信息服务、技术开发与推广、新技术交易服务、资金服务、组织创新政策、专业技术咨询和培训及其他专业化服务等方面还没有发挥应有的作用。技术市场发育不完善，缺乏高科技成果转化的市场服务体系。企业之间协作联系薄弱，在发展过程中缺乏应有的技术、信息等方面的交流，没有建立起相应的专业化分工协作、技术与营销网络，企业间的交易费用高，增加了技术创新的成本。

四、四川提高自主创新能力和发展优势产业的战略思路和对策建议

（一）战略目标和战略重点

1. 战略目标

到2010年，初步建立以市场为导向、政府为引导、企业为主体、社会科技服务组织为中介，各方协同配合、相互促进的适应社会主义市场经济体制和科技自身发展规律的四川省区域创新体系，全社会研究开发经费占国内生产总值的比重达到1.5%；全省科技基础条件、创新体制和创新机制等方面的建设取得明显成效，重点领域的原始性创新达到国家先进水平。到2020年，建立比较完善的区域创新体系，全社会研究开发经费占国内生产总值的比重达到2%，区域科技竞争力达到国家先进水平。

（1）建设一批创新型城市。力争五至十年建设好4~5个创新型城市。充分发挥创新城市对全省科技经济的辐射带动作用和构建创新型四川的引领作用。到2020年，形成功能齐备，充满创新活力的城市集群。

（2）培养壮大一批自主创新的高科技产业化基地和以创新型企业为核心的产业集群。如电子信息、现代生物医药、重大装备业、钒钛稀土纳米新材料、核技术等的产业化基地。切实建设好攀枝花钒钛稀土产业链，成都、绵阳核技术产业链等，打造中国钒钛稀土和核技术航空母

舰等若干高技术产业群。

（3）大力推进四川主导产业技术创新和技术升级。切实开展一批优势骨干企业自主创新示范工程，依靠科技创新，推进产业融合。在电子工业、装备工业、化学工业、食品工业等领域，大力推进新型工业化发展步伐，形成以骨干企业为主导的产业集群式发展格局。

（4）依靠科技进步，加快农业产业化步伐。大力发展高附加值的延伸农业产业链的绿色农产品加工业。培育壮大一批龙头企业，切实开发一批具有品牌优势和市场份额的特色产品和产业群、产业链，提升农业产业化整体水平。

（5）大力加强创新平台建设。切实搞好高新区、大学科技园、重点实验室等创新载体建设。努力建设一批国家级、省部级重点实验室和工程技术中心。依托创新载体，聚集创新资源，加速成果产业化步伐。培育壮大一批专业孵化器、生产力促进中心、技术转移中心等中介服务机构。建设好各类科技成果转化示范基地，搭建技术研发、技术转移、产业化示范等成果转化平台。

2. 战略重点

四川省创新资源丰富，若干产业和领域具有显著的资源和技术优势，但由于创新资源特别是创新人才、科技设备等布局不科学，与产业发展配套差，未能有效整合创新资源，紧密围绕全省产业发展重点，高强度组织和开展创新行动。特别在一些优势特色产业领域，创新力度不强。因此，全省产业创新聚合度不强，创新能力不足，缺乏具有自主知识产权的产品品牌和企业集团，产业链条不长，高端产品缺乏，市场占有率不高，尚未形成产业优势。提高四川自主创新能力必须坚持有所为、有所不为的原则，突出四川省具有特色和比较优势的重大领域，形成以科技为支撑的产业创新重点。要避免平均使用力量，平均使用经费的做法。以经济社会发展需求为导向，围绕四大优势产业发展，着力推进重点领域的自主创新与突破。

（1）着眼于提升产业总体技术水平，积极发展高新技术及其产业。重点抓好电子信息产业和现代中医药产业的发展。电子信息产业要在微电子技术、软件技术、网络通信技术、信息安全技术、数字视听技术等方面开展重点攻关。中医药产业要在川产特色药材的系统研究和综合开发、中药制药新技术、新设备的研究开发等方面取得突破。力争在新材料、生物技术、医药化工等方面取得重大突破，形成新的经济增长点。要围绕建设节约型社会，狠抓节能降耗技术攻关，加快高耗能设备技术改造，提高能源综合利用效率，大力发展循环经济。

（2）着眼于装备制造业发展，大力提升重大装备的研发和制造能力。加强先进制造技术与自动化技术的攻关及开发，大力推进信息技术在制造业中的应用，努力构建全省制造业信息化的技术攻关、技术服务与应用示范三大体系。加快德阳"国家重大技术装备制造业基地"建设，大力支持二重、东方等大型骨干企业，加强关键技术研发和攻关，掌握核心技术的自主知识产权，推动四川省装备制造业持续快速发展。

（3）着眼于优势资源型产业发展，努力促进资源集约利用。加强资源集约利用的新技术、新工艺和新设备的科技攻关，加快建设我国最大的水电产业基地、西部最大的优质钢铁基地、世界最大的钒钛新材料基地和我国重要的天然气化工、盐化工产业基地。

（4）着眼于农产品加工业发展，不断加快农业科技创新。加强生物、信息等农业高新技术的研究开发，着力提高农业科技集成创新能力、农业科技成果转化能力和农业科技成果推广应用能力。特别是要围绕优质粮油、畜禽、果蔬、名酒、名茶等优势产业，加强农产品精深加工技术研发，为龙头企业发展和农业产业化经营提供技术支撑。

（二）对策建议

1. 努力营造全社会自主创新环境氛围

切实提高各级政府和各级领导对建设新型四川的认识，切实转变思想观念，牢固依靠科技创新支撑引领经济社会发展的意识，努力营造科技创新的制度体制和政策等环境氛围。努力提高全体公民的科技素质，培养全民创新文化素质，树立创新意识，弘扬科学精神，形成良好的创新环境。切实培育创新精神，鼓励大胆创新、勇于实践、不怕失败的创新勇气。对取得重大创新成果的单位和个人予以重奖，不断激发全社会科技自主创新热情。要将加强自主创新，强化原始性，不断增强科技持续创新能力作为创新文化建设的重要目标和内容，通过政府导向、科普宣传，营造创新环境氛围。认真完善科技自主创新的政策法规，保护群众创新热情。

2. 加快创新体系建设

进一步完善区域创新体系。加强企业与科研机构、政府、中介服务机构等方面的协调互动，以企业为主体、产业化为导向，充分发挥市场机制在科技资源配置的基础性作用，发挥政府的服务、调控功能，着力加强企业技术创新组织建设、人才队伍建设和创新机制建设，建立以企业为主体，高等院校和科研共同参与的产学研紧密结合的技术创新机制。同时，加快创新研发平台、成果产业化平台等载体的建设。建设一批国家及省部级重点实验室、企业技术中心、工程技术研究中心。支持以企业为主体建立产学研联盟，鼓励企业与高等学校、科研院所开展共建研发机构、联合培养人才、合作研究、成果转让、信息与仪器设备共享等多种形式的合作。

3. 建立以企业为主体的自主创新新机制

确立企业在自主创新中的主体地位，逐步使四川省科技体制由政府研究机构主导型转变为企业研究机构主导型；支持企业成为技术创新投入和组织的主体，使技术开发、应用、产业化生产和市场运作间形成良性机制和自主创新链；将企业的重大技术课题列入省和地方科技计划，对课题所需的基础研究、开发性研究、共性技术、关键性技术等进行统筹安排，并给予政策、经费支持。通过政府科技计划引导和激励企业加大创新要素的投入力度，实施激励企业技术创新的财税金融政策，支持企业对引进技术的消化、吸收和再创新，制定促进企业自主创新的政府采购政策，加强知识产权保护和推进技术标准战略，加强创新资源要素的整合利用，全面提升四川企业的技术创新能力和创新绩效，以促进四川企业市场竞争力的全面提高。加强宏观调控和管理，完善技术体系评价系统，建立技术引进协调机制，根据企业的不同情况，采取多元化、多层次的技术引进方式。鼓励发展多项技术集成的产品和产业，实现集成创新。选择具有高度技术关联性和产业带动性的产品或项目，实现关键领域的集成创新与突破。加强企业研发机构建设，提高企业自主开发能力，切实把提高经济效益转到依靠技术进步的轨道上来。

4. 营造有利于企业自主创新的政策环境

尽快建立健全四川省鼓励自主创新的政策体系，主要是优惠的财税政策和金融扶持政策。进一步调整投资结构，鼓励、引导全社会多渠道、多层次地增加科技投入。各级财政要建立稳定的研发投入增长机制，对企业研发投入允许以较大比例直接抵扣税收。金融机构要建立授权授信制度，增加信贷品种，扩大科技信贷投入，不断完善中小型科技企业的贷款担保体系，并逐步建立风险投资机制，发展风险投资公司和风险投资基金等。同时，应以资本市场为纽带，尽快建立科技创新风险投资基金，以无息贷款等多种方式扶持高增长率的产业化项目和企业。认真探索产业化活动中风险资本与产业资本相结合的风险投入机制。政府应发挥政府信息资源的比较优势，通过规划促进技术链的整体突破，引导和协调企业在创新活动中的分工协作，加快薄弱环节的研发和创新，并选准一批重大工程，集中全省主要的科技资源，有针对性地进行技术研发和系统集成，攻破和掌握关键技术和核心技术，进而提高四川省自主创新能力。同时，要把知识产权战略纳入创新体系建设，以强化知识产权管理和保护。统筹国防资源和经济资源，注重军用技术和民用技术、军队人才和地方人才的兼容发展，形成军民两大系统资源共享、协同配合、军民结合、寓军于民的创新机制，形成以军促民、以民养军、军民结合的良性发展格局。

5. 大力推进创新成果转化

充分发挥市场机制作用，形成以企业为主体，政府服务导向为辅的创新成果转化新体制。建立统一、高效的科技成果管理体制，建立政府引导、社会为主体的多元化的科技成果转化投融资体系和机制。建立产学研有机结合、军民结合、军地结合的科技成果转化和产业化基地，组建产业发展"联合舰队"。完善科技成果转化的中介服务体系，进一步完善推进科技成果转化的措施，实施科技成果产业化重大行动。

6. 构建支持企业自主创新的社会服务网络

一是建立多元化、社会化的技术创新投融资体系。在全社会范围内多渠道地筹集资金，探索符合市场机制的科技投资机制，推荐创业型高新技术企业融资上市，逐步建立以中小企业板、创业板市场为核心的多层次支持科技的资本市场体系。二是建立技术创新的中介和协作网络。发挥中介服务机构综合、互动和集成的优势，建立包括信息、技术开发、物流、人才和技术培训的社会化服务网络。

7. 发挥科教资源优势强化人才支撑

牢固树立人才资源是第一资源的观念，真正把科技人才资源作为最重要的战略资源。在企业内部实行对创新人员倾斜的工资体系，对技术创新人员在经济上予以重奖。采用多种形式引进人才。公开招聘国际一流人才，以科技项目和人才计划吸引优秀人才。在企业内部推动形成创新氛围，促进建立学习型企业组织结构，确立企业技术创新价值观。完善人才市场体系建设，畅通科技人才流动渠道，推进人才服务机构的社会化、市场化。

草原上升起的新星

——自主创新和壮大优势产业是实现内蒙可持续发展的动力

作为经济欠发达的边疆少数民族地区，内蒙古自治区依托其丰富的自然资源，努力发展特色优势产业，将自治区打造成为国家重要的能源重化工基地、农畜产品加工基地和北部生态屏障，并培育了伊利、蒙牛、小肥羊、鄂尔多斯等一系列驰名品牌，和伊泰、神华、包钢等一批实力雄厚的大型企业。但内蒙走的仍是资源依赖型经济发展道路。如何保持经济发展的良好态势，实现内蒙的可持续发展？本文为解决上述问题提供思路和方法。

一、依赖资源优势，重点发展特色优势产业实现飞跃发展

（一）西部大开发涌现出的黑马

1. 自治区经济持续快速发展

内蒙古自治区国民经济呈现出速度较快、总量翻番、效益提高、后劲增强的良好态势。自 2002 年开始，自治区地区生产总值（GDP）年增长速度已连续 6 年位居全国第一。2001～2007 年，内蒙古的 GDP 从 1713.81 亿元增至 6018.81 亿元，人均 GDP 从 7216 元增至 25092 元，均大大高于全国及西部地区平均水平。

此外，内蒙古经济总体实力的位次在全国也有了很大提升。2001 年，内蒙古的 GDP 在全国 31 个省、直辖市、自治区中排在第 24 位，到 2007 年升至第 16 位；人均 GDP 在 2001 年仅排第 16 位，而 2006 年，已升至第 10 位。

2. 产业结构优化

2001 年，内蒙古三次产业在国民经济中的比例为23.2：40.5：36.3，到 2007 年这一比例调整为 13：51.2：35.8，农业在国民经济中的比重下降，工业的比重显著增加，服务业稳定发展。

其中，农牧业内部结构进一步优化，畜牧业占第一产业中的比重由2000年的37.8%提高到2006年的44.9%，正由种植业主导型向养殖业主导型转变。工业化进程明显加快。第三产业总量不断扩大，结构改善明显。

3. 特色优势产业引领全区经济发展

能源、化工、冶金、装备制造、农畜产品加工和高新技术等六大优势产业已经成为支撑内蒙古自治区经济快速增长的主导产业，具有总量大、增速快的特点。2007年，煤炭工业完成增加值411.2亿元，同比增长27.3%；电力工业完成增加值338.2亿元，同比增长26.7%；化学工业完成增加值136.1亿元，增长39.7%；冶金建材工业完成增加值755.9亿元，同比增长35.4%；机械装备制造业完成增加值124.1亿元，增长41.5%；农畜产品加工业完成增加值294.8亿元，同比增长23.8%。这六大行业实现工业增加值2060.3亿元，占全区规模以上工业增加值的87.1%，拉动全区工业增长近27个百分点。

4. 草原名牌驰名全国

内蒙古自治区实施"名牌推进战略"，一大批驰名商标成长起来。如乳业的"伊利"、"蒙牛"，肉业的"草原兴发"、"小肥羊"、"塞飞亚"、"科尔沁"，服装业的"鄂尔多斯"、"鹿王"、"维信"（绒衫）、"仕奇"（西装），酒业的"河套"，糖业的"草原"，"河套"面粉，以及能源行业的"伊泰"、"神华"等。

据统计，我国平均6000件商标中有1件驰名商标，而内蒙古每1600件商标中就有1件。内蒙古已经形成了规模化的绿色草原品牌集群，其品牌发展独具特色，不仅在西部地区处于领先地位，同时高于全国平均水平。[①]

（二）经济增长的亮点——"6+1"特色优势产业

"6"，即是自治区六大重点扶持发展的特色优势产业。这些优势产业主要分布在呼和浩特、包头、鄂尔多斯市等重点区域，旨在充分发挥该地区能源富集、工业基础雄厚、生产要素集中的优势，提高其工业经济在全区的比重，增强优势区域的辐射带动作用。同时，内蒙古的六大

---

① 张海志：《访内蒙古自治区副主席余德辉》，载《知识产权报》2007年8月20日。

优势产业都不同程度的形成了产业集群，已基本实现了将资源优势向产业优势的转化，初步形成了重要的能源重化工基地和农畜产品加工基地，装备制造业和高新技术产业也得到较大发展。

"1"则是与六大产业一样，独具内蒙特色，且发展迅速，但下一步仍需大力开发打造的草原特色旅游业。

1. 能源重化工基地粗具雏形

（1）中国最重要的能源基地之一。能源工业是内蒙古自治区区域化发展的主导产业。煤炭、电力、天然气在中国市场所占份额快速提高，后续能源资源大量发现，新能源开发领跑全国。

内蒙古已成为继山西省之后我国第二大煤炭资源大省、产煤大省和煤炭输出大省。2007年，全区煤炭外运量突破两亿吨；2008年1~4月，自治区原煤产量13249.12万吨，同比增长19.6%，增幅居全国第九位，占全国原煤总产量78209.65万吨的16.9%，产量居全国第二位。此外，煤炭转换、深加工产业正在兴起。黄铁矿回收系统、矸石电厂、矸石砖厂等煤炭资源综合利用产业也在逐步扩大。

电力工业方面，内蒙古自治区可向东北经济区和环渤海经济区供电，基本属于合理供电半径。而且，西部地区坑口、路口电站已建成二回50万送电通道，与华北电网联网，是华北电网交易区的重要成员。另外，内蒙古的煤炭、水资源以及风能都十分丰富，为其电力产业的发展提供了可靠的保证。

天然气工业方面，2006年底，全区天然气产量53.96亿立方米。乌审气田和苏里格气田勘探较为成熟，已进入开发建设阶段。在乌审旗境内的长庆气田第二净化厂已经建成，苏里格气田集气系统正在建设。从乌审旗境内的长庆气田第二净化厂至呼和浩特市的"长—呼"输气管线项目已经建成通气，呼和浩特市、鄂尔多斯市东胜区已经部分使用天然气。

（2）钢铁和有色金属为龙头，稀土产业独具特色的冶金建材工业。依托矿产资源优势，内蒙古冶金工业升级改造步伐不断加快，主要产品产量明显增加。2008年1~4月，粗钢产量375.96万吨，同比增长15.4%；钢材320.28万吨，同比增长14.7%。十种有色金属产量54.73万吨，同比增长35.3%。

内蒙古的钢铁工业已形成了生产、科研、设计、教育培训、勘探、建筑、施工等门类齐全、主辅配套的完整工业体系；建成了我国重要的钢铁工业基地和全国最大的稀土生产科研基地。钢铁工业产品品种质量结构日趋优化。

内蒙古有色金属工业的采矿、选矿、冶炼、加工体系基本完善。东部以铅、锌、锡，西部以铝、镁、铜为主的有色金属工业格局初步形成。企业的技术装备有了较大提高，重点骨干企业的装备基本达到了国内同类企业水平，已形成了一批体现自治区有色金属工业生产水平的名牌产品。

（3）化学工业发展迅速。内蒙古自治区形成了农用化工和盐碱化工等重要行业，煤化工和天然气化工已经起步，发展势头良好。化学工业已成为全区增长速度最快的行业之一，"十五"年均增长速度达30.4%。产品结构不断优化，市场竞争力不断增强，产业优势日益显现。

2. 绿色农畜产品加工基地享誉全国

内蒙古已初步形成了以农畜产品加工企业为龙头的产业化系列，涌现出了一大批知名度高、规模大的农畜产品加工龙头企业，有效提升了内蒙古自治区农畜产品的市场占有率和知名度，在全国同行业中产生了较大影响。"十五"末，内蒙古自治区主要农畜产品产量大幅增加，为农畜产品加工企业提供了原料支持，保证了农牧业产业化的持续快速发展。全区工业总产值在100万元以上的农畜产品加工企业有900个，企业从业人员14.9万人。其中，既有内蒙古自己培育起来的龙头企业，如伊利、蒙牛、草原兴发、鄂尔多斯等，也有引进的全国的知名企业，如北京的三元、上海的光明、河南的双汇等。内蒙古自治区绝大多数全国驰名商标都出自农畜产品加工业。依托各地资源禀赋，逐步建立起了以牛奶、牛羊肉、羊绒、马铃薯和优质粮油等农畜产品为主的主导产业，促进了农畜产品加工业的发展，使产业链不断延伸，有效地促进了产销衔接，推进了规模化经营。

3. 龙头企业带领装备制造业发展

内蒙古的装备制造业主要集中在通用设备制造业、专用设备制造业、交通运输设备制造业、电气机械及器材制造业四大行业。一批销售收入超亿元的龙头企业带领了自治区装备制造业的发展，包括内蒙古第一机械制造（集团）有限公司、内蒙古北方重工业集团有限公司、内蒙古北方重型汽车股份有限公司、包头北方奔驰重型汽车有限责任公司、包头北方创业股份有限公司、呼和浩特众环（集团）有限公司。

4. 高科技产业发展迅猛

"十五"期间内蒙古自治区高新技术企业数量达到318家，总产值、总收入、利税总额、出口创汇等项指标年均增长速度分别为57.64%、53.43%、25.37%和58.46%。高新技术已覆盖生物、电子信息、机电一体化、节能及环保等行业。

"十五"期间，内蒙古自治区累计组织实施了火炬计划项目99项，其中列入国家级火炬计划74项，自治区级火炬计划25项，总投资2076亿元。项目达到预期规模后可新增产值60.31亿元，新增利税2.75亿元，出口创汇2523.5万美元。

高新技术园区及特色产业基地建设，拉动了内蒙古自治区高新技术产业的发展，形成了优势集群效应。目前，全区已建有国家高新技术产业开发区1个，国家高新技术产品出口基地1个，自治区高新技术产业开发区3个，国家高新技术产业特色基地4个，自治区高新技术产业特色基地12个。包头稀土高新技术产业开发区作为内蒙古自治区唯一的国家级高新技术产业开发区，以"稀土高科"为龙头，以资产为纽带，充分发挥了内蒙古稀土工业资源密集、人工成本低和技术上的潜在优势。

5. 草原旅游大有可为

内蒙古自治区拥有丰富而独特的旅游资源，草原、沙漠、森林、湖泊、火山、古迹六大奇观别具一格，蒙古民俗风情举世闻名，像阿尔山—柴河旅游区、克什克腾旅游区、额济纳旅游区，在国内绝无仅有，发展旅游业具有得天独厚的条件和优势。近年来，自治区把旅游业作为服务业的龙头和全区的重要产业来抓，以打造中国北方重要的特色旅游地区和世界知名的生态旅游目的地为目标，不断加大基础设施、旅游规划、市场开发等方面的投入，极大地促进了旅游业的发展。2007年实现旅游总收入390.77亿元，比上年增长39.7%。其中接待入境旅游人数149.45万人次，增长21.3%；旅游外汇收入5.45亿美元，增长

34.9%。国内旅游人数2908.17万人次，比上年增长18.6%；国内旅游收入351.01亿元，增长41.4%。①

（三）经济发展主要依赖资源优势

内蒙古的成功主要还是归因于其得天独厚的资源优势。内蒙古自治区拥有丰富的自然资源。农牧林业是其最大的资源优势，在三个方面居全国第一：人均耕地居全国第一；草场面积居全国五大牧场之首，呼伦贝尔、锡林郭勒、科尔沁、乌兰察布、鄂尔多斯和乌拉特等著名草原，孕育出丰富多样的畜种资源，著名的三河牛、三河马、草原红牛、乌珠穆沁肥尾羊、敖汉细毛羊、内蒙古细毛羊、阿尔巴斯白山羊、阿拉善驼等优良品种，在区内外闻名遐迩；森林面积居全国之冠，是国家重要的林业生产基地。

矿产资源是内蒙古另一大资源优势。目前，在世界上已查明的140多种矿产中，内蒙古已发现120多种，在列入储量表的72种矿产中，有40多种储量居全国前十位，200多种名列前三位，7种居全国首位，特别是煤炭资源极其丰富，且品种优良，种类齐全，易于开采。石油天然气的蕴藏量也十分可观。稀土资源誉满中外，已探明的稀土氧化物储量占全国的90%以上，仅次于巴西。铍、钽、钴的探明储量也分别居世界的第一、第二位。此外，黑色金属、有色金属和贵重金属、建材原料和其他非金属以及化工原料等矿产资源，有相当部分在全国也名列前茅。

内蒙古对资源的依赖在其优势产业上体现得尤为明显。除高科技产业和旅游业，六大产业对资源和能源都有较强的依赖性。一方面，诸如能源、冶金、农畜产品加工等产业是以资源性产品为原料；另一方面，许多产业本身的发展对能源也有较高的依赖。2005年，自治区工业共消耗8496万吨标准煤；采矿业消耗794万吨标准煤，其中煤炭开采和洗选业消耗702万吨标准煤，占88%；制造业中，农副食品加工业、食品制造业和纺织业分别消耗106万、93万、47万吨标准煤，处于前列。

---

① 《内蒙古自治区2007年国民经济和社会发展统计公报》，中国统计局网站，http://www.stats.gov.cn/tjgb/ndtjgb/dfndtjgb/t20080304_402468478.htm。

二、提高自主创新能力，壮大特色优势产业，走可持续发展道路

对于内蒙古这样一个生产力水平较落后，发展起步较晚的地区来说，在发展初期选择资源依赖型的经济发展道路有一定的合理性。大量使用低价格的资源可以获得产品的成本优势，从而提高资源使用者的竞争优势。但内蒙古目前已处于资源能源消耗的高位时期，若长此以往，资源对经济发展的作用将由推动转变为遏制。因此，当务之急应是在巩固前期成果的基础上，着力突破一批重点领域和重要产业的核心技术，着力解决能源、资源和环境等瓶颈制约的关键技术问题，着力解决影响区域发展的重大科技问题，通过提高自主创新能力，壮大特色优势产业实现经济的可持续发展。

（一）自主创新取得的初步成效

内蒙古自主创新取得的成果在六大特色优势产业上表现尤为突出。

煤炭工业。以神华集团为代表，形成了世界先进水平的采掘业，涌现出神东上湾、补连塔等千万吨级现代化矿井，创综采队年单产等多项世界纪录，成为世界上第一个单井年产原煤 2000 万吨的井工矿，也是国内生产能力最大的井工矿。全区单井平均规模 50 万吨。

电力工业。一批大容量、高参数、高效率、节能而环保的大型机组建成投产，30 万千瓦以上的机组占 70%，60 万千瓦机组占 37%。托克托电厂成为亚洲装机容量最大的火力发电厂。

化学工业。神华集团 108 万吨/年煤直接液化项目、伊泰集团 16 万吨/年煤间接液化项目、大唐多伦 160 万吨/年煤制甲醇转烯烃项目，规模与技术装备均开创了煤化工的世界先进水平。氯碱化工，内蒙古兰太实业股份公司为世界最大的金属钠生产企业，亿利集团和吉盐化集团 40 万吨/年聚氯乙烯项目，为国内先进水平和最大单体装置。天然气化工，内蒙古博源化工 100 万吨/年天然气制甲醇项目、鄂尔多斯联合化工 60 万吨/年天然气制合成氨项目均为国内先进水平和最大装置。

钢铁工业。包钢的薄板坯连铸连轧、冷轧薄板、万能轧机高速轨、管加工等生产线已达到国外同类装备的先进水平。特钢铸高压管材填补了全国空白。

有色工业。包头铝业用预焙电解槽直接制取高纯铝科技成果，使原铝纯度可达99.9%以上，成为国内唯一拥有该项技术的国内最大的铝合金生产企业。东方希望铝业、霍林河铝业是高起点、大容量、低污染的大型现代化电解铝企业。单系列25万吨/年电解铝为国内单系列电解铝之最，采用的320千安大电流预焙槽为目前铝行业最先进的五端进电最新槽型，综合交流电能耗小于14000千瓦时吨铝，低于全国平均水平；蒙西集团粉煤灰提取氧化铝技术为国内首创。巴彦淖尔市飞尚集团铜冶炼项目，采用富氧熔池熔炼新工艺，硫的回收率高达96%以上，铜的回收率可达98%，是目前铜冶炼行业国际最先进的生产工艺。铅锌冶炼赤峰库博红烨锌业有限公司自行研究探索出的"热浸出低污染沉矾除铁湿法炼锌新工艺"是国际领先、国内首创的湿法炼锌工艺。

机械装备制造业。包头北方奔驰重型汽车有限责任公司和包头北方创业专用汽车公司被商务部确定为首批汽车整车出口基地企业。风力发电设备制造形成了综合研发生产塔头、塔筒、风机叶片、偏航系统、变桨系统等配套产品能力，将成为我国风电设备及配件制造基地。

农畜产品加工业。鄂尔多斯、鹿王集团作为世界生产规模最大、技术装备最先进的羊绒行业领军企业，在羊绒新型纺纱、新型印染和自动化编织等领域居国际领先水平。全区牛奶产量达880万吨，居全国第1位。超高温灭菌奶和乳酸饮料均采用超高温灭菌和无菌灌装工艺，设备达到世界领先水平，呼和浩特建成了亚洲最大的乳制品生产基地。

高科技产业中，制药工业拥有全国最大的强毒灭活苗GMP标准生产车间及配套的检验动物室，金宇集团生物药品厂动物疫苗产销量占全国市场的50%。华蒙金河集团拥有国际先进的发酵生产设备和产品质量检测设备，发酵规模居世界前列。其规模、效益、出口创汇指标均居国内兽药行业首位，饲用金霉素占世界同类产品总量的70%，产品全部外销。石药集团拥有全球最大的青霉素生产线。

（二）内蒙古自主创新能力仍处于较低水平

1. 自主创新资金投入总量和结构问题并存

（1）R&D经费逐年增加，占GDP的比重仍然较低。2004～2006

年，内蒙古的 R&D 经费支出分别是：7.8 亿元、11.7 亿元和 16.5 亿元，R&D 占 GDP 的比重分别为 0.26% 、0.30% 和 0.34% 。而全国这三年的数据分别是 1.23% ，1.33% 和 1.42%[①]。可见，内蒙古自治区 R&D 投入在以较快速度增长的同时，R&D 占 GDP 的比重仍很低。即使是在 R&D 经费投入整体偏少的西部地区，内蒙古 R&D 占 GDP 的比重也仅排第 10 位（见表 1）。

表 1　2006 年西部 12 省（自治区、直辖市）R&D 占 GDP 的比重排序

地　区	在西部的位次	R&D 经费支出（亿元）	R&D 占 GDP 的比重（%）
全　国		3003.1	1.42
陕　西	1	101.4	2.24
四　川	2	107.8	1.25
重　庆	3	36.9	1.06
甘　肃	4	24	1.05
宁　夏	5	5	0.7
贵　州	6	14.5	0.64
云　南	7	20.9	0.52
青　海	8	3.3	0.52
广　西	9	18.2	0.38
内蒙古	10	16.5	0.34
新　疆	11	8.5	0.28
西　藏	12	0.5	0.17

资料来源：《2006 年全国科技经费投入统计公报》，中国科技统计网，http://www.sts.org.cn。

（2）地方政府已引起重视，但支持力度有待加强。2004～2006 年内蒙古地方财政对科技活动的投入有所增加（见表 2），但在拨款的绝对额和所占地方财政支出的比重上都远低于广东、上海、浙江、北京等发达地区。仅以广东省为例，2006 年该省地方财政科技拨款 104.1 亿元，占地方财政支出的比重为 4.08%[②]。

[①] 《中国统计年鉴》（2007），中国统计出版社 2007 年版。

[②] 《2006 年全国科技经费投入统计公报》，中国网，http://www.china.com.cn/policy/txt/2007－09/13/content_9252719.htm，2007 年 9 月 13 日。

表 2　内蒙古自治区 2004～2006 年地方财政科技拨款情况

年　份	2004	2005	2006
地方财政科技拨款（亿元）	5.0	7.0	7.9
占地方财政支出的比重（%）	0.89	1.03	0.97

资料来源：2004～2006 年《全国科技经费投入统计公报》，中国科技统计网，http：//www.sts. org. cn。

（3）经费支出存在结构性问题。从资金主要用途来看，2005 年全区投入科技经费 33.3 亿元，其中人员支出劳务费 6.6 亿元，购建固定资产费 12.1 亿元。在 R&D 经费内部支出的 11.32 亿元中，0.45 亿元用于基础研究，占 4.0%；2.87 亿元用于应用研究，占 25.4%；试验发展支出 7.99 亿元，占 70.6%[①]。若以基础研究为 1，则 2005 年三者比例约为 1：6：18，当年全国水平约为 1：3：14[②]。而美国 2000 年这一比例为 1：1：3，法国 1999 年为 1：1：2，意大利 1998 年为 1：2：2，日本 1999 年为 1：2：5[③]。从与全国平均水平特别是与发达国家的对比可以看出，内蒙古基础研究、应用研究两类活动经费比例偏低，基础研究投入不足，经费支出的结构性问题还有待解决。

2. 科技人力资源开发和科技人才队伍建设滞后

其中科学家和工程师 28545 人，直接投入的 R&D 人员 1.38 万人年——而当年全国直接投入的 R&D 人员达到 150.2 万人年。据《中国省域经济综合竞争力研究报告（1998～2004）》，内蒙古"每万人科技活动人员"指标在全国的排位，从 1998 年到 2004 年分别是：第 15、16、22、25、23、24 和 22 位，排位较为靠后，且整体呈下降趋势。

此外，内蒙古自治区在科技人才队伍的建设中还存在以下问题：第一，专业技术人员数量相对较多，但高层次科技人才匮乏。体现在领先优势学科专业和学科带头人奇缺，难以营造吸引高端创新人才和高水平研发机构的集聚环境。第二，人才资源结构不合理，科技人员整体素质

---

① 《内蒙古统计年鉴 2006》，中国统计出版社 2007 年版。

② 根据《中国统计年鉴》（2007）（中国统计出版社 2007 年版）相关数据测算。

③ 《2003 中国科技统计年度报告》，中国科技统计网，http：//www. sts. org. cn/tjbg/zhqk/documents/2003/03kjndbg. htm。

较低。第三，教育投入不足，人才培养能力存在局限性。第四，市场配置人力资源的作用没有得到充分发挥，公平竞争机制、人才合理流动机制、人才激励机制和科学的人才业绩考评体系尚未完全建立。

3. 创新活动产出水平仍处于全国下游

2004～2006年，内蒙古自治区专利申请量及授权量有大幅度的增加，但取得的重大科技成果总量下降明显：

2004年全区共取得重大科技成果308项，重大科技成果中基础理论成果17项，应用技术成果281项，软科学成果10项；荣获国家级奖励科技成果1项，自治区级奖励科技成果83项；全年专利申请1457项，授权专利831项。

2005年共取得重大科技成果260项。其中，基础理论成果17项，应用技术成果234项，软科学成果9项；全年获得奖励科技成果101项，其中荣获国家级奖励科技成果1项，自治区级奖励科技成果100项；全年专利申请1455项，授权专利845项。

2006年共取得重大科技成果205项，其中，基础理论成果24项，应用技术成果179项，软科学成果2项。全年专利申请1946项，授权专利978项。

此外，笔者观察了1983～2006年内蒙古科技成果获奖情况。自2000年开始，内蒙古科技成果获国家发明奖和国家自然科学奖的项目数为0；而获国家科技进步奖的项目数也较以前呈下降趋势。

总的来说，尽管内蒙古自治区在科技进步中取得了一定的成就，但科技产出水平低的状况并未得到根本改变，在全国仍然处于下游水平（见表3）。

表3　内蒙古科技活动产出在全国的排位

年　份	2000	2001	2002	2003	2004	2005	2006	2007
内蒙古	28	30	23	30	19	25	31	26

资料来源：中国科技统计网，中国主要科技指标数据库，http://www.sts.org.cn/KJNEW/maintitle/MainTitle.htm。

4. 创新成果的扩散能力仍待增强

内蒙古自治区创新成果的扩散能力得到了较大增强，然而其总体上仍然较弱。2007年，全区共缔结各类技术合同3185项，实现技术合同金额45.37亿元。技术合同项目较上年降低了7.2%，技术合同成交金额较上年增长了10.34%，居于全国技术市场交易第22位。其中，自治区输出区外各类技术81项，实现技术金额1.45亿元，同比分别增长15.71%和76.83%。同时吸纳国内其他各省区技术达2240项，引进技术投资额34.28亿元，与2006年相比，技术项目数降低了3.32%，合同金额增长了15.69%。

此外，内蒙古科技成果转化和产业化的能力在全国处于中下游水平。其自主创新的方式主要集中在引进消化吸收再创新上，但是，靠这种方式是很难得到核心技术的。因此，一方面，必须在消化吸收先进技术的基础上转化为自主知识产权；另一方面，必须提升自身的自主创新能力，在充分利用全球资源的基础上，依靠自主创新逐步解决所面临的核心技术问题。

三、内蒙古提高自主创新能力发展优势产业的战略思路和对策建议

（一）战略思路

1. 基本思路

把科技进步和创新作为经济社会发展的首要推动力量，把提高自主创新能力作为调整经济结构、转变发展方式的中心环节。将提高自主创新能力落足在发展优势产业上，做好产业的延伸，重点解决生产方式"粗"、产品结构"初"、产业链条"短"的问题。抓好八条产业链建设：钢铁工业重点调整产品结构，增加特种钢比重；有色金属在做好铝产业延伸的基础上，增加铜、铅、锌、钼等金属的探、采、选、冶一体化、规模化；煤化工业重点推动国际、国内领先的煤化工项目建设，形成规模；硅产业重点在硅电子、光伏产品领域延伸发展，形成具有国内领先水平的生产基地；氯碱化工重点建设300万吨PYC项目，并建设PYC延伸加工产业；稀土产业主要出台限制出口外销，鼓励就地深加工的产业政策，吸引国内外高新稀土产业落户包头，发展壮大稀土产业；加工制造业重点发展重型汽车、运输设备、化工设备、风力发电设备整车（机）及零部（配）件生产，建设以中小制造业为主的加工制造业

群；农畜产品深加工重点合作开发赖氨酸、乳酸、饲用金霉素等精深加工系列产品。

加快建立以企业为主体、市场为导向、产学研相结合的技术创新体系，形成自主创新的基本体制架构。坚持有所为、有所不为，集中力量在优势产业、循环经济等领域，大力开发关键技术和核心技术，使重点产业的技术水平进入国内前列。运用高新技术改造传统产业，大力推广实用技术和信息技术。落实支持自主创新的财税、金融等政策，加强知识产权保护，优化自主创新的体制和政策环境。加快实施人才强区战略，大力培养各级各类人才，形成优势特色产业人才集聚地，加快建设人才流入区。

2. 战略重点

（1）建立具有地域特色的区域创新体系，提高自主创新能力和效率。第一，进一步健全和完善以公益科研机构和高等院校为主体的知识创新体系，提高自主创新能力和创新成果转化能力。第二，进一步健全和完善以企业为主体的技术创新体系，加强产学研的联合。第三，进一步健全和完善科技服务体系。坚持政府推动与市场调节相结合、全面推进与分类指导相结合、整合资源与培育骨干相结合的工作方针，加快建设门类齐全、公共机构与民间机构相互补充、共同发展的科技服务体系。

（2）通过技术跨越做大做强优势产业。在以煤、电、天然气为主的能源工业，以煤、天然气、氯碱为主的化学工业，以钢、铝、硅、有色金属为主的冶金工业，以工程机械、运输机械为主的装备制造业，以乳、肉、绒、粮加工为主的农畜产品加工业等领域，通过技术引进与创新，变比较优势为竞争优势，集中发展一批有利于提高资源利用率和劳动生产率、节能降耗治污、实现产品结构优化升级的关键技术，做大做强优势产业。

（3）进一步发展壮大高新技术产业。把高新技术产业作为推动自治区经济增长的战略先导产业和全面建设小康社会的第一动力，增创高新技术产业新优势，确保"十一五"期间高新技术产业化水平和效益指标稳定在全国中等以上水平。

（4）增强科技支撑，加快建设现代农牧业。为自治区农畜产品增产增值提供可靠的技术保障，为调整自治区农牧业和农村牧区经济结构、提高农牧业整体效益、增加农牧民收入提供科技支撑，为提高自治区农牧业国内与国际竞争力提供坚实的技术基础。

（5）开展生态系统恢复科技攻关，促进可持续发展。建立不同类型受损生态系统恢复试验示范区体系，集中力量解决长期制约生态环境建设的关键技术问题，在沙地综合治理与持续利用模式、退化草地治理与草业可持续发展、风蚀水蚀治理、水土流失治理、沙地持续性固沙防护林建设、天然林保护及植被快速恢复、沙尘暴成因及限制、农牧林草沙业高效持续试验示范区建设、水资源优化配置、废弃物循环再生等重大科学技术领域取得系列性突破。

（二）对策建议

1. 用科学发展观指导和推动科技体制改革向纵深发展

第一，完成科研机构改革的阶段目标：自觉运用科学发展观所体现的科学方法指导科技体制改革；继续深化公益科研机构的分类改革；强化公益科研的自主创新能力。

第二，优化高等院校科技资源配置：整合高等院校科技资源；建设和发展 2 ~ 3 家高水平教学研究型大学；建立在高等院校的自治区重点实验室由自治区委托实行理事会领导下的实验室主任负责制，部分重点实验室向海内外公开招聘实验室主任和学科带头人；自治区给予实验室财政拨款，各地区和部门以项目形式与实验室开展合作，实现"开放、流动、联合、竞争"的机制。

第三，推进企业技术机构的制度创新：自治区认定的企业技术中心要建立制度创新机制；引导企业主动增加科技投入。

第四，深化科技管理职能的改革：创新科技计划管理体制；改进科技评价机制；改革专业技术职称评聘制度；完善知识产权保护制度。

2. 建立完善多元化科技投融资体制

按公共财政理念规划政府财政预算，切实把科技投入作为重要的公共战略性投资，逐步建立起政府科技投入为引导，企业投入为主体，社会资本广泛参与的多元化科技投融资体制。第一，各级人民政府要逐步调整财政支出结构，不断提高科技经费占财政总支出的比重。第二，改善科技经费的使用结构，加大政府科技拨款流向 R&D 领域的比例。第三，确认并巩固企业作为科技投入主体的地位，保持企业 R&D 投入的稳定增长，使其在自治区 R&D 经费总额中的比例不断扩大。第四，整合应用技术研究与开发经费和已设立的各类科技专项资（基）金。第五，加快发展风险投资业务。第六，完善担保机制，金融部门应进一步调整信贷结构，提高对科技项目的贷款比例。

3. 创设发挥人才核心作用的宽松环境

充分发挥人才资源在科技强区战略中的核心作用，牢固树立"以人为本"的科学发展观，营造人才成长的良好氛围和尊重知识、尊重人才、有利于科技人才成长和凝聚的环境。各级人事部门、科技管理部门要切实做好科技人才的服务工作，在政治上关心、在生活上照顾，切实做到事业留人，感情留人，待遇留人。第一，实施自治区优秀学科带头人计划。第二，高等院校加强对学科带头人和中青年骨干教师的选拔和培养。第三，通过资本化运作引进人才，解决好人才报酬等相关问题。第四，对享受政府津贴的高级专业技术人员定期进行专业去向调查。第五，搞好新世纪 321 人才工程，引入优胜劣汰机制。第六，自治区重大科技项目要实行首席专家负责制和岗位聘任制。第七，推行各种激励办法，以完成转制的科研机构为试点，虚拟研究院、部分高新技术园区为参照，实行期权激励、效益提成等措施，积极探索知识和技术要素参与分配的操作办法。

4. 营造更加开放的国际国内科技合作环境

系统设计面向"十一五"的自治区国际国内科技交流合作目标框架，参与国际国内两个循环，集合作项目、合作示范基地、合作研发组织与机构、虚拟合作于一体的科技合作交流体系，集成并充分开发利用多部门科技交流合作资源，创新合作形式，提升合作层次，扩大合作领域，切实抓好合作实效。联通"中国国际科技合作网"，实现国际国内信息共享、渠道畅通和工作互动的网络平台。"十一五"期间，建成一批国内外科技交流合作基地，积极联系外国官方和非政府组织形式的科技促进组织和咨询部门，发展与国内外著名院校及省际的长期合作，探索科技交流合作的长效运行机制；选择 1~2 个盟市作为开展国际科技合作试点，推动国际科技合作深入基层。

5. 开展科技进步监督考核和指标监测

第一，建立切实可行的科技进步推动机制和监督考核机制，在实践中不断完善科技进步目标责任制体系。第二，继续进行全国科技进步统计监测跟踪评价。第三，开展盟市科技进步统计监测。对各盟市科技进步进行监测评价，定期检查、监测各盟市科技进步目标的实施程度，为盟市领导科技进步目标责任制考核提供依据。

中国的蔗糖之乡

——广西自主创新能力和优势产业调查

广西南临北部湾，是我国西南地区重要的出海口，也是我国少数民族人数最多的省份。2003～2007 年，GDP 年均增长 12.7%，比 1998～2002 年高 3.7 个百分点；比 1993～1997 年高 0.5 个百分点；比 1988～1992 高 3.6 个百分点。"十五"期间，全区生产总值由 2000 年的 2080 亿元增加到 2005 年的 4076 亿元；人均生产总值和人均财政收入分别超过 1000 美元和 1000 元人民币。2007 年广西 GDP 总量较大，在西部地区仅落后四川省和内蒙古自治区，但人均 GDP 只有 12549 元，在西部 12 省（自治区、直辖市）中仅排名第 8。

广西需要通过提升区域自主创新能力，做强做大特色优势产业，带动区内相关产业联动发展，从而促进区内经济社会的不断进步。

一、广西自主创新能力与优势产业发展现状

（一）自主创新能力现状

广西实施以产品创新为核心的创新计划，全区科技成果产出水平提高，形成了具有市场竞争力的新产品。

1. 产生了一批有竞争力的优势产业

"十五"期间，广西依靠科技进步和自主创新，推动优势产业的发展，产生一大批知名企业和品牌。初步形成了以桂海高速公路一线相连的桂林、柳州、南宁、北海，以及玉林、梧州"一线两翼"的高新技术产业发展格局。在电子信息、生物医药、机电一体化、有色金属新材料、海洋生物等领域形成了一批具有市场竞争力的高新技术产业。截至 2007 年初，广西高新技术企业达到 455 家，超亿元高新技术企业达 79 家。高新技术产品达到 679 个，其中 86.2% 的高新技术企业和 78.1% 的高新技术产品在高新区内。

2. 科技进步对经济增长的贡献率逐年提高

2004 年，科技进步对经济增长的贡献率达 41.6%，比"九五"末期增加了 3.6 个百分点，至"十一五"期末，该项指标增至 53%。2006 年，全区规模以上工业企业新产品产值 384.95 亿元，比 2002 年增长 1.23 倍。2003 ~ 2007 年，全区专利申请量、专利授权量分别达到 13097 件和 7177 件，比前五年增长 55.1% 和 32.2%。

2007 年，广西南宁高新区实现营业总收入 406 亿元，同比增长 25%；实现工业总产值 270 亿元，同比增长 20%；实现规模工业总产值 103.5 亿元，同比增长 44.7%；完成全社会固定资产投资 34.28 亿元，同比增长 27%；实现财政收入 7.65 亿元，同比增长 29%。

预计到 2010 年，广西的南宁、桂林、柳州、北海 4 个高新区工业增加值占所在市工业增加值的份额将会达到 25% 以上，实现总收入 1722 亿元，总产值 1434 亿元，利税 194 亿元，出口创汇 9.79 亿美元。

3. 农业技术进步为农业增效、农民增收和农村经济的发展提供强有力的科技支撑

围绕广西特色农业发展，组织开展了关键共性技术攻关、农业新品种的选育、成果转化和推广。累计组织实施 2600 多项农业科技项目，推广先进实用技术 2000 多项，建立现代农业示范基地 260 多个。全区农业新产品产值累计超过 900 亿元，主要农作物良种覆盖率平均超过 90% 以上。

4. 工业产业结构得到调整和优化，企业核心竞争力提高

广西重点攻克了一批对产业升级带动作用大、覆盖面广、关联度高的关键技术及集成配套技术，培育和发展了一批科技含量高、有自主知识产权、市场竞争力强的新产品。"十五"期间，引进、消化、吸收、创新工业先进技术 750 项，开发了具有市场竞争力的新产品 3500 个，工业新产品总产值累计达 1270 亿元，工业新产品产值率由"九五"期末的 11.2% 上升到 2004 年的 15.69%。制糖工艺水平居一步法制糖的前列，压榨抽出率、煮糖回收率、糖分总回收率等主要技术经济指标均居世界行业先进水平。

5. 围绕产品创新实施的两轮创新计划推动了科技与经济的结合

"十五"以来，广西在全区范围内实施"以产品创新为核心"

的两轮创新计划，首轮创新计划是：改进和提升现有产品的品质，提高现有产品市场占有份额；开发全新产品，形成一批特色产品群；加强高新技术产品开发，培育新的经济增长点。第二轮创新计划是：仍然锁定产品创新这一目标，突出解决产品创新中存在的技术供不应求、中介服务渠道不畅、科技成果转化和产业化程度不高、规模效益较小等问题，组织实施"科技金源行动"、"科技金桥行动"、"科技金穗行动"，把工作重点放在产品创新的源头，为产品创新提供所需的技术和知识；放在强化科技中介服务体系建设，构建技术进企、进村入户的桥梁，疏通技术转移的渠道；放在科技成果转化、产业化机制、能力和环境建设，加快出新产品、出新的经济增长点、出效益。

（二）优势产业发展现状

广西培育并初步形成了以制糖、有色、冶金、电力、汽车、机械、建材、食品、医药等为主的优势产业，具备与国内外企业开展产业合作的良好基础。

1. 制糖业在全国具有举足轻重的地位

制糖业成为广西最大的农产品加工业和重要的支柱产业，有 56 个县（市、区）种植甘蔗，涉糖农村人口 2000 余万人，甘蔗种植面积 1421.6 万亩，其食糖产量占全国食糖总量的 60% 以上。2007 年上半年，实现利润 19.02 亿元，居各行业创利之首。增加值达到 74.6 亿元，同比增长 33.1%，贡献率达 17.8%，拉动规模以上工业增加值增长 4.6 个百分点。

广西调整甘蔗种植结构，进行种植区域调整，压缩种植面积，主攻提高单位面积产量和甘蔗含糖率，改变盲目发展、粗放经营的模式。目前，桂东、桂北地区基本退出了糖业生产，桂南也调整压缩了甘蔗生产，实现糖业向桂中、桂西等优势区域集中。广西在"十五"期间通过加强非宜蔗区域调整和退耕还林，突出改善宜蔗区域的农业工程条件，使甘蔗单位面积和产量、糖分达到或超过先进产糖国家和地区的水平。广西还积极引导实行大集团战略。打破地区、所有制、部门界限，促进资源、资本、技术、管理与市场网络等要素进一步优化配置。在积极引导区内一大批制糖企业联合组建集团的同时，也积极引进区外、国外的资本，实行贸工农一体化，探索工业资本与商业资本结合、国外资本与国内资本结合等联合发展模式，形成国有控股企业、外资控股企业、民营控股企业多元所有制结构的局面。目前，全区已经形成15家大型企业集团，其总资产和日处理糖料的能力分别占全区的78%和86%。

推广甘蔗订单农业是广西糖业管理体制改革的重大突破，其核心是转变政府职能，打破地区封锁，优化资源配置，使政府直接干预农民种蔗的行为转变为蔗农和企业按照市场机制运作的合同行为。通过甘蔗价格与食糖价格挂钩联动机制的作用，形成蔗农和糖厂利益共享、风险共担的利益共同体，提高甘蔗生产的集约化。广西凤糖集团通过合同来实现糖料蔗收购，达到农民种蔗有本钱（预付金），保证不亏本（保护价收购），参与糖厂的收益分配（二次分配）。新型的企业与蔗农的关系，化解了过去企业与蔗农长期存在的矛盾，建立了良好的砍、运、榨秩序，使企业生产处于一种良性状态。

2. 电力工业成为国家"西电东送"的重要基地

广西电力工业充分发挥资源优势和区位优势，继续加快电源开发步伐，逐步建成为国家"西电东送"的重要基地。按照"水电为主、水火并举、大中小型并举、电源电网并举"的方针发展电力工业，先后在境内建成西津、大化、岩滩、天生桥、百龙滩水电站以及合山、柳州、田东、永福、来宾A、来宾B火电厂等骨干电源项目。截至2007年9月，全区发电装机1658万千瓦，其中，水电装机833万千瓦。目前，广西电网拥有222千伏及以上输电线路9600千米，变电容量2200万千伏安。500千伏系统形成"日字形"双环网结构，全区14个市实现220千伏"手拉手"环网供电。在建或启动的大型电源项目主要有龙滩、百色水利枢纽、平班、乐滩、长洲水利枢纽等水电项目，以及北海电厂、钦州电厂、防城港电厂、贵港电厂等火电项目，在建项目总装机1144万千瓦。正在加快前期工作的大型电源项目主要有桥巩、岩滩扩建、大藤峡、瓦村等水电项目和来宾A厂扩建、永福电厂扩建、南宁电厂、百色电厂、桂东电厂等火电项目，总装机超过1000万千瓦。到2010年，全区境内总装机容量将达到2560万千瓦；2020年将达到5000万千瓦左右。

3. 机械工业已培育形成了一批有实力的企业

广西的机械行业拥有 11 个分行业。已培育形成了一批有实力的企业，如玉柴机器股份公司是全国最大的车用内燃机生产企业，柳州建筑机械总厂是全国最大的预应力机具生产企业，柳州工程机械股份公司是全国装载机行业的龙头企业。空气压缩机、机床、农业机械也有相当规模，产品销往全国各地，部分产品远销国外。

4. 汽车工业正在成为广西着力培育壮大的支柱产业

中国一汽、上汽、东风三大国内汽车集团，以及美国通用、韩国大宇、法国雷诺等国际汽车大公司已在广西建立生产基地。2003 年广西汽车年产量为 17.23 万辆，而至 2007 年已上升为 61 万辆。同时，以柳州、玉林、南宁、桂林市为中心的汽配工业正在逐步形成，汽车工业配套能力进一步加强。目前，广西正借助国内外汽车大公司资金、技术、品牌和管理的优势，加大汽车工业技术改造力度，扩大产能，开辟柳州阳和工业新区作为汽配工业基地，力争成为我国的汽车工业基地。

5. 铝工业是广西最具发展潜力和优势的支柱产业

平果铝业公司具有年产 160 万吨氧化铝、40 万吨电解铝的生产规模。广西与中国铝业公司、中国五矿公司合作兴建的桂西氧化铝厂已经启动，一期建设规模年产 160 万氧化铝。2010 年广西将形成年产 500 万吨氧化铝、150 万吨电解铝、120 万吨铝材加工的生产规模，成为全国乃至亚洲重要的铝工业基地。

6. 广西作为我国南方重要林区之一，为林浆纸一体化提供了原料保障

广西全区宜林面积 1360 万公顷，占土地总面积的 57.7%。在南方速生林发展重点省区中居第 1 位。现有森林面积 982 万公顷，森林覆盖率为 41.3%。主要造林树种有：桉树、松树、杉树、竹子等用材林，以及八角、板栗、肉桂、油桐、苦丁茶等经济林。目前，广西正在把速生丰产林基地建设与林浆纸、林板产业结合起来，加以扶持发展。现有的 100 万公顷速生林进入轮伐期后，可以保证年产 500 万 ~600 万吨纸浆的需要。

7. 丰富的中草药资源为广西医药工业的腾飞奠定了良好的基础

广西已生产单列统计的中药产品 13 个剂型 410 个品种，其中国家新药 18 个、国家中药保护品种 55 个。西瓜霜、三金片、金嗓子喉宝、骨通贴膏等一批优秀品牌已经形成，云香精、鸡骨草胶囊、花红药剂等中成药具有特殊疗效，有的产品产销量全国第一。目前，广西的医药企业已基本完成了 GMP 改造，并努力推进中药材 GAP（中药材生产质量管理规范）种植研究与基地化种植。

8. 得天独厚的旅游资源加快了广西旅游业的发展速度

广西沿海、沿江、沿边，是中国大西南出海的重要通道，地处中国—东盟自由贸易区的前沿，是大湄公河次区域旅游经济合作圈的东北门户。有以闻名天下的桂林山水为代表的喀斯特景观，有滨海风光、边境风貌、民族风情和红色革命遗迹等特色旅游资源。突出的区位优势和丰富的旅游资源，成为广西建设旅游强区的雄厚基础。

广西通过全力打造旅游品牌和特色旅游精品，已基本形成了观光游览、休闲度假、康疗保健、文化旅游等多元化的旅游产品体系。桂林"甲天下"的自然山水风光和"印象刘三姐"的人文游，沿海地区迷人的亚热带滨海情韵，各城市古朴浓郁的民族风情和悠久的历史文化，凭祥、东兴市神秘的中越边关风貌，百色、河池、桂林等市经典的红色旅游，以及原始自然生态游等旅游产品，正在成为广西内外旅游界推崇的经典线路。

与此同时，广西大胆探索与周边地区进行旅游合作的新路子，致力拓展区域旅游合作空间。启动了泛北部湾旅游圈的构筑，与马来西亚、泰国、柬埔寨和越南等东盟四国达成了多项关于加强双方或多方旅游的合作共识，签订了旅游合作协议；与马来西亚、柬埔寨等国就开辟国际航线等达成一致；以阳朔作为世界旅游组织观测点等为标志的国际旅游合作进一步加强，并成功承办了首届世界旅游组织和亚太旅游协会旅游趋势研讨会；与广东、浙江、贵州、海南、湖南、四川、云南等邻省无障碍旅游区的建设取得实质性进展。

广西 2007 年接待中外游客突破 8000 万人次，实现旅游总收入 424 亿元，占当年全区 GDP 总量的 7.2%。旅游业已初步成为广西国民经济的支柱产业。

二、广西自主创新与发展优势产业存在的问题

(一) 自主创新存在的问题

1. 科技人力资源短缺且不断流失

表 1① 显示, 1998~2007 年, 广西专业技术人员仅增加了 29.66%, 年均增长 3.3%, 而高校毕业生增长了 501% (其中, 2001~2003 年专业技术人员减少了 2.6 万人, 而同期高校毕业生净增 2.5 万人)。表明近年来广西高校毕业生总体处于外流状态; 人员素质提高也不显著, 企业开展自主创新活动的领军人物更为稀缺。大中型工业企业办科技机构中有博士 7 人、硕士 43 人, 平均每个机构拥有博士 0.3 人、硕士 2 人。创新人才的缺乏已成为阻碍企业开展技术创新活动的重要因素之一。

表 1　1998~2007 年广西科技及教育发展

年份	专利授权量 (项)	省部级以上科技成果 (项)			专业技术人员 (万人)	区内高校招生 (人)	
		总计	应用技术成果	基础理论成果		研究生	本专科生
1998	—	293	—	—	75.58	503	25455
1999		323	—	—	77.6	610	32956
2000	1183	358	—	—		900	47200
2001	1099	301	—	—	79.6	1547	58500
2002	1054	291	266	0	78.13	1800	68500
2003	1331	306	287	0	77.01	2600	82500
2004	1272	332	311	7	93.9	3600	99400
2005	1225	399	381	11	94.59	4600	116700
2006	1442	427	410	17	97.10	5200	133700
2007	1907	449	407	42	98	5500	153100
增长率	3.55%	5.92%	10.6%	—	3.3%	110%	55.72%

资料来源: 专利数据取自广西知识产权局网站, http://www.gxipo.net/gxzscq/tjxx/default.shtml, 其余数据取自历年《广西壮族自治区国民经济和社会发展统计公报》, http://www.stats.gov.cn/tjgb/ndtjgb/dfndtjgb/t20080314_402468493.htm。

---

① 增长率主要指 1998~2007 年的增长情况。其中 "专利授权量" 指 2000~2007 年的增长率, "应用技术成果" 指 2002~2007 年的增长率。2000~2005 年, 全国专利授权量增长率为 80.25%。

2. 政府投入不足以支持以知识产权为重要标志的创新事业的持续发展

1998～2005年，广西地方财政科技拨款占地方财政的比例呈总体下降趋势，2005年比1998年下降了14.66%。2006年，地方财政科技拨款9.3亿元，仅占全年地方财政收入的1.27%。R&D占GDP的比重为0.38%，在西部12省区中，排名第9位。科技活动投入指数为21.12，处于全国的第29位，在西部地区仅领先于西藏。2007年，科技活动投入指数升至22.30，处于全国第28位。

3. 财政投入结构不尽合理，政府对优势产业基础研究的投入力度不够

2002～2005年，省部级以上科技成果数量累计1328项，其中应用技术成果比例高达93.75%，基础理论成果仅占1.35%。2007年，广西在该年度获省部级以上科技成果数量为449项，其中有42项为基础理论成果，占获奖成果总数的9.35%，接近于全国的平均水平。在《广西区中长期科学和技术发展规划纲要（2006～2020）》部署的11个重大专项，基本属于技术攻关范畴，没有基础研究重大专项。广西各地市一般也把科技三项经费中的70%用于支持企业的技术创新活动，重点支持技术创新项目和支柱产业、大中型企业有前瞻性的重大技术、产品、装备的自主或联合研发。只强调应用研究，忽视基础研究，缺乏具有知识产权的基础创新成果的支持，将难以维持广西现有优势产业竞争优势的持续。

4. 科技进步基础薄弱，科技创新体系尚未健全

2006年，广西综合科技进步水平指数仅为31.19，在全国排名第29位；至2007年，该项指数降低到了30.33，在全国排名倒数第二。2006年，科技进步环境指数为42.10，在全国排名第23位；2007年该项指数降低到36.08，在全国仅排名第28位。2006年，科技活动投入指数为21.12，排在全国的第29位；至2007年，该指数为22.03，比上年略升1位，排名第28位，在西部地区排名第9。

5. 企业"重引进轻消化吸收"倾向比较严重

广西通过大量引进区外、国外先进技术，对提升产业技术水平、促进经济快速发展起到了重要作用，但至今还未形成自己的核心技术和产业。

2006年广西南宁市大中型工业企业用于技术引进经费支出12249

万元，用于消化吸收经费支出 645 万元，两者的比例为 19：1，与一些发达国家的 1：3 的比例相差甚远，不少企业过分依赖技术引进的局面，逐渐丧失了自主创新的激情和能力。

（二）发展优势产业存在的问题

广西在培育优势产业方面存在发展速度慢、没有形成优势特色产业群、发展后劲不足等问题。

1. 制糖业

广西的制糖业在国内第一。但与强国相比，却无优势可言。从农业种植看，广西制糖业的产业化程度低，户均种植只是泰国的 1/10、巴西的 1/15、美国的 1/20。从加工业看，企业生产规模小，平均日榨能力仅 3150 吨，只是巴西的 1/3、泰国的 1/4。从销售来看，企业缺乏联合，市场占有率低。主要存在以下问题：

（1）蔗区秩序混乱现象时有发生。因甘蔗减产，糖价大幅上升，刺激了跨蔗区抬价抢购甘蔗现象的发生。

（2）种蔗的比较效益低，也在一定程度上影响了农民种蔗的积极性。调动农民种蔗的积极性，稳定甘蔗的种植面积，走出糖价高时甘蔗少，糖价低时甘蔗多的怪圈，是政府和企业面临的重要课题。

（3）种蔗成本与先进水平相比还有较大差距。广西每农户种植面积 4 亩，提供原料蔗 20 吨左右，吨蔗种植成本 150 元左右；泰国每农户种蔗 370 亩，提供原料蔗 1300 吨，吨蔗种植成本 100 元左右；巴西每个农户种蔗 600 亩，提供原料蔗 2700 吨，吨蔗种植成本只有 90 元左右。

2. 电力工业

广西的电力事业发展缓慢。"十五"前 4 年，全区国内生产总值年均增长超过 10%，用电量年均增长 9.14%，国民经济的持续快速发展导致电力供应日益紧张。广西全区已连续 3 年出现严重缺电局面，2003年、2004 年、2005 年缺电量分别达 11 亿、28 亿、30 亿千瓦时。2006年，广西全社会用电量达 590 亿千瓦时，增长 15.8%。在南方电网公司增加 25 亿千瓦时区外电量给予支援后，全年电量预测缺口仍达到 40 亿千瓦时，是南方五省区中缺电最严重的省份。同时，电网变电容量不足，部分网区网架结构薄弱；电网分区分片供电不明晰；城乡电网相对薄弱，一些市县在电力供应中存在较严重"卡脖子"现象，部分电网供电可靠性较差等问题。

3. 机械制造业

（1）机械工业生产企业整体产出效益较低。2003年，机械工业全行业企业亏损面有39.33%，比全区规模以上工业高0.74个百分点，产值利税率7.22%，销售利税率8.40%，工业增加值率25.11%，成本费用利润率3.76%，分别比全广西规模以上工业低4.86、3.83、1.92、1.2个百分点。

（2）产业结构横向分散与纵向一体化并存。广西机械工业同类产品生产集中度较低，企业有效规模偏小，机械工业生产集中度较低，多数机械产品生产基本呈现散乱状态，没有占据国内外市场绝对优势的特大型企业；许多零部件企业主要为一家大型企业（如玉柴等）供应配套的零部件，而很少给其他企业提供，在一定程度上限制了零部件企业的生产种类和适应范围。

（3）技术进步水平仍需提高。广西机械工业的增长主要靠物质要素投入的增加，技术进步所起的作用相对较小。虽然一些大型企业已建立起国家技术中心，企业科研开发基地得到进一步完善，但生产技术、产品技术和设计水平仍然较落后，大多数企业仍沿用几十年不变的落后传统工艺及装备，全行业整体制造水平仍处于以机械化为主，单机自动化，刚性自动化的阶段，柔性制造单元和系统仅在极少数企业中使用，产品研究开发能力薄弱，产品自主开发率低，产品开发周期长，更新缓慢。

4. 汽车产业

（1）竞争实力不强。广西汽车工业总产值和工业增加值仅分别占全国汽车行业的2.17%和2.30%，与国内同行相比存在一定的差距。

（2）结构不合理，装备水平低。广西汽车生产企业规模小，配件生产企业基本呈多而广的分散格局。零配件生产企业发展严重滞后，所需配件区内满足率约40%，大多数零配件装配水平低，能源、原材料消耗高，生产过程基本为单机操作。

（3）人才缺乏，产品开发能力弱。欧美发达国家汽车研发人员一般都占全行业30%以上，而广西只有2.50%。从事技术创新的高层次技术人员严重缺乏；技术开发手段落后，装备不完善，大多数企业缺乏产品开发能力，较为先进的车型基本依赖引进技术。

三、提高广西自主创新能力与发展优势产业的战略思路和对策建议

（一）战略思路

根据《广西国民经济和社会发展第十一个五年规划纲要》的要求，广西加快推进工业化，是建设富裕广西、实现跨越式发展的关键。坚持走新型工业化道路，以信息化带动工业化，大力发展资源型工业和现代制造业，拉长产业链，形成产业集群，促进结构优化升级。增强企业自主创新能力，提高企业核心竞争力，在优势产业和重点行业培育更多的强优企业和知名品牌，加快发展壮大中小企业。按照国家产业政策，加快工业园区和重大工业项目建设，不断优化工业布局，进一步提升工业主导地位。

1. 大力发展资源型工业

坚持资源开发与保护相结合，加强资源调查评价和勘查，为资源型工业持续发展提供保障。加大特色资源开发力度，尽快把资源优势转化为产业优势。

制糖，以建成循环经济产业为目标，鼓励和引导企业建设糖蔗基地。依靠技术进步，强化综合利用，发展深加工产品，提高综合效益，进一步提升广西糖业在全国市场的优势地位。

铝业，优先发展氧化铝，合理发展电解铝，积极发展铝深加工；加快平果铝矿区、桂西矿区的铝土矿勘探和开发，重点建设华银铝氧化铝工程、平果铝氧化铝三期工程，争取尽早开工靖西氧化铝工程；统筹考虑电力供应和消费市场，合理布局和规划建设电解铝和铝材深加工项目；加快高铁三水铝土矿开发的前期工作。

林浆纸，加强造纸原料林基地统一规划与建设，重点建设钦州、北海林浆纸一体化项目和柳州竹浆纸一体化项目，重组现有大型制浆造纸企业，实现规模化生产。积极发展木材、毛竹、松脂等深加工。

钢铁，重点扶持柳钢集团加快产品结构升级，引进战略合作伙伴，推进建设沿海大型钢铁基地项目。

化工，依托南化、柳化、河化、鹿化、广维集团等骨干企业，重点发展化工新材料、化肥、高效生物农药、维尼纶等产业产品。加快开工建设沿海千万吨级炼油项目及下游石化项目。

锰业，整顿矿区开采秩序，加强氧化锰和碳酸锰开发保护，改造重组现有采选冶企业，积极引进国内外大公司，合作开发锰系列深加工产业产品。

有色金属，合理开发利用锡、锑、钨、铅、锌、铟和稀土等资源，鼓励发展新材料，控制稀缺资源性产品产量，保持市场竞争优势。

食品，按照安全、营养、方便、多样的要求，重点发展粮食、畜禽、水产品、水果、蔬菜、八角等为原料的食品深加工。

建材，改造骨干企业，加快建设大型新型干法水泥项目，较大幅度提高新型干法水泥占水泥总产量的比重。积极发展建筑卫生陶瓷、高级涂料和装饰材料、浮法玻璃等产业产品。推进高岭土、滑石、石英砂、膨润土等优势非金属矿的开发和深加工。

医药，加快医药企业兼并重组，促进医药产品二次开发和结构调整，建设优势药材基地，打造南药品牌，重点发展优势中药，大力发展生物制药、化学药产业，扶持发展民族医药产业。积极发展医疗器械产业。

茧丝绸，承接"东蚕西移"，加快优质茧丝绸生产基地建设，培育一批产值超亿元的骨干企业，形成种桑、养蚕、缫丝、织绸、印染、服装产业产品链。

烟草，以广西中烟工业公司为龙头，建设优质烤烟产业化基地，扩大"真龙"品牌产量，提高单箱税利水平和市场占有率。

生物化工，利用木薯、甘蔗等优势资源，发展燃料乙醇、高档系列变性淀粉以及其他生物化工产业产品。

2. 壮大现代制造业

广泛运用高新技术和先进适用技术改造制造业，支持开发重大产业技术，加强企业技术研发机构建设，鼓励技术革新和发明创造，努力掌握关键技术，增强新产品研发和成套制造能力，坚持自主创新与技术引进相结合，提升制造业技术水平和整体竞争力。

汽车，以上汽通用五菱、东风柳汽、一汽柳特、桂客集团、柳州五菱、玉柴南宁专汽等骨干企业为龙头，重点发展微型汽车、小型乘用车、重型载货汽车、客车及各类专用车。支持玉柴集团发展新型节能柴油汽车。主要在柳州、桂林、玉林、南宁布局发展汽车零部件产业，提高整车配套能力。在柳州市培育形成汽车产业集群，建成我国西南地区重要的汽车生产及零部件加工出口基地。

车用内燃机，重点扶持玉柴研发大功率、新型节能、环保型柴油机系列产业产品，巩固提高玉柴在全国同行业的排头兵地位，加快上汽通用五菱发动机项目建设。

工程机械，重点扶持柳工、玉柴、欧维姆等骨干企业，发展装载机、挖掘机、压路机、沥青摊铺机、平地机、预应力锚具等系列产业产品，稳定提高市场占有率。

电气机械，依托北海银河、桂林电容等骨干企业，重点发展电网自动化系统、电力市场技术支持系统、高压输变电设备、电力电容器、传感器、电力电缆等产业产品。

机床，重点扶持桂林机床等骨干企业，发展以数控万能铣头为核心技术的大型、高精、高效的数控机床和加工中心。

成套设备，重点在南宁、柳州、桂林等市，通过企业兼并重组和引进合作伙伴，发展制糖、水力发电、港口、水泥、矿山、橡胶等成套设备。

电子信息产品制造，重点建设桂林、南宁、北海产业基地，支持玉林、梧州、贺州等承接东部电子产业转移，发展数码电子、数字通信、高性能电子元器件等产品。

扶持沿海发展集装箱制造和修造船业。鼓励承接贴牌生产和生产服务外包。鼓励重点建筑企业兼并重组，巩固提高区内建筑市场占有率，积极开拓国内外建筑市场。

3. 大力发展高技术产业

大力开发对经济社会发展有重大带动作用的高新技术，加强自主知识产权核心技术的开发应用，重点在生物、新材料、新能源、电子信息、环保、现代中医药等高新技术产业实现突破。

充分发挥高新技术开发区的孵化、辐射和带动作用，实施产业集聚战略，突出重点，强化特色。加快建设南宁、桂林、柳州、北海高新区。南宁高新技术产业开发区，重点发展软件、生物工程、中医药、生物能源等产业；桂林高新技术产业开发区，重点发展电子信息、生物制药、新型中药、光机电一体化、环保等产业；柳州高新技术产业开发区，重点发展新材料、新能源等产业；北海高新技术产业园区，重点发展海洋生物、电子信息、新医药等产业。落实高新区发展的各项优惠政策。鼓励和支持企业增加对高技术研发的投入，培育形成一批充满创造活力和发展生机的高科技企业。组织实施燃料酒精生产与应用、海洋鱼贝类综合开发、药用植物、纳米二氧化硅等产业化工程。完善有利于高技术创新和产业发展的法规及财税、金融、投资政策，建立多层次、多形式的高技术产业投融资体系。

4. 加强工业区建设

按照依托城镇、科学规划、产业集聚、辐射带动的要求，重点支持国家级和自治区级工业区建设。南宁市，重点建设南宁经济技术开发区、南宁—东盟经济开发区、广西明阳工业园、六景工业园、良庆经济开发区、仙葫经济开发区、江南工业园；柳州市，重点建设阳和工业新区、鹿寨经济开发区、穿山工业园；桂林市，重点建设苏桥工业园、西城经济开发区、灵川八里街工业园区；梧州市，重点建设梧州工业园区、长洲工业园；北海市，重点建设北海出口加工区、北海工业园区、铁山港工业区、合浦工业园区；钦州市，重点建设钦州港经济开发区、大榄坪工业区、河东工业区；防城港市，重点建设东兴边境经济合作区、企沙—东湾工业园区；百色市，重点建设百色工业园区、平果江南工业园；河池市，重点建设东江工业区、宜州城区工业区、南丹工业园区、环江工业园；玉林市，重点建设玉林经济开发区、玉柴工业园、北流日用陶瓷工业园区、容县经济开发区；贵港市，重点建设江南工业区、贵港国家生态工业（制糖）示范园区；贺州市，重点建设旺高工业园区、信都工业区；崇左市，重点建设崇左工业园区、凭祥边境经济合作区、中国—东盟青年产业园区、扶绥华侨投资区；来宾市，重点建设来宾循环经济工业区、八一工业投资区、华侨投资区。

工业区要明确定位，突出特色，不断完善基础设施和配套设施，创新管理体制机制，落实国家和自治区各项政策，集约用地，盘活土地存量，加大招商引资力度，加快项目进区落户，培育形成特色产业群，努力办成现代工业聚集区、循环经济示范区和促进工业快速发展的新增长极。

5. 积极发展旅游产业

一是通过跨行政区域整合开发旅游资源和产品，全面构筑"一个旅游龙头、两条黄金旅游带、两大旅游集散中心、八大旅游区"的广西旅游发展总格局，即：进一步发挥桂林市对广西旅游产业发展的龙头辐射和带动作用；建设完善"桂林/贺州—柳州/河池—来宾—南宁—钦州、防城港（东兴）—北海"和"梧州—玉林—贵港—南宁—百色/崇左"南北、东西两条黄金旅游带；建设和完善桂林市、南宁市两大旅游集散中心；全面推进大桂林山水文化旅游区、南宁壮乡绿城会展商务旅游区、德天跨国大瀑布旅游区、环北部湾滨海跨国旅游区、百色大天坑群旅游区、大瑶山生态民俗文化旅游区、桂东宗教历史文化旅游区、左右江红色旅游区八大旅游区的规划建设。

二是通过实施资源整合、品牌带动、质量提升、结构调整和绿色发展战略，着力打造桂林山水、德天瀑布、北海银滩、百色天坑、民族风情、红色旅游六大旅游品牌；集中建设观光游览类、休闲度假类、历史文化类、民族风情类、宗教名胜类、会展商务类、红色旅游、乡村旅游八大类旅游精品；完善桂林山水精华游、环北部湾滨海休闲度假游、德天跨国瀑布边关游、"刘三姐"风情游、大石围天坑群探秘游、桂东宗教历史文化游、邓小平足迹之旅、壮瑶苗侗仫佬民族风情游、孙中山北伐足迹游、中越边境跨国游十大精品旅游线路。

（二）对策建议

1. 加大利用高新技术改造传统产业的力度，促进两类产业协调互动发展

按"新型工业化道路"的要求，广西应加快国民经济信息化的步伐，加大传统产业的改造力度，努力形成"科技含量高、经济效益好、资源消耗低、环境污染少、人力资源优势得到充分发挥的"产业结构。在传统产业的改造过程中，要注重新生产方法、新生产工艺的应用；重点加强对广西工业产值比重高、社会影响大、技术含量低的食品、冶金、有色金属、汽车、石化等领域的改造。政府要制定引导和支持传统

企业进行技术改造的财政、税收、金融政策，加快完善金融资本市场，积极争取国债资金，鼓励和吸引民间资本、外资等多元化资本参与传统产业的改造，为企业进行技术改造广开资金来源渠道。加快企业改制步伐，尽快使企业形成自觉技改的机制，制定和公布衰退产业目录，强制企业进行技改。加大运用高新技术改造和提升传统产业的力度，提高传统产业的技术含量和附加值，提升产业技术水平。

2. 加强支持引导，推进科技机构建立

突出广西的高校和重点科研院所在科技原始创新中的主体作用，尽快整合好科技资源，建立起一支高水平的科技创新队伍；突出企业的技术创新主体地位，坚持把建立技术创新机制，提高技术创新能力作为建设现代企业制度的重要措施，通过市场和政府的资源配置，推动企业成为技术创新和科技投入的主体；突出科技中介机构在科技创新中的服务主体作用。

建立健全企业办科技机构是关系到企业长远发展的关键。机构的建立将有利于项目、人员和经费投入的稳定增加，有利于增加与外部科技力量的合作交流，有利于外部科技发展的信息获得。对没有建立科技机构的企业在信息、政策等方面多给予支持和引导，增强企业的科技意识，使其尽快建立本企业的科技机构。

3. 努力营造合适的激励人才创新环境

加快企业技术开发与创新人才培养，建立企业技术创新人才的激励机制，是工业企业技术开发与创新所面临的十分迫切的任务。广西应重视人才战略的实施，推进"人才小高地"建设，依靠人才创新创业。在深化改革中建立起开放、流动、协作、竞争的人才机制，最大限度地激发科技人员的首创精神。加大人才培养和引进力度，注重培养和引进高层次的学科带头人、工程技术专家和经营管理人才；注重培养科技企业家、科技推广与服务人才和乡土人才。

4. 完善本区自主创新政策体系

其一，进一步加大资金支持力度。一方面不断加大政府财政投入，以支持企业技术中心建设、新产品及新技术开发、新产品产业化、企业信息化建设、产学研联合以及创新成果转化、关键性技术的开发与应用，实现企业良性发展。其二，建立健全政策法规体系，加强政策措施之间的配套与协调；落实专利保护条例和专利资助办法，加大对专利及知识产权的保护力度；加强科技政策法规的宣传，为企业自主创新创造良好的法律环境。

5. 提高科技投入总量和投入强度

采取有效措施，鼓励、引导全社会多渠道、多层次增加科技投入，使科技投入总量和投入强度达到较高水平。

一是政府加大专项投入力度，充分发挥引导作用。政府要从资金投入上贯彻落实科技是第一生产力的思想，增加科技投入总量，提高科技经费支出占财政支出的比重。在投入方向上，围绕建设高新技术产业化优质基地的目标，政府科技经费投入应重点放在支持应用型研发、中小型高新技术企业、优化高新技术产业发展环境方面，提高科技经费的效益。在投入方式上，坚持贴息贷款、财政补助、资本金注入相结合，充分发挥政府资金的引导作用和杠杆作用，形成较强的辐射能力和带动能力。同时积极创新财政资金的管理方式，实现资金保值、增值，增强扶持能力。

二是引导企业增加科技经费投入，促使企业成为科技投入的主体。制定有力的财政、税收、金融政策，引导和支持高新技术企业增加科技投入，增强企业技术创新能力，提高产品和服务的竞争力，逐步建立起以企业为主体的科技经费投入机制。制定鼓励企业增加科技经费投入的税收政策，制定支持企业技术创新和技术改造的金融政策，鼓励高新技术企业加快设备折旧，提高企业的科技投入和科技经费支出占销售收入的比重。

三是完善市场机制，拓宽融资渠道。学习、借鉴发达国家和发达地区高新技术产业的成功经验，提高金融机构、资本市场、民营资本、风险投资与广西高新技术产业合作的水平，拓宽高新技术产业发展的融资渠道。尽快建立中小型高新技术企业融资担保制度，健全企业信用评级制度，有效控制和降低金融风险，增强金融机构对高新技术产业的金融支持力度。通过靠大联大，加快高新技术企业资产重组步伐，增强企业从资本市场筹集资金的能力。坚持大开放战略，积极组织有吸引力的高新技术产业化项目对外招商，引入民营资本、风险投资等参与广西高新技术产业的发展。

6. 走引进与开发并举的路子，以创新消化引进

企业只有牢固树立"以我为主"的思想，以掌握核心技术、发展壮大知识产权储备为宗旨，正确处理引进技术和自主创新的关系，把原始创新、集成创新和消化吸收再创新等三类创新实现形式有机结合起来，有效整合创新资源，全面提高自主创新能力，才能再造企业竞争优势。

7. 集中力量抓好高新技术开发区的建设，充分发挥其带动和辐射作用，努力实现"二次创业"

充分发挥政府和市场两方面的作用，努力实现高新技术产业开发区"二次创业"，在"二次创业"中要实现五个转变：一是从注重招商引资和优惠政策的外延式发展向主要依靠科技创新的内涵式发展转变；二是从注重硬环境建设向注重优化配置科技资源和提供优质服务的软环境建设转变；三是从以面向国内市场为主向大力开拓国际市场转变；四是从小而分散的产业发展规模向集中优势发展特色产业和主导产业转变；五是从逐步的、积累式改革向建立适应社会主义市场经济要求和高新技术产业发展规律的新体制、新机制转变。对新建的高新技术产业园区要继续加大投入力度，加强相关基础设施建设和配套服务设施建设，鼓励企业进入园区创业发展，尽早发挥园区的孵化功能和辐射带动作用。

8. 积极发展高新技术产业群

加快建立以中小企业和非公有制企业为主体，大型企业为支撑，中央项目为强动力的高新技术企业群，增强全区高新技术产业的发展活力。当前，要着重引入三种力量：

一是创造优质环境，培育和引进中小型高新技术企业。政府要以高标准建设各类中小型高新技术企业孵化器，为中小型高新技术企业提供低成本、零费率运营的硬环境。大力发展中介机构，在申请开办、人员培训、融资理财、政策咨询等方面，为中小型高新技术企业提供及时周到的服务。要努力扩大科技型中小企业创新基金的规模，管好用活这批基金，缓解中小型高新技术企业普遍存在的创业资金不足的状况。进一步增强金融机构为地方经济发展服务的意识，促进金融企业和中小型高新技术企业的合作，尽快解决融资难问题。创新招商引资方式，以海外留学人员、国内行业一流人才为主要目标，加大引进力度。

二是通过制度创新培育本土的大型高新技术企业，快速做大做强高新技术产业。以制度创新促进技术创新，健全企业技术创新激励机制，在国有企业的基础上培育出一批具有国际竞争力的大型高新技术企业。国有企业要加大三个方面的制度创新：一要明晰企业产权。从权、责、利等角度，对国有企业的产权进行特定的安排，使企业在市场竞争中感受到压力，并激发技术创新的动机和热情；二要构筑科学的企业组织制度，提高企业管理水平；三要安排合理的企业利益分配制度，将收益分配和贡献大小紧密联系起来，充分调动企业家、科技人员及全体员工创业和创新的积极性。

三是加大高新技术产业化基地建设力度，优化发展环境，重点引进大型高新技术企业。创新高新开发区建设模式，提高市场化程度，增强高新开发区建设的投入能力和管理营运能力。高新开发区建设要努力实现三个转变：投入主体由财政为主转变为社会资金为主；招商引资主体由政府为主转变为企业为主；高新区的建设由政府行为转变为企业行为。坚持高标准、高起点建设高新开发区的基础设施，加大体制创新和机制创新的力度，突出抓好政务环境和法制环境的建设，尽快形成在中部有优势，在全国有特色的高新技术产业化发展基地，增强广西的吸引力。鼓励支持国内外大型高新技术企业参与广西国有企业的改制和重组，达到盘活国企和发展高新技术产业的双重目的。争取中央支持，为高新技术产业发展注入强动力。

中国西部的科教中心

——陕西自主创新能力和优势产业调查

陕西是我国西部地区公认的科技大省、高教大省和人才大省。陕西科技人才密度大、人才素质较高。每万人中，专业技术人才拥有量居全国第 7 位，每万名职工中，专业技术人员拥有量居全国第 2 位，90% 以上的专业技术人员受过高等教育和中等专业教育，有中国科学院和中国工程院院士 43 人，省级有突出贡献专家 356 人，享受省政府津贴人员 1177 人，科技实力雄厚；陕西是我国航空、航天、兵器、机械、电子、仪器仪表、农业领域重要的科研和生产基地。在空间技术、生物技术、电子信息、机电一体化、新材料和高效节能等高新技术领域具有较强的实力；陕西还是全国高等教育的重要基地，共有普通高等院校 52 所，军事院校 9 个，西安交大、西北工业大学、西北大学等 6 所高校进入国家"211 工程"。然而，陕西却是"经济弱省"。2007 年，陕西省 GDP 为 4806 亿元，人均 GDP 为 14405 元，分别位居全国第 21 位，在西部 12 个省（自治区、直辖市）中也仅排名第四。这与陕西作为西部地区科教第一省的称号极为不符。陕西经济发展相对滞后是众多不协调经济现象的集中表现，本文试图提出一些符合陕西实际的提升自主创新能力与发展优势产业的对策。

一、陕西自主创新能力和优势产业现状

（一）陕西自主创新能力现状

1. 高新区和产业园区的建设奠定了科技创新和产业化发展的基础

1991 年，陕西设立的国家级高新技术开发区——西安高新区，已累计转化重大科技成果 6000 余项，其中 90% 以上拥有自主知识产权。以西安高新区为龙头的关中高新技术产业开发带，已经成为发展高新技术、加速科技成果转化的重要基地。1997 年成立的陕西杨凌示范区，

有农业科教单位 10 家，其中包括 2 所大学，5 个研究院所，3 所中专学校，聚集了农林水等 70 个学科近 5000 名科教人员，被誉为中国"农科城"。截至目前，累计入区注册的企业超过 850 家，其中外商投资企业 22 家。初步形成了农牧良种、环保农资、绿色食品和生物工程（制药）四大特色产业。

2. 科技中介服务机构快速发展，在科技创新中发挥着重要作用

省外来陕的风险投资机构有 40 多家，投资管理公司、评估事务所等机构 40 多家，为科技资源有效流动提供服务的有 94 家，为中小企业发展提供信息和技术平台服务的有 458 家，利用科技知识、科技文献资料、科技管理经验提供服务的有 94 家，为中小企业发展提供信息和技术平台服务的有 458 家，直接参与服务对象技术创新过程的有 79 家，农业科技中介服务机构有 115 家。全省已经成立了 49 家省、地、县和行业的生产力促进中心，初步形成了纵横交错的面向中小企业的生产力促进服务网。另外，西安、杨凌、宝鸡、咸阳、渭南五个高新技术产业开发区建立了创业服务中心，现有孵化面积 17.8 万平方米，在建面积 6.5 万平方米，累计孵化的高新技术项目和企业 6500 个。

3. R&D 科技队伍加强，人员素质进一步提高

2006 年，陕西每千人有 R&D 人员 59.46 人，位居西部第 2 位。2007 年，企业技术中心有科技活动人员 30194 人，比上年增加 1199 人，增长 4.1%。其中，研究与试验发展人员 16340 人，比上年增加 249 人，增长 1.5%。在大中型工业企业科技人员中，高中级技术职称或本科以上学历科技人员为 32002 人，比"十五"期初提高了 22.5 个百分点。在企业科技机构科技人员中，硕士以上学位科技人员为 753 人，比"十五"期初提高了 1.5 个百分点。

4. R&D 经费投入增长迅速，为科技创新提供资金保障

2006 年，陕西 R&D 经费投入达 101.4 亿元，在西部 12 个省（自治区、直辖市）中仅落后于四川省，排名第二（表1）。2007 年，省级以上企业技术中心科技活动经费支出 42.3 亿元，比上年增加 1.6 亿元，增长 4%。其中，R&D 经费支出 26.6 亿元，比上年增加 3.4 亿元，增长 15%。

表 1　2006 年西部 12 省（自治区、直辖市）R&D 投入及排名

省份	R&D 投入额	排名	省份	R&D 投入额	排名
重庆	36.9	3	甘肃	24	4
四川	107.8	1	青海	3.3	11
贵州	14.5	8	宁夏	5	10
云南	20.9	5	新疆	8.5	9
西藏	0.5	12	广西	18.2	6
陕西	101.4	2	内蒙古	16.5	7

资料来源：根据中国科技统计网、中国主要科技指标数据库（http：//www.sts.org.cn/KJNEW/maintitle/MainTitle.htm）相关资料整理所得。

5. 技术引进力度明显增大

2007 年，全省自由进口技术合同总金额 8774.16 万美元，同比增长 103.22%。全年共签订专有技术的许可或转让和技术咨询、技术服务合同 26 份，占合同总份数的 76.5%。其中，专有技术的许可或转让合同成交额为 3780.85 万美元，占陕西技术引进合同总金额的 44.12%；合资生产和合作生产合同成交额为 2843.9 万美元，占合同总金额的 32.41%；专利技术的许可或转让合同成交金额为 1820.26 万美元，占合同总金额的 20.75%。陕西技术引进主要集中在制造业，其次是交通运输、仓储及邮电通信业等领域。其中制造业 2007 年共签订技术进口合同 28 份，合同金额达 4615 万美元，占陕西技术引进合同总金额的 52.6%；交通运输、仓储及邮电通信业共签订技术进口合同 1 份，合同金额达 2835.9 万美元，占合同总金额的 32.32%。

6. 企业自主创新产出水平提高

陕西省大中型工业企业积极推进企业研发工作。2006 年，规模以上工业新产品实现产值 390.76 亿元，占全省规模以上工业总产值的 8.80%。新产品开发立项 419 项，比上年增长 23.60%，实现销售收入 274.25 亿元，增长 134%。全省 64 种主要工业产品产量有 51 种保持增长，占 79.69%。2007 年，陕西认定企业技术中心专利申请数为 711 件，比上年增加 172 件，增长 32%。其中发明专利申请 243 件，增加 34 件，增长 17%。陕西认定企业技术中心所在企业主营业务收入 1232.2 亿元，比上年增加 342.4 亿元，增长 39%，其中新产品销售收入347.3亿元，比上年增加82.1亿元，增长31%。

（二）陕西优势产业现状

1. 装备制造业持续快速发展

陕西省拥有装备制造企业700多家，其中大型装备制造企业30多家，从业人员40余万人。"十五"期间，产品销售收入年均增长18%，实现利润年均增长20%。2007年，陕西装备制造业产值达1380亿元，比上年同期增长30%以上。装备制造业已成为陕西的支柱产业。

（1）装备制造业发展迅速。2004～2006年陕西省装备制造企业销售收入年均增长22%，高于2001～2003年的年均增速9个百分点。

（2）拥有一批大型国有企业集团。陕西装备制造业拥有大型企业34家，占全省大型工业企业的38.4%，其中国有及国有控股企业33家。34家企业实现了全省规模以上装备制造业60.3%的产值和61.8%的销售收入。

（3）产业布局具有规模竞争优势。陕西绝大部分装备制造业都分布在关中"一线两带"上，集中了全省规模以上装备制造业90%的企业，包括西飞、西电、陕汽、陕鼓、法士特等大型骨干企业。

2. 能源工业产业发展势头良好

"十五"期间，陕西省加快煤炭、石油、天然气等优势资源开发，提高资源综合利用水平，能源工业发展成效显著。尤其是陕北地区的能源工业呈现出规模化、集群化发展的良好势头。

（1）陕北能源富集，形成能源工业产业集群的地域优势。陕北是世界罕见的矿产资源富集区，煤炭、石油、天然气等大型矿藏丰富且集中性较好，已经形成了较强的生产能力，陕北发展能源工业产业集群的资源优势和地域优势十分明显。

（2）重大项目建设成效显著，带动陕北地区产业集群发展。神东、陕北、黄陇三大煤炭基地建设进展顺利，榆树湾、黄陵2号井、大佛寺等大型矿井相继开工建设；原油产能建设工程稳步实施，陕京、靖西等输气管线一期和二期工程相继建成投运；神木煤电一体化项目、府谷清水川电厂正在建设；府谷庙沟门煤电一体化等一批重大项目前期工作取得较大进展。重大项目的顺利推进对陕北能源工业集群化发展产生良好的示范作用。

（3）能源工业技术装备水平进一步提高。煤炭工业设计、施工、装备水平明显提高，具备自行建设千万吨级大型矿井的能力。综合机械化采煤和运输设备使用增多，开发技术和安全生产水平迅速提高；石油工业的科研、勘探开发、地面工程建设、装备制造能力明显提高；电力工业的大机组、大电厂、大电网发展模式逐步建立，有效地促进了资源节约和环境保护。

3. 化工业历史悠久，在陕西省国民经济中占有重要地位

陕西有规模以上化工企事业单位约180余家，总资产109.2亿元，固定资产净值70.3亿元，职工总数6万余人。基本形成了门类齐全、基础雄厚、具有相当技术水平的陕西化学工业体系。

（1）具有发展化工产业的丰富物质基础。陕西省具备盐及煤化工、石油化工所需的多项化学工业资源。2005年，岩盐探明储量为8854亿吨，湖盐储量为3292万吨。丰富的自然资源为陕西省化工产业集群的形成提供了充足的原料及广阔的发展空间。

（2）较强的科技力量，为化工产业集群的形成提供了技术保证。陕西省科技开发力量雄厚，具有众多的化工产品研发的科研设计单位和大专院校。西安近代化学研究所、华陆工程公司、西北化工研究院等都是国内一流的科研设计院所。西安交通大学等大专院校都具备极强的化工方面的科研和开发力量，并且每年有大量可供工业化的科研成果。

4. 已形成矿山地质勘查及设计，有色金属的采、选、冶炼、加工业和设备制造业为一体的产业化体系

2007年1~6月，陕西有色金属工业完成工业总产值159.6亿元，同比增长32.8%，比去年同期高出7.5个百分点。其中，采选业完成55.3亿元，同比增长17.2%，冶炼及压延加工业完成104.3亿元，同比增长42.9%。

（1）矿产资源富集是有色冶金工业集群化发展的物质基础。陕西已探明的有色金属矿种储量居全国前十位的有12种。其中铼和汞居全国第二位，钼和金居第三位，锑居第七位，铅和锌分别居第八位和第十位。有色金属资源分布相对集中，多种有用元素共生，综合利用价值较高。特别是铅锌矿山品质较高，锌铅金属之比在3.5~4之间，比我国铅锌矿山平均水平高出60%~70%，矿石易磨易选，精矿品质高，市

场竞争力强。

（2）拥有超大型的金属企业集团。陕西有色集团公司现有 10 个国有全资、控股企业和 9 个权属企事业单位及 3 个托管单位。仅 2007 年 1~6 月份就完成工业总产值 87.1 亿元，同比增长 23.0%，占全省有色行业的比重为 54.6%。现已跻身于中国企业 500 强和全国有色企业前 10 名，标志着有色集团规模化整合初见成效，同时也表明陕西有色金属工业改革与发展进入了一个新的阶段，逐步向产业集群化方向迈进。

（3）特色产品和技术优势凸显。陕西有色工业中，钼、钛金属在国内领域的生产和研究中有着较为明显的技术及品牌优势，在国际上也有着较大的影响力。金堆城钼业集团有限公司、宝钛集团有限公司等企业无论在生产还是技术上都具备相当实力。

（4）项目带动集群化发展的作用明显。"十五"期间，陕西省有色行业建成并实施一大批重点项目。"十五"末，一期 7.5 万吨已建成投产，目前陕西省电解铝生产能力已达 15.5 万吨；八一锌业有限公司电解锌二氧化硫污染治理项目，到 2005 年 6 月二期 6 万吨电解锌生产能力也已建成。这将快速提升企业的市场竞争力，大大提高陕西有色金属工业技术装备水平，扩大有色行业的产业规模，为今后有色产业集群化发展起到良好的铺垫作用。

5. 医药行业已形成较完整的生产体系

2007 年 1~9 月，陕西规模以上医药工业完成工业总产值 111.6 亿元，比上年同期增长 19.8%；化学药品原药产量 3320 吨，比上年同期增长 9.1%；中成药产量 11537 吨，比上年同期增长 24.3%。1~8 月实现利润总额 5.43 亿元，比上年同期增长 7.14%。

（1）中药材资源优势是医药产业集群化发展的物质保证。陕西省药用植物、动物、矿物及其他药物共达 4700 多味，其中植物药 3291 味，占全国药材种类的 30%。陕西省优质地产药材达到 32 种，大宗药材超过了 1000 种，拥有中药资源 3291 味，占全国药用资源总数的 26%。丰富的中药材资源为加快陕西天然药物产业集群化发展提供了良好的物质。

（2）骨干企业和名牌产品标志陕西省医药产业集群初步形成。西安杨森、利君集团、东盛集团等一批骨干企业，为陕西医药产业的快速发展奠定了良好基础。医药生产企业经过 GMP 认证改造，普遍提高了装备技术水平。目前全行业技术装备达到国内先进水平的已占到 85% 以上。吗叮啉、息斯敏、达克宁、利君沙等 14 个产品年销售收入过亿元，已成为全国知名品牌，在全国占有较大的市场份额。

（3）良好的知识创新能力是医药产业集群发展的前提。陕西省综合科技力量在全国地域评价中名列第三，其中从事医药研究与开发的科技人员 5000 多人，拥有 10 个中药研究基地，7 个国家级临床药理基地，承担国家"1035 工程"新药研究项目 32 项，获国家新药研究基金 45 项。第四军医大学、西安交通大学在生物制剂方面的科研力量较强。

6. 悠久的历史文化、丰富的文物遗存让陕西享有旅游资源大省的美誉

近年来，接待国内游客人数、旅游总收入都保持了两位数的增长，入境旅游突破百万大关；中心城市西安向周边地市辐射作用已经显现；一大批旅游新项目不断涌现，市场竞争力不断提高。

在拓展国际旅游市场过程中，陕西省采取政府主导、行业联运、文化搭台、精品助威、多方借势、全面出击的市场营销战略，顺利实现入境旅游多项指标的全面突破。

2007 年，陕西省旅游业呈现良好发展局面。全年接待入境旅游者 123 万人次，同比增长 16%；旅游外汇收入 6.1 亿美元，同比增长 21%；接待国内旅游者 8015 万人次，同比增长 15%；国内旅游收入 458 亿元人民币，同比增长 21%；旅游业总收入达到 504 亿元，占当年全省国内生产总值的 9.4%，同比增长 20%，创历史新高，旅游业在全省国民经济中的特色地位进一步巩固和提升。

2007 年陕西省旅游业在产品开发、宣传促销和旅游市场管理方面都有大的发展创新，特别是在规划体系建设和旅游产品体系建设上取得了突破性的进展。其中，华山御温泉兵器游乐世界一期工程、兵马俑博物馆环境改造工程、汉阳陵地下博物馆等历史文化产品建成开放，法门寺文化景区建设进展顺利，合十舍利塔封顶合拢；大唐不夜城、寒窑遗址公园等曲江文化旅游项目已开工建设。秦始皇陵遗址公园、秦岭国家植物园、神木红碱淖、木王国家森林公园等一大批重点旅游项目正在按计划实施。《长恨歌》、《走进延安》、《延安保卫战》等大型实景演出在增加文化旅游景区的娱乐性和参与性等方面进行了升级改版，丰富了内

涵。2007 年红色旅游接待人数达到 2560 万人次，同比增长 10%，旅游收入达到 155 亿元，同比增长 38.4%。

同时，陕西省还加快创建中国优秀旅游城市、旅游强县、全国工农业旅游示范点，省政府拨专款 300 万元，对各市（区）的乡村旅游示范点进行了重点扶持，推动全省乡村旅游蓬勃发展。汉中市通过国家旅游局验收被命名为中国优秀旅游城市，扶风县被国家旅游局命名为"首批 17 个中国旅游强县"之一。全省 16 个县（区）通过了省旅游强县（区）达标验收组的审核，并被正式命名公布。秦兵马俑博物馆、华清池、黄帝陵景区通过国家旅游局景区质量等级委员会评定，被评为国家 66 家首批 5A 级旅游景区。

二、陕西自主创新与发展优势产业中存在的主要问题

（一）陕西自主创新中存在的问题分析

陕西的自主创新体系建设取得了巨大的进展，人才优势、技术优势得到发挥。作为自主创新主体的大中型工业企业 R&D 投入进一步扩大，自主创新的能力和水平有了一定的增强和提高，但与全国相比差距较大，所面临的一些问题应引起高度关注：

1. 企业自主创新意识不够强，有待进一步提高

2005 年，陕西省 473 家大中型工业企业中，有 46.0% 的企业开展了科技活动，这一比重比"十五"期初下降了 9.6 个百分点；开展 R&D 活动的企业只有 157 家，仅占 33.2%。

2. R&D 投入不足，投入强度下降幅度大

2006 年，陕西省 R&D 经费支出 101.4 亿元，占当年全国 R&D 经费支出的 3.38%，与"十五"期初相比，下降了近 1 个百分点；陕西大中型工业企业 R&D 经费投入量占全社会投入总量的比重为 22.6%，低于全国 29.3 个百分点。与东部地区的 75.2% 相比，差距更大。

"十五"期间，陕西省大中型工业企业 R&D 经费投入强度由"十五"期初的 1.95%，下降到 2005 年的 0.75%。在 R&D 经费投入过亿元的六个行业中，投入强度提高的仅有专用设备制造业和仪器仪表及文化办公用机械制造业两个行业，分别为 2.16% 和 5.35%，比"十五"期初提高了 0.13 个百分点和 1.66 个百分点。其余四个行业下降了 2.07

个百分点；交通运输设备制造业下降了3.13个百分点；电气机械及器材制造业、通用设备下降了0.67个百分点；通讯设备、计算机及其他电子设备制造业为下降了3.10个百分点。

3. 创新体系尚不完善

（1）创新体系相对封闭，整体效应不明显。陕西创新体系内各子体系之间和每个子体系内部联系较弱，没有发挥协同效应。表现在：一是存在严重的条块分割、部门分割，各单位、各部门的职责、任务界定不清、交叉重叠，封闭运行，自成体系，科技要素之间相互作用少，科技资源形成严重的分离，得不到合理的充分利用。二是军民研发及产业体系尚处于分离状态，陕西的军工资源优势相当突出，但与地方相对独立，自成体系，造成某些研发活动重复进行，与当地经济发展与创新体系建设严重脱节。

（2）创新体系网络尚未形成。从陕西区域创新体系的建设来看，创新体系网络远未形成。表现在：一是企业尚未真正成为技术创新的主体。二是科研机构尤其是地方所属科研机构研发能力相对较弱，难以有效地开展各类创新活动。三是陕西省科技中介服务机构总体发育不全，信息不灵，手段落后，与此相关的市场体系发育不充分，有关创新的技术市场、人才市场、资金市场还不健全。

（3）创新的环境和条件尚待改善。创新环境建设既是区域创新体系建设的基础，也是区域创新能力提高的前提。从陕西区域创新体系建设的现实来看，环境条件尚待改善。表现在：一是政府对全社会科技创新与发展的导向能力较弱；二是科技基础条件薄弱，科技基础设施普遍比较落后，难以得到必要的公共科技基础支持；三是有关创新的制度、政策不能适应创新体系建设和发展的要求。

4. 企业科技机构建设滞后

"十五"期间，陕西省大中型工业企业的技术研发机构有了一定发展，特别是研发装备得到较大改善。但是，与大中型工业企业在国民经济中的地位相比仍很不相适应，与企业进步的要求仍有很大差距，在一些主要指标上低于全国平均水平。

（1）拥有科技机构的企业所占比重偏低。至2007年初，陕西省建立了研发机构的大中型工业企业占全部大中型工业企业比重为35%，比"十五"期末降低了 12 个百分点。大中型企业对建立研发机构重视程度下降，致使这些企业自主创新工作的开展受到较大影响。

（2）科技机构科技活动人员和高学历人员偏少。陕西省科技实力排在全国前列，但研发人员主要分布在高等院校、科研机构。企业内技术和高技术研发人员较少，研发人员只占技术人员的 10%。企业科技机构平均拥有科技活动人员 66 人，低于全国平均水平。平均每一科技机构仅拥有博士学历科技人员 0.2 人、硕士学历科技人员 2.7 人，博士和硕士学历科技人员仅占科技活动人员的 4.5%。

（3）科技机构平均科技活动经费较少。2005 年，陕西省企业科技机构平均科技经费内部支出为 473 万元，仅相当于全国平均水平的43.4%。目前陕西省大中型企业 R&D 经费支出占销售收入的平均比例不到 1.0%，低于全国 1.7% 的平均水平。政府从资金上对企业技术创新的扶持力度不够，社会资金对企业技术创新的投入机制没有真正形成。

5. 拥有发明专利数相对减少

陕西现有科研院所 1076 个，拥有上千个大、中、小型实验室，146个国家级和省级重点实验室及工程技术研究中心，66 家普通高校和军事院校，每年产生大量的科技成果。但科技成果转化率低，仅为 5% 左右。从"十五"期末来看，陕西省科研院所、高校科研机构和大中型工业企业拥有发明专利数占全社会发明专利数的比重分别为 9.1%、73.3% 和 11.9%。其中，大中型工业企业排在第二位，与排在第一位的高校科研机构相差 61.4 个百分点，比"十五"期初所占比重减少15.2 个百分点。

（二）陕西在发展优势产业中存在的问题分析

1. 工业整体发展慢

陕西省加大了对支柱产业的技改投入，形成了门类较全的工业体系，但整体水平较低，工业增加值总量偏低，整体产业竞争力较弱，尤其是高新技术产业缺乏竞争力。

工业企业亏损严重、技术装备陈旧、企业负债过重、产品结构不合理、社会负担沉重的问题，加之全省外部环境不够宽松、配套改革滞后、中小企业融资渠道不畅、缺乏必要的社会支撑，极大地制约了全省企业的发展速度和质量，与东部沿海差距较大。如机电行业领域，虽以计算机、汽车、广电设备、数控机床、精加工设备、高精尖控制仪表及集成电路等为主，向高新技术产业发展，但多数产品还远未形成经济规模，国内配套元器件、零部件产业还未形成，抵抗价格冲击能力较为脆弱；纺织行业多年来以量取胜、粗放经营，入世后取消纺织品出口配额，作为劳动密集型产业的比较优势也正在削弱，面临着生存威胁。陕西省工业应在短时间内尽快进行战略调整，提高自身竞争能力。

2. 优势产业发展存在不利因素

陕西省各工业产业中，资源配置集中程度大于全国平均水平的十三个行业中，作为支柱产业的交通运输设备制造业综合经济效益最差，缺乏竞争优势。该产业的资产结构不合理、资本利用水平不高，导致产业的获利能力较低，严重阻碍了产业的发展；化学原料及化学制品制造业和通用设备计算机及其他电子设备制造业的综合经济效益也较差，主要是由于资源配置不合理，集中程度较低，导致产业的优势作用不能得以充分发挥。烟草制品业以及石油和天然气开采业的经济效益总体较好，但在资本的完整性及保全性方面仍存在弱势，一定程度上阻碍了产业更好的发展；化学纤维制造业在资本的完整性、保全性以及资产的利用水平方面都有待提高。纺织业和纺织服装鞋帽制造业虽然仍属于陕西省的支柱产业，但已经不具备任何优势，且相对落后。

3. 优势产业的创新能力不强，严重制约陕西经济快速发展

装备制造业产品以低端为主，制造过程资源、能源消耗大，企业研发经费严重不足（技术研发费用提取平均只占销售收入的 0.67%），自主创新能力差，缺乏竞争力强的新产品和名牌产品。大中型企业科研和创新能力不强，尚未形成具有核心竞争力的自主知识体系；中小企业自主研发能力薄弱，引进技术吸收消化能力差，产品更新换代和技术升级缓慢。

陕西的国有医药企业改革滞后，不少企业历史包袱沉重，尚未建立现代企业制度，管理水平低，运营成本较高，开拓市场能力较差。全省医药企业开发费用占销售收入比重只有 0.1% ~ 0.5%。医药行业产学研链条并不畅通，新产品开发力度不足，产品更新换代迟缓，难以赢得市场竞争的主动权。

食品加工装备制造业产品稳定性、可靠性和安全性不高，能耗高，成套性差；整体研发能力不高，关键技术自主创新率低；不少高技术含量和高附加值产品主要依赖进口，部分重大产业核心技术与装备基本依赖进口。

三、提高陕西自主创新能力和发展优势产业的战略思路与对策

（一）战略思路

根据《陕西省国民经济和社会发展第十一个五年规划纲要》，要按照走新型工业化道路的要求，以扩大产业规模、优化产业结构、增强自主创新能力为重点，继续发展壮大高技术、旅游、国防科技、能源化工、果业、畜牧业六大特色产业。着力培育成长性强、市场潜力大的支柱产业，加快发展现代服务业，积极改造传统产业，加快推进产业结构优化升级。

1. 做强做大支柱产业

充分发挥自然资源、存量资产和科技教育等比较优势，引导生产要素向优势领域集中，做大做强装备制造、高技术、能源化工三大支柱产业，形成一批拥有自主知识产权和知名品牌、竞争力较强的企业集团、骨干企业和产品。加快构建产业集群，全面提高工业整体素质和市场竞争力。到 2010 年，全省工业增加值达到 2580 亿元，占生产总值的比重达到 43%。

（1）装备制造业。抓住国家振兴装备制造业和国际制造业向我国转移的机遇，通过自主创新和技术引进，积极寻求战略合作伙伴，实施资本整合重组，在重点领域开发一批大项目，做大做强一批企业集团和龙头企业。以骨干企业为龙头，围绕主导产品和著名品牌，加强专业化协作配套，加速产业集聚，构建产业集群。在保障国防重大装备研制工程的基础上，积极推动军工技术向民用转移。到 2010 年，装备制造业增加值达到 700 亿元以上，形成陕汽、西电、西飞等一批销售收入超百亿元的大型企业集团，建成我国西部地区重要的装备制造业基地。

飞机制造业。重点抓好大中型运输机、支线飞机和通用飞机的研发生产，在飞机零部件及关键子系统研制、转包生产及维修改装等方面取得突破。

动力设备制造业。发挥陕西航天、航空和舰船用动力设备聚集的优势，重点抓好航天大运载发动机、航空发动机、舰船用大功率柴油机及发电机组的开发生产。

汽车制造业。重点发展重型汽车、经济型轿车、专用汽车、大型客车及重型汽车变速器、发动机、车桥、底盘等零部件。

输变电设备制造业。重点开发生产 1100 千瓦、±800 千瓦超高压交直流输变电设备，巩固 110～500 千瓦级产品市场，发展小型化、智能化产品，建成我国最大的高压交直流输变电成套设备研发生产基地。

工程机械制造业。重点发展沥青混凝土摊铺机、大马力和高原用推土机、大吨位液压挖掘机、沥青混合料搅拌设备、电动叉车和大功率交流变频采煤机等产品。

数控机床制造业。重点发展数控加工中心、数控精密机床、数控刀具和功能部件，积极开发柔性制造单元和柔性制造系统。

电子信息及通信设备制造业。重点开发新型电子元器件、国防电子系统装备、移动通信与网络设备和汽车电子产品。

专用设备制造业。重点发展海洋和沙漠石油钻采设备、大型轴流压缩机、冶金轧制设备、新型纺织机械、特种及无油电脑工业缝纫机和空调压缩机等产品。

（2）高技术产业。依托国家和省级重点实验室、工程研究中心、企业技术中心，加强产学研联合，加快科技成果向现实生产力转化。积极引进和培育一批拥有领先技术和自主知识产权的高技术企业，实施一批产业关联度大、成长性强的重大产业化项目，尽快形成产业规模。

信息产业。重点在第三代移动通信网络核心设备、智能基站天线和无线局域网络安全标准产品、集成电路、新型电子元器件、新型显示器件、数字电器产业化上取得重大突破。

软件产业。重点在行业应用软件、嵌入式软件、信息安全软件和软件外包与信息服务领域提高市场竞争力和占有率。

生物医药产业。重点在基因工程药物与疫苗、控释和靶向制剂、组织工程产品等领域形成产业规模。运用生物工程技术和现代中成药技术改良现有药物品质和传统中草药，开发研制一批具有自主知识产权的高效新药，形成从种植、饮片到新药研制的天然药物产业链。

新材料产业。加快铌钛超导材料、双金属复合材料、陶瓷基复合材料、钛基复合材料、碳碳复合材料、微电子材料、新型显示材料、磁性材料、纳米材料、生物功能材料等产业化进程。

进一步发展卫星遥感、卫星导航、卫星通讯、卫星地面站等卫星应用产业。加快发展光机电一体化、工业自动化、快速成型制造等装备。积极发展先进环保产品制造产业。依托杨凌农业示范区，发展生物农药等产业。

进一步加快西安高新区、西安经济技术开发区、杨凌示范区、西安阎良国家航空高技术产业基地、宝鸡高新区等园区基础设施建设，不断完善和优化配套设施，强化服务功能，使其成为集聚高技术产业的良好平台。围绕重点、优势领域建设一批高技术产业项目，培育更多新的增长点，形成高技术产业集群，努力把开发区和基地建成产业和技术高地。

（3）能源化工产业。以陕北能源化工基地、渭北能源接续区为重点，加快煤炭、石油、天然气、岩盐等资源开发，推动煤电一体化、煤化一体化、油炼化一体化发展，努力构建能源化工大省。到2010年，能源化工产业增加值达到1200亿元，占全省工业增加值的比重达到48%。

依托神东、陕北和黄陇三个国家大型煤炭基地，建设一批大型现代化矿井，进一步加快彬长、麟北、旬耀矿区的资源开发；加大资源勘探开发力度，努力扩大石油天然气生产能力；加快陕北、关中两大火电集群建设，大力推进汉江水电梯级开发，积极开展黄河北干流开发前期工作。重点抓好榆树湾、黄陵二号井、大佛寺等大型矿井和府谷庙沟门、清水川、彬长煤电一体化、铜川电厂、韩二电二期、蒲电三期、宝二电二期和喜河、蜀河、旬阳等梯级电站等项目建设。按照电网建设适度超前的要求，全面加快330千瓦、110千瓦变电站和电网建设，适时建设750千瓦、1000千瓦输变电工程，使全省电网能力显著提高。到2010年，全省煤炭生产能力达到2.6亿吨，原油生产能力达到2000万吨，天然气生产能力达到140亿立方米，电力装机容量达到2400万千瓦。

采用世界先进技术和工艺，发挥资源组合优势，建设大型煤、油、盐化工基地。加快榆神、榆横和彬长煤化工区建设，重点抓好神华煤液化、兖矿煤液化、榆神和榆横大型煤化工工程、榆米绥盐化工等项目建设。规划建设 80 万吨石油乙烯项目，实现石油化工产业发展新突破。到 2010 年，全省炼油生产能力达到 2000 万吨，煤制油生产能力达到 400 万吨，煤制甲醇生产能力达到 600 万吨，甲醇制烯烃 100 万吨，聚氯乙烯等盐化工产品达到 200 万吨。

积极发展可再生能源和新能源，加强煤层气和油页岩的勘探和开发利用，加快太阳能、风能、地热、小水电开发，优化能源结构，推动多元发展。

2. 改造提升传统产业

以提高质量和效率、更新产品、降低消耗、减少污染、保证安全为方向，以行业骨干企业和优势产品为重点，依托高技术和先进适用技术改造传统产业，促进传统产业结构优化升级和技术进步。

食品工业重点发展粮油加工、果蔬加工、乳制品、烟酒、饮料、肉制品和特色资源加工等，提高产品档次，扩大生产规模，促进食品向方便、安全、卫生、营养和保健方向发展，进一步提升产业地位。纺织工业以发展高新功能性纺织服装业为方向，大力发展服装业，加强区域合作，完善产业链，促进产业升级。有色金属工业围绕钼、钛、钒、铅锌、铝、贵金属六大优势产品，加快技术研发和生产基地建设，延长产业链，搞好精深加工，提高附加值。冶金工业抓好矿产资源开发，进一步提高产业集中度，加强与大公司合作，优化组织结构和产品结构，扩大生产规模，提高产品质量，进一步提升钢铁工业的竞争力。建材工业着重发展大型新型干法水泥及水泥制品、中高档卫生建筑陶瓷、浮法玻璃及制品、新特功能性玻璃纤维、石膏制品，积极发展新型建筑材料。轻工业以造纸、日化、塑料、家用电器、工艺美术、皮革、包装装潢和家具等为重点，强化产品开发，扩大产业规模。

3. 支持军工发展民品

国防科技工业要坚持军民结合的方针，积极发展一批技术先进、竞争力强的民用产品，促进国防科技工业与地方经济有机融合。航天要以国家载人航天工程和绕月探测工程为依托，加快发展陕西航天科技产业园区，开发一批具有市场竞争力的民品产业；民用航空要以西安阎良国家航空高技术产业基地为龙头，以大型飞机和支线飞机为重点，整合资源，加快新型飞机的研制生产，继续抓好飞机零部件的转包生产；核工业要抓住国家大力发展核电的机遇，加强核资源勘查力度，建立铀矿资源勘查基地，扩大核燃料生产规模，建成我国核电燃料的重要供应地；同时抓好核检测仪器和核工业非标设备制造，形成竞争优势；电子信息领域要以多种形式整合优势，做大做强—批具有自主知识产权的民用产品；船舶工业要发挥科技和设备优势，不断提高舰船用柴油机研制生产水平。扩大光电、特种化工、民爆器材、清洁能源等产业规模。

4. 促进产业集群发展

在优势产业领域加快培育功能互补、协作有序的产业集群，促进产业向最佳功能区集聚，促进生产要素有机结合，解决陕西产业布局分散、规模小、关联度弱、协作配套差、整体效益低等问题。以各类开发区、产业园区、资源聚集区、骨干企业和名牌产品为依托，积极发展飞机产业集群、汽车产业集群、输变电产业集群、工程机械产业集群、机床产业集群、能源化工产业集群、新一代移动通信产业集群、集成电路产业集群、软件产业集群、医药产业集群、果品产业集群等。制定支持产业集群发展的政策，抓好产业集群服务平台与支撑体系建设，加强开发区和产业园区整合，形成适应产业发展、分工明确、协作配套的产业集聚区。

（二）对策建议

针对陕西自主创新中存在的不足，应该以提高科技持续创新能力为核心，优化科技创新环境，突出抓好以关中高新技术产业开发带和关中星火产业带为主的科技创新基地建设，健全风险投资机制，构建陕西省自主创新体系。

1. 增强企业的自主创新意识

大中型工业企业，特别是国有大中型工业企业必须充分认识自主创新的重要性，增强对市场需求的敏感性，以市场为导向不断改进老产品，研发新产品。改变国有大中型工业企业负责人往往把精力主要集中在争取优惠政策或构造各种关系上，而不是集中在需要"修炼内功"的创新活动上的状况。汲取曾经发生在陕西省国有大中型工业企业中的，因安于现状，缺乏创新意识而酿成"黄河断流"、"海燕折翅"的惨痛教训。

大中型工业企业在自主创新中要因地制宜、因时制宜处理原始创新、集成创新和引进消化吸收再创新的关系。在大力倡导原始创新的同时，强化集成创新意识，增强集成创新能力，坚持开放式创新，把引进国外先进技术与消化吸收结合起来，在再创新上下工夫，逐步掌握拥有自主知识产权的核心技术。

2. 从体制上促进科技与陕西经济发展的紧密结合

从战略目标、政策、规划、计划等方面加强科技与经济的有机结合，提高科技工作面向陕西经济建设的动力与活力，促使陕西省的经济体制改革与科技体制改革同步展开、配套进行。增强科技成果的供给和需求以及科技成果供给与需求之间的衔接，加快科技经济一体化和科技成果产业化的进程，进而在陕西形成科技与经济相互促进、共同发展的良性循环。

3. 健全知识产权保护体系，提高知识产权保护能力，优化创新环境

知识产权既是自主创新的出发点，又是自主创新的落脚点，也是自主创新的基础。健全知识产权保护体系，提高知识产权保护能力是增强自主创新能力和科技竞争力的前提，是推动科技进步，促进经济发展的重要手段。在市场经济条件下，没有知识产权的有效保护，就不可能形成激励自主创新的环境。因此，社会各界要增强对知识产权保护工作重要性的认识，加大省委、省政府关于加强知识产权保护意见的贯彻落实力度，通过建立和完善知识产权地方性法规，增强执法能力，加大执法力度，提高知识产权服务能力、创新知识产权管理体系等措施，为陕西省自主创新工作营造一个良好的环境。

4. 加大政府对自主创新的支持力度，增加对科技进步与创新的资金投入

对各种自主创新活动的支持力度应随着经济的发展不断加强。

一是充分利用市场机制和政府宏观调控的作用，建立健全包括财政拨款、企事业单位自筹、银行贷款、民间集资、国际资助以及风险投资、税收减免等在内的多渠道、多层次的科技投融资体系，并将科技投入纳入法制化轨道，在陕西区域创新体系中形成有效投入机制。

二是设立企业自主创新专项资金，集中有限财力加大对重点行业、

重点企业和重点项目的研发经费扶持力度，避免采用撒胡椒面式的研发经费投入方式。

三是继续建立和完善财税政策的激励约束机制，拓展政府采购政策的扶持功能，引导和激励企业加大研发投入总量，逐步建立以政府为引导、企业为主体、银行为支撑、风险投资机构为重要补充的科技投入机制，以加大企业自主创新的内在动力。

四是设立专项奖励基金，重奖带领研发团队攻克技术难关，取得自主知识产权的企业科技创新带头人，奖励的额度可与项目的产业化规模相挂钩。对国有大中型工业企业取得重大技术创新成果的研发团队和个人，也可从相关创新成果的税后净利润中，按规定比例给予奖励，或采取作价入股的方式予以奖励。以此推动陕西省大中型工业企业科技人才队伍的建设和科技产出水平的提高。

5. 从实际出发建立和完善自主创新体系

实现创新目标与陕西的两个根本性转变相结合，技术创新与制度创新相结合，创新政策与工业政策相结合，促进陕西工业发展水平的提高，加快陕西走新型工业化道路的步伐；政府干预和市场力量相结合，以弥补市场技术创新动力的不足，为陕西创新体系的建立创造良好的体制环境；长期利益与短期利益相结合，产业创新与基础研究配套实施，保持和提高陕西的持续创新能力。突出陕西区域特色和优势，特别是优势产业，以提升自主创新能力为核心，大幅度提高创新效率、降低创新成本，促使创新所需的各种资源得到有效的整合和利用，各种知识和信息得到合理的配置和使用，各种服务得到及时全面的供应。

具体应从以下几方面建立自主创新体系：

（1）建设和完善科学研究体系。积极支持高等学校和科研机构，瞄准具有基础性、前瞻性和战略性的重点应用研究和高技术研究，抢占科技"制高点"，建设一批国内一流、国际先进的重点实验室和知识与技术创新基地，形成以高等院校和科研机构为主体的科学研究体系，为科技创新和高新技术产业发展提供重大技术成果和高技术人才储备与支持。

（2）建设和完善技术开发体系。围绕产业和产品结构调整，以增强产业技术竞争力和企业技术创新能力为目标，建立以企业为主体，产学研相结合，以工程技术研究中心、企业技术开发中心为主要形式，包括企业中试验基地和企业内孵化器等形式的技术开发体系。

以关中高新技术产业带尤其是开发带中的国家高新技术产业开发区为重点，完善科技创业服务中心、生产力促进中心、企业孵化器等的服务功能，推动其运行和管理机制的改革创新。支持园区有优势和特色的高新技术产业所需的关键技术引进创新和自主开发，推进高新技术产业开发区的"二次创业"，提高科技创新能力和高新技术的辐射能力。

（3）建设和完善科技创新创业服务体系。按照"组织网络化，功能社会化，服务产业化"的发展方向，鼓励、引导和扶持各类科技中介服务机构发展，形成以中介组织为主体的科技中介服务体系。

以加强科技中介服务能力建设为重点，完善科技中介服务业发展政策法规，探索建立科技中介服务自律性、规范性管理体制；加快技术产权交易、科技评估、科技咨询等一批专业服务水平高、机制灵活、行为规范的科技中介机构的改革和发展。结合科技体制改革，将一部分科研机构整体转变为科技中介机构，将从属政府部门的中介机构，改制为具有独立法人资格的科技中介服务机构；鼓励高校、科研院所的科技人员创办各种科技创业服务中心；加快市县科技信息网络建设，实现科技信息资源共享，为科技中介服务打下坚实的基础。

（4）建设和完善科技投融资体系。坚持政府引导与市场推动相结合的原则，加强科技与金融的结合，培育有利于高新技术产业发展的资本市场，加快建立规范、有效的风险投资机制、信用担保机制和信用评估机制，形成以风险投资为主体的科技投融资体系。

技术创新，尤其是原始技术创新具有高风险、高收益的特点。大中型工业企业技术创新所需经费的筹集，除了依靠企业自身、政府和金融机构的资金外，还要依靠风险投资。在建立和完善风险投资体系中，要进一步加强政策引导，积极吸引国外风险投资资本；同时也要充分利用国内资金来源，特别是吸引民间资本，成立更多的由多元投资主体构成的风险投资公司和投资基金，建立规范的风险投资中介机构。充分发挥产权交易所在技术成果和产权交易中的枢纽作用。积极支持高新技术企业进入国内外证券市场，特别是创业板市场融资。设立"陕西省科技创业种子基金"，逐步建立以创业投资基金、科技型中小企业的创新基金、创业孵化资金为重要内容的创业资本市场。加强各类孵化机构与金融、投资机构的联合，促进知识、产业和金融资本等要素资源有机结合。

（5）建设和完善人才培训与人力资源开发体系。大力实施人才强省战略，最大限度地发挥市场机制对人才资源配置的基础性作用，解放思想、更新观念，抓住培养、吸引、使用和留住人才等环节，创新工作机制，改善人才环境，提高陕西人才队伍素质，努力创造人才辈出、人尽其才的良好局面。

陕西要建立多层次的人才培训基地，为科技企业重点培养一批创新型、外向型、复合型的高素质企业家和经营管理人才。树立科技以人为本、人才是第一资源的观念，增强争夺和留住高层次人才的紧迫感，特别是要创造符合全球化竞争、与国际接轨的政策环境，体现科技人才和经营管理人才的创新价值。从计划安排、基地建设、科技管理等各个环节、各个方面积极探索从"重物、重成果"向"重激励人才创新积极性、重视人才素质和水平提高"转变的管理机制，把工作重心切实转到以人为本的轨道上来，进一步抓紧做好激励、培养、引进和用好人才的各项工作。加强创新文化建设。在全社会形成尊重知识、尊重人才的良好风尚，努力营造更加有利于各类人才施展聪明才智的良好环境。

（6）建设和完善以政府为主导的宏观调控体系。包括政府宏观管理、科技投入、科技计划管理、评价监督、奖励等。政府要围绕重大战略目标，组织和集成社会创新资源，统筹规划；组织实施国家重大科研任务，推进科研基础设施建设；营造政策环境，创造并引导市场需求；制定标准，行使评估和监督等职能，使有关部门、地方在研究开发活动中协调一致，提高效率，集中力量办大事。

要重点抓好以下两个方面的建设：一是要完善区域创新体制支持体系。继续深化科技体制改革，尽快形成与建设区域创新体系相适应的体制与机制；加强科技中介机构能力建设，完善科技创新服务体系，为各类创新主体和广大中小企业搭建坚实的技术信息和服务平台；大力扶持民营科技企业的发展，充分发挥民营科技企业在技术创新和产业化中的主力军作用，使民营科技企业与其他类型的企业一道，成为技术创新的主体，成为共性技术、关键技术的提供者和使用者；进一步促进高新区建设和管理体制改革，引导高新区进一步提高创新能力，充分发挥其在高新技术创新及产业化的龙头作用，增强辐射地方经济和社会发展的能力，成为区域创新体系建设的骨干力量；充分重视和发挥大学的重要作用，在促进创新知识的生产、转移和创新人才培养等方面为区域创新体系建设提供有效的支撑。二是要完善区域创新政策支持体系，包括投入调控政策、运作调控政策、产出调控政策和转化调控政策。投入调控区域创新政策是国家及地方政府对创新所需的资源进行配置，使创新必需的科学技术经费和研究与开发投入有保证。运作调控的区域创新政策主要是创造能促使创新围绕其特定的目标组织运转起来的机制。产出调控的区域创新政策是对创新的成果进行评价，从创新成果的数量和质量判断区域创新能力，从创新的投入产出比判断创新活动的效率，从而对创新活动进行调控。转化调控的区域创新政策是对创新成果如何转化到生产中进行引导、规范、调节，是将创新活动与经济社会发展整合的关键。只有将创新成果迅速应用于生产才能有效地促进陕西经济增长和社会发展。

西南边陲的烟草王国

——云南自主创新能力和优势产业调查

云南，意为"云岭之南"，简称"滇"，地处我国西南边陲。俗有"动物王国"、"植物王国"、"有色金属王国"、"香料之乡"和"药物宝库"之美誉。2007 年，实现生产总值 4721.8 亿元，全国排名第 23 位；人均 GDP 10460 元，全国排名第 29 位。落后的发展水平要求云南必须将资源优势转变为产业竞争优势，进而转变为经济优势，实现云南经济跨越式发展。

一、发展中的烟草王国

（一）主要经济指标稳步增长

"十五"期间，云南 GDP 年均增长 9.1%，比"九五"期间高 0.4 个百分点。2002 ~ 2007 年，人均 GDP 从 5366 元增加到 10460 亿元，年均增长 11%。第一产业增加值从 463 亿元增加到 868 亿元，其中，粮食总产量达 1546.7 万吨。第二产业增加值从 935 亿元增加到 2050 亿元。其中，工业增加值从 788 亿元增加到 1700 亿元。第三产业增加值从 915 亿元增加到 2799 亿元。其中，旅游总收入从 290 亿元增加到 580 亿元。非公有制经济增加值占全省生产总值的比重从 26.9% 提高到 37.3%。云南经济的增长速度、效益和规模指标都登上了新的台阶，综合经济实力显著增强。

（二）产业结构优化升级

云南在继续发挥好第二产业对经济发展重要带动作用的同时，努力调优第一产业、调快第三产业。2007 年，第一产业的增加值 868.1 亿元，第二产业增加值 2040.4 亿元，第三产业增加值 1813.2 亿元，三次产业增加值占 GDP 的比重分别为 18.4%、43.2%、38.4%。相比 2004 年，第一产业增加值比重下降了 2 个百分点，第二产业增加值比重下降了 1.2 个百分点，第三产业增加值的比重上升了 3.2 个百分点。

（三）基础设施逐步改善

2002～2006 年，云南加强基础设施建设，累计投资 9126 亿元，年均增长 27.6%。建设高等级公路 7000 多公里，其中高速公路 2508 公里。昆明集装箱节点站投入使用。新增民用机场 2 个。电力装机容量达 2274 万千瓦，增长 1.5 倍，主干电网覆盖全省。2007 年，基础设施建设进一步改善，全省公路总里程接近 20 万公里，新增高速公路 1000 公里，大理、玉蒙、沾六、昆广铁路建设进展顺利。长江第一港水富港开始扩建。

（四）烟草品牌享誉全国

云南种植烟草已有 400 多年的历史，是中国最重要、规模最大的"两烟"（卷烟和烤烟）生产基地。云南烤烟以其品质优良、色泽桔黄、味香醇和，成为国内众多厂家生产高级卷烟的抢手原料；而以优质烤烟为原料生产的云南卷烟则以色、香、味俱佳，内部化学成分合理、协调，质量在全国名列前茅而畅销海内外。云南烟草行业在全国始终保持了"六项第一"，即名牌烟数量、产量、质量、销量全国第一；"两烟"产量、质量、销量全国第一；市场覆盖率全国第一；"两烟"出口创汇全国第一；"两烟"所实现税利位居全国同行业税利第一；卷烟工业技术装备全国第一。

2007 年，全国烟草行业共有 16 个卷烟品牌荣获"中国名牌"产品称号，云南有 5 个。其中云南红塔集团有 3 个，红云集团和红河集团各有 1 个。红塔集团的红塔山行业排名第 1 位，品牌价值 439.20 亿元。红云集团的云烟排名第 2 位，品牌价值 210.18 亿元。

二、走自主创新之路，促进经济转型

云南省经济属于资源依赖性经济，产业竞争力不强，产业分工地位较低，整体上处于产业价值链的中低端。云南应加强自主创新体系建设，促进经济发展向创新驱动型转变。

（一）云南自主创新能力现状

1. 科技投入和产出提高

"十五"期间，云南省科技计划共安排项目 2007 项，投入科技经费

9.6亿元。2006年，科研经费支出49.63亿元，比2005年增长11%。2007年，获得国家资助的科研项目及经费超过了"十五"期间的总和，并首次超过当年省科技厅的财政科技投入；"十五"期间，全省取得科技成果2408项，其中，国家科学技术奖8项，省科学技术奖877项。"澄江动物群与寒武纪大爆发"研究成果被国际上誉为"20世纪最惊人的科学发现之一"。西南"三江"铜银金多金属成矿系统与勘查评价成果获国家科技进步一等奖。2006年，专利申请授权量3085项，发明专利受理量1005项（位于西部12个省、自治区、直辖市中的第4位）。2007年，专利申请量3108件，专利授权量2139件，分别比上年增长0.8%和30.7%。2003～2008年，云南科技成果总量近3100项，位居西部12个省、自治区、直辖市之首；专利申请量与授权量平均增长11.8%、13.4%；承担的"973计划"项目达5项，位居西部地区前列。

2. 应用和转化科技成果能力增强

"十五"期间，云南科技促进经济增长方式转变在全国31个省（自治区、直辖市）的排序由第24位提高到第20位。全省科技进步对国民经济增长、农业增长、工业增长的贡献率分别由38.9%、35.9%、40.85%提高到48%、46.7%、51%。在对1581个科技计划统计项目调查中，专利成果实施率达到63%，中小企业创新项目专利实施达80%。2003～2007年，全省应用技术成果的平均应用率达到89%，重大科技成果应用达2087项，共实现利税309亿元，出口创汇9亿美元；专利授权量6339件，比"九五"期间增长了184%，授权量居西部第5位。2006～2008年，全省企业获得国内专利授权数639项，已应用562项；获得科技进步奖励434项，其中国家级36项；新产品销售收入129.9亿元，年增幅近30%。科技型中小企业的工业产值、技工贸总收入保持年均40%的强劲增长势头。

2008年，云南省成立了科技成果转化服务中心，形成科技成果面向企业和市场的良好局面，提高科技成果应用和转化能力。

3. 形成一批创新型企业引领产业发展

以政府为主导，企业为主体的自主创新体系逐步形成。形成了一批能够引领云南优势产业向高精尖方向发展的创新型企业。如昆明船舶设备集团自主研发的一套成套设备，国内市场占有率达 60%以上，产品覆盖了 90%的生产厂；南天电子信息产业股份有限公司，开发专业存折打印机、银行自助服务终端等具有自主知识产权的产品，成为全球第二大存折打印机厂商；云南铜业集团全面提升铜冶炼技术水平，跻身世界先进行列；2006 年，昆明云内动力股份有限公司先后完成了 14 个新产品的开发工作，获专利 18 项，自主设计开发了新一代节能、环保型柴油机；贵研铂业公司自行开发研究并取得一系列技术成果，拥有发明专利 25 项；云南白药集团，截至 2005 年，已拥有自有产品和技术专利 61 项，国内外商标专利 85 项，仅云南白药系列知识产权保护专利就有 26 项；云南红塔集团专利申请 25 项，发明专利 20 项；云南锡业集团已发展成了全国最大的锡业科技研发基地，在锡矿采、选、冶，锡化工、锡材深加工，砷化工等方面拥有全国领先技术。2008 年，新增了 5 家国家创新型试点企业。

4. 实施一批具有重大影响力的科技成果产业化项目

云南省烟草科学研究院农业研究所实施的烟草种子产业化项目，已先后有 V2、"云烟 85"、"云烟 87"和"云烟 317"等新品种在生产中应用，实现了烤烟国内新品种"云烟 85"全国种植面积最广，"云烟 87"示范面积最大的突破。2007 年，"云烟 85"品种全国种植面积占到了全国烤烟种植面积的 55%。昆明云大科技产业有限责任公司的"云大-120"植物生长调节剂，已在全国 28 个省、市、自治区的 80 余种农作物上进行了广泛的试验示范，推广面积达 7000 万亩，对发展"两高一优"农业具有极其重要的作用；"灯盏细辛注射液"在全国灯盏花系列药品市场中占有 50%以上的份额；"远程可视医疗及 PACS 系统"覆盖全省各州市，在国内市场占有率达到 40%以上，并进入南非、印度等国；"硫化锌精矿加压浸出技术"产业化进展顺利，广西、湖南、青海等省区和国外多家锌冶炼企业到云南洽谈技术转让问题。

5. 原始创新、集成创新和引进消化吸收再创新均有所突破

云南的原始创新取得突破。云南农业大学成功培育了两个大小不同、基因型各异的版纳微型猪近交系，是世界上第一个大型哺乳实验动物近交系；云南农科院培育的具有自主知识产权的高产优质软米两

系杂交稻"云光系列"品种种子批量出口越南、缅甸等东南亚市场；云南工业用大麻公司成功培育了我国第一个被农业部定为一类品种资源的工业用、速生、植株高大、纤维、籽兼用型工业用大麻品种"云麻1号"。集成创新和引进消化吸收再创新也取得了重大进展。云南烟草科技人员对引进的美国"大金元"、"K326"、"G-28"等外来烟草品种，选育、改良、杂交，最终成功培育出全国大面积种植的"云烟85"、"云烟87"和"云烟317"优良烟草品种，并于2004年自育品种的种植面积首次超过了引进品种；云南锡业引进澳斯麦特公司顶吹浸没熔池熔炼技术，并进行消化吸收和再创新，开发出具有自主知识产权的新工艺、新技术，使我国锡冶炼技术跨入强化熔炼的行列；云南铜业在引进世界先进水平的澳大利亚艾萨炉炼铜技术工艺后，次年实施了消化吸收再创新与配套技术自主创新结合的集成创新战略，与中国有色工程设计研究总院开展科研攻关，在原料设备、烟气净化、熔渣贫化、冰铜吹炼、火法精炼等方面进行了10项技术创新，成功发展和完善了艾萨熔炼技术，实现了整个流程的集成创新。

（二）自主创新取得的重大成效

1. 为经济社会发展提供科技支撑

工业方面："十五"期间，围绕全省10个重点产业技术升级和核心竞争力提升，解决技术难题200项，研究开发新产品50项、新工艺70项，提升重点产业的竞争力。农业方面：大力实施农业良种科技、农业高技术及其产业化和农业科技成果示范。"十五"期间，省级科技计划列项支持育成农作物新品种93个，累计示范应用面积8528万亩，增加产值47.6亿元。社会事业方面：以社会发展对科技需求为切入点，加强重点领域的科技攻关，在重大疾病防治，高原湖泊治理等社会发展中重点、热点问题的科技研究取得重大突破。

2. 成就了技术领先地位

突破了制约产业发展的一系列技术难题，成就了一些技术的领先地位。如云南烟草种植、加工技术和装备水平处于全国领先地位；铜、铅、锌、锡、铝及稀贵金属等有色金属及稀贵金属的采选冶加工技术、装备水平进入全国先进行列；精密机械制造、烟草成套设备、物流自动化设备、特色变压器、金融电子装备、大型铁路养护机械、太阳能电池等具有云南特色的先进制造业，技术水平居国内领先地位。以云天化和云维集团为代表的磷化工和煤化工深加工技术也位居国内前列。

3. 促进高新技术产业发展

2007年，云南省有国家重点高新技术企业22家，省级高新技术企业314家，销售收入过亿元的高新企业57户。2006年，以云铜、南天信息、贵研铂业、云内动力、北方红外、昆明船舶和昆机集团等为代表的148家高新技术企业的总收入、工业总产值、工业增加值、上缴税费、净利润、出口创汇与2003年相比，分别增长了187.8%、227.5%、125.9%、123.6%、211.2%、207.1%。昆明高新区、昆明经开区、玉溪高新区、大理高新区技工贸总收入、税收、出口创汇年均增长45.8%、35.4%、54.8%。80%以上的核心专利实现了产业化，辐射带动了全省高新技术产业的发展。

（三）走自主创新之路的宝贵经验

1. 高度重视提高自主创新能力

2005年9月，云南省在全国率先颁布实施了《关于大力加强自主创新，促进云南经济社会发展的决定》，把自主创新放在支撑云南经济发展，引领未来的战略高度。2006年，云南省再次强调把科技创新作为支撑云南快速发展的战略选择，进一步营造有利于自主创新的体制和机制环境。2008年，云南实施了"加快建设创新型云南，引领全省经济社会又好又快发展"的战略。目前，云南促进自主创新的法律环境、政策环境和制度环境逐步得到完善。

2. 实施"抓住重点，凸显亮点"的创新战略

云南遴选了一批对全省经济社会发展有重大影响的重点企业和重大项目，集中力量，开展自主创新。具体实施了"两个一批"、"五大创新行动"和"十个重大专项"，解决了云南省农业、工业和社会发展领域的一些关键技术问题，以有限的资源先重点后全面地推进全省自主创新能力提高。

3. 积极开展与省外高校科研机构的合作

云南整合省外科研力量，汲取省外人才优势和技术优势，共同开展科技创新工作，提高本省的自主创新能力。自1998年与省外高水平大

学和科研机构开展科技合作以来，到 2006 年，云南共安排科技合作项目（工作）482 项，总投入 29.46 亿元，其中省级财政安排专项经费资助 4.49 亿元。来自全国 41 所高校、中国科学院 21 个科研院所、国家和省委地方的 18 个科研院所与省内有关企业、高等学校、科研机构的上万名科技人员一起，承担参与了省院校科技合作项目（工作），解决技术难题 1032 个，新增产值 46.5 亿元，新增利税近 9.5 亿元。

4. 深化科技投入体制改革，促进自主创新

云南省从"增量、体系、方式、管理"四方面深入改革科技投入体制，充分发挥了政府科技投入对全社会科技投入的引导激活效应。增量创新，是把科技投入从融资渠道少、主体单一向多渠道、多元化拓展。体系创新，是调整科技计划体系设置，优化科技经费投入结构，提高科技投入向优势特色领域和经济社会发展重点、难点领域的聚集程度。方式创新，是积极探索多种经费配置方式，完善投融资体系建设。管理创新，是改革科技项目的管理机制，加强监督，提高科技经费的使用效率。

（四）自主创新面临的困难和问题

1. 科技投入总量不足

2006 年，云南科技投入 44.51 亿元，占 GDP 的比重为 1.22%，为全国平均水平的 50%；全省 R&D 支出占 GDP 的比重为 0.52，为全国平均水平的 36%。科技投入在西部地区也处于较落后的水平，仅高于西藏、新疆、内蒙古、广西。2007 年，云南 R&D 支出占 GDP 的比重为 0.47，比上年下降了 0.06 个百分点，为全国平均水平的 31%。

2. 人才层次较低，科研人才不足

一方面，云南的人才结构不合理，人才层次较低。2004 年，科技人才中有研究生及以上学历的只有 8%，具有高级职称的只有 22%。2006 年，全省平均受教育年限排名第 30 位。全省公众具备科学素养的比例为 0.89%，不到全国平均水平的一半；另一方面，科技人才不足。2006 年，云南每万人中科技活动人员数为 11.91，为全国平均水平的 31%，在西部地区处于倒数第 2 位，仅高于贵州省；科学家工程师 3.51 万人，为全国平均水平的 39%，占全国的 1.2%；科技活动人员 5.34 万人，为全国平均水平的 40%。

3. 企业还未真正成为自主创新的主体

云南省大中型企业的科技进步综合水平在全国还比较落后，大中型企业科技投入不足，企业自身的科研开发能力较弱，总体水平较低，在市场竞争中处于劣势，以企业为主体的技术创新体系尚未形成。2006年，云南企业研发投入占销售收入的比重远低于全国平均水平，仅为0.22%。全省规模以上工业企业仅有 36.3% 的企业开展了产品创新和工艺创新活动。

4. 科技进步环境差，全省科技发展不平衡

云南的科技进步环境排序一直较低，2002～2007 年，全国排名分别为第 20、29、30、30、30、29 位，处在全国末位。全省科技发展也不平衡。其中，昆明、红河、曲靖、玉溪、版纳、楚雄州市的科技发展处于较快水平，科技经费支出、R&D 支出占全省的 90% 以上，并且集中了全省大部分科技资源。

三、优势产业领跑云南经济

"十五"期间，云南大力培育和发展烟草、生物资源、矿产、电力、旅游五大产业群。目前，五大产业群在云南省经济中已经占有较大的份额，已成为云南省经济的主要增长点。2004 年，烟草产业、矿产业和电力产业实现的工业总产值分别为 398.90 亿元、250.93 亿、21.96 亿元，旅游业实现总收入 369.27 亿元，分别占全省 GDP 的比重为 13.48%、8.48%、3.34%、12.48%。其中，烟草产业是对云南财政贡献率最高的产业。2001～2004 年，烟草产业对云南省的平均贡献率达到 62.5%。2007 年，财政贡献率为 54.5%。电力产业、矿产业、旅游业、生物产业快速发展。2001～2004 年，矿产业、电力产业总产值的平均增长率分别为 22%、16%，旅游业总收入的平均增长率也达到 12.6%。2007 年，烟草、电力、矿业和生物产业销售收入分别达到 700 亿元、453 亿元、2100 亿元和 1850 亿元，增长 12.7%、18.5%、17.6% 和 15%。五大产业在西部和全国竞争优势明显。

（一）优势产业发展现状

1. 烟草业——云南最大的特色优势产业

（1）烟草是云南财政收入的重要来源。自 20 世纪 80 年代中期崛

起，在 90 年代连续登上年实现利税 100 亿元、200 亿元、300 亿元的大台阶。1998 年，实现利税高达 380 亿元，占全国烟草行业实现利税近一半。2001～2003 年，烟草业业绩有所下滑，实现利税分别为 274.48 亿元、306.06 亿元、326.46 亿元。2004 年，利税 381 亿元，超过了 1998 历史最高水平。2006 年，烟草行业实现利税 505 亿元。2007 年，利税突破 600 亿元。云南烟草业的发展支撑起着云南经济发展的半壁江山。

（2）改革重组、资源整合，提升烟草产业竞争力。20 世纪 90 年代中期以后，云南烟草产业发展陷入困境。云南省对烟草产业实施大企业、大集团、大品牌和科技兴烟战略。2004 年，9 家烟草企业被整合成 4 家，组建了居于全国第一、第二位的两大烟草集团。2007 年，红河烟草（集团）有限责任公司的正式成立，标志着云南卷烟工业企业已初步建立现代企业制度。至此，云南烟草产业构建起红塔、红云、红河三大卷烟生产企业集团"三足鼎立"的强势格局。集团总体竞争力显著增强，形成了协调发展的良好局面。

云南大品牌培育也取得显著成绩。卷烟品牌从 36 个整合为 17 个。玉溪、云烟、红塔山、红河、红梅、红山茶 6 大重点品牌的产销量占到全省总产销量的 89%，并于 2007 年历史性地创造了"六个百"记录：红梅突破 200 万箱；红塔山突破 100 万箱；云烟突破 100 万箱；红山茶突破 100 万箱；红河继续稳定的超过 100 万箱。

（3）烟草技术在全国处于领先地位。"十五"期间，烟草行业共有 130 项科技新成果通过了省级公司组织的鉴定和验收，21 项科技成果通过国家烟草专卖局或省科技厅组织的鉴定验收。101 项科技成果获省级烟草公司科技进步奖励，有 36 项荣获省部级奖励。目前云南在品种优良率、烟草栽培技术和生产基地建设方面，在卷烟关键技术、精细化工加工工艺水平与装备水平以及技术创新能力等方面居于国内领先地位；在烟草加工方面，低焦油烤烟型卷烟新产品开发、烟草自动化立体物流系统以及烟草企业 ERP 信息系统和产品配送数字化系统建设达到国际领先水平。

（4）烟草业在云南还有较大的发展空间。一是单箱的税利还可以进一步提高。2006 年，全国平均单箱税利为 4276 元，最高的是卷烟企业上海烟草集团的 10959 元，云南卷烟企业为 6500 元。2007 年，云南平均单箱税率达到 8000 元，仍低于上海烟草集团。二是成本费用率还可以进一步降低。2006 年，全国平均烟草成本费用率为 36.12%，最低的是卷烟企业上海烟草集团的 24.82%，云南卷烟企业是 41.7%。三是平均每箱的销售收入提升空间大。一类烟比全国平均水平低 1782 元，二类烟比全国平均水平每箱低 49 元。四是一、二类烟在总销量中的比重还可以再提高。2006 年，云南省一类烟在总销量的比重与全国相同；而二类烟在总销量中比重不足 5%，低于全国 6% 的平均水平。

2. 生物产业——潜力巨大的优势产业

（1）依托丰富的生物资源，形成特色优势产业。云南拥有北半球除沙漠和海洋外的各类生态系统，几乎集中了从热带、亚热带至温带甚至寒带的所有品种，是全球生物物种高富集区和世界级的基因库，享有"生物资源王国"和"生物基因宝库"之称。

依托丰富的生物资源，已经形成了制糖、橡胶、茶叶等传统绿色生态产业。2004 年，云南产糖 195.02 万吨，居全国第二位。云南还重点发展了天然药物、绿色食品及保健品、花卉及绿色园艺、生物化工等产业，其中具有自主知识产权的鲜花新品种占全国的 70% 左右。目前全省已基本形成了以烟、糖、茶、胶、畜、林和天然药物、绿色保健食品、花卉园艺、生物化工等为主的生物产业格局。

（2）生物科技创新能力增强。云南省有涉及生物资源开发的国家重点实验室 1 个、省部共建国家重点实验室培育基地 1 个、国家工程研究中心 1 个、联合国粮农组织确认的国际合作研究中心 1 个、省级重点实验室 14 个、工程中心 3 个。全省 140 个科研机构中有 76 个从事生物资源研发工作。102 个省级重点学科中 1/3 以上与生物产业相关。全省 9 名院士中有 4 名从事生物产业研究工作，265 名中青年学术和技术带头人中有 40% 以上从事生物资源开发创新。

（3）生物产业整体发展迅猛。"十五"期间，云南省生物工农业总产值由 2000 年的 1220 亿元增加到 2125 亿元，平均增长 11.74%，实现增加值由 757 亿元增加到 1291 亿元，年均增长 11.25%。"十五"末，全省规模以上生物资源产品加工企业达 535 家，占全省轻工业规模以上企业总数的 75%。2006 年，除烟草以外的生物产业实现工农业总产值

1637 亿元，比上年增长 14%，实现增加值 889 亿元，占全省 GDP 的 22.2%，实现利税 335 亿元，出口创汇达 6.5 亿美元，比上年增长 14.9%。云南农民人均纯收入达 2250 元，其中七成左右来自于生物产业。[①] 全省 96 家省级以上重点龙头企业辐射农户 2602 万户、基地 825 万亩，带动农民增收 32 亿元。昆明高新区内生物高新技术产业也发展迅速，截至 2006 年底，高新区生物产业产值 48 亿元，技工贸总收入 52 亿元，出口创汇 4300 万美元，从事生物产业的企业达 127 家，从业人员达 5000 多人。涉及生物医药、生物农业、生物资源、生态等领域。到 2010 年，生物产业总产值将达 4000 亿元。

3. 矿、冶产业——焕发新活力，迎来产业快速发展

云南矿产资源总量大、矿种齐全，配套条件好，经济价值高。磷矿石、黄磷、磷肥产量居全国第一位，硫酸产量居全国第四位，农用氨、磷、钾化肥产量居全国第七位，有色金属中的锡、铜、铅、锌、锑、年产量居全国前六位，黑色金属工业在西部地区也具有相当的优势。目前云南已初步形成包括化工、有色、黑色、建材、煤炭的矿产业以及地质勘查、采选矿、冶炼、加工、设计、科研和销售的综合体系。

云南省矿产业在保持快速增长的同时，也不同程度存在矿业秩序混乱、资源浪费严重、生态环境破坏严重，部分大型矿山资源已近枯竭等诸多问题。2003 年，云南省按照"一矿一主一权"、集中管理、优化配置等六条原则，对锡、铜、铅锌、铁、煤和磷 6 种重要矿产资源进行整合，创造了国有资产整体划转的锡资源整合"个旧模式"、委托加工为主的铜资源整合"迪庆模式"、以赎买退出兼引进战略投资者为主的铅锌资源整合"兰坪模式"以及磷矿、煤炭资源整顿整合中的政府引导、市场原则经验。实现了煤、磷、锡、铜、铁、铅锌等重要矿产资源向优势企业集中。在全省已探明资源保有储量中，74% 的锡资源集中到云锡集团，60% 的铜资源集中到云南铜业集团，64% 的铅锌资源集中到云南冶金集团、金鼎锌业公司和祥云飞龙公司，71% 的铁矿资源集中到昆明钢铁公司和禄丰德钢公司，50% 以上的磷矿资源向云天化、南磷集团、

① 《云南生物产业发展情况介绍》，云南数字乡村网 http：//www.ynszxc.cn/szxc/provin-cepage/newsview.aspx? id=2269559，2007 年 12 月 21 日。

龙蟒集团集中，优质煤炭资源逐渐向云南煤化工集团等煤化、煤电、煤焦一体化骨干企业集中。

云南还通过收购、参股、兼并等方式，对矿山企业依法开采的矿产资源及矿山企业的生产要素进行重组，逐步形成以大型矿业集团为主体，大中小型矿山协调发展的矿产开发新格局。如：云南锡业集团成为全球最大的锡矿开采和加工企业，年锡产量达6万吨，约占全球锡总产量的20%，排名世界第一，基本主导了世界锡市场价格；云南冶金集团不但是全国唯一能生产0.005毫米铝箔的企业，还是全国唯一能生产0.8毫米铅皮的企业；云南铜业建成了全国产量最大的具有自主知识产权的金属硒生产线，白银产量及出口量居全国第一，金属铋产量居世界第一位；云天化高浓度磷复肥产能居全国之首，亚洲第一，世界第三。

2006年云南实现年销售收入超百亿元的8家省属企业全部是资源型企业。2007年，昆钢销售收入突破200亿元，云天化、云铜都达到150亿元；云南煤炭行业实现工业总产值240.46亿元，完成工业增加值137.16亿元，发展成为云南省产值超百亿元的大产业之一。云南主要矿业集团销售收入比2004年增加一倍或以上。云南矿冶产业已经发展成为云南经济中的主导产业之一。

4. 电力能源产业——云南未来支柱产业

云南从1993年迈出"西电东送"步伐，2002年全省送粤电32亿千瓦时，2004年，达69.8亿千瓦时，2006年，送电达107.27亿千瓦时。2004年，云南电网公司打通了从河口到越南老街的110千伏电压等级送电，开启"云电外送"战略，开创了中国电力"走出去"的先河。2006年，云电送越南电量达7.61亿千瓦时，比2004年送越电量增长14.5倍。2007年1～10月云电送越南电量达20.8亿千瓦时。通过"云电外送"，在云南和东亚、东南亚等国家之间架起了第四经济大通道①，拉动电力设备、技术、电工产品、工程承包、劳务合作、设计咨询等相关产业的发展。

云南全省电力投资迅猛增长。"十五"期间达723.8亿元，年均144.8亿元。2006年达446.09亿元，比上年增长38.3%，是"十五"

---

① 电力能源大通道被喻为继公路、铁路、航空之后的第四经济大通道。

期间年均投资的 3 倍。① 2007 年上半年全省电力投资同比增长 50%。电力投资的增加使得一批大江大河的水能资源、煤电资源和新能源得到开发，促进电力生产力巨大发展，电力高新技术得到广泛应用，电力资产和装备水平大幅度提高。

云南电力装机容量实现了历史性的跨越。从 1949 年的 1.45 万千瓦，1978 年的 130.40 万千瓦，提高到 2000 年的 768.8 万千瓦，2002 年的 920 万千瓦，2003 年的 1040 万千瓦，2007 年 9 月已突破 2000 万千瓦②（见图 1）。同时，一批大型火力发电项目和大中小水力发电项目顺利推进，全省在建电源项目已经超过 2000 万千瓦。

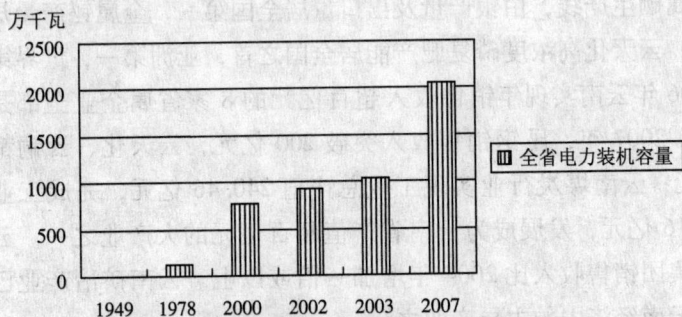

图 1　云南省 1949～2007 年间电力装机容量

2006 年全省电力工业产值达 385 亿元，占全省 GDP 的比重为 9.62%。云南电网销售收入 233 亿元。据估计，到 2020 年澜沧江、金沙江、怒江三大流域将有 20 多个电站建成投产，装机容量近 6000 万千瓦，年发电量约为 2500 亿千瓦时。云南对外送电的规模会超过本省用电规模，云南电力产业将向外向型经济产业转变。

5. 旅游业——迅猛发展的优势产业

云南是中国旅游资源最为丰富的省份之一。自然景观雄奇险峻，人文景观丰富多样，气候独特宜人，是旅游度假胜地。众多的历史古迹，多姿多彩的民俗风情和独具特色的宗教文化，赋予云南独特魅力。云南

① 《电改五周年：高速发展的云南电力支柱产业及其影响》，世界新能源网 http：//www.86ne.com/Energy/200712/Energy_103351_2.html，2007 年 12 月 24 日。

② 同上。

已经实现了从旅游资源大省到旅游经济大省的跨越，旅游业发展成为云南省第二大优势产业，奠定了旅游在全国的领先地位。"十五"期间，接待海外旅游者从 100.1 万人次增加到 150.28 万人次，旅游外汇收入从 3.39 亿美元增加到 5.28 亿美元，年均分别增长 8.47% 和 9.27%；接待国内游客从 3841 万人次增加到 6860.74 万人次，国内旅游收入从 183 亿元增加到 386.1 亿元，年均分别增长 12.3% 和 16.1%；旅游业总收入从 211 亿元增加到 430.1 亿元，年均增长 15.3%。5 年间云南旅游总收入和国内旅游总收入处于稳步上升趋势（如表 1 及图 2、图 3 所示）。累计实现旅游总收入 1652.98 亿元。2007 年，全省旅游总收入达到 559.2 亿元，占 GDP 的比例为 11.8%。排在西部地区第二，占西部地区旅游总收入的 12.4%，超出西部旅游平均收入近 50%。截至 2007 年底，全省共有旅行社 435 家，其中国际旅行社 57 家；星级饭店总数达到 795 家，其中三星级以上 216 家；全省旅游汽车企业有 50 家；旅游景区 230 家，景区资产规模 50 多个亿；已基本形成了食、住、行、游、购、娱完整的旅游产业体系。

表 1　云南旅游总收入及占 GDP 的比例（2001～2005）

年　份	2001	2002	2003	2004	2005
旅游总收入（亿元）	257	289.93	306.64	369.27	430.1
旅游占 GDP 比例	12.37%	12.99%	12.47%	12.48%	12.3%

资料来源：《云南省统计年鉴 2006》，中国统计出版社 2006 年版。

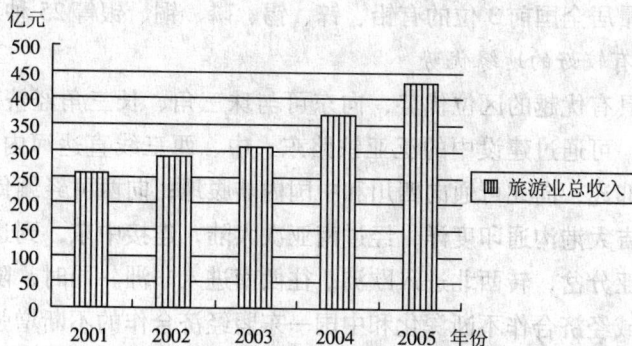

图 2　2001～2005 年云南省旅游总收入

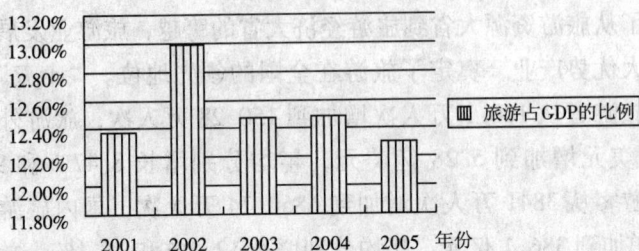

图3 2001～2005 年云南省旅游总收入占 GDP 的比例

资料来源:《云南省统计年鉴 2006》，中国统计出版社 2006 年版。

(二) 发展优势产业的有利条件

1. 具有丰富的资源优势

云南有高等植物 1.7 万多种，占全国植物种类的 60%；森林面积 19309.8 万亩，占全国森林面积的 8.1%，居第 4 位；森林覆盖率近 50%，活立木总蓄积量为 14.24 亿立方米，居全国第 3 位；有脊椎动物 1737 种，占全国种类的 59%。水能、电能十分充足，全省平均水资源总量达到 2210 亿立方米；云南水能可开发装机容量为 9755 万千瓦，居全国第二位；尤以金沙江、澜沧江水能资源最丰富，分别居全国十二大水电基地的第 1 位和第 3 位，其中可开发的水能居全国第一；云南的煤炭资源比较丰富，全省煤炭资源远景储量约 691 亿吨，保有储量 246 亿吨，居全国第八位。矿产品繁多，全国已发现矿产 168 种，云南占 146 种，其中 92 种矿产已探明储量；有 54 种矿产保有储量居全国前 10 位，其中，储量居全国前 3 位的有铅、锌、锡、磷、铜、银等 25 种。

2. 具有较好的地缘优势

云南具有优越的区位优势，向东可与珠三角、长三角经济圈相连；向南延伸，可通过建设中的泛亚铁路东、中、西三线直达河内、曼谷、新加坡和仰光；向北可通向四川和中国内陆腹地；向西可经缅甸直达孟加拉国国吉大港沟通印度洋，经过南亚次大陆，连接中东，到达土耳其的马拉蒂亚分岔，转西北进入欧洲，往西南进入非洲。同时，随着泛珠江三角区域经济合作不断深化和中国—东盟经济合作的不断增强，云南在国际、国内区域合作的战略地位和作用日益凸显。目前，云南已经成为中国与南亚、东南亚多个重大区域合作的关键地区。独特的区位优势，为云南充分利用两种资源、两个市场，加快优势产业的合作提供了国际、国内平台，为产品提供了更加广阔的市场。

3. 云南与其濒临的东盟国家相比产业优势明显

一方面，云南相对于东盟资源丰富，具有资源优势，东盟普遍存在着能源缺乏问题，有利于云南能源产品的出口，拓宽优势产业国外市场，如云南水电大规模对越南和泰国的出口。另一方面，云南制烟烤烟技术，矿产的开采、勘探、加工技术，电站建设技术、发电机组制造技术与周边的缅甸、老挝、越南、柬埔寨相比具有技术优势。为云南保持参与这些国家的产业合作和投资的优先地位提供了条件。资源优势和产业技术优势为云南发展优势产业提供了更加广阔的国际市场。

四、云南提高自主创新能力和发展优势产业的战略思路和对策建议

（一）战略目标

今后五年提高自主创新能力的战略目标是：区域创新体系完善；自主创新在经济社会发展中的支撑和引领作用明显增强；科技经费支出、R&D 经费支出总量占 GDP 的比重分别达到西部地区前四位，在全国处于平均水平；科学家工程师、R&D 科工的总量在全国处于平均水平；企业真正成为自主创新的主体，建立以企业为主体、市场为导向、产学研相结合的技术创新体系；大中型工业企业基本建立研发中心；促进优势产业发展壮大的重大关键技术、核心技术、共性技术取得重大突破；烟草产业技术达到国际先进水平，生物产业技术达到国内领先水平，矿产业和电力产业达到国内先进水平。

发展优势产业的战略目标是：优势产业对云南经济的引领作用进一步增强，成为云南经济发展的引擎；烟草业总产值占全省 GDP 的比重保持在 15% 左右，建立集烟草科研、标准化生产、销售、烟草种植的产业体系，高档烟、一类烟的竞争力和销量大大增强，培育出世界知名的烟草品牌，建成辐射东南亚的烟草基地；生物资源大省向绿色经济强省跨越，做强做大绿色食品、现代医药、特色林业、生物能源及生物化工、畜牧、天然橡胶和花卉园艺等 8 大产业；电力产业和矿产业成为云南的支柱产业，总产值占 GDP 的比重保持在 10% 左右；把云南旅游打

造为世界上著名的旅游度假胜地，旅游实现总收入占 GDP 的比重保持在 15% 左右。

（二）战略重点

1. 围绕云南优势产业，加强自主创新能力建设

云南烟草业、生物产业、矿产业、电力产业、旅游业的发展表现出了良好的态势，是云南经济发展的支柱，但现在面临着如何进一步做强做大的问题。云南烟草产业经过 20 多年来的培育和发展，已经在全国占据了重要的地位，是云南最大的优势产业，但目前云南烟草产业的基础研究还与世界先进水平存在较大差距、自主知识产权的核心技术较少、混合型卷烟技术攻关进展缓慢；云南矿产资源丰富，在全国具有一定的比较优势，但云南矿产业的发展同样存在着粗放生产、资源浪费、效益较低等问题；云南生物多样性特征十分突出，生物资源开发潜力巨大、市场前景极好，但从目前的发展情况来看，云南的生物产业的资源优势尚未真正的转化为产业优势和经济优势；云南水能资源极其丰富，电力产业发展情景广阔，但目前云南的电网结构还不是很强，发电厂规模小，中小机组仍占相当的比例，能源开发程度低。总体来说，自主创新能力弱是云南优势产业面临这些问题的关键原因。为进一步做强做大优势产业，自主创新能力建设要紧密围绕促进优势产业发展这一基本的出发点，加强优势产业领域的自主创新能力建设，解决优势产业面临的问题，促进云南优势产业的做强做大。

2. 自主创新重在解决产业核心技术、关键技术

优势产业的发展壮大，产业核心技术和关键技术发挥着重要的作用，要通过集成创新和引进消化吸收再创新，掌握一批具有自主知识产权的产业发展核心技术和重大技术，提升云南优势产业的核心竞争力。加强烟草及配套产业自主创新，充分发挥品牌和技术装备优势，开展卷烟降低危害等产业关键技术的研究开发，保持卷烟生产技术国际先进水平；加快研制开采矿产资源的先进设备和技术，提高资源的综合开发和回收利用率，提高资源的产出效益，依靠技术支撑矿业循环经济，使矿业技术达到国内先进水平；依靠科学技术对生物资源进行深度开发，提高云南生物资源产品的科技含量和附加值，依托云南基因组丰富和基因疾病谱较纯的特点，大力发展基因生物产业技术；研制促进云南电力产

业发展的电网经济调度运行技术，电网输电能力提高技术，输变电设备优化检修技术、调度自动化技术，配电自动化等技术为电力产业的发展提供科技支撑。

3. 继续夯实云南烟草的霸主地位

由于特殊的自然生态环境，云南是世界上少数几个最适合烟草生长的地区之一，云南在烤烟品种选育、栽培等方面的科技水平居全国前列，有的已达到国际先进水平。但目前云南烟草业也正面临着国外烟草集团和兄弟省份的强有力的挑战，特别是一类烟和高档烟的挑战。云南烟草业应积极地面对这些挑战，大力实施技术创新战略，积极开展基础性研究，加大科技投入的力度，掌握具有自主知识产权的核心技术，用科技振兴"两烟"，提高"两烟"的科技含量。同时做好超前研究，研制安全型、环保型、混合型特别是低焦油、超低焦油、药物烟的研究，引导消费趋势，顺应世界烟草业的潮流，及时应对烟草业的转型。政府也要加大对云南烟草业科技创新的支持力度，适时成立烟草业创新基金，全力扶持云南烟草业的创新发展，继续夯实云南烟草的霸主地位。

4. 依托利用昆明科技高地，带动云南的自主创新建设

2006 年，昆明地区实现生产总值 1203.14 亿元，占全省 GDP 的 30%；R&D 经费支出 11.10 亿元，占全省 R&D 经费支出的 53%；专利申请受理 1946 件，占全省的比重为 63%，发明专利申请 666 件，占全省申请量的 66%；昆明积聚了云南大部分的科技创新资源，是云南省科技创新活动最活跃的区域，其自主创新能力、自主创新环境、自主创新水平远远高于或优于全省其他州市，是全省的科技发展和技术创新高地。因此必须高度重视昆明的科技创新工作，充分利用昆明的科技高地优势和科技创新中心作用，以点带面，辐射带动云南的自主创新，增强和提高云南的整体区域创新水平。

（三）对策建议

1. 建立全方位多层次的创新体系

建立适应云南经济社会发展的创新体系，切实把增强自主创新能力贯彻到经济社会发展中，强化创新意识，构建以企业为主体、市场为导向、产学研结合的技术创新体系。加强原始创新：加强在烟草、矿业、

生物、先进装备等优势产业领域的自主创新，加大用高新技术改造传统产业的力度，力争在优势产业领域形成一批拥有自主知识产权的核心技术。加强集成创新：整合科技资源，打破部门、行业和条块界限，集成各种创新要素，由以单一技术突破为主向单一技术突破与多项技术集成相结合转变。加强引进消化吸收再创新，积极开展引进消化吸收再创新技术攻关，着力攻克一批行业关键技术。落实鼓励自主创新的各项政策，对创新形成的先进装备和产品，纳入政府优先采购范围。

2. 推动企业真正成为自主创新的主体

一是支持大型企业集团自建或与省内外科研机构、大学合作建立重大技术研究中心、重点实验室、工程实验室、博士后流动站等研究开发机构，完善企业集团提高自主创新能力的基础条件。二是搭建为中小企业科技创新的公共技术平台、投融资服务平台。三是引导各类企业提取足额技术开发费用，加大技术创新投入，对国家级、省级技术中心所在企业提取的技术开发费用低于规定比例的，不能享受相应优惠政策、获得国家重大项目的支持。四是政府支持的科技创新项目尤其是应用型项目向企业倾斜，并优先支持以企业为主体、产学研合作的科技创新项目。

3. 制定完备的人才、激励和培养机制

实施人才强省战略，完善人才激励机制，制定较完备的有利于鼓励自主创新的人才奖励和评价制度，对科技创新发明、贡献、推广做出突出成绩的单位和个人，给予表彰和奖励，形成以政府奖励为引导，社会和单位奖励为主体的创新奖励体系。实施高层次创新人才培养工程，围绕促进云南优势产业发展的关键技术、产业发展的核心领域、重大创新项目的实施，吸引集聚一批高层次的技术和管理人才，培养和造就一批创新能力强、管理水平高的科研人才队伍。

4. 优化优势产业结构

烟草产业要继续优化卷烟产品结构，积极发展配套产业，提高烟叶质量，力争利税达到 660 亿元以上；生物产业要突出生物医药、生物质能、绿色食品等重点，实现特色发展、规模发展；矿产业要加快地质勘探、矿山整治、企业重组和资源整合，大力发展深加工，延伸产业链；装备制造业要围绕电力、机床、物流等重点领域，加大扶持，向专、精、特、新方向发展；加快发展信息、新材料产业；集中力量开发特色轻工业，抓紧改造提升传统重化工业。

5. 大力发展文化产业

云南省是一个拥有丰富民间文化资源的文化大省。据统计，全省仅收录在册的民歌就有 2 万多首，舞蹈 7000 多套。2006 年，云南省文化产业及相关产业增加值超过 200 亿元，占云南省 GDP 的 6% 以上，已成为继云南烟草、水电、矿产、旅游、生物之后的新兴文化产业。为了进一步发展文化产业，要不断深入研究文化产业发展的内外环境，继续升华文化体制的改革与创新，充分挖掘云南文化资源的内涵，鼓励文化产业与其他产业的相互融合，特别是文化产业和旅游业的相互融合，拓宽文化产业的发展路子，打造属于云南文化的品牌和世界性的品牌，真正把云南丰富的文化资源优势转化为经济优势。

振兴中的老工业基地

——重庆市自主创新能力和优势产业调查

重庆1997年直辖之初，是一个国企改革脱困面临重重阻力的老工业基地，工业销售值只1000亿元，亏损额却高达23亿元。2007年，全市工业增加值达到1514.72亿元，占GDP的36.8%，实现利税总额459.63亿元，实现利润237.83亿元。重庆实现经济突飞猛进的经验是以高新技术推进老工业基地向现代工业基地转变。

一、重庆市自主创新能力和优势产业现状

（一）自主创新能力现状

"十五"期间，重庆经济年均增幅达10%，主要得益于科技的推动。

1. 综合科技实力大大增强

目前，重庆市科技综合实力已经进入全国前8位。"十五"期间，累计安排科技计划经费4.65亿元，获得国家科技部各类科技项目资助4.54亿元，国家自然科学基金项目资助2.02亿元。2006年全市科技经费筹集总额达85.23亿元，比上年增长7.9%。其中，企业资金占69.9%，政府资金占15.8%，金融机构贷款、其余来源分别占8.3%和6.0%。全社会科技活动经费支出90.81亿元，比上年增长12.9%。研究与试验发展（R&D）经费投入38.08亿元，较上年增长18.7%，R&D经费支出占地区生产总值的比重达到1.09%，比上年提高0.04个百分点。从R&D经费来源看，企业、政府资金、国外资金、其他资金分别占76.6%、17.3%、0.2%、5.9%；从R&D经费执行部门看，企业、科研院所、高等院校分别占78.3%、5.9%、15.2%。

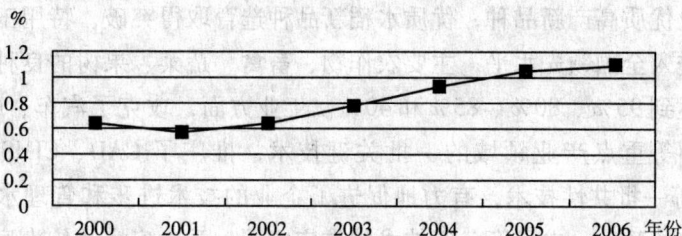

图1　重庆市 R&D 经费支出占 GDP 比重（2000～2006 年）

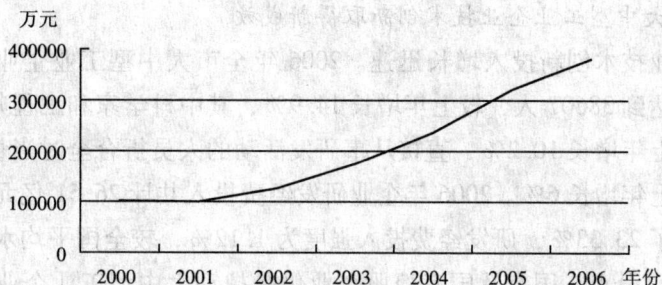

图2　重庆市 R&D 经费支出图（2000～2006 年）

　　"十五"期间，重庆市综合科技进步水平从 2000 年的第 20 位上升到期末的第 10 位。每百万元研究开发经费投入产出的专利和论文数位居全国第一。专利申请连续 5 年以 30% 以上的速度增长，2006 年全市申请专利 6471 件，授权 4590 件。

　　近年来重庆市取得了一批标志性科技成果，获得国家科学技术奖励 37 项。家蚕基因组研究成功绘制出基因框架图谱，这是继人类基因组、水稻基因组研究计划之后取得的又一"里程碑式的科学成就"。还成功研制出了我国第一台具有自主知识产权的大型医疗设备——超声聚焦刀，并出口英国、日本等发达国家。镁合金研发与应用水平居国内领先位置，镁合金汽车单车用量和组装摩托车数量两项指标居全国第一。严重创伤救治与损伤组织修复、预防煤矿瓦斯动力灾害、家蚕主要经济性状功能基因组与分子改良等一批重大基础研究项目进入国家"973 计划"。

　　科技进步对经济社会发展的支撑作用进一步增强。农业方面，培育出一批优质高产新品种，优质水稻新品种选育取得突破，特用玉米良种创新进入全国领先水平，主要农作物、畜禽、蔬菜、果树的良种普及率分别达到95%、80%、85%和40%。工业方面，攻克了汽车、摩托车、新材料等重点产业领域的一批关键技术，推广了 CAD、CIMS、ERP、PDM 等一批共性技术，有力地促进了企业的技术进步和管理水平的提高。电子政务、电子商务等技术的推广应用，重大疾病及传染病的诊治与预防控制、新药创制、环境保护与生态治理率、基础设施建设关键技术等一批重大科技项目的实施，促进了社会事业的快速发展。

2. 大中型工业企业技术创新取得新成效

企业技术创新投入增长迅速。2006 年全市大中型工业企业科技活动人员达到38607 人，较上年增长 14.9%，其中科学家和工程师 24715 人，较上年增长 10.2%，直接从事研发活动的人员折合全时当量 14333 人，较上年增长 6%。2006 年企业研发经费投入共计 26.51 亿元，比上年增长了 23.33%，研发经费投入强度为 1.12%，较全国平均水平高出 0.36 个百分点。国有及国有控股企业仍是拉动大中型工业企业研发投入增长的主要力量，其全年研发经费投入达 19.22 亿元，占全部大中型工业企业研发投入份额的 72.49%。分行业看，研发投入超过亿元的行业有交通运输设备制造业（12.17 亿元）、通用设备制造业（2.8 亿元）、专用设备制造业（2 亿元）、电气机械及器材制造业（1.49 亿元），如图 3 所示。

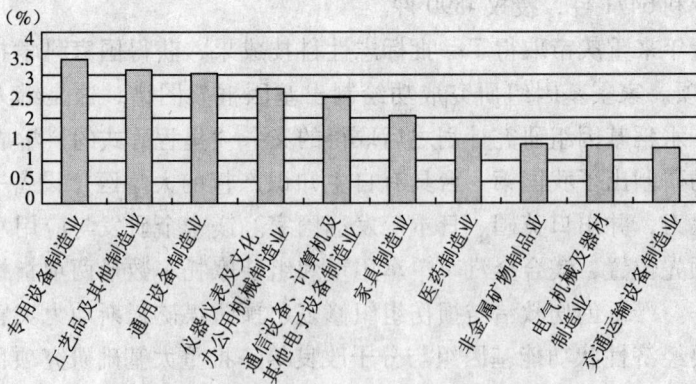

图3　2006 年重庆市行业研发经费投入强度比较图

2006年大中型工业企业共开展各类科技项目4194项，比上年增加969项。立项经费在1万元以上的科技项目共计2511项，其中以开发全新产品和提高产品性能为目标的项目占70.9%，平均科技项目经费为151.19万元。全年完成新产品产值783.8亿元，增长32.3%，实现产品销售收入743.9亿元，增长24%。申请专利3263件，其中发明专利394件，比上年小幅增长。

3. 科技成果转化亮点纷呈

重大项目科技成果转化率达到60%以上。已连续六年成功举办的高交会促使重庆市技术合同交易额多年来一直居西部地区首位。2006年全市共签订技术合同2682项，技术合同成交额56.8亿元，平均每份技术合同成交金额211.92万元。

此外，2006年重庆市共有236项各级政府科技计划项目成果进入技术市场，技术合同成交额为433.38亿元，占技术合同成交总额的76.32%。

表1　直辖以来重庆技术市场交易情况（1997～2006年）

年　份	项目数	交易额（亿元）
1997	3607	60638
1998	3131	92951
1999	1374	325345
2000	1610	296594
2001	1594	289484
2002	1098	409433
2003	1925	555083
2004	1768	596186
2005	2730	357059
2006	2682	568381

4. 高新技术产业化水平提高，但总体效益趋缓

从高新技术产业化水平指数来看，2006年重庆市在全国由第9位提高到第7位，产业化水平指数为30.03%，比上年有所提高。具体监测指标见表2。但2006年产业化效益指数比上年下降了2.42个百分点，

位次由第 16 位下降到第 23 位。具体监测指标见表 3。

表 2　重庆市 2006 年高新技术产业化水平

	监测值		位　次	
	2006 年	2005 年	2006 年	2005 年
高新技术产业化水平（%）	30.0	29.1	7	9
高新技术产业增加值占工业增加值比重（%）	7.0	7.3	15	14
高新技术产品出口额占商品出口额比重（%）	5.7	5.1	16	16
新产品销售收入占产品销售收入比重（%）	32.8	30.8	1	2
高新技术产业开发区技术性收入占总收入比重（%）	11.5	12.9	3	4

表 3　重庆市 2006 年高新技术产业化效益各项指标

	监测值		位　次	
	2006 年	2005 年	2006 年	2005 年
高新技术产业化效益（%）	38.4	40.8	23	16
高技术产业就业人员劳动生产率（万元/人）	9.0	8.6	17	17
高技术产业增加值率（%）	31.9	32.5	17	15
高技术产业增长占经济增长份额（%）	1.15	3.4	22	9
高技术产业开发区总收入利税率（%）	9.8	9.9	15	18

5. 技术创新、技术转移、吸收创新能力有所提高

（1）技术创新能力增强

市内重点企业"十五"以来开发出了 CM8 商用车、四轮沙滩摩托车、超声聚焦刀、兆瓦级风电增速设备、镁合金新材料、制齿系列机床等一批有较强核心竞争能力、具有自主知识产权的新产品，达到了国际或国内领先水平。"十五"期间企业专利发明迅猛增加，与 2000 年相比，2006 年企业申请专利 3160 件，增长了 453.42%；获得授权的专利 2804 件，增长 661.96%。

（2）知识流动加快

中国重庆高交会已成为西部最大的高新技术成果转移交易平台，到 2006 年，累计参观人数 113 万多人次，参展的高新技术项目 36000 多个，交易技术项目近 1000 项，合同成交额达到 578 亿元。高交会对重庆技术合同交易额的贡献率达到 50% 以上，促使重庆市连续 6 年技术

合同交易额居西部地区首位，奠定了重庆作为西部地区最大的技术交易中心的地位。第六届高交会还开通了网上交易系统，使重庆高交会成为不落幕的成果交易平台。市技术创新成果产业化服务中心、技术创新服务中心、联合产权交易所、技术交易所、西信生产力促进中心等常设技术成果转移平台的服务能力和水平明显提高。中国科学院、清华大学国际技术转移中心与市技术创新成果产业化服务中心联合先后在重庆市建立了较高水平的创新成果转移服务平台。

（3）吸收创新能力进一步提高

汽车产业通过创新全面提高了消化吸收能力，实现了零部件配套较高的国产化与本地化率，具备了较高的自主改型换代水平。而摩托车、仪器仪表、装备制造等产业，在保持较强消化吸收能力的基础上，已初步形成较强的自主创新能力。

（二）优势产业现状

重庆是中国六大老工业基地之一，工业基础雄厚，门类齐全，综合配套能力强。工业是重庆国民经济的主导力量，全市有工业企业10万余户。2006年全市工业总产值3214亿元，增加值1234亿元。目前，已形成汽车摩托车产业、装备制造业、资源加工业、高新技术产业和军工产业等五大优势产业。

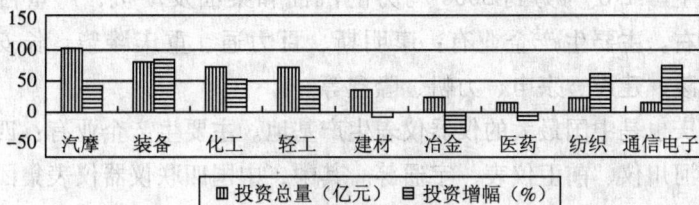

图4　2006年重庆市制造业各行业投资完成情况

1. 举足轻重的汽车摩托车产业

（1）汽车整车及零部件

重庆汽车工业拥有汽车整车生产企业24家，涉及各种车型，在全国具有举足轻重的地位。2006年，全市生产汽车79万辆，占全国10.9%。其中，长安集团生产汽车71万辆，全国排名第4位。目前全市有 127 万辆整车生产能力，本地生产能力达到 92 万辆。

重庆具有良好的汽车零部件产业基础。2006 年，规模以上汽车零部件企业 261 家，实现销售收入 190 亿元，其中 28 个汽车零部件产品在全国市场份额居前三位；一批零部件企业逐渐成长，拥有较好的市场和技术，如卡福、红宇、綦江齿轮、青山、华孚、西源凸轮轴、长江依之密、光大产业、渝江电器、驰骋、江川机械厂等；部分零部件企业已进入跨国公司的全球采购体系，如超力电器、红旗缸盖、大江渝强、耐德集团、秦川线束、福耀玻璃等。

（2）摩托车整车及零部件

重庆是我国最大的摩托车生产和出口基地。摩托车占全国市场份额的 35%，发动机占 50% 以上。现有摩托车整车生产企业 30 家，上规模的零部件生产企业近 425 户。已形成 800 万辆整车、1000 万台发动机的生产能力。2006 年，摩托车整车生产 751 万辆。摩托车及发动机产量连续 7 年位居全国第一；摩托车出口连续 6 年全国排名第一。嘉陵、建设、宗申、力帆、隆鑫五家企业同时进入全国摩托车企业前 10 位。

2. 全国领先的装备制造业

重庆是中国重要的内燃机生产基地。内燃机主机生产和配套体系齐全，可生产 1.6 马力到 3000 马力的汽油和柴油发动机，产量占全国 20% 左右。主要生产企业有：康明斯、百力通、重庆潍柴、长安、庆铃、嘉陵、建设、宗申、力帆、隆鑫等。

重庆也是中国最大的仪器仪表生产基地。主要生产企业有：四联集团、横河川仪、前卫仪表、宇通等。其中，中国四联仪器仪表集团有限公司是国内规模最大、产品门类最全、系统集成能力最强的综合性自动化仪表制造企业。2006 年销售收入 32 亿元。

重庆还是中国大型变压器生产基地之一。重庆 ABB 变压器公司拥有世界一流变压器设计制造技术，其生产的 500 千瓦大型超高压电力变压器占全国市场份额的 47%。重庆水轮机厂的高水头冲击式水轮发电机组、低水头贯流式机组和高海拔运行机组的制造技术居国内领先地位，产品国内市场占有率达 25%。

重庆齿轮加工机床从设计到制造都代表了我国齿轮加工机床的最高

水准。可生产滚、插、剃、珩、倒五大齿轮加工机床，数控滚齿机床国内市场占有率达 60%。其中，重庆机床集团是目前世界上规模最大、产量最大的滚齿机制造商。

重庆船舶工业具有较完备的产业门类和生产体系。形成了以中央在渝的大中型骨干企业为主体，民营船舶企业为补充，综合配套，优势互补的产业群。在配套产品方面，基础件品种多，专业化程度高，船用柴油机、增压器、液压件、大型齿轮箱、仪表、重型铸锻件等产品在国内同行业中处于领先地位，部分产品达到了国际先进水平。同时，重庆船舶工业创建了市级企业技术中心 4 个，行业技术中心 1 个，具有较强的综合开发能力和成套装备制造能力，是我国船、机、仪、基础件最齐全的船舶科研与生产基地。2006 年重庆船舶工业主营业务收入、造船完工量以及船舶配套业主营业务收入在全国排位分别列居第 8 名、第 9 名和第 4 名。

3. 欣欣向荣的资源加工业

（1）化学工业

重庆是国家布局的西南化工基地和全国综合性化工基地。拥有化学矿山、化学肥料、涂料、颜料、化学试剂、催化剂及助剂、黏合剂、炸药及火工产品、信息化学品、塑料、合成橡胶、合成纤维、橡胶制品、化工设备制造等 17 个行业。有化工企业近 1000 户，生产 1000 多个品种、3000 多个规格的产品。目前已基本形成了长寿天然气化工、涪陵化肥、万州盐气化工三大化工基地。

（2）冶金工业

钢铁工业：现有年产钢 380 万吨、生铁 300 万吨、钢材 400 万吨、焦炭 300 万吨的综合生产能力。重钢集团现有年产钢 300 万吨生产能力，生产六大系列产品。

铝工业：重庆铝土矿储量 6.7 亿吨，位居全国第六。西南铝业集团是全国生产规模最大、技术装备最先进、品种规格最齐全的铝加工企业，有 70 万吨铝材加工能力。

锰工业：探明储量 6000 万吨，开采能力 130 万吨。

镁工业：镁合金单车用量及镁合金摩托车的装车量位居世界第一。

（3）医药工业

重庆是全国重要的中药材产地之一，大面积山区生长的野生和人工培植的中药材有 2000 余种。其中，石柱土家族自治县黄连产量居全国第一，是著名的"黄连之乡"。全市有医药企业 60 余家，主要产品包括化学药品制剂、化学药品原药、中成药及中药饮片、生物生化药品、兽药药品、医疗器械等。主要生产企业有太极集团（居全国中药行业第一位）、西南合成制药、西南药业、药友、三峡牧业、华邦、科瑞、大新、桐君阁、天圣、酉阳武陵制药厂等。其中，酉阳武陵制药厂是世界上最大的抗疟疾新药（青蒿素）原料生产基地。海扶（HIFU）公司的全球首台高强度聚焦超声肿瘤治疗系统（海扶刀）处于世界无创肿瘤治疗技术的前沿。

（4）食品工业

重庆食品工业门类较齐全，包括采盐业、食品加工、食品制造、饮料制造、烟草加工 5 个行业，覆盖了除制糖、水产品加工外的 18 个行业。主要生产企业有康师傅、乐百氏、娃哈哈、可口可乐、百事可乐、重啤集团、天友饮业、太白酒业、涪陵榨菜、鱼泉榨菜等。重庆啤酒（集团）有限责任公司年生产销售量居全国第四。"山城啤酒"为中国驰名商标。

（5）建材工业

重庆建材工业主要产品有水泥、建筑陶瓷、卫生陶瓷、玻璃纤维及深加工、化学建材、新型墙体材料、新型保温隔热材料、玻璃深加工等。主要有国际复合、拉法基瑞安、美心、福耀玻璃、南亚塑胶、顾地塑胶等 30 户重点建材企业。

（6）纺织服装工业

重庆纺织服装工业拥有纺织业（含棉纺织、麻纺织、毛纺织、丝绢纺织、印染、针织）、服装、羽绒、化纤、纺织机械制造、地挂毯制造 6 大类 11 个子行业。有 3000 多户纺织服装企业。重庆有丰富的纺织纤维资源，尤其是苎麻、兔毛、羽毛和竹资源充足。重庆苎麻品质优良，单纤支数可达 1900 支，苎麻纺织生产能力占全国 10%。重庆是中国重要的蚕茧和丝绸的生产加工基地，蚕茧产量居全国第一，现有缫丝规模 16 万绪。重庆有竹林面积 10 万多公顷，其中适宜做竹纤维纺织原料的慈竹、毛竹的年产量超过 100 万吨。石柱县是中国最大的长毛兔养殖基地，铜梁县是西部重要的羽绒制品加工基地。

4. 方兴未艾的高新技术产业

全市高新技术企业有 628 家，高新技术产品达到 1074 个。全年完成高新技术产业产值 1281. 19 亿元，比上年增长 31. 8%。其中高新技术产品产值 697. 06 亿元，增长 15. 0%，占全市工业总产值比重的 20. 4%。基本形成了医药制造业、医疗设备及仪器仪表制造业、电子及通信设备制造业、其他电子信息产品制造业、航空航天器制造业、电子计算机及办公设备制造业、信息化学品制造业七大领域。

按"一圈两翼"分布情况看，重庆市高技术产业呈现明显的一小时经济圈聚集分布。2007 年 1～6 月一小时经济圈增加值 37. 96 亿元，聚集了全市高技术产业增加值 92% 的份额。而渝东南、渝东北两翼共实现增加值 3. 34 亿元，仅占全市份额的 8%。

从地域分布看，全市共有 32 个区县分布有高技术产业，其中北碚区、渝北区、渝中区、九龙坡区、南岸区的高技术产业增加值规模排在重庆市的前 5 位，2007 年 1～6 月的增加值总量达到 30. 16 亿元，占全市的 73%，成为重庆市高技术产业的主要辐射地。但全市高技术产业增加值达到亿元以上的只有 9 个区，其他 23 个区县的高技术产业规模都比较小。

5. 实力雄厚的军事工业

"三线"建设时期，国家在重庆布局了一批包括从常规兵器到尖端科学在内的军事科技工业，并内迁了一批配套工业、大专院校及科研院所，从而奠定了比较完整的现代工业体系和国防科研生产体系。重庆现已成为全国最大的常规武器、船舶配套产品开发生产基地、国家重点支持的十大装备制造基地之一。重庆现有 38 户军工企业和科研院所、23 家军品配套企业，涉及兵器、船舶、电子、航空等领域，资产总额超过 550 亿元，职工 12 万余人。

2006 年，重庆工业企业实现的 4202 亿元销售产值中，以汽车摩托车、装备制造为代表的军民结合产业实现产值超过 1000 亿元，占全市工业总产值的 1/4。军工溢出效应产生的民营企业和国防配套产业实现产值占全市工业总产值的 1/3。重庆市政府亦在"十一五"工业发展中提出，将更加注重完善军民结合产业链条和配套体系，着力打造内燃机、环保成套设备、仪器仪表、军事装备四个国家级装备研发基地。

二、重庆市提高自主创新能力和发展优势产业的创新和实践

（一）提高自主创新能力的实践及成效

重庆市采取多种有效措施使自主创新能力得到显著提高，并取得重大成效。

1. 科技投入逐年提高

2005 年重庆市企业 R&D 人员达到 1.7 万人年，比 2000 年增长 104.2%。全市企业用于技术创新的经费支出为 23.9 亿元，占全市 R&D 经费支出的比重达 74.6%。

2. 技术中心助推重点企业发展

重庆市现有国家认定企业技术中心 9 家，市级认定企业技术中心 80 家，市级认定行业技术中心 5 家。企业技术中心已经成为重庆市企业技术创新的绝对主力。全市 2634 家规模以上企业中，有 73 家市级及其以上企业技术中心企业，其科技活动产出总额达 30.4 亿元，科技活动投入强度（科技活动支出占销售收入的比重）达 4.1%，比全市 435 户大中型企业科技投入强度高出 1.3 个百分点；专利申请数 2139 件，为全市企业专利申请数的 75.8%；实现新产品产值 434.5 亿元，占规模以上企业新产品产值的 83.6%。

表4　全市企业技术创新投入情况表

指　标	单位	2000 年	2001 年	2002 年	2003 年	2004 年	2005 年
企业 R&D 人员	人年	8376	9642	9933	9796	13562	17105
占全市 R&D 人员比例	%	51.8	58.5	56.5	55.2	65.4	68.7
企业 R&D 经费支出	亿元	61449	57839	93441	124948	167999	239240
占全市 R&D 经费比例	%	61.5	57.9	74.0	71.6	71.0	74.6

3. 高新技术提升产业创新发展水平

"十五"期间编制的《重庆市传统产业改造提升规划》，结合高新技术的推广应用，推动了占重庆工业绝对主导地位的传统产业的改造升级。在此期间，启动实施了 29 家试点企业的"前台设备数控化改造工

程"，通过数控改造提升了企业的装备水平；重庆汽车摩托车产业、装备制造业的重点企业纷纷搭建了以计算机辅助设计为主的数字化设计平台，提高了企业的产品开发能力；另外，通过生产过程控制技术还提升了企业的工艺技术水平。

4. 科技资源开放共享成效突出

第一，通过打造重庆市应用技术研究院、农业科学院、计量质量检测研究院和科技检测中心等一批重点科技公共服务平台，使得科研机构力量分散、创新能力不强的局面正在逐步改变。

第二，随着"一网九库"等科技资源共享平台建设的稳步推进，目前加入大型科学仪器资源共享平台的协作单位约 50 家，入网仪器总数达 1050 台（套），入网仪器总价值近 7 亿元。

第三，组织策划并遴选一批重大项目积极向国家推荐，争取国家科技计划支持实现突破。

第四，科技对外开放度实现大幅度提升。2005 年与英国驻渝总领事馆联合举办了中英科技合作年启动仪式并签署合作协议；中俄军转民科技产业基地建设得到批准；与德国在 MEMS 领域的合作取得中德两国科技部的支持；与中国科学院、清华大学、同济大学等著名院校建立了长期科技合作关系，引进科技项目 30 个，转化成果 22 项；与京、沪、鄂、粤、港签订了"5 + 1"技术产权交易平台合作协议，争取上海、浙江对口支援三峡库区的科技工作，援助资金累计达 1500 万元。

5. 技术创新人才队伍扩大

通过"十五"期间的发展，相对集聚和稳定了一批专业人才队伍。到 2006 年底，全市拥有各类科技人才 70 余万人，其中两院院士 10 名，"千百万人才工程"一二层次人选 39 名，直接从事科技活动人员 6 万人。全市大中型企业拥有直接从事研发活动的科技人员 3.1 万人，工程师 2 万人。近年，还有大批海外留学人员返归重庆进行创新创业。

（二）发展优势产业的创新和实践

1. 汽摩产业

（1）高起点引进技术，巩固产业基地地位

从 20 世纪 80 年代初开始，重庆市三大汽车企业陆续引进铃木微型车及经济型轿车技术、五十铃商用车技术、斯太尔重型车技术；21 世纪，又引进世界知名汽车生产企业福特公司与长安公司，合资成立长安福特汽车有限公司。除福特、铃木、五十铃、斯太尔这些国际品牌外，长安、庆铃、红岩也已成为国内知名度很高的品牌。较为齐全的产品品种、先发优势形成的生产规模、高起点引进的技术体系和品牌，为重庆市成为全国第三大汽车生产基地打下了坚实的基础。在摩托车产业方面，自 1999 年以来，重庆已连续 6 年位居全国摩托车产销量第一、发动机产销量第一。近几年，重庆摩托车在全国的市场份额都在 30% 左右，尤其是发动机，占全国产量一半以上。

（2）发挥老工业基地优势，加强机械加工配套能力

重庆市老工业基地较为完备的配套基础为汽车工业的发展创造了良好条件，引进的国外技术能很快在本市实现大部分的国产化，形成较为齐全的零部件配套体系。除整车外，汽车的关键部分都有相应的配套厂家，涉及重、轻、微、轿车发动机、变速器、前后桥、转向器、制动系统、悬架、车身系统等。目前，市内相当一部分关键零部件在全国已有一定的影响和市场份额，部分零部件企业已走向世界，进入跨国公司的全球采购体系。

老工业基地较为完善的工业配套体系是重庆摩托车工业得以快速发展的基础。重庆市有近 1000 家品种齐全的零部件企业，工业总产值近百亿，在全国同行业中的比重接近 40%。零部件企业不仅配套能力强，而且与主机厂的协同配合、联合作战的能力也是国内其他摩托车生产板块无法抗衡的。

（3）发挥人力资源优势，为产业发展注入强有力资本

作为老工业基地，重庆市有着丰富的人力资源，有专门的科研院所和一批高级专业人才，有一批素质较高、劳动力价格相对低廉的技工队伍。几所大专院校设有汽摩专业，可以源源不断地为汽摩工业输送新鲜血液。此外一大批技术熟练的工人和普通技术人员，由于地处内地，工资相对较低，使劳动力成本极具优势，增强了产业的市场价格竞争优势。

（4）鼓励民营资本进入，增强产业活力和竞争力

重庆市一些有资金优势，又具有大规模生产经验的民营企业正通过资产重组或收购股权的方式进入汽车整车行业，部分摩托车零部件

企业已涉足汽车零部件行业，他们在市场竞争中建立起来的较强的成本控制能力和市场运作经验，给汽摩工业注入了新鲜的活力和强劲的竞争力。

2. 装备制造业

形成了一批在国内市场上具有比较优势的产品，包括为国家重大装备和重点建设项目提供配套产品、工业自动化仪表和元件、武器装备、能源开发和输送产品、船舶及齿轮加工机床等。并通过加大研发和生产力度，形成了较强的加工配套能力。此外，形成了一支具有较强实力的技术开发队伍。全市大中型企业有技术开发机构 158 个，其中国家级技术开发中心 8 个，市级企业技术开发中心 72 个，博士后流动工作站 7 个；具有工程师以上职称的技术人员 42 万人，其中大中型企业有 16 万人（装备工业 8971 人）；各类高等院校 29 所，其中 15 所都设有与装备制造业相关的学科和专业。

3. 资源加工业

（1）依托优势资源，构建资源加工产业链

重庆市具有丰富的矿产和生物资源，部分资源在全国具有较大优势，依托各种优势资源，重庆加大产业建设力度，逐渐形成了具有独特优势的煤炭、冶金、化学、轻纺等产业链。

（2）创新管理体制，加强行业管理

结合企业和行业管理部门的自身特点，创新管理体制。如石柱在建立煤矿安全长效机制，綦江在细化煤矿安全生产准入条件，万盛在矿井开采权和安全绩效挂钩等方面为全市煤炭行业和安全管理提供了宝贵的经验。

（3）强化资源开发利用与保护协调发展理念，构建资源加工业的可持续发展机制

做好现有资源合理配置工作，指导企业加快推进用高新技术和先进适用技术改造与提升传统产业的步伐。淘汰落后装备、落后工艺，对物耗能耗高、严重污染环境的产品和企业加以限制发展，对国家产业政策明令禁止的项目严格控制，防止重复建设。

（4）注重品牌建设，加强产品市场竞争力

如西南铝不仅能生产国内其他厂家无法生产的大锻件、大宽板，而

且能满足产品内部组织性能和力学性能等方面的高标准要求，其生产的"白云"牌、"西南铝"牌、"燕"牌铝材已连续多年产销量居全国第一，产品出口欧美、东南亚、中东等 30 多个国家和地区，使西南铝产品成为中国铝加工第一品牌。

（5）整合资源优势，建立产业园区

重庆化学工业布局结构经过初步调整，已形成了长寿化学工业园区、涪陵化肥工业基地和万州盐气化工基地三大化工板块的基本格局。目前，长寿化工园区的基础设施与公用工程配套建设、招商引资工作顺利开展，一些国内外大型化工企业纷纷进驻，主城区化工企业改造搬迁也部分进入了化工园区，园区建设呈现了加速发展的景象。2004 年化工园区、化工基地的生产总量已达到全行业的 45% 左右，为重庆化工全行业的发展提供了强有力的支撑。

4. 高新技术产业

（1）强化机电一体化产业优势

形成了以汽车摩托车机电产品为主，通用机、电子产品为辅的产业结构。"两车"成为带动重庆市高新技术产业发展的"火车头"，"两车"及其配套高新技术产品产值增幅达 50% 以上，产值分别占到机电一体化产业和全市高新技术产品产值的 70% 和 55% 以上。

（2）凸显生物工程产业成果和人才优势

生物工程产业高新技术产品产值超过 35 亿元，产值规模在五大高新技术产业中排第 3 位，在全市工业五十强中，医药企业有 6 家。生物医疗器械已经初具规模，到 2003 年属于高技术医疗器械产品的有 82 个，拥有自主知识产权的药品 6 大类。一批国家和市级重大科技项目的实施，为生物工程产业的快速发展储备了一批科技成果。有以聚焦超声系列仪器为代表的具有世界先进水平的医疗仪器，一大批医疗器械产品具有一定的市场知名度，已成为西部医疗器械的主要生产基地。

（3）大力发展电子信息产业

重庆信息网络建设名列全国第二，具有全国自主研发能力最强，系统配套及成套能力最强，产品门类齐全、产业规模最大和智能仪表产品产值最大的嵌入式仪器仪表生产基地。具有良好的网络与信息安全理论研究与应用开发基础，有一支长期致力于网络与信息安全研发和产业化的人才队伍；基本形成 MEMS 技术及产业发展的研究群体；建立了国内第一个 IPv6 城域商用实验网；具有较好的 3G 研发基础，参与制定了 TD-SCDMA 第三代移动通信标准，自主开发 TD-SCDMA 手机芯片，研发出中国第一部具有自主知识产权的 TD-SCDMA 手机样机，建立了第一个 TD-SCDMA 现场实验网。

（4）发挥新材料产业的后发优势

新材料产业高新技术产品产值超过 60 亿元，产值规模在五大高新技术产业中排第 2 位。新材料出口达到 1.6 亿元，占出口高新技术产品总额的 45%。具有一定规模的新材料、新产品已有研究基础，特别是镁合金产业已成为我国镁合金研究和产业化发展的重要基地之一。重庆作为全国两个综合化学工业基地之一，有发展天然气化工材料良好的基础条件，国内外已经工业化的天然气化工工艺技术在重庆几乎都得到了开发，使重庆成为国内品种最齐全、技术最先进、规模最大的天然气化工材料基地。

（5）整合资源，初步形成高新技术产业园区

高新区、经开区、大学科技园和渝北现代农业科技园 4 个国家级园区内聚集的企业已超过 7200 家，其中高新技术企业约 300 家，高新技术产业产值超过 270 亿元，占全市的比重约 36%；高新技术产品产值近150 亿元，占全市的比重约 34%。

三、重庆市自主创新能力和优势产业存在的主要问题

（一）自主创新存在的问题

1. 高等院校科技创新能力欠缺，成果转化率不高

由于资金缺乏、技术不配套、技术成熟度不够、产学合作不信任以及科技创新的目标差异等原因，重庆高等院校创新产出水平低，成果转化率不高。2005 年被 SCI、EI、ISTP 等收录的科技论文数为2012 篇，虽然比上年有了大幅提高，但在全国的位次并不理想。2006 年，全市高校共申请专利 487 项，较上年增加 99 项，获专利授权 207 项，较上年增加 90 项。但专利总量仍然较少，且高校专利申请仅占全市职务专利申请总量的 6.6%，而在全市获得授权的职务专

利总量中，高校仅占 4.4%。同时重庆市高校技术转让项目较少，合同金额较小。

2. 国家级科研院所数量少，市属科研院所创新能力有待提高

重庆是全国唯一没有中国科学院分支机构的区域。从中央属科研机构数量分布看，北京有 168 个，上海有 80 个，广东有 17 个，重庆只有 11 个。重庆的市属科研院所脱胎于原来的计划单列市，基本上属于中小型科研机构，有的甚至是微型机构，实力弱，创新能力差。具体表现为：一是规模较小，院所平均拥有在册员工 92 人，不足 50 人的达 11 个，平均拥有固定资产 970 万元，只相当于国家级院所 10% 的水平；二是装备落后，拥有科研中试基地的院所不到总量的 30%。

3. 企业研究开发投入不足，产学研脱节

企业研究开发投入与销售额的比例是国内外衡量新产品开发能力的通用指标。2004 年重庆企业平均研销比为 0.64%，远低于全国平均水平，而发达国家已经达到 5%~10%。在重庆现有的 2243 户规模以上工业企业中，有 R&D 活动的工业企业 350 户（其中大中型企业 149 户），占总数的 15% 左右，显示企业研究开发还很不足。

此外，重庆产学研脱节明显。重庆技术创新的薄弱环节是产业核心技术、关键共性技术的系统开发和工程应用研究，企业在研发和生产过程中面临的众多技术难题攻关急需高校、科研院所的共同参与。由于技术交易平台和中介服务机构不发达，产学研各方面的价值取向、思维方式和奋斗目标有差异，重庆科技界与经济界没能实现自发、互动、积极的配合。科研院所（校）改制后形成的科技型企业与原有的服务对象形成竞争，削弱了其从事共性技术研究的力量和为行业服务的积极性；同时企业追求短期效应的思想更增加了产学研合作和创新成果推广转化的难度。

中试机构建设缓慢是重庆企业自主创新的又一亟待解决的问题。重庆大部分企业仍采用与现行生产穿插混装的方式进行新产品试制，既耽误现行生产任务，增大了研发成本，又不利于开发人员及时了解问题、更正错误，极大地影响了新产品的开发质量和开发速度，不利于企业快速响应市场并获得更大的份额和附加值。

（二）优势产业存在的主要问题

1. 汽车摩托车产业存在的问题

（1）企业缺乏持续有力的技术支撑

一是企业缺乏持续稳定的技术来源，企业技术中心的研发能力还不能完全满足企业新品开发的需要。二是研发投入少。企业真正用于产品研发费用占销售产值的比重还不到3%。由于知识产权得不到应有的保护，为应对激烈的竞争，多数企业把主要精力放在市场营销上，导致拥有自主知识产权、原创性的新技术和新车型推出较慢。三是缺乏公共技术服务平台。目前，国家摩托车质量监督检验中心（重庆）已建成，快速成型服务中心、电子商务系统、摩托车专利检索中心已开始启动，摩托车技术开发还急需一批服务平台，如：摩托车工程技术中心、国家级摩托车检测中心、符合国际标准的试车场、摩托车出口预警监测系统等。

（2）汽车零部件体系发展滞后

重庆市的汽车零部件工业起步较晚，生产体系基本上是在原有老军工企业、国营企业的基础上建立起来的，加之整车企业技术来源不同，配套系统相对割裂，配套企业产品单一，专业化、系列化程度低，规模小，开发能力弱，不能适应零部件工业系统化、模块化供货的发展趋势。高水平的零部件企业很少，无法对重庆市整车企业起到相应的支撑作用，与重庆市汽车工业在全国的地位极不相称。同时有比较优势的配套企业多数只立足于原有的配套对象，市场开拓不够，生产潜能没有很好地发挥出来，在电子技术产品方面尤为落后，汽车电器和电子产品基本上都是依靠外地供应。

（3）摩托车行业发展环境不佳

消费税制约了摩托车工业的发展，尤其是国有控股企业和大企业。同时，许多地方政府对摩托车产品设置了大量的市场壁垒。目前国内有100多个大中城市"禁摩"，据权威人士分析至少有 1 亿多最有消费能力的消费者被排除在摩托车消费市场之外。这种格局尤其损害技术含量高、排量大的摩托车发展。

（4）存在大量规模小、管理差、效益低、布局分散的小型摩托车企业

这些小、散企业的存在使生产能力严重过剩，各企业频繁发动价格

战，通过削价来获得生存空间，竞争恶性发展，导致整个行业利润逐年下滑。不仅如此，出口市场也存在无序竞争的问题。我国最先出口到越南市场上的摩托车，最多可卖 800 美元/辆，而近两年，国内一般品牌摩托车的零售价不到 300 美元/辆。

2. 装备制造业存在的问题

（1）总体竞争力不强，缺乏具有核心竞争力的大型企业

重庆市能进入国家重点工程和重大技术项目的产品和企业极少。到 2004 年，规模以上装备制造业企业共计 1063 家，但年销售产值上百亿的集团仅长安股份公司一家。据机械工业联合会对全国机械工业 2003 年销售产值 3 亿元以上的 322 户企业排位，全市入围企业仅 16 户，占 4.6%；全国工商联 2002 年中国民企 500 强排序，重庆民企仅占 12 户，其中属机械工业的企业仅 5 户。

（2）对内对外开放力度不够

重庆市机电产品出口额 2004 年占全市出口的 59.5%，但总量仅 12.3 亿美元，不及广东一个发达乡镇。同时出口的机电产品以技术含量较低的摩托车及零部件为主，高技术、高附加值的产品出口比重很低。重庆市装备制造业所有制结构单一，国有经济比重过大，民营资本进入装备业的比例甚低，管理体制和运行机制障碍突出，对外开放滞后和迟缓。除 ABB、康明斯、斯太尔、铃木、五十铃外，没有其他世界 500 强著名企业落户重庆装备制造业，与东部和中部发达地位相比，国际化进程差距巨大。

（3）自主创新能力较弱

虽然重庆市装备制造业形成了较为完整的制造体系，但以企业为主体的技术创新体系尚未形成，自主开发和技术创新能力总体上十分薄弱，大多数装备制造业企业没有建立起较强的技术中心，尚未成为技术创新的主体，现在还只是"加工基地"。30% 的主要机械产品的制造技术依靠国外引进，原创性的技术和产品稀少，全市装备制造业规模以上企业获国家批准专利仅 400 余项。

（4）成套能力较差，没有形成有机的、强大的产业链

重庆市拥有一批有一定加工实力的企业，零部件、元器件及单机制造能力较强，但没有形成以大型单机制造厂为核心、上下延伸

的强大产业链。成套能力薄弱是重庆市装备制造业发展一直未解决的一个瓶颈，致使装备制造业的总体规模、经济效益和竞争力难以提高。

3. 资源加工业存在的问题

一是资源总量不足，门类不全，优势矿产少，人均资源量较低，关键矿种品质不高，如铝土矿的铝硅比低，锰矿、铁矿的磷含量高。二是受勘探周期长、投入高、技术经济条件等制约，镁矿、硅矿等勘探程度低，尚未获取可大规模开发的资源储量，锰矿、锶矿等探明储量可开采服务年限短。三是部分优势资源开发利用受到管理体制约束，资源的供应与产业发展矛盾较大。四是资源开发利用水平总体不高，部分矿山开采秩序混乱，经营管理粗放，"采富弃贫"、破坏生态、污染环境等问题突出；自主创新能力弱，产品档次不高，附加值低；产业链条短，资源转化程度和综合利用水平低，综合效益不高。五是生物资源的基地建设在标准化、规模化、优质化等方面还不适应加工业的需要，龙头企业力量薄弱，原料生产与加工、流通脱节。六是重庆市地处长江上游和三峡库区，一些资源加工业要兼顾发展与环保，成本相对较高。七是钢铁等行业对市外资源依赖度高，产业规模和运行质量受到影响。

4. 高新技术产业存在的问题

一是体制机制尚不能满足市场经济体制要求，以企业为主体的科技创新和产业化发展体系尚不健全。二是科技创新整体水平低，高水平科技成果少。三是科技创新集成度低，创新分散，难以支撑形成具有整体优势的高新技术产品。四是创新平台分散，科技资源共享不足，缺乏有效整合的机制创新。五是高新技术产业总量小，三大先导产业比重低，信息工程、生物工程、环保工程三大先导产业产值占全市产品产值的比重不到20%。六是国际化水平不高。七是集聚度低，集成和辐射功能弱，产业缺乏整体竞争优势。八是留住人才、吸引人才、人尽其才的环境有待进一步完善。九是投融资体系不健全，技术开发和产业化发展融资难度大，资金投入少。十是政策法制环境有待进一步完善。

四、重庆市提高自主创新能力和发展优势产业的战略思路和对策建议

（一）提高自主创新能力的战略重点和对策建议

1. 战略重点

针对当前重庆市提高自主创新能力存在的问题，结合其优势和发展机遇，提高自主创新能力应着重从以下五个方面入手：

（1）研发试验能力建设

"十一五"期间，全面促进大中型企业特别是工业50强和66户增长型企业的研发基础试验设施和产品开发平台的建设完善，优化提升优势行业和重点企业的研发试验手段和新产品开发能力，形成较强的技术创新硬软件支持能力。"十一五"期间，重点建设10个国家级水平的研发试验平台、20个行业先进的重点设计开发平台、30个重点研发试验室。

（2）重大新产品产业化

"十一五"期间，全面加强新产品开发与产业化，全力推动自主创新。新产品产业化包括各行业中通过技术、工艺、企业、资金、人才、管理等方面的引进，消化吸收相关技术和再创新而实现的新产品产业化。如化工行业的天然气甲醇化工及下游产品、乙炔化工、盐气化工、石油乙烯化工下游产品和IT产业的集成电路、电子元器件、信息家电等重点领域的发展。重大新产品产业化工程的重点是促进60个具有自主知识产权重大新产品项目的产业化，建立完善重大产品开发流程，研究掌握相关核心技术，支持有条件的企业积极参与行业、国家与国际标准的制定工作，取得50项以上的发明专利，实现年新增销售收入600亿元以上的产出能力。

（3）企业技术创新体系建设

重点加强企业技术创新机构和运行机制的建设完善，建立面向市场以技术中心为主体的企业技术创新体系。大中型企业原则上都要建立技术中心，工业50强和66户增长型企业全部建立技术中心，并完善技术中心的运行机制。

（4）社会服务支持体系建设

增强社会对企业技术创新的服务支持能力，建立优良的企业技术创

新社会服务支持环境。重点加强中介服务平台、企业信息化技术公共支持平台、企业设计研发社会支持服务平台、信息和知识资源共享平台、创新基础设施公共支持平台等方面的建设。

（5）高新技术推广应用工程

推动高新技术和先进适用技术向传统产业的渗透与融合，用高新技术增强传统产业的创新能力，提高产出能力。"十一五"期间，重点促进装备数控技术、模糊控制技术、节电技术、现场总线控制技术、虚拟设计制造技术、嵌入式软件技术、超微粉碎技术、二氧化碳超临界萃取技术、纳米技术、生物技术 10 大高新技术的推广应用。

2. 对策建议

（1）增加科技资金投入

积极贯彻国家促进企业增加科技投入的税收优惠政策，调动企业加大投入的积极性，引导企业提高 R&D 经费在科技经费支出中的比例，加大自主创新的投入。引导改变企业生产型技改资金的投资结构，逐步提高技术创新资金在技改资金中的比例，使技术创新资金占企业全部技改资金投入的比例达到 25% 以上。建立完善风险投资机制，充分发挥各种担保、融资机构的作用，更好地吸纳金融机构、社会资金的投入。建立企业技术创新风险投资基金，为重大创新项目提供融资支持，推动重大关键技术的研究突破。

（2）加大财政政策支持力度

执行积极的财政政策，延长政府出台的企业新产品开发扶持政策的执行期限，继续调动企业新产品开发的积极性。保持产业技术研发资金设立的连续性，随着财政收入的增长增加资金额度，重点用于促进自主创新的战略重点的实施。

（3）加强环境建设

一是创新意识环境建设。提高市民特别是政府职能部门、企业和社会各界领导的创新发展意识，建立积极向上创新意识环境。二是创新诚信环境建设。持续改进完善技术创新法律法规环境，加大知识产权保护力度，加强社会职业道德的宣传教育，培育诚信企业、诚信社会、诚信市民，建立公平、公正、有序竞争的创新发展氛围，营造优良的创新诚信环境。

（4）集聚培养人才

要发挥人才支撑保障作用，实施人才强市战略。把握培养、吸引、用好人才三个环节，建立健全人才投入、创业、评价、激励四大机制，搞好经营管理人才、专业技术人才、高技能人才和农村实用人才队伍建设。落实高级技术人才引进的优惠政策，以骨干企业为重点形成吸引人才、充分发挥人才作用的优良软硬环境，有计划地组织企业开展国内外高级专业人才的招聘活动，吸引国内外专业人才、海归学者等加入企业技术创新人才队伍。鼓励重大技术创新项目的项目经理和骨干研究人员通过招聘和竞争的方式产生，形成项目集聚人才的发展机制。加强创新人才的培养提高，为创新人才提供在职深造、不断获取新知识的渠道，采用自主培养、国内外联合培养等有效途径，提高创新人才的能力和水平。并通过委托高校、校企联合定向培养硕士以上高层次创新专业技术人才，结合企校共建重点研究开发实验室，加强"本土化"高级技术人才的培养。重视高级技术工人的培养，通过职业教育、定向培养等方式，培养大批高技能的适用性强的高级技术工人队伍，为技术创新提供加工操作层面的人才支持。

（5）完善提高自主创新能力建设的相关制度

一要加快建立以企业为主体、市场为导向、产学研相结合的技术创新体系，建立技术入股和技术期权制度，通过对创新技术的评估、作价、折股，推进"技术资本化"。二要改善技术创新的市场环境，加快发展创业风险投资，加强技术咨询、技术转让等中介服务。三是要加强知识产权保护，建立健全知识产权保护体系，加大保护知识产权的执法力度。通过增强自主创新能力，调整产业结构、转变经济增长方式，为经济长期平稳较快发展，建设资源节约型、环境友好型社会提供"重要支撑"。

（二）发展优势产业的战略思路和对策建议

1. 战略思路

（1）大力发展汽车摩托车工业，建设汽车名城和摩托车之都

汽车工业以国家《汽车产业发展政策》为依据，按"一城多园"的框架格局，扩大与跨国公司的合资合作，打造"汽车名城"。一是搭建汽车研发平台，建设汽车摩托车综合试验场，整合大专院校和科研院

所的科研力量，加强汽车基础技术研究；二是要加大力度突破体制限制，走集团化发展道路。通过对资产、技术、品牌、销售网络等要素的优化重组，形成2～3家生产规模较大、有较强竞争力的整车大型企业集团。三是充分发挥优质商用车资源的优势，重点支持培育发展价值含量高的改装车、专用车。四是跟踪新一代节能环保汽车的发展，整合资源，协调推进研发、试制和生产准备工作。到2010年，汽车工业初步建成宽系列、多品种、多品牌、专业化、集团化的汽车工业生产体系，在研发、生产、贸易、服务、物流、金融等方面全方位发展。

摩托车实现由"数量扩张型"向"质量效益型"的转变，提高竞争能力，建设"摩托车之都"。加强大排量摩托车整车和发动机开发，着力在提高"三性"（经济、安全环保、可靠）上下工夫，增强企业的自主创新能力，80%以上产品具有自主知识产权，主导车型达到20世纪末21世纪初国际先进水平；形成高质量、多品种、宽系列35-1500CC的产品结构；建成3～5家具有较强国际竞争力的大集团，培育3～5个国际著名品牌。

加快推进汽车摩托车零部件基地建设，推动零部件企业组织集团化、技术产品专业化、生产经营规模化、市场网络国际化，引导摩托车配件企业进入汽车配件领域。以30户汽车摩托车零部件重点企业为骨干，发挥产业集群作用，加大力度引进国内外知名企业，推动零部件企业提高自主创新能力，做大规模，打造汽车摩托车零部件小巨人，逐步实现与市内及国内汽车摩托车整车厂新车型同步开发配套，甚至提前预开发。通过应用电子控制技术，采用新工艺、新材料，进行系列化、模块化设计等方式，不断提升零部件品质，并争取进入国际市场。重点支持制动器、变速箱、增压器、转向器、车桥等总成零部件产品。培育发展汽车电子控制元件。

（2）发挥优势，突出重点，提高制造和成套水平，把重庆打造为西部地区最大的现代装备制造业基地

装备制造业要依托重点工程，强化政策支持，以信息技术广泛应用为手段，以机电一体化为重点，通过技术引进、合作开发、自主开发等多种形式，提高重大装备设计、制造和成套水平，发展数控化、智能化、集成化的机电一体化装备产品，促进成套设备与零部件配套企业协

调发展，培育一批知名品牌，推动产业结构优化升级。

建设内燃机、环保成套设备、仪器仪表、军事装备4个国家级装备研发生产基地。发展输变电成套设备、数控机床、船舶及配套产品等优势装备制造行业。培育轨道交通设备、建筑工程机械及大型结构件、能源开发成套设备、模具等重点产品。

（3）立足资源优势，大力发展资源加工业

一是加快能源建设，为工业经济发展提供保障。坚持市内开发与市外合作相结合，统筹电、气、煤等能源建设，构筑经济、安全、清洁的能源保障体系，并不断提高能源保障的可靠性。二是大力发展天然气及盐化工、精细化工、石油化工，建设现代化化工基地。主要以重庆及周边地区丰富的天然气等化工资源为基础，以大型化工骨干企业为依托，建设一批特色化工小区，培育化工产品交易市场。通过做大做强天然气盐气化工，加快发展精细化工产品，把重庆打造成长江上游的综合化工高地和我国最重要的现代化天然气化工基地，形成石油化学工业新的基地。三是大力发展钢材、铝、镁、锰等冶金工业。四是加大建材工业结构调整力度。大力发展新型干法水泥、新型墙体材料、无机非金属新材料、装饰装修新材料和高档陶瓷、高档化学建材；淘汰小水泥、小玻璃和实心页岩砖，提升建材工业档次，优化产品结构。五是加大市场开拓力度，实施品牌战略，形成独具特色的轻工产业。提高包括食品工业、家用电器制造业、日用硅酸盐工业、日用化学品工业、五金工业、包装制品工业、皮革工业、家具工业、造纸工业、工艺美术制造业等在内的轻工产品的知名度，形成具有较强竞争力的市场品牌。六是建设西部地区有影响力的纺织服装工业基地，利用资源优势，重点发展棉麻纺织、茧丝绸加工和服装产业。七是推进医药行业结构调整和优化升级，壮大医药制造业。巩固发展化学原料药；促进以青蒿、黄连为代表的中药跨越式发展；培育发展生物医药、医疗器械和兽药；加大资源整合力度，实现优势互补，推动医药研发、生产、营销、卫生系统的相互促进发展。

（4）实施"1162工程"，促进电子信息产业发展，打造以信息产业为代表的长江上游高新技术产业基地

"以信息化带动工业化，工业化促进信息化"，以走新型工业化道

路为契机，以信息化建设和百亿项目实施为牵引，以产业基地为载体，通过加大招商引资和对外合作，促进电子信息产业加速发展。"1162 工程"，即 2010 年实现销售产值 1000 亿元，完成投资 100 亿美元，重点发展集成电路、软件及信息服务、电子元器件、通信产品、智能化仪器仪表及数字医疗、信息家电 6 个产业领域，全力打造北部新区电子信息园和西永电子工业园 2 个产业基地。

2. 对策建议

（1）加强财税支持力度

充分发挥财税的市场杠杆调节作用，以财政贴息、专项补助和税收优惠等政策为导向，吸引民间资本、金融资本和国（境）外资本，发挥财税资金的投资乘数效应，加快重庆优势产业发展和基地改造。一是用好国家和市级现行的有关技术改造、新产品开发等政策，增加工业投资。二是提高企业自主创新能力，促进重点产业集群发展。三是提高固定资产折旧率和缩短无形资产摊销期限；贯彻落实好国家有关扩大企业研发经费加计扣除的税收优惠政策；提高计税工资税前扣除标准。四是结合重庆老工业基地改造、国有企业改革造成城镇失业人员较多的实际，多渠道筹集社会保障资金，减轻老工业基地改造发展的失业压力；筹集专项资金，加大再就业资金投入。五是充分利用国家三峡库区产业扶持政策，对三峡库区企业给予的财政支持和税收优惠。六是建立品牌战略资金，鼓励企业创名牌产品和驰名商标。七是积极争取国家在"十一五"期间继续对三线调迁企业和扎根艰苦地区的三线企业，以及三线合资企业实施税收优惠政策，促进三线企业充分利用军工技术，加快民品的发展，为国防建设和地区经济发展做出贡献。

（2）优化金融信贷结构

一是要充分发挥国有商业银行和政策性银行信贷资金优势，支持优势产业结构调整和企业改造。二是改善信用环境，调整信贷投向，确保银行信贷对企业技术改造、产权改革和产业升级的支持。三是贯彻落实国务院《关于鼓励支持和引导个体私营等非公有制经济发展的若干意见（国发〔2005〕3 号）》文件精神，加大对非公有制经济的支持力度。贯彻执行《中小企业促进法》，采取政府搭建平台，建立中小企业信用担保公司担保等形式，抓好中小企业贷款试点城市工作，促进中小企业的发展。

（3）多种方式吸引人才

应设立"重庆市工业人才开发基金"，用于引进开发高层次人才、奖励有突出贡献的人才和培养高水平的专业技术人才，特别是国家"百千万人才工程"人才。鼓励现有人才带成果、带项目、带技术、带资金进工业园区或高新技术产业园、大学科技园创业，在市场准入、项目支持、地方税费、信息服务等方面给予优惠。简化人才引进程序，并对其配偶、未婚子女优先解决落户、就业、入学等问题。

（4）扩大开放加快发展

鼓励招商引资和扩大出口的政策，如招商引资奖励政策，出口产品生产、研发和技术或设备引进的贷款贴息政策，开拓国际市场的信息服务政策，以及与国际市场接轨的其他发展政策等。

（5）积极争取国家扶持政策

对重点行业结构调整进入国债投资项目计划；提高国家对矿产开发沉陷区补助资金比例，加强地质和生态恢复治理；对资源枯竭地区，国家给予产业替代和下岗职工安置的资金补助；解决中央直属企业下放前的历史遗留拖欠工资和其他欠账等。

从资源大省向经济大省转变

——新疆提高自主创新能力深化优势资源转化战略调查研究

新疆作为我国最大的边疆省份，自然环境独特，地域辽阔，蕴藏着无比丰富的特色资源，在能源和矿产资源的总量及内部组合上具有明显的比较优势，是我国重要的能源、资源战略基地。长期以来，新疆经济增长和产业发展主要就是建立在"资源主导型"基础之上的。但新疆区域创新能力不强，资源转化层次较低、附加值不高、特色优势产业自我发展能力不强，这成为制约新疆经济发展的重要原因。因此，全面增强自主创新能力，提高优势能源、资源的综合利用效率，提升产业核心竞争力，促进特色优势产业尽快做强做大，实现资源优势向产业优势、进而向经济优势转化，成为加快新疆现代化进程、实现跨越式发展，尽快缩小与中东部地区差距的必然选择。

一、新疆自然资源富集

新疆拥有极为丰富的能源、矿产、水、土、光、热等自然资源，是新疆特色经济和优势产业赖以发展的基础。

一是具有得天独厚的光、热、水、土资源。全区农用地面积9.46亿亩，现有耕地6160多万亩，人均3亩；牧草地面积7.7亿亩，居全国第三位；后备耕地2.23亿亩，居全国首位；宜农荒地1亿多亩，可利用草场7亿多亩，是我国最重要的土地资源后备地。共有大小河流570条，地表水年径流量884亿立方米，地下水可开采量252亿立方米，人均水资源量5500立方米，是全国人均数的2.25倍。太阳能理论蕴藏量1450～1720千瓦时/平方米×年，年日照总时数2550～3500小时，位居全国第二位，适宜棉花等长日照植物生长，有利于糖料、瓜果等经济作物的生长。

二是具有极为丰富的矿产资源。新疆位于东半球古生代六大板块接合部，成矿地质条件优越，齐全配套，是我国最重要的一个矿产资源省区。全区形成了以油气、煤炭、有色金属为优势矿产资源的基本格局，为发展特色工业提供了雄厚的物质基础。近年来，开发利用优势矿产资源在新疆经济建设和社会发展中占有举足轻重的地位，已成为新疆经济支柱产业。目前已发现矿产 138 种，占全国已知矿种的 80.7%，居全国第二位。探明资源储量的矿种为 79 种，有 8 种列全国首位。其中能源矿产 7 种，金属矿产 43 种，非金属矿产 84 种，地下水 4 种；储量居全国前 10 位的达 43 种。石油资源量为 208.6 亿吨，占全国陆上资源量的 30%，居全国第二位。天然气资源量 10.8 万亿立方米，占全国陆上资源量的 34% 以上，居全国第一位。目前，在塔里木、准噶尔、吐哈（吐鲁番和哈密）三大盆地累计探明石油地质储量 38 亿吨，探明天然气地质储量 1.3 万亿立方米。煤炭资源量 2.19 万亿吨，占全国煤炭资源总量的 40% 以上，居全国第一位。有色金属、黄金以及盐类资源的储量极为可观。现已在新疆境内发现了有色金属矿产品种 129 个，其中铍、铌储量居全国第一位，分别占全国的 89% 和 60%；镍、钽居第二位，均占全国的 30% 左右；铯居第五位，锂居第六位，钴居第九位，储量都极为丰富。铜矿资源前景非常广阔，已在东天山发现了超大规模的铜矿，其远景储量超过 1000 万吨，是我国少有的巨型矿藏，有可能成为我国最大的铜资源勘查开发基地。丰富的有色金属资源，为有色金属工业发展奠定了基础。全区金矿点达 540 余处，已圈定 43 个成矿带，黄金产量跃居全国第六位。其他矿产如阿勒泰山的宝石、阿尔金山的石棉、昆仑山的和田玉等驰名中外。

三是具有丰富的生物资源。新疆自然条件的多样性，适宜于多种植物生长。野生植物中有食用、药用、工艺、观赏等价值的共 132 科 3500 多种，其中有重要价值的 300 多种，稀有者约 100 种。尤其是吐鲁番葡萄、库尔勒香梨久负盛名，棉花、啤酒花、红花、枸杞、葡萄等特色产品享誉国内外。新疆还有许多国际濒危的野生动物，如蒙古野马、藏野驴、藏羚羊、雪豹、棕熊、白肩雕、藏雪鸡、黑项鹤、白鹤等。其中有一些是我国仅分布于新疆的动物，如四爪陆龟、新疆北鲵、塔里木兔、新疆大头鱼等。目前，新疆共有国家重点保护动物 116 种，约占全国保护动物的 1/3。此外，新疆的森林资源也极为丰富。有林地面积 227.8 万公顷，其中绿洲森林覆盖率达到 15%。新疆活力木总蓄积量为 3.14 亿立方米，其中森林蓄积量 2.8 亿立方米。塔里木盆地中的胡杨林是我国面积最大的天然胡杨林，面积 4700 余平方公里。

四是具有丰富而独特的旅游资源。新疆是全国旅游资源富集地区之一。旅游资源具有品位高、特色强、组合优、容量大、功能多、垄断性强的特征。其突出特点是充满着新奇与神秘、原始与粗犷、瑰丽与雄浑。特殊的地质构造和地理环境形成了新疆的大山系、大盆地格局，干旱的气候，塑造了许多世界罕见的奇特景观。众多的自然保护区，是珍稀野生动植物的乐园，举世闻名的古"丝绸之路"与众多的文物古迹交相辉映，西域特色的民族风情绚丽多彩。新疆旅游是以古"丝绸之路"3 条主线为骨干框架支撑，纵深支线，四通八达划区布点的。在古"丝绸之路"新疆境内 5000 多公里的干线上，留下了数以百计的古城池、古烽燧、古建筑、古屯田遗址等，境内有古文化遗址、古墓群、千佛洞和现代纪念建筑物 200 处、佛教千佛洞 16 处、洞窟 550 多个。交河故城、楼兰遗址、克孜尔千佛洞等蜚声中外。古城遗址沿古"丝绸之路"成群、成带分布，是世界上古城数量最多、保存最好的地带，堪称"世界古城博物馆"。此外，新疆民族风情独具特色。丰富深厚的民族及民俗文化，各种民族风格的建筑、服饰、歌舞、习俗、美食等，为旅游增添了艳丽的色彩。新疆自古还享有瓜果之乡、天马之乡、金玉之邦和地毯丝绸王国的美誉。这都构成了新疆旅游最迷人的风景，与内地形成强烈反差，对国际、国内游客有着强烈的吸引力。

二、新疆自主创新能力和优势产业发展现状

"十五"期间，新疆明确提出科技创新工作要服务于优势资源转换、服务于优势产业发展、服务于生态改善和环境保护，以加强技术创新、加快科技成果转化、发展高新技术并实现产业化为核心任务，优先发展面向优势资源转换和提高特色优势产业竞争力的科学技术，在与自治区优势自然资源与特殊生态环境密切相关的科学学科和技术领域，形成了研究开发的特色和优势，有力地支撑了优势资源转换和特色优势产

业发展。但总体上，新疆科技创新的整体水平还比较低，自主创新能力与内地省市还有较大差距。

(一) 自主创新能力现状

1. 创新投入和产出水平不断提高

新疆针对优势资源转化和特色经济发展的科技创新活动日益活跃，创新投入与产出水平明显提高。"十五"期间，自治区科技活动经费筹集总额超过 100 亿元，科技活动经费支出累计达 95.58 亿元，研究与试验发展（R&D）经费支出 22.94 亿元；自治区级科技计划共安排科学研究与技术开发、高技术研究发展、基础性研究、科技成果转化和产业化、研究开发条件及环境建设五大类科技项目 2388 项（其中国家计划项目 644 项、自治区计划项目 1744 项），获得财政科技经费拨款 6.98 亿元。五年间共取得重大科技成果 1167 项，其中获得国家和自治区奖励的有 532 项；在国内中文期刊发表科技论文 10527 篇，申请专利 7143 件，获得授权专利 3847 件；全区技术市场成交合同总数达 7799 项，技术合同交易总额 51.69 亿元。2006 年，新疆科技创新能力进一步提升，全区科技经费筹集额达到 33.87 亿元，比上年增长 21.1%；R&D 经费支出为 8.48 亿元，增长 32.26%，占新疆 GDP 的比重由 0.25% 上升为 0.28%；全年安排科技攻关计划项目 24 项，增长 26.3%；申请专利 2256 件，比上年增长 21.9%，获得授权专利 1187 件，增长 28.9%；签订技术合同 1764 项，技术合同成交额 7.61 亿元。

一批事关新疆经济社会发展的关键技术问题取得了重大突破，众多促进优势资源转换和特色优势产业发展的科研成果不断涌现。如新疆褐牛、中国荷斯坦奶牛、美丽奴羊、新疆细毛羊等多个优质畜牧品种的培育成功，使新疆在家畜胚胎工程和新品种培育上保持国内领先水平。新疆生物基因工程实验室克隆出新疆生物优良性状和抗逆性相关的新基因，获得了转基因的抗盐碱水稻、油菜和速生杨，对于提高农作物抗盐碱能力、促进新疆"盐土产业"发展具有重要作用。"棉花优质高效生产技术开发与示范"、"肉牛、奶牛胚胎产业化及高效繁育体系的建立"、促进节水农业发展的"喷灌、滴灌、膜下滴灌"技术等一批研究项目的成功研制，促使新疆生物技术和现代农业技术、信息技术、资源勘察和采矿技术、新材料技术等领域取得了较大进展。

2. 科技成果转化能力明显增强

自治区政府高度重视科技成果转化，2002 年起专门设立科技成果转化专项资金，区财政已投入资金 4000 万元，吸引社会投资 20.45 亿元，初步形成了政府财政资金引导、企业投入为主、全社会积极参与的促进科技成果转化和产业化的良好局面。一批适应新疆资源开发和优势产业发展的技术被广泛推广使用。如"新疆优势矿产资源勘查评价研究"极大促进了新疆优势资源的勘探开发，石油、天然气、煤、铁、金等资源的探采储量不断增加；"喷灌、滴灌、膜下灌"、"水果嫁接改造、套袋着色、储藏保鲜"、"棉花优质高效生产技术开发与示范"等科技成果成功转化，加快了特色资源开发、农业产业化、新能源技术应用、生态廊道建设、沙漠—绿洲生态安全保障体系建设等科技示范工程的实施，有效促进了特色优势产业的发展。

3. 科技成果产业化有效促进了新疆经济社会发展

一批重要科技成果成功转化并迅速实现产业化、规模化生产。如农作物和家畜优良品种、高产优质种养模式的推广，为新疆农牧业的连年增产丰收提供了保障。新疆棉花生产全面推行高效高产高密度栽培模式，亩产皮棉超过 108 公斤，其中生产建设兵团亩产皮棉超过 120 公斤。目前棉花产值占全疆种植业总产值的 45%，农民收入的 30% 来自棉花。"新冬 18 号"、"新春 6 号"等小麦优良品种推广及高产高效栽培技术示范，使得核心试验区农民增效 3500 万元，试验示范区农民增效 2.18 亿元。奶牛胚胎工程高效繁育、体外与体内性控胚胎、冻精冷配、胚胎移植等技术的推广，使全疆牛、绵羊和猪禽良种率已分别达到 55%、65%、90% 以上。林果业因地制宜推广矮化密植和矮化稀植，推广嫁接改造、套袋着色、储藏保鲜等技术，提高了果品质量。喷灌、滴灌、膜下灌等新技术节水措施的推广，大幅度降低了农业成本，为开发特色农业提供了新的途径。而且，一批高新技术成果通过成功转化和产业化发展培育出"特变电工"、"众和铝业"、"金风科技"、"西域实业"等高新技术企业，有效促进了新疆优势产业发展和经济结构调整。如新疆众和生产的精铝电子材料技术水平达到国际领先水平，精铝产品国内市场占有率达到75%；金风科技开发的1.2兆瓦、1.5兆瓦风力发电机组，在国内市场占有率超过25%，在同类国产机组的国内市场占有率达95%，成为中国风力发电设备制造行业的龙头企业。

4. 原始创新能力有所提高，但仍以集成创新和引进消化吸收再创新为主

"中国西部中亚型造山与成矿研究"、"中国西部干旱区生态环境演变与调控研究"等原始创新成果，解决了一部分同新疆优势资源和特殊生态环境密切相关的重大科学问题，在培育科技持续创新能力方面发挥了重要作用。但总体上，新疆原始创新能力有限，科技创新主要依靠集成创新和引进消化吸收再创新。如通过对棉花多项科技成果的集成配套再创新，创下了七个"全国第一"，促使棉花产业迅速成长为新疆的支柱产业，成为农民增收的主要来源。金风科技公司在消化吸收德国技术基础上，开发了600千瓦和750千瓦风力发电机组，国产化率达到95%以上，抢得国内市场九成以上的份额。此外，新疆通过招商引资，引进中国神华集团、华能集团、宝钢集团等30余家"重量级"企业，为新疆带来了先进的经营理念、管理模式和灵活机制的同时，也带来了先进的技术和创新能力。这使一些过去仅依靠新疆自身的技术和经济实力无法实现的项目得到了顺利开发。如中粮集团投资10亿元以上，重点开发番茄酱、甜菜糖和林果加工产业，通过深加工提高附加值，有效消化了区内大量的农产品资源。

（二）新疆优势产业现状

新疆紧紧依托环境资源优势，发展特色经济，确定了以优势资源转化为主要内容的发展战略，明确提出要培育发展包括国家重要的能源基地和石油天然气重化工产业体系、矿产资源生产加工基地和矿产资源勘探开发体系、特色农牧产品生产基地和绿色食品加工产业体系、高新技术产业、民族特色旅游商品生产基地和特色旅游产业体系在内的六大优势产业体系。

1. 石油工业是新疆第一大优势产业

2006年石油、天然气开采及加工业占全疆工业增加值的比重达到60%以上，预计"十一五"期间这一比重将超过70%，约占全区生产

总值的 25%，是新疆经济发展最重要的支柱产业。目前已经建成了准噶尔盆地、塔里木盆地和吐哈盆地三大石油天然气生产基地，初步形成了克拉玛依、独山子、乌鲁木齐等不同规模、各具特色的石油化工产品加工基地，一个全方位发展、多元投资、产业链逐渐延长的石油化工集群已经形成。2007 年新疆共生产原油 2640 万吨，生产天然气 212 亿立方米，总油气量达到 4330 万吨，位居全国第一，成为我国最大的油气产区，被视为我国石油工业发展的战略接替地区。近年来新疆加快油气资源勘探速度，新疆三大盆地原油年产量实现了从 1990 年的 700 万吨到 2000 多万吨的跨越，天然气年产量也从 5 亿立方米猛增到 200 多亿立方米。新疆已成为我国西部重要的石油、石油化工基地和能源生产基地。

2. 现代农业

典型的大陆性气候为广阔的新疆铸就了极为丰富的特色农业优势资源。其盛产以棉花、林果、畜产品、西甜瓜、加工番茄、油料为代表的各类特色农产品。其中棉花、畜牧业、特色林果等产业已成为带动新疆农村经济的主力军。2007 年，作为全国最大的优质商品棉基地，新疆棉花产量达 290 万吨，比 2002 年增长 93%，占全国棉花总产量的 35.5%；林果面积突破 1300 万亩，其中环塔里木盆地已形成 1000 万亩林果生产基地，林果产量达 450 万吨；已建成全国最大的啤酒花、甜菜糖生产基地，啤酒花产量占全国总产量的 70%，甜菜糖产量占全国总产量的 55%；番茄酱产量居国内第一、世界第二，红花产量占全国的 60% 以上，"中国枸杞之乡"精河县已建成亚洲最大的枸杞种植基地；牛羊肉、牛奶和细羊毛三大主导产品向优势区域集中，形成了天山北坡、焉耆盆地和伊犁河谷三大产业带。2007 年，全区肉类总产 160.6 万吨，牛奶总产 196.2 万吨，细羊毛产量 9 万吨。此外，新疆目前特色农业产业化龙头企业已突破千家，全区 50% 以上的种植面积实现订单生产，带动全区 60% 以上的农户增收。

3. 煤炭工业

煤炭是新疆储量最大的能源资源。目前已形成了乌鲁木齐、哈密三道岭、艾维尔沟三大煤炭生产基地。2007 年全区规模以上企业原煤产量 5000 万吨，比 2002 年增长 61.4%。

4. 矿产资源的勘探开发

广泛吸引国内外投资者参与新疆矿产资源的勘探开发，重点围绕钢铁、有色金属、钾盐等矿产资源形成一批矿产资源开发、冶炼、加工的产业集群。新疆的钢铁、有色金属、贵金属、稀有金属和钾盐等优势资源的开发力度不断加大，相继建成了新疆八一钢铁厂、喀拉通克铜镍矿、阿舍勒铜矿、阿西金矿等一大批重点项目，已成为自治区国民经济的重要产业。

5. 旅游业

以"丝绸之路"为主线，集风景、文化、民俗为一体的"五区三线"旅游业，已经成为新疆特色经济新亮点和第三产业的龙头支柱产业。2007年，全区旅游总收入205亿元，比2002年翻了一番，占第三产业增加值比重由13.1%提高到16.8%。

三、新疆提高自主创新能力和发展优势产业的基本经验

新疆坚持不懈地推进科技兴新战略，不断完善区域创新体系建设，大力发展面向优势资源转化和特色优势产业发展的科技创新能力，重点实施多项科技计划，创新投入和产出水平大幅度增加，基础条件逐步改善，基本建立起具有一定特色和优势的研究、开发、推广和服务的创新体系，区域创新能力不断提升，有效地促进了新疆资源优势向产业优势和经济优势转换。

（一）提高自主创新能力和发展优势产业取得显著成效

1. 全区自主创新能力明显提升

自2001年以来，全区科技创新投入明显增加，科技经费支出由2001年的14.1亿元增加到2006年的28.1亿元；研究与实验发展（R&D）经费支出3.2亿元增加到8.48亿元；科技活动人员、科学家与工程师以及地方科技财政拨款数额都有大幅度增加。创新产出水平不断提升，全区申请专利数量由2001年的1086件增加到2006年的2256件，授权专利数量由755件增至1187件；在国内期刊发表科技论文数由1467篇增至2005年的2742篇；技术市场成交合同数和交易金额都有大幅提升。详见表1。

表 1　2001～2006 年新疆自主创新投入与产出增长状况

	科技经费支出（亿元）	R&D 经费支出（亿元）	科技活动人员（万人）	科学家与工程师（万人）	地方财政拨款（亿元）	申请专利（件）	授权专利（件）	科技论文（篇）	技术交易合同（项）	交易合同金额（亿元）
2001	14.1	3.2	2.43	1.61	2.64	1086	755	1467	1313	8.24
2002	14.95	3.52	2.47	1.68	3.6	1239	627	1764	1350	10.07
2003	17.4	3.8	2.52	1.69	4.15	1473	752	2122	1516	12.04
2004	25.47	6.01	2.51	1.66	4.5	1492	792		1619	13.34
2005	23.66	6.41	2.77	1.84	6.21	1851	921	2742	2001	8.0
2006	28.01	8.48	2.84	1.89	7.3	2256	1187		1764	7.61

资料来源：《新疆统计年鉴》（2002～2007），中国统计出版社 2002～2007 年版。

截至 2006 年底，全区拥有县级以上政府部门属研究与开发机构 106 个，普通高等学校 31 所，有专业技术人员 46.04 万人，企业技术开发机构 92 个，高等学校属研究与发展机构 19 个，民营科技企业 1459 家，重点实验室 11 个，工程技术研究中心 11 个，自治区共认定了 60 家自治区企业技术中心，其中 3 家被认定为国家级企业技术中心；到 2007 年 6 月，高新技术企业发展到 136 家，开发高新技术产品 175 项。科技创新投入与科研机构和企业技术实力的提升，明显增强了新疆的自主创新能力。

2. 区域创新体系建设不断完善

全区已初步形成的以企业为主体，以中心城市、高新科技园区、技术中心、创新项目、中介服务五个层次构成的区域创新体系，以及先后出台的《科学技术发展第十一个五年规划》、《关于面向优势资源转换加强科技创新的意见》等一系列政策措施，为提升区域创新能力构建了良好的制度环境和政策支持体系。以乌鲁木齐、昌吉、石河子、库尔勒、阿克苏等中心城市和以乌鲁木齐高新区、经济技术开发区、石河子、昌吉等地高新区为核心的区域创新平台建设成效显著，已经成为新疆科技成果孵化和产业化的重要载体。

3. 自主创新体制机制和宏观环境不断优化

一批技术开发类科研机构实现企业化转制，成为活跃的技术创新主体；社会公益类科研机构为全社会提供服务的职责进一步明确；科技服务体系较快发展、逐步完善并日益社会化。科技运行机制发生了根本性变化，市场机制在科技资源配置中开始发挥基础性作用，科研机构和科技人员面向经济社会服务的动力与能力明显增强，改革促进了科技与经济的结合和区域创新体系的建设。科技发展的政策环境和社会环境进一步改善。科技宣传与培训广泛开展，"科学技术是第一生产力"的思想和科技兴新的观念开始深入人心，社会及企业对科技的需求日益旺盛。

4. 以企业为主体、产学研互动合作机制不断完善

新疆不断强化企业自主创新的主体地位，通过在国有大中型企业建立健全技术研发机构，在有条件的企业建立技术中心，积极从东部发达省区引进先进、成熟的生产技术等方式，增强了企业的技术创新能力。鼓励企业与科研院校充分发挥各自优势，开展多种形式的"产学研"互动合作，有力地促进了高校和科研院所向企业的技术转移，有效推动了新知识、新技术向的研发应用、扩散与产业化，培育壮大了企业和优势产业的自主创新能力和核心竞争力。截至 2005 年底，自治区共认定了 60 家自治区企业技术中心，组建了 11 家工程技术中心和 11 个重点实验室，初步形成了多层次、宽领域的自主创新体系。

5. 创新能力的提高有效促进了特色优势产业的发展

一批重要的科技创新成果被应用于生产实践，有效促进了优势资源转换和特色优势产业发展。如"棉花优质高效生产技术开发与示范"、"肉牛、奶牛胚胎产业化及高效繁育体系的建立"等农业科技示范项目的实施，为提高农牧业综合生产能力、推动结构调整和生产基地建设、加快现代农业及农村经济发展提供了有力支撑。"智能型调径变距抽油机研制"、"新疆制造业信息化应用示范工程"等工业科技攻关项目，促进了传统产业的技术改造和工业整体技术水平、管理水平、产出能力的进一步提升，为重点工业基地的建设和产业优势的形成提供了技术保证。"新疆优势矿产资源勘查评价研究"、"塔里木沙漠公路防沙与绿色走廊建设关键技术开发"等社会发展领域的科技攻关项目，为推动经济社会可持续发展提供了有效服务。

（二）新疆提高自主创新能力和发展优势产业的基本经验

1. 全疆高度重视提高自主创新能力和发展特色优势产业

新疆紧紧抓住重要战略机遇期，坚持把科技进步和创新作为推动经

济社会发展的强大动力，认真组织实施科教兴新和人才强新战略，科技投入不断加大，创新能力明显提高，重大科技成果不断涌现，创新发展环境不断优化，科技进步对经济社会发展的服务能力和贡献率不断提高。大力实施优势资源转换战略，促进资源优势向经济优势转化，着力培育和发展特色优势产业，重点加快石油、天然气、煤炭、有色金属等优势资源的开发利用，努力建设石油、天然气开采及加工基地，煤炭开发储备和煤层气开发利用基地，国家急需矿产资源开采及加工基地，优势农副产品精深加工基地。目前已形成了石油化工、钢铁、煤炭、特色优势农牧业等门类齐全的现代产业体系。全区优势产业技术水平和产品竞争力进一步提高，涌现出一批科技创新能力强、具有竞争优势的龙头企业和企业集团，有力拉动了经济增长，明显增强了新疆的整体经济实力。

2. 提高自主创新能力与促进特色优势产业发展紧密结合

新疆明确提出了科技创新要服务于优势资源转换、服务于特色经济和优势产业发展的工作方向，以加强技术创新、加快科技成果转化、发展高新技术并实现产业化为核心任务，优先发展面向优势资源转换的科学技术。2006 年自治区出台《关于面向优势资源转换加强科技创新的意见》将这一战略正式确定下来，为实现区域发展目标提供了强大动力和支撑。

3. 从区情出发确定自主创新的主要模式

新疆自主创新能力建设，是在新疆的具体区情条件下进行的。经过多年发展，新疆自主创新能力建设成效显著。但与先进省市相比，科技综合实力目前尚处于落后地位，科技发展还处于较低的层次水平。因此，新疆在创新能力建设上，确立了重点面向优势资源转换和特色优势产业发展的方向。并依据区情和自身科技实力，确立了大力加强引进消化吸收再创新，进一步扩大技术引进，强化对引进技术的消化吸收，把技术引进和技术创新的有机结合作为技术跨越的根本途径，把对引进技术在消化吸收基础上的二次开发和组装配套作为新疆技术创新的基本内容，把引进技术的消化吸收再创新作为提高自主创新能力的主要手段，并由此获得后发优势，实现产业技术的跨越发展；同时积极推进集成创新，围绕产业技术水平的提升，突出重点，选择具有较强技术关联性与产业带动性的一批名牌产品和重大战略产品进行攻关，实现关键技术、共性技术的突破和集成创新，并加速科技成果产业化；量力开展原始创新，按照有所为有所不为的原则，选择区域发展中的急需解决的部分重大科学问题，主要是在同新疆优势自然资源和特殊生态环境密切相关的学科和领域，开展有应用前景的定向性基础研究，培育科技持续创新的能力。

4. 通过完善区域创新体系促进创新能力建设

近年来，新疆不断优化创新创业环境，完善宏观制度和政策服务体系，强化企业创新主体地位，探索建立产学研互动合作的有效运行机制，有效促进了区域创新体系建设。以乌鲁木齐、昌吉、石河子、库尔勒等中心城市和以乌鲁木齐高新区、经济技术开发区、石河子等地高新区为核心的区域创新平台建设成效显著。中心城市充分发挥了在人才、技术、产业、信息、资金等方面的优势，基本建立了较完善的城市创新支撑体系，为区域创新能力建设提供了有力支持。新疆积极探索产学研互动合作的有效运行机制，合作网络已初步形成。通过产学研合作，有效促进了科研院校向企业的技术转移，推动了新知识、新技术的研发应用、扩散与产业化，培育壮大了企业的自主创新能力和核心竞争力。全区现有国家级高新技术产业开发区 1 个，自治区级高新技术产业开发区、高新技术工业园、大学科技园和农业科技产业园 8 个，成为促进区域创新能力建设的重要平台。

四、新疆提高自主创新能力发展优势产业面临的机遇和挑战

（一）面临的机遇和有利条件

1. 经济社会持续健康发展

作为西部的国土和资源大省，新疆具有良好的经济发展基础，改革开放以来，经济发展迅速，交通、能源、通信等基础设施建设成绩显著，经济发展的基础条件进一步改善；城乡居民可支配收入持续增加，消费水平不断提高，已初步进入工业化中期阶段。根据国际经验，这一时期区域经济发展将进入自主创新活跃时期，市场对创新产品的接受和需求程度也较高。这为新疆通过提升自主创新能力促进优势资源转化和优势产业发展奠定了良好基础，创造了有利的条件。

2. 国际国内经济形势的发展有利于优势资源转换战略的实施

世界经济持续保持稳定发展势头，国际产业结构战略性调整和产业转移步伐加快，国际资本流动性加大，有利于新疆引进外资和承接国际产业转移促进区域资源开发和特色优势产业发展。同时，国际市场上的石油、天然气、煤、铁、铜等能源资源供给呈现紧缺态势，价格不断飙升，2008 年，国际原油价格一度突破了每桶 100 美元，这种情况下，新疆通过优势资源转化，发展特色优势产业将会获得更大的经济收益。从国内来看，随着东部沿海地区经济的快速发展，生产要素成本不断增加，能源资源价格也在不断上涨，这都为新疆丰富多样的自然资源开发带来了前所未有的机遇。

3. 资源转化和优势产业发展对科技创新提出了新的需求

首先，新疆实施优势资源转换战略为科技创新提供了广阔的舞台，如农牧业、石油天然气开采业、矿业等领域的科技创新需求旺盛，而且这些领域的产业升级与产业结构调整对科技创新还提出了更高的要求。其次，新疆需要寻求经济社会发展与生态环境建设的适度平衡，为生态产业的发展提供技术支撑。在基础设施建设上，需要根据新疆特殊的区域条件进行规划与建设，并采用符合新疆干旱、寒冷、荒漠等恶劣条件下的技术标准和施工手段。同时，在民族文字的信息化处理上，也需要将信息技术推广到民族群体，使各民族能够充分享受高技术成就。以土、水、光、热组合为重点的种植业，以干旱草原为特点的畜牧业，在高蒸发条件下的水利灌溉系统和节水措施，以特殊地质条件和地貌结构为特点的勘探业，在特殊环境条件下和地层结构中的矿业开发和利用，在干旱条件下森林、草原、绿洲、荒漠、沙漠五个生态环境的演化、保护和治理，以绿洲经济为特点的区域发展，以及适合新疆区域特点的技术经济决策研究等为新疆自主创新与成果转化提供了广阔的研究舞台。

4. 促进创新和优势产业发展的政策体系及制度环境持续优化

2006 年国务院针对新疆的发展实际专门出台了《关于进一步促进新疆经济社会发展的若干意见》，鼓励新疆促进优势资源转化，优先发展特色优势产业。自治区则先后颁布实施了《加快资源优势向经济优势的深度转换》、《自治区国民经济和社会发展第十一个五年规划纲要》、《自治区中长期科学技术发展规划纲要（2006～2020 年)》、《自治区关于面向优势资源转换加强科技创新的意见》等一系列政策文件，明确了新疆自主创新能力建设和特色优势产业发展的战略目标、主要任务和实现路径，为新疆自主创新能力建设和特色优势产业发展构建了良好的制度环境和政策支持体系。

（二）存在的困难和问题

1. 创新能力建设基础较薄弱

"十五"时期，新疆自主创新能力建设虽取得很大进步，但其综合能力和总体水平在全国尚处于落后地位，即使与部分西部省市相比，在创新投入和产出水平上与它们也存在较大差距，详见表2。在科技经费筹集、R&D经费支出、科技活动人员数量、地方财政拨款等创新投入指标上新疆与四川、陕西、重庆、甘肃等地均有较大差距，申请专利和获得授权专利数量、技术市场交易合同数及交易合同金额等创新产出指标也大部分低于这些省市，从全国范围来看，与东部省市的差距则更大。其社会科技需求增长同科技创新与供给能力不足的矛盾十分突出，创新事业发展和科技工作存在以下主要问题和困难：一是科技队伍结构不合理，中高级科技人才流失严重，科技人员的知识更新跟不上发展的需要。二是多数科研机构底子薄、装备水平差，研究开发能力弱；大部分企业技术创新能力不强，劳动生产率不高。三是对创新资金投入不足，

表2 2006年新疆及部分西部省市创新投入与产出水平比较

	科技经费筹集（亿元）	R&D经费支出（亿元）	科技活动人员（万人）	科学家与工程师（万人）	地方财政拨款（亿元）	申请专利数（件）	授权专利数（件）	技术交易合同（项）	交易合同金额（亿元）
全国	6196.7	3003.1	413.2	279.8	678.8	470342	223860	267997	1084.7
四川	273.8	107.8	19.5	12.5	14.6	13109	7138	3278	12.9
重庆	81.8	36.9	7.6	5.2	7.5	6471	4596	1925	55.5
陕西	181	101.4	14.5	9.3	10.3	5717	2473	3221	16.8
云南	56.1	20.9	5.3	3.5	11.4	3085	1637	2082	22.9
贵州	31.9	14.5	3.6	2.2	7.6	2674	1337	318	1.8
甘肃	57.8	24	5.8	4	4.4	1460	832	1526	7.8
新疆	34	8.5	2.9	1.9	7.3	2256	1187	1516	12.1

资料来源：中国及相关各省2007年统计年鉴。

未能实现与国民经济发展同步增长，多元投入体系和稳定增长机制尚不健全。四是向社会开放的创新基础条件平台尚未形成，分散在各种机构的大中型仪器设备、信息等资源难以实现共享。五是区域创新体系建设滞后，科技资源尚待有效整合，产、学、研之间的结合需进一步加强。

2. 创新及优势产业产品远离目标市场

新疆地域辽阔，远处西北，距离内地省市很远，省会城市乌鲁木齐距国内最近的省会城市兰州也有 2000 多公里，距离西安有近三千公里。而新疆优势资源开发和特色优势产业发展的创新产品必须考虑疆外市场，但新疆距国内主要市场陆上距离太远，运费负担较重。以新疆棉纱为例，其重点销售目标市场是东部沿海地区，如从乌鲁木齐铁路运输棉纱到广东，距离长达 5000 余公里，吨纱运费 776 元，与山东销往广东的棉纱相比高出约 500 元，直接影响产品市场竞争力。

3. 基础设施不完善

新疆地域辽阔，但铁路、公路、航空支线机场建设仍然滞后，运输能力不能满足需要。

新疆出疆货物具有季节性特征，对需要大运力的重要产业，如化工、冶金、纺织、食品加工等的均衡生产带来较大影响。新疆部分缺水地区，重要的控制性水利工程建设明显滞后，影响用水的供给。新疆地广人稀，负荷分散，电网容量小、覆盖范围大，电网供电成本较高，造成用电价格高，直接影响特色优势产业发展壮大。

4. 产业基础和配套服务能力较差

新疆产业尤其是工业结构较单一，以原料产品初加工业为主。2005年，采掘业和原材料工业增加值分别占重工业的 78.3% 和 16.4%，而加工业仅为 5.3%。在资源开发、加工的产业链上，新疆工业处在上游，中游和下游发展严重不足。地方工业发展滞后，在 2006 年全区规模以上工业增加值中仅占 21.8%，实现利润不足 10%。新疆区内加工配套能力和相关服务业明显不能适应科技创新和优势产业发展要求。

5. 创新要素资源缺乏

新疆本地缺少优势企业和大型项目，金融环境不尽理想，存款资金向发达地区集中的特点十分明显，信贷存差额巨大。新疆整体科技创新能力低，科技经费投入不足，科技成果少，科研成果转化率低，严重影响了优势产业竞争力的提高。受思想观念、经济水平、科研条件等多方面的影响，新疆地区人才资源明显不足且仍在流失；专业技术人才和经营管理人才匮乏；劳动者整体素质不高。这些都直接制约了新疆优势资源转化和优势产业发展。

五、提高自主创新能力发展优势产业的战略思路和对策建议

（一）战略目标、战略重点和战略措施

1. 战略目标

紧紧围绕促进新疆经济社会发展这一中心任务，以科技进步与自主创新支撑引领优势资源转化和优势产业发展，促进新疆资源优势和产业优势向经济优势转化为主要目的，构建较为完善的区域创新体系，促使区域内知识创新、技术创新和科技服务之间形成相互协调、相互促进、互动发展的良好态势，形成具有区域特色的自主创新优势。提高特色优势产业技术水平和竞争力，使主要行业的技术与装备达到先进地区水平，骨干企业的关键技术与装备明显改善，高新技术应用开发能力达到新的水平，高新技术产业化取得突破性进展。

2. 战略重点

新疆自主创新能力建设，要重点面向优势资源转换和特色优势产业发展战略的实施，选择对经济社会发展具有重大影响和关键作用的领域，集中力量进行科技攻关。有计划地发展新疆迫切需要特别是已经具有领先优势的高科技项目，推动高新技术产业的发展，为实现区域发展目标提供强大动力和支撑。

（1）努力提高农业科技水平，大力发展现代农业。围绕棉花、粮食、畜牧、林果和糖料五大基地建设、十大类支柱产业的发展，以及名牌农产品的开发，按照特色农业和可持续发展的要求，加强农业关键技术的创新、配套开发和应用推广。切实加强生物、信息技术与传统农业技术的结合，努力在优良品种引进和培育、高产种植和养殖、节水灌溉等技术领域实现新的突破。进一步健全农业技术推广、农产品质量安全和动植物病虫害防控体系，推进农业标准化建设。加大政策扶持力度，帮助一批重点龙头企业提高科技水平，增强技术创新能力和市场竞争

力，加快农业产业化进程。

（2）以自主创新提升优势资源转换战略，以新产品开发为重点，推进工业技术创新。以科技进步和创新为强大支撑，坚定不移地实施和提升优势资源转换战略，大力发展面向石油、天然气、煤炭等优势资源高效开发利用的新技术，做大做强支柱产业和特色工业，努力把新疆建成我国重要的石油天然气化工基地、煤电煤化工基地和重要战略资源接替区。通过自主创新和引进、消化、吸收先进技术与设备，加快工业新工艺和上下游产品开发，努力开发石油、天然气及相关化工产品、高效农业化学品，研究开发有色金属、稀贵金属深度加工产品。大力应用电子信息等高新技术改造传统产业，推广计算机辅助设计、制造和集成制造系统等先进技术，提高企业的新产品设计和加工能力、经营管理水平。

（3）以科技为先导，大力加强矿产资源的勘查开发。针对新疆不同的成矿地质构造，研究和运用地质找矿的新理论、新技术、新方法和新设备，实行科研、勘查、开发一体化，不断地发现和评价新的矿产地，为开发金属和非金属矿产提供资源保障。大力推进我区煤电、煤液化、煤化工基地建设，把丰富的煤炭资源优势转化为产业优势和经济优势。以新技术、新装备的开发应用为依托，进一步加大有色金属、稀有金属和非金属矿产资源的勘探开发力度，建设国家重要的矿产资源生产加工基地。

（4）积极发展高新技术产业，充分运用高新技术改造提升传统产业。继续抓好有一定基础的生物技术、新能源技术和新材料技术的创新和产业化工作，形成一批拥有自主知识产权、具有竞争优势的高新技术企业。促进可持续发展领域的技术创新，大力发展环保技术及其产业，合理利用和开发自然资源，切实保护和改善生态环境。积极采用高新技术和先进适用技术加快改造纺织、化工、机电、冶金等传统产业，使其焕发新的生机和活力。

（5）加快资源、环境领域的科技进步，提高可持续发展能力。围绕提高能源资源利用率，积极推进循环经济相关技术、节能降耗技术的集成研发与应用，加快开发利用风能、水能和太阳能等可再生性能源，促进资源的可持续开发和有效利用。把生态建设和环境保护纳入科技发展的重点领域，加强相关技术研究，有效遏制生态环境恶化趋势。着力攻克水、大气、土壤等污染防治的关键共性技术，大幅度提高水资源的循环利用，强化污染物排放总量控制，进一步推进天然林保护、平原绿化、保护荒漠植被三大生态工程建设和塔里木河流域综合治理工程，努力创造生态和谐、可持续发展的良好环境。

（6）重点围绕优势资源转换和特色优势产业的发展，推进科技成果转化和产业化。要从新疆已有的科技成果中，选出适于转化和产业化的先进技术，并开展必要的配套开发。要以名特优产品、高新技术产品、出口创汇产品的开发和传统产业的改造升级为重点，大力推进科技成果转化和产业化。

3. 战略措施

把加强面向优势资源转换和特色优势产业发展的科技创新，提高新疆自主创新能力，作为新疆自主创新能力建设的核心和科技发展的主线。要从实际出发，着力提高集成创新的能力，使各种相关技术有机融合，形成具有市场竞争力的产品和产业；要把引进技术基础上的消化吸收再创新，作为自主创新的重要方面和实现技术跨越的有效途径；同时，要在优势资源转换等关键领域有重点地开展原始创新，取得更多的科学发现、技术发明及自主知识产权。围绕做大做强新疆的特色优势产业，选择具有一定基础和优势的关键领域，集中力量，重点突破，实现科学技术特别是特色优势产业技术的跨越式发展，取得后发优势和提高核心竞争力。积极探索新的产业发展方向，创造新的市场需求，培育新型产业，从而为经济社会发展提供持久动力，并引领未来经济社会发展。着眼长远，重点部署自然资源、生态环境、人口与健康等领域的科学研究和技术开发，有选择地发展高技术及其产业，为新疆未来的长足发展奠定基础和提供后劲。

（二）对策建议

1. 提高自主创新能力作为主要战略

提高自主创新能力，推动科技进步对新疆的区域发展具有重要战略意义。未来几年是新疆发展的关键时期，必须把以自主创新为先导，促进生产力发展摆在经济建设的首要地位，使优势资源转换和特色产业发展建立在依靠科技进步、加强技术创新、形成强大核心竞争力的基础之上。切实采取有效的措施，优化鼓励创新的政策环境和社会环境。各级政府部门要转变职能，学会在社会主义市场经济体制下运用经济的、法律的手段推动科技进步和技术创新。要多渠道、多层次地增加对自主创新的资金投入，并将资金重点用于技术创新、科技成果转化和产业化项目。把提高自主创新能力，促进优势资源转化和特色优势产业发展，纳入党政领导干部的任期目标。

2. 完善宏观政策体系，优化创新创业环境

从税收、金融、财政政策等方面入手，制定和完善支持自主创新的政策体系，积极采取措施有效促进国家及自治区的各项优惠政策的落实。各级财政要建立稳定的研发投入增长机制，集中用于共性、关键性和前沿性技术的研究开发。切实落实国家有关技术开发费用税前抵扣的优惠政策，对社会力量资助科研院所的研发经费，也可享受一定的税收优惠。实施金融扶持政策，金融机构要建立授权授信制度，增加信贷品种，扩大科技信贷投入。完善中小型科技企业的贷款担保体系，包括降低商业银行担保比例、建立贷款风险担保准备金、加大财政贴息力度等。健全风险投资机制，建立风险投资公司和风险投资引导基金等。实施政府采购政策，优先采购本地的自主创新产品。在自治区实施重大建设工程项目中，把采购区内具有自主知识产权的产品纳入工程招投标的范围，从而带动全省的自主创新。

3. 努力提高科技成果转化和产业化能力

坚持市场导向和应用导向，增强自主创新能力和创新成果转化能力，提高科技成果的产业化程度，让科技为新疆优势资源转换、特色优势产业和大规模开发建设提供有效的服务。科技进步和技术创新要在改变经济增长方式、提高经济增长质量上发挥关键性的作用。发挥政府宏观调控和市场在配置科技资源、调节科技活动方面的基础性作用，推动大部分科技力量进入市场创新、创业，促进技术创新和科技成果转化与产业化。按照政府主导和市场引导相结合、发展和规范相结合的原则，大力培育和发展一批面向自主创新的科技成果转化服务、科技企业孵化、科技信息咨询服务、知识产权服务和风险投资服务等各类科技中介机构，逐步完善创新服务门类，拓宽科技成果转化渠道，加速科技成果向现实生产力转化。

4. 强化企业主体地位，完善产学研互动合作网络

提高区域自主创新能力必须建立以企业为主体、市场为导向、产学研紧密结合的区域创新体系。加快科技体制由政府研究机构主导型向企业研究机构主导型转变，从制度上确立企业创新主体地位，通过资金主体投向的改变引导和推进创新主体的形成。鼓励重点企业建立自己的技术中心，健全创新激励机制。完善市场导向、企业主导、优势互补、利益共享、风险共担的产学研合作机制，推动企业与新疆大学、新疆石油大学、新疆医科大等科研院校以多种形式共建技术开发实体，探索科技与经济有机结合的多种实现形式，建立起互惠共赢的长期合作关系。鼓励有条件的科研院校与企业联合建立技术中心、中试基地，或通过联营、投资、参股等多种方式实现与企业的联合，增强企业的技术创新能力。鼓励科研院所及技术持有人以有形资产或无形资产入股，提高合作层次。鼓励科研院所、高等学校的科技人员到企业去，开展技术咨询、技术诊断、技术培训。加快科研院所科研体制改革，使一部分科研院所转制为企业，或直接加入企业，成为企业的研发机构。通过深化经济体制、科技体制、教育体制的配套改革，推进包括知识创新、技术创新、管理创新、制度创新、机制创新、观念创新在内的区域创新体系建设。

5. 加强中心城市和高新技术产业开发区的创新平台建设

通过深化改革，充分发挥政府的主导作用、市场配置科技资源的基础性作用、企业的主体作用、科研机构的骨干和引领作用、高等院校的基础和生力军作用，进一步形成科技进步和创新的整体合力，推动具有新疆特色的区域创新体系建设。完善中心城市和高新技术产业开发区创新体系建设，形成技术创新和高新技术成果产业化的示范区、高新技术产品出口创汇的重要基地。要按国家级高新技术产业开发区的严格要求，理顺管理体制，巩固和扩大改革成果，帮助解决发展中的困难，促进乌鲁木齐高新技术产业开发区在创新能力、产业发展、管理水平等方面上新台阶。要制定"新疆高新技术工业园管理办法"，搞好相应的基础设施建设，加大招商引资的力度，推动昌吉、米泉等高新技术工业园的发展。

6. 搭建专业化高水准的技术、信息和网络服务平台

依托新疆现有规模实力较强的创新服务机构，建立包括高校、科研

院所、企业技术中心和各类中介机构在内的技术创新服务体系，加快建设科技成果转化平台。整合企业、科研院校的科技资源，培育一批高质量的科技成果转化示范园、大学科技园、孵化器、生产力促进中心等成果转化基地，探索产学研科技成果转化新模式。尽快培育、扶持一批高素质中介服务组织，重点建设产权交易所、会计师事务所等涵盖成果交易转化、投融资等领域的科技中介服务机构，并与孵化器、专业园区相结合，建设社会化、网络化的中介服务体系。进一步培育和健全技术交易市场，加强重大技术供需信息库及科技信息网络等基础设施建设，形成社会化、开放式、网络化的技术创新服务体系。要引导创新服务机构向专业化、规模化和规范化方面发展，不断完善服务功能，提高服务质量和服务水平，树立良好的创新服务信誉。

7. 要坚持对外开放，借助外力提升我区自主创新能力

新疆目前科技基础较为薄弱、自主创新能力不足，要尽快提高自身科技实力，就必须坚定不移地实施对外开放战略，依靠新疆向西开放的地缘和区位优势，充分利用国际国内两种科技资源，积极引进国内外先进技术，切实抓好消化、吸收和再创新工作，借助外力提升自主创新能力。积极引进国内外大企业的研发机构，鼓励和吸引他们在我区设立研发中心，推进在核心技术领域的深层次合作。鼓励区内大型骨干企业、重点实验室加强对外合作，吸引国内外科技创新成果来我区进行产业化。加快建设国内外科技合作与交流的基础平台，营造良好的政策和体制环境，使新疆成为国内外学术交流的桥梁、技术转移的通道和科技合作的基地。

8. 实施知识产权和技术标准战略

围绕新疆的优势技术、优势产品、优势企业和优势产业，制定知识产权创造、保护、转移、扩散等一系列措施，综合运用法律、经济和行政手段，引导企业、高校和科研单位采取有效办法，切实保护自身的知识产权；制定优惠政策，通过财政补贴等手段，鼓励企业申报知识产权；建立日常监督和重点检查相结合的机制，坚决查处各种侵犯知识产权的行为；对自主创新成果的职务发明人、设计人、作者以及主要实施者，要给予与实际贡献相当的报酬和股权收益。而且，鼓励优势企业参与重要技术标准的制定。引导企业将有利于本地区发展的技术法规、技

术标准及检测方法纳入国家和国际标准，鼓励企业采用国际标准，对参与国际标准制定和发起制定国家或行业标准的企业，予以重点支持。各部门协调一致，形成合力，推动自主区技术专利、名牌产品、驰名商标的建设。

9. 大力实施人才强新战略，培养富有创新精神的人才队伍

树立"人才是第一资源"的观念，高度重视人才培养，建立一支高素质的创新型企业家和科研技术队伍，健全用人机制，加大人力资本要素在分配中的比重，完善激励竞争机制，充分调动各类人才的积极性、创造性。帮助企业吸引优秀及高层次人才来疆创业。积极营造创新文化。充分挖掘新疆传统文化和历史文化的精髓，倡导自强不息、锲而不舍、开拓进取的创新精神，建立鼓励创新、敢为人先和宽容失败的文化氛围，激发自主创新的内在动力。建立创新人才激励机制。积极探索知识和技术要素参与分配的多种有效形式，鼓励企业完善利用期权、股权、项目提成等方式的人才激励机制，重奖在科技进步和创新中做出突出贡献的科技人员，最大限度地激发他们的创新热情和活力。

中国西部的能源基地

——贵州自主创新能力和优势产业调查

贵州位于我国西南部，处于长江和珠江两大水系的分水岭地带，拥有丰富的煤炭资源和水能资源，是国家能源战略中重要的西部能源基地。

2007 年，贵州生产总值为 2710.28 亿元，达到 1985 年以来最快增长水平。[①] 能源产业作为第一支柱产业为贵州经济的发展做出了巨大的贡献，烟、酒等传统产业也取得了新的发展空间，依靠资源优势，铝、磷等新兴材料工业迅速崛起，特色食品、民族制药等特色优势产业的发展也争先恐后，一些高新技术产业的发展势头良好，旅游产业的快速发展更是凸显其无限潜力。

在能源基地的基础上，贵州依赖资源快速发展，但仍需提高自主创新能力，掌握发展中的主动权，从而实现跨越式的发展。

一、优势产业快速发展，构建实力雄厚的中国西部能源基地

贵州依托资源、能源优势，在传统优势产业的基础上，注重培养新兴优势产业和自主创新能力的提高，产业结构逐渐合理，形成了实力雄厚的西部能源基地。

（一）整体经济实力不断增强，为产业结构调整和优势产业发展奠定良好基础

1. 经济总量迅速增加

2007 年，贵州省 GDP 达到 2710.28 元，比上年增长 13.7%，增长速度为全国 21 位，西部地区第 7 位，人均 GDP 达到了 6835 元。同时，财政收入持续快速增长，全省财政总收入、地方财政收入分别由 2002

---

① 《2007 年贵州省国民经济和社会发展统计公报》，中国统计局网站，http://www.stats.gov.cn/tjgb/ndtjgb/dfndtjgb/t20080310_402468540.htm。

年的 203.03 亿元、108.28 亿元增加到 2007 年的 556.78 亿元和 284.9
亿元，分别年均增长 22.4% 和 21.4%。工业经济效益水平快速提升，
规模以上工业实现主营业务收入 2315.37 亿元，增长 26.5%，净增
485.57 亿元；工业企业实现利税总额 396.77 亿元，增长 33.4%，净增
利税 99.25 亿元；企业利润持续快速增长，全年利润总额达到 176.49
亿元，增长 46.9%，净增利润 56.38 亿元。①

2. 产业结构逐步优化

贵州省在经济总量大幅增长的同时，三次产业结构也进一步升级。
2007 年，贵州省第一产业占生产总值的比重为 16.8%，同比下降 0.4
个百分点；第二产业的比重为 42.3%，同比下降 0.7 个百分点，其中工
业占 GDP 比重达 37.1%，同比下降 0.4 个百分点，建筑业的比重为
5.2%，同比下降 0.3 个百分点；第三产业的比重为 40.9%，同比上升
1.1 个百分点。第三产业中，住宿和餐饮业、其他服务业总量增加较
快，其占生产总值的比重为 2.2% 和 19.5%，分别比上年提高 0.2 和
1.5 个百分点。"二、三、一"的产业结构排序得以继续巩固。②

3. 基础设施建设逐步完善

贵州用于交通、水利设施、城市基础设施、邮电通信等基础设施和
电力等基础产业方面的投资力度不断加大，以交通和水利为重点的基础
设施建设取得突破性进展。2003~2007 年，累计完成公路建设投资
634.21 亿元，新增公路里程 7.6 万公里，其中高速公路里程增加 626 公
里。省会城市与各市（州、地）之间基本形成高速或高等级公路连接，
公路路网结构进一步改善，公路通达深度条件明显好转，便利水平大为
提高。五年还累计完成水利投资 163 亿元，续建和新开工建设了一批大
中型水利工程。建设了一批小水窖、小水池和小山塘，加大了以"三
小"为重点的小微型水利设施建设，解决了农村 556 万人左右的饮水困
难。同时改善了农业生产条件。新增有效灌溉面积 1.32 万公顷（19.80
万亩），新增节水灌溉面积 2.11 万公顷（31.65 万亩）。农业装备水平

① 《2007 年贵州省国民经济和社会发展统计公报》，中国统计局网站，http://
www.stats.gov.cn/tjgb/ndtjgb/dfndtjgb/t20080310_402468540.htm。

② 《2007 年贵州省国民经济和社会发展统计公报》，中国统计局网站，http://
www.stats.gov.cn/tjgb/ndtjgb/dfndtjgb/t20080310_402468540.htm。

继续提高，新增农机具 5 万台，年末农业机械总动力达 1410.76 万千瓦，比上年增长 17.0%。①

基础设施的逐渐完善，缓解了贵州省经济发展的瓶颈问题，造就了经济发展的大动脉，为工业、农业的发展奠定了坚实的基础。

（二）能源产业迅速成长为贵州第一优势产业

1. 丰富的煤炭、水能资源，是构建西部能源基地的前提条件

丰富的资源是贵州发展的比较优势，也是赖以发展的根本。

贵州素以"西南煤海"著称，是我国南方煤炭资源最丰富的省区。其煤炭资源也是全省能源最重要的支柱。全省探明加预测的煤炭资源总量达 2419 亿吨，其中经勘查探明的资源储量达 540 亿吨左右，（包括黔西南地区预查资源量），经多年开采消耗后的保有资源储量为 530 亿吨，仅少于山西、内蒙古、新疆、陕西，为江南之首，是南方 12 个省（自治区、直辖市）资源储量的总和，是我国南方最大的煤炭资源基地。贵州煤炭不仅资源富有，潜力大，可供性强，而且煤种多、煤质良好，可供多种用途。

水能是贵州仅次于煤炭的重要能源资源。全省水能理论蕴藏量达 1874.5 万千瓦，仅少于西藏、四川、重庆、云南等省区，排名全国第六位。按单位面积占有量计，拥有 106 千瓦/平方千米，是我国平均水平的 1.5 倍，居全国第三。贵州水能可开发量 1683 万千瓦，占全国可开发总量的 4.4%。横贯省境的乌江，是我国著名的水能富矿，可开发量约占全省的一半，达 836.5 万千瓦。南、北盘江及清水江等河流也有较丰富的水能。

丰富水能与大量煤炭资源的双优势，使贵州成为中国少有的"水火互济"发展电力的最优省区之一，也为贵州建成南方能源基地和"西电东送"的重要基地，奠定了坚实的基础。

2. "西电东送"工程为贵州能源产业发展带来契机

"西电东送"是西部大开发的四大标志性工程之一，是贵州举全省之力实施西部大开发战略的一项重点任务。2003～2007 年，累计完成

---

① 《2007 年贵州省国民经济和社会发展统计公报》，中国统计局网站，http://www.stats.gov.cn/tjgb/ndtjgb/dfndtjgb/t20080310_402468540.htm。

电力建设投资 1069.88 亿元，年均增长 23.2%。第一批"四水四火"电源项目全部建成，第二批"四水八火"电源项目逐步投产，五年新增电力装机容量 1407 万千瓦，贵州电网统调装机总容量达到 2012 万千瓦。在电源发展的同时，电网也得到了发展。2002 年以来，贵州先后建成了省内 500 千伏电网和外送广东的两条交流、一条直流输电通道，建成了外送湖南，重庆的双回 220 千伏通道。到 2006 年，贵州电网外送电量保持两位数增长，特别是当周边省区因为旱情严重缺电时，贵州"水火互济"的电力资源在更大范围内发挥优化配置的作用。"西电东送"以来，贵州生产总值、财政总收入、地方财政收入都翻了一番，"西电东送"格局基本形成。

（三）烟、酒等传统优势产业稳定中有新发展

1. 烟草产业

（1）贵州烟草曾经辉煌。贵州是我国烟草资源大省，有着近 70 年的烤烟种植历史。烤烟最高年产量约达到 1400 万担，1996 年、1997 年两年，全省两烟税利约达 50 亿元。但是，随着外部条件的变化，贵州的烟草行业曾经一度没落了。

（2）二次创业、兼并重组，贵州烟草开始复苏。2001 年，贵州烟草开始"二次创业"，到 2003 年，实现税利 60 亿元，其中实现利润 13.8 亿元。2004 年，打造"贵州烟草工业航母"工程正式启动。贵州卷烟工业以资产、品牌、采购、销售"四统一"和规模扩张为目标，全力实施联合重组，关闭了各地的挂杆复烤厂和 10 万箱以下的小烟厂，贵阳卷烟厂兼并重组原贵定卷烟厂。到 2005 年 8 月，贵州 5 家卷烟工业企业重组为贵州黄果树烟草集团公司，贵州烟草工业实现了统一。同时，贵州还开展了与其强邻云烟系的合作。贵州是全国第二大优质烟叶主产省，云烟系 2004 年就与贵州签订建设烟叶基地的协议，从 2005 年至 2007 年每年烟叶采购量不低于 2.5 万吨。除此之外，两省之间从 2004 年起实行同牌同价，建立了统一的市场。

（3）实施品牌战略，推进烟草产业健康发展。贵州省"黄果树"、"贵烟"、"遵义"、"长征"等 6 个品牌进入《卷烟产品百牌号目录》，尤其是"黄果树"和"贵烟"两块金字招牌，成为贵州卷烟的代表。2007 年，"黄果树"品牌的拥有者贵州中烟工业公司生产卷烟 220.88 万

箱，同比增长8.95万箱；销售卷烟220.82万箱，同比增加9.78万箱。实现销售收入138.99亿元，同比增加17.89亿元。单箱收入6294元，同比增加556元，实现税利90.16亿元，同比增长14.43亿元，增长18.9%，其中，实现税费72.88亿元，同比增加10.32亿元。"黄果树"品牌累计销量155.75万箱。[①]

2. 白酒产业

（1）贵州白酒产业历史悠久，品牌著名。贵州具有悠久的酿酒历史和丰厚的酿酒文化，自唐宋以来，贵州就已是"酒乡"。改革开放以来，贵州坚持大力培育和发展以优质白酒为主的产业发展战略和名牌带动战略，依托独特的酿酒环境、微生物资源和气候条件，发挥国酒茅台和贵州其他传统白酒的品牌优势和人才优势，继承和发扬独特、传统、科学的酿酒工艺，贵州白酒产业取得较快发展，酱香型酒产业发展集群优势突出，其他各类香型白酒竞争优势日益显现，质量和效益显著提高。2008年上半年，贵州44户规模以上白酒工业生产企业实现产量10.4万吨，同比增长28.85%；产值61.89亿元，同比增长43.83%；工业增加值58.9%；利润总额48.31亿元，同比增长99.51%。[②]白酒产业是贵州最重要的优势产业。

贵州省拥有众多的白酒知名品牌，白酒五大香型，贵州占三种。原八大国家名酒中贵州就有两个。现在，除了国酒茅台系列品牌之外，还有安酒、金沙窖、青酒、习酒、鸭溪、振业董酒、湄窖等十多个品牌群体。作为贵州传统支柱产业，白酒业也给当地政府带来了丰厚的财政收入。如：国酒茅台故乡贵州仁怀市约70%左右的财政收入来自白酒行业，其中大部分由贵州茅台集团承担。

（2）贵州自然条件独特，众多外省品牌落户。无论是生产"国酒茅台"的茅台镇、生产"贵州醇"的南盘江，还是生产"青酒"的青溪镇等，独特的地质地貌、适宜的气候环境以及独特的山川水系都堪称一绝。赤水河更是因为茅台、郎酒、小糊涂仙等美酒的聚集，被人们称

---

① 《贵州中烟公司2007年实现销售收入138亿元》，烟草在线网，http：//www. tobaccochina. com/news/China/industry/20081/2008114191818_285580. shtml，2008年1月15日。

② 《贵州白酒产业经济效益提高产量超全国平均水平》，中华黔商网，http：//qsw. y xgz. cn/html/news_2_5/2008-7/28/10_56_52_591. html，2008年7月28日。

之为"美酒河"，这也使得越来越多的企业通过投资、并购等方式涉足贵州白酒行业：广东珠海云峰酒业打出"茅台镇传世佳酿"的旗号，成就了今天名扬四方的小糊涂仙；北京"二锅头"、"赤水情"等纷纷在贵州仁怀设厂生产；等等。

（3）实施品牌战略，多渠道营销，促进贵州酒业健康发展。市场上，白酒产品不仅种类、花色繁多，而且同一类商品也存在大量生产经营者，消费者购买商品的可选择性大大提高。因此，贵州酒业能否利用创新意识，提升品牌价值，开展特色营销，将是决定企业兴亡的关键所在。

贵州茅台酒 2007 年度财务报告显示，2007 年生产"茅台"品牌白酒 20214.40 吨，比较 2006 年增长 18.24%；营业收入 72.4 亿人民币，增长 47.60%；纯利润 28.3 亿人民币，增长 83.25%。并且同贵州青酒集团的"青酒"、"青酒玉液"，贵州醇酒厂的"贵州醇"等共同构筑成"贵州酒军团"，开发特色营销、绿色营销、精细化营销和文化营销等各种营销方式，开拓各种市场，促使贵州白酒业健康快速发展。

（四）资源优势造就一批新兴原材料工业

储量丰富、组合良好的能源、矿产资源，种类繁多的生物资源，绚丽多姿的旅游资源，构成了贵州独特的资源优势。除煤炭外，已探明储量的矿产资源有 73 种，其中居全国前五位的有 27 种。铝土矿保有储量 3.96 亿吨，居全国第二位，矿石质量优良；磷矿石品位高，保有储量 26.3 亿吨，其中一级品富磷矿 5 亿吨，居全国首位；汞矿、重晶石保有储量均居全国首位；稀土和镓保有储量居全国第二位，锰矿、锑矿、碘保有储量居全国第三位；黄金、铅锌、硫铁矿、冰洲石、矿泉水等均有较好的开发前景①。《贵州工业十一五规划》指出：发挥能源和矿产资源组合优势，以实现资源就地增值最大化为重点，大力发展循环经济，积极推进煤—电—冶（化）一体化联产联营，推进资源型加工制造业基地和经济产业带建设，按照"产量不减、市场不丢、扶优汰劣、渐次调整"的要求调整优化高耗能工业，把煤化工、磷化工、铝及铝加工等优势原材料工业发展为新型支柱产业。

---

① 全球矿权网，http：//www.qqkqw.com/News/V5305.aspx，2007 年 12 月 12 日。

1. 煤化工产业

贵州依托丰富的煤炭资源，形成了合成氨、炼焦化工、乙炔化工三大煤化工产品系列；形成了以新型焦化、能源化工为产业链的西部煤化工产业带，以精细煤化工、煤磷化工为产业链的黔中煤磷化工产业区和黔北煤化工产业区，构建具有贵州特色的煤化工产业体系；还培育了贵州化肥厂有限责任公司、贵州水晶有机化工（集团）有限公司、贵阳煤气气源厂、遵义碱厂等一批重点骨干企业，培养了一批具有较高管理水平和技术能力的职工队伍；通过不断进行先进工艺的开发和应用、实施节能降耗、提质扩产、增加品种和企业信息化改造等，企业工艺技术和装备水平有了较大提高，市场竞争力不断增强，为加快贵州省煤化工产业发展打下了坚实的基础。2007 年，煤炭开采和洗选业规模以上工业增加值为 66.78 亿元，比上年增长 20.2%。[①]

2. 磷化工产业

贵州省拥有丰富的磷资源。资源储量 26.88 亿吨，工业储量 25.26 亿吨，其中基础储量保有量 7.13 亿吨，位居全国第二。[②] 主要分布在开阳县、瓮安县、福泉市和织金县，开阳、瓮福两矿区富矿储量占全国富矿储量的三分之一。贵州省 P_2O_5 品位 25% 以上的磷矿资源储量合计为 9.11 亿～11.5 亿吨，占全国该品级资源储量的 1/4。

贵州磷化工产业发展速度较快并已具一定规模，在国内已处于领先的地位。2006 年全省磷化工行业实现销售收入 152 亿元，占全省化学工业的 60.08%，化工工业产值 250 亿，占全省工业产值的 10.85%。贵州高浓度磷复肥、黄磷的生产技术、装置水平、生产能力等方面在国内已经占有不可替代的重要地位，在国际同行中也享有较高的知名度。2006 年，磷肥产量 132.07 万吨（P_2O_5），其中磷铵等高浓度磷复肥 112 万吨，产量居全国第二；黄磷产量 15 万吨，居全国第二，约占全国产量的 25%。[③]

---

① 《2007 年贵州省国民经济和社会发展统计公报》，中国统计局网站，http://www.stats.gov.cn/tjgb/ndtjgb/dfndtjgb/t20080310_402468540.htm。

② 《贵州省磷及磷化工产业现状》，资源网 http://www.lrn.cn/science/mineknowledge/200805/t20080513_229569.htm，2008 年 5 月 13 日。

③ 赵拉、匡国明：《贵州省磷化工现状及发展布局研究》，载《中国市场》2008 年第 13 期。

龙头企业、产业集群的发展带动贵州磷化工产业升级。宏福实业开发总公司、贵州开阳磷（集团）公司等在国内同行业中已经占有不可忽视的地位。并已初步形成息烽——开阳——瓮福磷化工产业带，三大高浓度磷复肥企业均分布在这个产业带内，并发挥着产业聚集的作用，推动了产业创新，不断延长产业链，使磷化工产业向精深方向发展。而且，磷化工产品开始由初级产品向技术含量高、附加值高的产品转变，磷化工技术创新能力在国内业界处于领先地位。

3. 铝及铝加工业

贵州省是全国的铝工业大省之一，在铝资源利用和开发方面具有较大的规模和较强的技术基础，资源保护良好，后备资源充足，在全国具有明显的比较优势。2005 年氧化铝产量 94.23 万吨，电解铝 41.99 万吨，铝加工总产能 2.5 万吨，已成为在全国具有一定影响的重要铝工业基地。

在氧化铝方面，贵州省氧化铝生产企业有两个，国家投资建设的中铝贵州分公司氧化铝厂已成为国内主要的氧化铝生产企业，生产所采用的拜耳法板式蒸发和溶出等多项技术在国内具有领先水平；同时，电解铝工业得到了较大的发展，目前全省的电解铝厂数量已达到 8 家，中铝贵州分公司电解铝厂是省内技术和装备最先进的、规模最大的企业，具有知识产权的现代化大型预焙槽技术，已在国内电解铝企业得到广泛推广应用；贵州省内与铝工业生产配套的行业，在"十五"期间也有了新的拓展，有铝用碳素、氟化盐、阳极提升机械制造等。但是，由于市场、技术和资金等各方面原因，贵州省铝加工产业发展缓慢，不仅铝加工企业少，规模上有影响力的仅有中国铝业贵州分公司、贵州铝加工厂、贵州正合铝业公司、贵州黔鹰铝箔厂 4 户，且规模较小，产业结构单一，企业现有装备水平较低，高附加值的加工产品少。

（五）特色食品、民族制药等特色优势产业正在崛起

1. 特色食品产业

近年来，贵州食品工业依托自身的食品资源优势，加快种植、养殖基地建设，不断改善企业的技术设备，增加特色、绿色食品的种类和产量，有一批特色食品正打开省内外市场，开始寻求发展空间，包括：名茶、辣椒制品、玉米面条、牛肉干等。

贵州是全国茶叶资源大省和传统产茶大省，拥有多个知名品种，如

都匀毛尖、羊艾毛峰、湄潭翠片、贵定云雾茶、遵义毛峰等。在第四届中国国际茶业博览会上，贵州获得 12 个全国金奖中的 4 个，还获得 2 个银奖和 2 个优质奖。贵州是国内唯一低纬度、高海拔、寡日照条件兼具的原生态茶区，也是中国最适宜种茶的区域之一和高品质绿茶的重要产地。据农业部茶叶质量检验测试中心按无公害茶叶标准对贵州茶叶进行抽检，合格率达到 100%。湄潭、晴隆两县被农业部列为全国首批 20 个创建无公害农产品（种植业茶叶）基地县，凤冈县被授予"中国有机富锌富硒茶之乡"。目前，全省通过无公害茶、绿色食品茶和有机茶认证的茶园面积分别为 7 万亩、6 万亩和 3.5 万亩，有机茶茶园面积居全国前列。贵州省已明确要把茶产业作为支柱产业来培育。从 2007 年起，省级财政明确 3000 万元茶产业专项资金，规划建设五大优势茶产业优势带，着力打造 500 万亩生态茶园，把贵州建成中国高品质绿茶的原料基地和加工中心，绿色食品茶、有机茶的重要生产基地。[①]

贵州是我国干制、加工和鲜食兼用型特色辣椒生产优势区，品种资源十分丰富，不同产区形成了各具特色的地方名优品种，产业化开发潜力较大。贵州现有大小辣椒加工企业 110 余家，具有一定规模的有 20 多家，产品种类主要为油辣椒制品和发酵制品[②]。已初步形成一批各具特色的辣椒食品加工企业群，其中油辣椒产品已占全国市场份额的 60% 以上，涌现出"老干妈"、"好花红"、"老干爹"等在全国市场享有良好声誉的辣椒制品知名品牌。2006 年，贵州省油辣椒地方标准审定为国家标准。目前，贵州省干辣椒及辣椒制品总产值已超过 30 亿元。

贵州牛肉业也是同国内外相比具有一定比较优势的产业。地方优良肉牛品种有：关岭黄牛、思南黄牛、威宁黄牛和黎平黄牛，存栏数约为 180 万头，还有部分水牛，品种资源丰富。并且拥有 428.67 万公亩的草山草坡，田地坎草地 30 余万公亩，可供利用的林下草地 200 余万公亩，饲用植物种类丰富。同时，贵州已经建成比较完善的畜牧业行政管理机构和畜牧兽医科研、教学、技术推广服务体系。有 11 所农牧院校

---

① 《好山好水孕好茶——贵州发展茶产业优势独具》，中国绿色食品网，http://www. greenfood. org. cn/Html/2007－11－8/2_1974_2007－11－8_5958. html，2007 年 11 月 8 日。

② 《贵州省辣椒加工业"十一五"发展规划》，中国食品产业网，http://www. foodqs. com/news/gnspzs01/2008558433567. htm，2008 年 5 月 5 日。

和相关科学研究所专门从事畜牧兽医和草地基础应用研究，具备发展畜牧业关键技术联合攻关的能力。形成了"牛头牌"、"牛来香"等一批具有市场竞争力的加工企业和知名品牌，预计"十一五"期间，全省牛肉加工业总产值预期年均增长12%。到2010年，牛肉加工重点龙头企业总数将达到37个，产值力争达到30亿元。

2. 中药制药产业

贵州省的中药资源与民族药资源丰富，是中外著名的地道药材之乡。有中药资源4294种，其中药用植物3927种、药用动物289种、药用矿物78种。在全国中药资源普查的363个重点药材中，贵州有328种，占90.3%。其品种之多，居全国第四位。并且，贵州有着丰富的民族药资源。经调查，以苗族为代表的贵州民族药资源达3000种以上。贵州尚有不少珍稀濒危药材与特有植物药材，中药民族药种质资源丰富。贵州被列入国家重点保护的药用植物有28种（全国58种，占48.3%），药用动物10种（全国17种，占58.8%）。

目前，贵州制药工业经济保持较快增长。据统计，全省制药企业共有159家，销售收入以年均20%以上的速度快速递增，5年增长2.6倍，销售收入从2001年的37亿元增加到2006年的99亿元，2007年跨入百亿元行列①，成为支撑全省工业发展的六大支柱产业之一。

GMP改造范围不断扩大。目前，全省通过GMP认证的制药企业已达到125家，占全省制药企业户数的78.6%。中药材规范化种植基地得到进一步发展。目前，已有15家制药企业和18家专业中药材种植公司正在建设太子参、何首乌、天麻等中药材品种的GAP种植示范基地。

区域制药产业聚集初现端倪。已逐渐形成了贵阳、黔南龙里以及遵义红花岗等制药产业基地，入驻制药企业达到68户，年产值超过30亿元。其中，贵阳市制药工业占据全省制药业的半壁江山。同时制药企业资产重组、股份制改造也稳步推进，贵州制药业大有崛起之势。

（六）制造业、航天航空产业发展潜力巨大

贵州省制造业、航天航空业等有着非常坚实的基础。"一五"、"二

---

① 《贵州省制药业异军突起 年均以20%快速递增》，http://www.akymyy.com/yynew/0711133103403，2007年9月27日。

五"和"三线"建设时期，国家投资上千亿元在贵州布局了一大批项目，建成的老工业基地、国防工业基地、科研院所和高等院校，为贵州省装备制造业和技术发展奠定了较好基础。目前，贵州省拥有国内重要的航空、航天、电子工业制造基地，形成了以三大军工基地为基础的贵州制造业体系。黄果树烟草集团公司、水城钢铁（集团）有限责任公司、中国铝业股份有限公司贵州分公司、贵州茅台酒厂（集团）有限责任公司跻身"2006 年度中国制造业 500 强"。贵州的地区制造业质量竞争力指数为 79.40，比全国平均水平高出 0.42，排名全国第 13 位。[①]

2002 年贵州被科技部确定为"全国制造业信息化示范省区"。"十五"期间，贵州共实施制造业信息化工程示范工程项目 176 项，总投资 53855 万元，示范企业达 139 家，其中重点示范企业 37 家。

全省装备制造业最为集中的地区是贵阳市。该市建有高新技术产业区和贵阳经济技术两个国家级开发区，都以装备制造业为主导产业，区内集中了大批包括航空、航天、国防军工、机床、工程机械、汽车装备、电力、铝加工、化工等企业在内的大中型骨干企业。

（七）旅游业优势地位日益明显

贵州旅游资源丰富，不论是自然风光还是人文风情都有自己独特的优势。在自然风光方面，贵州拥有黄果树、龙宫、织金洞、红枫湖、舞阳河、兴义马岭河峡谷、荔波樟江、赤水 8 个国家级风景名胜区，花溪、百里杜鹃等 24 个省级风景名胜区，铜仁梵净山动植物、茂兰喀斯特原始森林、赤水原生林和草海鸟类栖息衍生地、习水中亚热带常绿阔叶林 5 处国家级自然保护区；在人文风情方面，贵州是一个少数民族聚集地，其中苗、侗、布依、水、瑶、彝、土家、仡佬等世居的少数民族就达 17 种之多，从这些民族的建筑、服饰、饮食、婚俗、祭祀、节庆等方面，无不蕴藏着异彩纷呈的人文文化。"三里不同风，五里不同俗，大节三六九，小节天天有"，一年中少数民族的各种节日有 1000 多个，是我国民族地区民间节日活动最多的地区。1992 年，总部设在巴黎的世界保护乡土文化基金会就把黔东南的苗族纳入该组织的全球 18 个保护圈之列。同时，遵义会议旧址、红军总政治部旧址等红色旅游景点也

---

① 《2005 年全国制造业质量竞争力指数公报》，载《中国质量报》2006 年 11 月 2 日。

有自己的独特魅力。2006 年，贵州省旅游业全年实现旅游总收入 380 亿元，同比增长 54%，接待游客 4700 万人次，同比增长 51%。

目前，贵州旅游业正努力向市场化、产业化、社会化、国际化方向发展。开发旅游品牌、发展旅游文化、主办各种旅游节，在全面整合现有旅游服务资源的基础上，进一步完善旅游区内各景点的配套设施及环境景观。同时，注重环境保护，统一规划，有序开发，走可持续发展的道路。贵州旅游业的壮大，将成为带动贵州经济增长的新的支柱产业。

二、自主创新能力基础较弱，但后劲有力

贵州社会经济比较落后，自主创新能力基础相对较差，但在加大投入、突出优势发展的过程中，也取得了一定成绩，为今后的发展争取了空间。

（一）创新投入加大，产出增加

2006 年，贵州省 R&D 经费为 14.51 亿元，比上年增长 31.5%，占 GDP 的比重为 0.64%，在全国排第 26 位，西部第 7 位；地方财政拨款 7.6 亿元，全国排名第 22 位，西部排名第 6 位，占地方财政支出 1.25%，全国排名 15 位，西部排名第 4 位；R&D 人员为 1.07 万人年，全国排名第 26 位，西部第 7 位，比上年增长 9%。[①] 贵州省创新投入在全国和西部来说都不占有优势，但是，纵向比较，增长速度在增加，发展的速度在加快。

2006 年，贵州高技术产业规模以上企业产值为 131.59 亿元，比上年增长 12.7%，全国排名 21 位，西部第 4 位；高技术产业规模以上企业增加值为 67.49 亿元，全国排名第 19 位，西部第 3 位，比上年增长 26.2%；专利授权量为 1337 项，西部排名第 5 位。[②] 贵州高技术企业的生产能力在不断增强。

（二）科技项目增多，科研能力增强

贵州启动了一系列科技项目，作为自主创新能力的先锋队和示范力量，促进了贵州省科研能力增强，也为贵州省各方面科研力量的调动提

---

① 中国科技统计数据网站，http：//www.sts.org.cn/sjkl/kjtjdt/index.htm。
② 中国科技统计数据网站，http：//www.sts.org.cn/sjkl/kjtjdt/index.htm。

供了动力。对推动贵州省科技创新和成果转化、发挥科技支撑经济社会跨越式发展具有积极深远的意义。

2008 年，以贵州省牵头组织申报的"复杂难处理磷矿资源高效开发利用及深加工关键技术研究"、"高性能铝合金及其制造工艺技术开发"、"环境友好、高值化 PVC 树脂及其特种专用料生产技术开发"、"高速重载列车关键材料及制品研发"、"高强度低松弛预应力钢丝、钢绞线用钢及制品研发"、"喀斯特山区生态环境治理关键技术集成与示范"、"喀斯特山区特有作物优异基因资源发掘与转基因安全关键技术研究及应用" 7 个项目获得国家科技支撑计划项目资助，获助金额达到 2.02 亿元。

（三）企业作为自主创新的主体，发挥日益重要的作用

政府努力为企业创造创新环境，众多企业在创新的同时也加紧实现成果转化，尽快实现其经济价值。

贵州成智重工，销售收入从 2003 年的 160 万元到 2008 年保守估计的 8000 万元以上，走的就是自主创新道路。在政府的各项资金支持下公司通过产学研合作，形成了 20 多人的核心研发团队，已研制生产出 10 多种规格型号的立轴式、反击式系列石打石、石打铁破碎设备和新型楼站式粉碎工作站，拥有 9 项发明专利和实用新型专利，产品技术水平居国内前列；贵州汇通华城楼宇科技有限公司、贵州红林机械有限公司、贵州南方汇通股份公司也通过自主创新，运用知识产权制度，围绕自己的主导产品或主要技术申请一批专利，构筑专利保护网，提升核心竞争力；贵州永跃科技有限责任公司研发生产的无地线雷电防护器，填补了无地线防雷技术的空白；安顺市顺通管件有限公司研制的 ST 自补偿大口径管接件系列产品，在管件快速连接技术方面达到国内先进水平。

2007 年，贵州有九家企业获得"中国西部自主创新品牌"，包括贵州安华药业、贵州西南家居博览城、"黔山牌"蔬菜、山花乳业、聚福轩茶业、新天地视听餐饮歌城、富源美家居、天楼野木瓜、佳惠超市等。

（四）高新技术园区、示范点等孵化基地促进自主创新成果产业化

贵阳国家高新技术产业开发区是贵州省内唯一的国家级高新区分为

"两园一街":"金阳知识经济产业园"是由知识经济产业化基地、知识经济产业园和创业园组成的高科技园区。其中,产业化生产基地将重点发展以微硬盘核心技术产业、光电核心技术产业、数字 TV 核心技术产业等一批拥有核心自主知识产权、产业关联度高、产业聚集性强、以具有国际尖端水平的项目为核心、上下游相关产业为支撑的高科技产业整合集群;"新天高新技术工业园"由火炬工业园、东风生物医药工业园、云锦高科技产业园和贵州火炬软件园组成,着重培育传统高新技术企业;"神奇路科技一条街"位于贵阳市南明区内,云集了数百家从事软件开发和电脑经营的企业,拥有 3 个专业电脑市场,是全省最大的电脑零配件集散地。2005 年贵阳国家高新区完成工业总产值 164.74 亿元,工业增加值 45.45 亿,产品出口交货值 12.1 亿元,税收 11.06 亿元,招商引资 11.75 亿元,引进高新技术项目 22 项。

贵州省有 5 个乡镇(村)获科技部批准成为首批新农村建设科技示范(试点),分别为:贵阳市乌当区羊昌镇,主要技术依托单位为贵州省农业厅果蔬站、贵阳市蔬菜推广站、贵阳市乌当区蔬菜技术服务中心;安顺市西秀区大西桥镇,主要技术依托单位为安顺市畜牧水产事业局品改站;遵义市凤岗县永安镇田坝村,主要技术依托单位为贵州省茶叶科学研究所;毕节地区毕节市海子街镇红堰村,主要技术依托单位为贵州省毕节地区农业科学研究所;毕节地区黔西县林泉镇韦寨村,主要技术依托单位为贵州现代农业发展研究所。

另外还有"贵阳数字动漫科技产业示范基地"、江南航天高科技工业园区、贵阳国家农业科技园区、贵州省材料技术创新基地、榕江农业科技示范园区等一系列的科技园区,培育了一大批科技企业。

三、提高自主创新能力和发展优势产业的基本经验

(一)抓住国家发展政策的大方向

贵州作为国家"三线建设"的重点地区之一,1965~1972 年,国家在贵州大量投资,从全国各地的国防科技工业骨干企业抽调大批工程技术人员和管理干部进行国防军工建设。贵州省紧紧抓住这次机会,建成了航空、航天、电子三大军工系统,为现在贵州的电子机械工业奠定了基础。

贵州省的第二次大发展是借"西部大开发"之力。从1999年至2004年，实施西部大开发4年来，贵州省经济总量增加、综合实力提高。此期间，贵州省生产总值总量连续突破900亿元、1000亿元、1100亿元和1300亿元，2003年达到1344.31亿元，是1999年的1.4倍和1979年的7.8倍。GDP增长幅度连续4年高于全国，年均增长9.2%，比"九五"时期年均增幅高0.5个百分点。

"十五"期间贵州省抓住"西电东送"良机，加快推进"水火互济"资源优势向经济优势的转化，在抓好乌江流域水电梯级开发的同时，努力抓大型坑口火电站建设，实施西部大开发至2005年，已建成7个电源站，新增装机容量578万千瓦，超过前50年的总和。

"十一五"期间，党中央提出了走创新型国家的发展之路，贵州加大对优势产业的投入，使之对区域经济的发展产生更大的拉动和促进作用。

（二）加强区域合作，优势互补

贵州内部的基础设施比较落后，科技力量比较薄弱，因此，贵州省特别强调区域合作问题，从整个西部或者是全国甚至是全世界的范围来寻找自己的位置和发展空间。同时，也十分注重和其他兄弟省份互通有无，加强联系，实现共同发展。

2007年，贵州科技厅和同济大学签订了"同济大学—贵州省科技厅科技合作协议"，主要在能源、材料、信息产业、先进制造、航空航天、现代服务、资源与环境、交通建筑与城镇化、人口健康与公共安全等围绕贵州经济社会发展的重点领域进行重点合作，帮助贵州省引进高新技术产业化项目，并协助孵化相关技术，实现双方共同构建科技信息交流、大型科学仪器设备共享、重点实验室、工程技术中心等科技合作平台。

同年，贵州省科学技术厅与北京矿冶研究总院签订了《贵州省科学技术厅·京矿冶研究总院科技合作协议》。主要是在矿产资源开发（包括：采矿、选矿、冶金等）、矿产品深加工、新材料和环境科学等领域开展合作，建立工作联系制度，定期会商，积极支持贵州省大中型企业与北京矿冶研究总院共建企业技术中心和科技成果孵化基地，联合实施新产品、新技术的开发；联合申报国家相关科技计划项目、实施产学研结合和高技术产业化，共同争取国家的支持。

贵州和泛珠江三角各省区交流与合作的渠道不断增加，领域不断扩展，规模不断扩大，能够更好地引进区域内各兄弟省区的资金和技术，在交通等基础设施建设上加强合作，携手加强生态建设和环境保护，借助东部沿海地区特别是粤港澳地区的对外开放优势，进一步扩大贵州对外开放规模，提高对外开放水平，加强在文化、科技、教育等领域的交流与合作，从而促进贵州的发展。

（三）发挥比较优势，依靠资源发展

贵州省"十一五"发展规划提出重点发展的优势产业中，最重要的前两个，"能源新兴支柱产业"、"优势原材料新兴支柱产业"都是依靠的资源优势，这两大产业不管是在过去、现在还是将来都将为贵州的发展起到巨大的带动作用。

（四）以企业为创新主体，依靠配套政策促进发展

贵州省有很多企业在提高自主创新能力方面都做得比较好，创造了较好的品牌，获得了核心竞争力，在市场上有一定的不可替代性。同时，政府也积极为企业自主创新创造环境。为企业提供创业基金和各种贷款，建设各种孵化器，在税收等政策上给予优惠等。

四、面临的困难和问题

贵州提高自主创新能力和发展优势产业遇到的困难和问题主要有以下几个方面：

（一）社会经济基础落后

新中国成立前，贵州的经济根底就非常薄弱。贵州的经济总量虽然每年都有所突破，但是在全国来说还是居于靠后的地位的。2006 年，贵州高技术产业规模以上企业产值仅占全国的 0.38%，增加值仅占全国的 0.67%。[①] 贵州的城市化水平也比较低。2006 年，贵州城市化水平仅为 27.5%，比全国平均水平低 16.4 个百分点，比西部平均水平低 12.2 个百分点。另外，贵州的基础设施也比较落后。

---

① 中国科技统计网，主要科技指标数据库，http：//www. sts. org. cn/KJNEW/maintitle/MainTitle. htm。

（二）"不沿边、不沿海、不沿江"的地理区位劣势

贵州特有的喀斯特地貌，导致其地形崎岖，山地峡岩多，凹凸不平的地形与缺磷的土壤不但无法大面积地种植水稻等农作物，更是极大地限制了交通的发展。道路投资大，收益小，阻挡了外来投资也阻挡了贵州的发展。

（三）科技力量薄弱，人才欠缺

贵州的科技力量比较薄弱。2006 年，在科技进步统计检测综合评价中的总排名为 30 名，科技活动投入排名 25，科技活动产出排名 30，科技促进社会经济发展排名 30，仅高科技术产业化排名居于中游，为第 15 名。[1] 全省拥有的国家级科研院所比较少，仅拥有贵州大学这一所"211"重点大学。贵州全省的人力资源数量大，但是素质较低，高素质人才不仅稀少还存在向外流失的现象。

（四）现代服务业不发达

目前，贵州的三次产业比重情况依然是"二、一、三"，第三产业在国民经济中所占的比重比较小，第三次产业中的现代服务业比重也不高。

（五）企业品牌与产品品牌缺乏

贵州除了国酒茅台品牌受到了国内外的广泛认可之外，再无其他优势品牌。虽然贵州的茶品种众多，有许多都是十分著名，但是却没有与之相对应的品牌；贵州的烟由于多年的恶性竞争，许多品牌都是昙花一现。虽然近几年贵州的品牌意识有所加强，但是力度还是不够，仍需要从各个角度来充实自己的品牌。

五、贵州省提高自主创新能力和发展优势产业的战略思路和对策建议

（一）战略思路

首先，应继续提高自主创新能力，建立一个积极创新的氛围，深化财税、金融等体制改革，完善宏观调控，为企业自主创新能力的提高提供有力的保障。继续加快转变经济的发展方式，推动产业结构的优化升

---

[1]　中国科技统计网，主要科技指标数据库，http：//www. sts. org. cn/KJNEW/maintitle/MainTitle. htm。

级，继续提升传统优势产业，发展新兴优势产业，以产业升级推动经济发展，以经济发展带动产业升级。同时，完善基本经济制度，健全市场体系和制度，加快城市化建设，统筹城乡发展。拓展对外开放的高度和深度，提高开放型经济水平。

第二，应高度重视教育、科研事业的发展。贵州是一个人才欠缺的省份，自己培养的人才少，对外面人才的吸引力不足，科技力量问题已经成为了制约贵州经济发展的重要"瓶颈"。"百年大计，教育为本"，要把我国建设成为民主、富强的国家不是一代人能够完成的事业；提高自主创新能力，发展优势产业在很大程度上也是要依靠下一代的力量。所以，重视教育、科研事业的发展就是在关注贵州省未来的发展。

第三，应加强能源资源节约和生态环境保护，增强可持续发展能力。贵州省的重要支柱产业是依靠丰富的不可再生能源发展起来的，所要遇到的一个重要问题就是能源的枯竭。所以，在发展伊始就应该节约能源，寻找可持续发展的道路。

第四，确立战略重点。在我国经济速度高位回落之际，贵州的发展应该结合国内外的发展趋势，在正确预测市场前景的条件下，依托优势资源，优化区域经济布局，以现有产业为基础，提升产业结构，重点发展有前景、有带动作用强的优势产业和优势企业。首先，紧紧抓住"西电东送"的契机，进一步做大做强能源产业，打造中国西部能源基地。其次，依靠资源优势，继续发展优势原材料新兴支柱产业，依靠自主创新，获得核心竞争力，实现对其他产业的带动作用，成为贵州经济发展的重要力量。第三，做强做大以烟酒为主的传统支柱产业。烟酒产业有深厚的文化基础、技术支持等其他省市无法具备的优势，这是贵州发展的重要契机，要高度重视。第四，大力发展以民族制药、特色食品为代表的特色优势产业。第五，加快发展以航空航天、电子信息和先进制造业为代表的高技术产业。第六，以优势企业为龙头，以重大项目为载体，加快优势产业基地建设和工业园区及城镇工业功能区的建设。

（二）对策建议

1. 结合贵州实际，走新型工业化道路

立足比较优势，科学选择、培育壮大主导产业，以能源工业为基础，材料工业、装备制造业等作为贵州工业化的切入点；坚持以信息化带动工业化，加快国民经济和社会信息化进程，大力发展包括综合技术服务业在内的现代服务业，为贵州实现跨越式发展创造有利条件；大力发展循环经济，走经济效率高、资源消耗少的集约化道路，兼顾资源利用和环境保护；加快科技创新体系建设，为新型工业化提供技术保证。

2. 加强基础设施建设，为贵州经济发展提供保证

政府应统筹规划，分步实施，同社会发展和经济建设速度相结合；建立科学的融资体系和机制，多渠道筹集基础设施建设所需资金；建管并重，确保质量；基础设施建设应该与经济布局相适应；树立发展观念，促进基础设施与经济社会效益的最佳组合。

3. 充实贵州经济力量，做强做大非公有制经济

大力发展非公有制经济不仅是一条不断改善和提高人民群众生活水平的有效途径，而且还是从根本上振兴地方经济的重要突破口。领导层应该更新发展理念，调整发展思路，真正把发展非公有制经济作为做强做大贵州经济的突破口和实现经济社会发展历史性跨越的重要举措来抓；加强规章制度、政策体制建设，认真解决好条块分割的体制弊端，为非公有制经济发展铺平道路；努力改善非公有制经济发展的社会环境。贯彻平等准入、公平待遇原则，允许非公有资本进入法律法规未禁入的行业和领域，认真落实并不断创新支持非公有制经济发展的政策措施。

4. 加大教育、科技投入

加大贵州省政府对教育、科技发展的投入，并建立相关的监督机制，保障投入的落实；拓宽经费的筹措渠道；大力吸引各种专业人才，解决人才来黔工作的后顾之忧；加大对各种科研院所的投入和管理，使之健康发展；鼓励企业自身的科研活动，必要时可以给予经费支持。

5. 大力发展对外贸易，开拓全国乃至世界市场

坚持"引进来"与"走出去"相结合的方针；增强企业国际竞争力，了解国际市场环境和行业竞争情况，分析不同国别的环境差异，用全球化的视野来分析自身的特点和比较优势，在全球范围内考虑资金、人才和自然资源的配置，确定企业和产品的定位、区域布局、经营策略，制定国际化发展战略；要不断提高技术水平和创新能力，通过自主创新、技术引进、合作开发等多种方式和渠道，增强企业的研究开发能

力、工艺装备水平、设计制造水平；要在国际市场上逐步形成自己的品牌，增加产品的附加值。

6. 注重生态建设，发展和保护并重

加强对环境保护、生态建设的投入，走可持续发展的道路；加强对水、空气等的检测，以及时发现问题；严格控制工厂、汽车等的排放量，确保环境安全；加强呼吁与环境有关的法律法规建设，做到有法可依。

河西走廊的曙光

——甘肃自主创新能力和优势产业调查

甘肃省位于我国西北部，地处青藏、内蒙古、黄土三大高原交汇处，地域辽阔、地形狭长、资源丰富、自然条件复杂多样。从2002年到2006年，其GDP翻了一番，达到2000亿元。2007年，更是实现了12.1%的高增长，超过全国平均水平。在开放竞争的环境条件下，甘肃围绕自己的比较优势，提高自主创新能力，大力发展优势产业，为经济的可持续发展打造坚实的基础。

一、甘肃优势产业重振，河西走廊曙光再现

甘肃省在"一五"、"二五"及"三线"建设时期曾是我国重要的石油工业基地和装备制造业基地。甘肃玉门油田是我国在20世纪50年代建立的第一个门类齐全、设施完备的大型现代石油工业基地。而从20世纪70年代开始，随着石油资源的枯竭和国家发展重点的转移，甘肃省经济的发展逐渐放慢了脚步。但是，随着"西部大开发"的号召、科学技术的进步和新资源的发现，甘肃省抓住时机，选择相关优势产业作为发展重点，实现经济总量增长与产业结构升级并进，带领和支撑经济的崛起和腾飞，河西走廊迎来了新的曙光。

（一）经济总体快速增长

1. 经济增长速度加快，产业结构优化

2002年以来，甘肃省不论是经济总量还是行业经济，增长速度超过全国平均水平。2007年，甘肃省实现生产总值2699.2亿元，比上年增长12.1%。其中，第一产业实现增加值386.42亿元，比上年增长4.0%；第二产业实现增加值1282.22亿元，比上年增长16.8%；第三产业实现增加值1030.56亿元，比上年增长10.0%，其中批发和零售贸易业实现增加值166.85亿元，比上年增长9.5%，房地产业实现增加值81.3亿元，比上年增长7.1%。全省人均生产总值10335元，比上年增

长 11.6%。三次产业结构由上年的 14.7∶45.8∶39.5 调整为 14.3∶47.5∶38.2，第二产业所占比重提高 1.7 个百分点，第一、三产业所占比重分别下降 0.4 和 1.3 个百分点，"二、三、一"结构得以进一步巩固（见图1）。

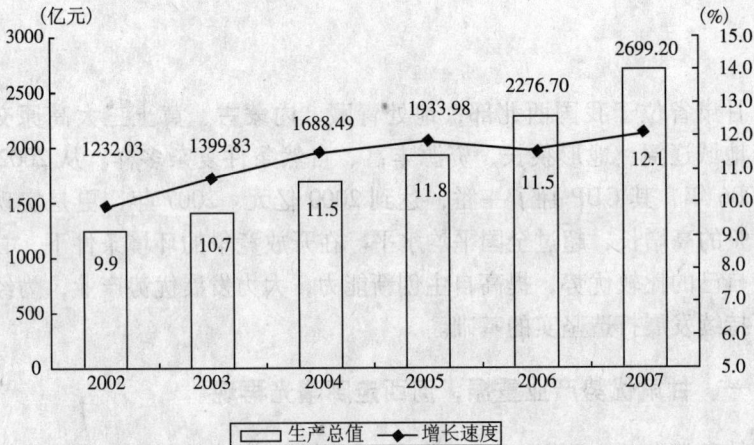

图1 2002～2007年甘肃省生产总值及增长速度

资料来源：《甘肃省 2007 年国民经济和社会发展统计公报》，中华人民共和国国家统计局网站，http://www.stats.gov.cn/tjgb/ndtjgb/dfndtjgb/t20080318_402469399.htm。

从 2002 年到 2007 年，甘肃省工业增加值保持较快的增长速度。2007年，完成工业增加值 1066.74 亿元，比上年增长 16.5%。规模以上工业企业完成工业增加值 956.68 亿元，比上年增长 17.06%。其中国有及国有控股企业完成工业增加值 862.30 亿元，增长 16.90%（见图2）。

2. 固定资产投资发展加快

2002 年以来，甘肃省固定资产投资保持强劲增长态势，其中，对国有及国有控股经济的投资占主要部分。2007 年，甘肃省全年完成全社会固定资产投资 1310.38 亿元，比上年增长 27.86%。按城乡分，城镇固定资产投资完成 1177.46 亿元，比上年增长 27.17%；农村固定资产投资完成 132.92 亿元，增长 34.33%。城镇固定资产投资中，国有及国有控股经济投资 736.24 亿元，增长 15.0%（见图3）。

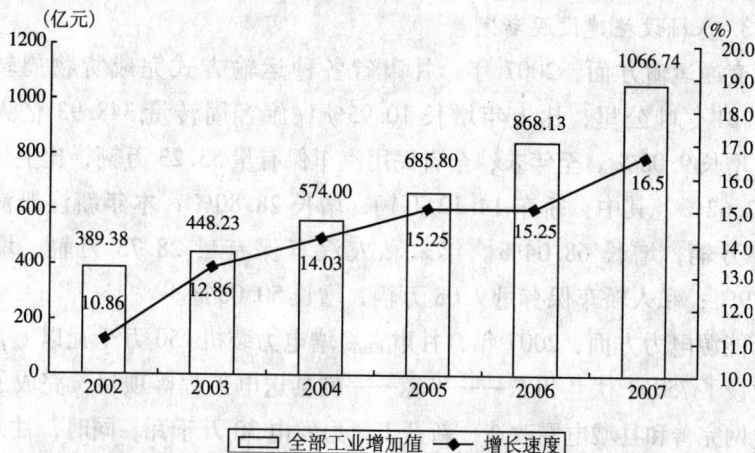

图2 2002～2007年甘肃省全部工业增加值及增长速度

资料来源：《甘肃省2007年国民经济和社会发展统计公报》，中华人民共和国国家统计局网站，http：//www. stats. gov. cn/tjgb/ndtjgb/dfndtjgb/t20080318_402469399. htm。

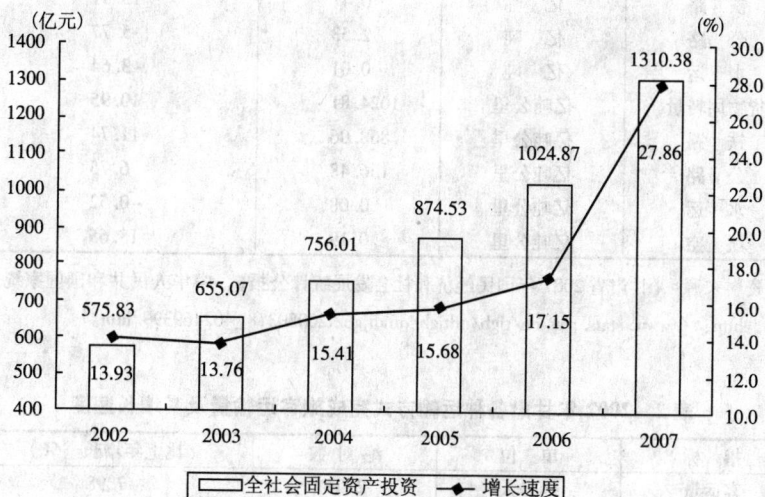

图3 2002～2007年甘肃省全部固定资产投资增加值及增长速度

资料来源：《甘肃省2007年国民经济和社会发展统计公报》，中华人民共和国国家统计局网站，http：//www. stats. gov. cn/tjgb/ndtjgb/dfndtjgb/t20080318_402469399. htm。

3. 基础设施建设逐渐完善

交通运输方面，2007 年，甘肃省各种运输方式完成货物周转量 1024.81 亿吨公里，比上年增长 10.95%；旅客周转量 348.93 亿人公里，增长 9.08%。至年末，全省民用汽车保有量 53.23 万辆，比上年增长 13.62%。其中，轿车 14.12 万辆，增长 28.80%；本年新注册汽车 8.34 万辆，增长 68.04%。年末私人汽车保有量 28.75 万辆，增长 18.79%；私人轿车保有量 7.08 万辆，增长 50.08%。[①]

能源电力方面，2007 年，甘肃省新增电力装机 150 万千瓦以上，开工建设了 750 千伏兰州东——平凉——乾县送电工程等项目，完成了农村电网完善和县城电网改造，新开工风力发电 30 万千瓦。同时，甘肃省最后一个"无电"村实现了通电，开创了全省"户户通电"的新时代。

表 1　2007 年甘肃各种运输方式完成货物运输量及其增长速度

指　标	单　位	绝　对　数	比上年增长（%）
货运量	亿　吨	2.95	6.77
铁　路	亿　吨	0.41	13.51
公　路	亿　吨	2.53	5.77
水　运	亿　吨	0.01	−3.64
货物周转量	亿吨公里	1024.81	10.95
铁　路	亿吨公里	868.06	11.74
公　路	亿吨公里	156.48	6.75
水　运	亿吨公里	0.08	−0.52
航　空	亿吨公里	0.19	18.65

资料来源：《甘肃省 2007 年国民经济和社会发展统计公报》，中华人民共和国国家统计局网站，http://www.stats.gov.cn/tjgb/ndtjgb/dfndtjgb/t20080318_402469399.htm。

表 2　2007 年甘肃各种运输方式完成旅客运输量及其增长速度

指　标	单　位	绝　对　数	比上年增长（%）
客运量	亿　人	2.04	7.98
铁　路	亿　人	0.16	11.70
公　路	亿　人	1.85	7.74

---

① 《甘肃省 2007 年国民经济和社会发展统计公报》，中国统计局网站，http://www.stats.gov.cn/tjgb/ndtjgb/dfndtjgb/t20080318_402469399.htm。

续表

指　标	单　位	绝对数	比上年增长（%）
水　运	亿人	0.02	0.41
航　空	亿人	0.01	16.60
旅客周转量	亿人公里	348.93	9.08
铁　路	亿人公里	213.54	9.35
公　路	亿人公里	120.93	6.76
水　运	亿人公里	0.23	1.96
航　空	亿人公里	14.23	28.15

资料来源：《甘肃省 2007 年国民经济和社会发展统计公报》，中华人民共和国国家统计局网站，http：//www. stats. gov. cn/tjgb/ndtjgb/dfndtjgb/t20080318_402469399. htm。

（二）石化、有色冶金、制造业等优势产业齐头并进

1. 石油化工业是甘肃第一优势产业

甘肃省石油蕴藏量十分丰富。截至 1992 年底，全省累计探明石油储量 2.19 亿吨，其中玉门油田 1 亿吨左右，长庆油田 1.19 亿吨。最近两年，在玉门已开采的青西油田又探明了储量超过 8000 万吨的油气资源，在陇东也新探明了石油储量近 5 亿吨的油气田。

完备的石化工业产业体系是甘肃的重点支柱产业。甘肃石化在地域分布上呈"一体两翼"的发展格局（即以大兰州为主体，河西、陇东为两翼），形成了以兰州石化、玉门油田、长庆油田等中央企业为核心，以刘化、金华、亚盛和永新集团等省属企业为外围，再加上一系列中小企业的现代石油和化工产业体系，并已涉及 6 个行业大类、246 户企业、800 多种石化产品，已基本形成石油勘探与开发、化学矿山、化肥、农药、农膜、有机和无机化工基本原料、三大有机合成材料、精细化工、塑料加工、化工机械和化学清洗等 25 个行业的石化工业体系。[①] 2007 年，石化工业实现工业增加值 271 亿元，比上年增长 13.11%，实现利润总额 30.96 亿元。其中，工业增加值位居石化、有色、冶金、机械等支柱行业之首。在甘肃省总投资约 2500 亿元的十大超百亿工程中，石油与化工业就占了三项：一是依托华亭国家大型煤炭基地建设的能

---

① 《发挥区域优势 打造甘肃石化产业集群式发展模式》，北京统计信息网，http：//www. bjstats. gov. cn/sjjd/jjgj/wbjj/200701/t20070109_82384. htm，2007 年 1 月 9 日。

源、煤化工综合开发工程，可新增煤炭产量 660 万吨，新增电力装机 147 万千瓦，新建 60 万吨甲醇；二是鄂尔多斯盆地陇东石油、天然气及煤炭资源勘探开发工程，原油加工能力可达 500 万吨，天然气利用量可达 5 亿立方米/年，并新增煤炭生产能力 500 万吨；三是大乙烯为龙头的乙烯及其深加工工程，包括中油兰州石化公司大乙烯扩建工程，新建 45 万吨乙烯、50 万吨聚乙烯、30 万吨聚丙烯及配套工程，催化裂化装置、气体分馏装置扩建和催化剂改造等。

"十一五"期间，甘肃石油与化工产业获得重大的发展机遇。第一，中国第十一个五年规划期间，国家石油储备基地将选址甘肃。中国西部地区将在"十一五"期间适当扩大石油天然气资源当地转化和加工增值。第二，在《甘肃省国民经济和社会发展第十一个五年规划纲要》中，石油与化工工业位列特色优势产业之首。国家石油战略资源开发和建设西部管道、兰州大乙烯等重大工程，有利于扩大兰州、玉门和庆阳的原油加工规模，提高乙烯及合成树脂、合成橡胶等生产能力，加快发展下游延伸产品。庆阳原油资源也为加快陇东石化基地建设提供了条件。第三，甘肃省石油蕴藏丰富，前景可观。在河西、陇中和陇东地区的一些油气盆地中，预测油气资源量总计为 21.6571 亿吨。

2. 冶金、有色金属产业已形成体系完备的经济增长极

甘肃具有良好的成矿地质构造背景，有色金属矿产储量丰富。截至 2004 年底，全省已发现各类矿产 172 种，占全国已发现矿种数的 91%。全省查明资源储量矿种数有 96 种，其中，能源矿产 7 种、金属矿产 34 种、非金属矿产 53 种、水气矿产 2 种。编入《甘肃省矿产资源储量表》的固体矿产地 888 处（含共伴生矿产），其中，大型矿床 77 个、中型 200 个、小型 581 个。据全国主要矿产资源储量通报（2004），在 45 种主要查明矿产资源储量的矿种中，甘肃省列全国第一位的矿产有 3 种，居前五位的有 13 种，居前十位的有 22 种。

甘肃冶金、有色金属工业已经形成集地质、勘探、采矿、选矿到冶炼加工，从设计施工到生产科研、设备制造完整的现代有色金属工业体系。并拥有以白银公司、金川集团公司、甘肃稀土集团有限公司及兰州铝业股份有限公司、连城铝厂有限公司为龙头的企业群。2007 年，随着酒钢集团的 53 万吨不锈钢冷轧系统及其他一批技术改造项目的相继

投产，带动了甘肃省规模以上冶金工业快速发展。1～11 月份，冶金工业实现工业增加值 83.22 亿元，增长 25.51%，高于甘肃省平均水平 8.8 个百分点，工业增加值总量占到甘肃省规模以上工业的 9.67%，比上年同期提高 0.68 个百分点。1～10 月份完成主营业务收入 331.86 亿元，同比增长 41.06%；实现利润 16.65 亿元，同比增长 56.15%。①

甘肃冶金、有色冶金业在全国也有一定的战略地位，已经建立了国家重要材料基地。2003 年，甘肃省"西部新材料科技行动"正式启动，科技部正式批准甘肃省建设以兰州有色金属新材料园区、白银有色金属新材料园区、金川镍钴新材料园区为核心的"国家级兰、白、金有色金属新材料基地"，以及以兰州为中心辐射河西、陇东地区的国家兰州石油化工新材料基地。为甘肃省发展有色金属新材料搭建了一个重要平台，将原材料优势转化为经济优势，带动甘肃省经济跨越式发展。2002 年至 2006 年，科技部和甘肃省科技厅为有色金属新材料设立 119 个科研项目，资助 1490 万元，这些项目的总投资达 11.2 亿元。2002 年销售收入为 127.7 亿元，2006 年增加到了 526 亿元，相当于当年全省生产总值的 23.1%。5 年内实现了快速增长。② 并且甘肃计划建设的十大超百亿工程（总投资约 2500 亿）亦有三项是关于冶金、有色金属产业。国家和省级政府的高度重视与支持必将促进冶金、有色金属业的蓬勃发展。

3. 制造业成功转型是甘肃经济增长的新生力量

（1）装备制造业

甘肃省的装备制造业是在国家"一五"、"二五"计划以及"三线"建设的重点建设项目基础上发展起来的，现已初步建立起兰州和天水两个装备制造业基地。作为老工业基地和国防科研生产基地，甘肃初步具备完整的现代工业生产体系的雏形，具有一定的机械制造能力和零部件加工配套能力。

装备制造业属于高就业、节省能（资）源、高附加值的产业，在

---

① 甘肃省统计局网站，http://www.gsei.com.cn/aboutgansu/zfbm/tjj.htm。
② 《甘肃省"兰白金"有色金属新材料产业发展快速》，中国经济网，http://www.ce.cn/cysc/ny/xny/200706/11/t20070611_11686491.shtml，2007 年 6 月 11 日。

甘肃其基础性、带动性尤为突出，有很强的可改造性和发展潜力，拥有一批具有一定实力的企业、国内外先进技术及产品，还有一批能提供技术支持的高校和科研院所。同时甘肃的石油化工、冶金、有色企业，对装备制造业产品形成的市场需求，对装备制造业的发展起到了拉动作用。

甘肃省把 2007 年确定为"装备制造业发展年"，启动实施了"装备制造业行动计划"，将建设规模较大的兰州、天水等装备制造业聚集区。其中，兰州以石油化工、电力等装备制造为主，主要集中在七里河地区。七里河地区装备制造业是国家石油钻采机械、炼油化工设备和通用机械制造基地。天水市是国家老工业基地之一，其装备制造业以机械、电子等装备制造为主，形成了以机械制造、电工电器、电子信息等为主体的装备制造业体系。呈现出发展势头加快、经济结构优化、规模实力增强的特点。在"西部大开发'十一五'规划"中，要建设一批竞争力较强的重大装备制造业基地和国家级研发生产基地，天水名列其中，重点发展重型工程机械装备、数控机床及数字智能型仪器仪表。"装备制造业发展年"是兰州装备制造业发展的重大机遇，汽车及零部件制造、石油钻采及炼化装备、电工电器设备、通用及专用机械设备、电子通信设备与仪器仪表等产业都将得到长足发展。目前，装备制造业资产总额、工业增加值、销售收入和出口交货值分别占到全市规模以上工业的 62%、52.53%、55.7% 和 77.85%。[①]

甘肃有一批具有一定规模的装备制造企业，但大多数是计划经济时代国家政策性产物，改革与发展有一定的难度。技术陈旧、对外的依赖性较强，个别先进技术没能体现自己的优势，没能实现产业化；特色产品不突出，没有形成规模；没有具有带动性作用的龙头企业；基础设施不够健全，资金、技术、信息等的来源机制没有形成等，成为甘肃省装备制造业发展的重要障碍，需要逐个击破。

（2）中药材制造业

甘肃省境内地形复杂，中草药种类繁多，为我国中药材产地之一。全省共有药用植物 2000 多种，其中国家重点保护药用植物 47 种，甘肃

---

① 陈华：《天水装备制造也充满活力》，载《甘肃日报》2007 年 11 月 9 日。

主产药材 14 种。药材种植面积达 200 多万亩、350 多种、总产量 30 多万吨、产值 16 亿元。驰名中外的当归、红（黄）芪、大黄、党参、甘草五大道地药材种植面积已达到 100 万亩。岷县当归、陇西黄芪、礼县大黄和渭源党参已取得中国农学会原产地保护。

甘肃省中药业初具规模。2007 年医药工业总产值 27.5 亿元，年增长率 3.5%。通过 GMP 认证的药品制剂和原料药生产企业达到 40 家。中药饮片生产企业 93 家，拥有片剂、胶囊、丸剂、外用膏剂、大容量注射剂、冻干粉针剂、血液制品等 20 多个剂型、3000 余个批准文号，有一批自主研发的独立知识产权品种。其中，生物医药和中藏药深加工产业发展势头良好，已成为医药产业的两大龙头。① 形成了具有一定研发能力的中药创新体系，从中药材种植、加工技术研究到中药新药研制等方面都已拥有了相当数量的科技人员和相应的仪器设备等科研条件。

中药现代化科技产业发展前景看好。首先，甘肃省中药资源丰富，药材种类多，药材的种植已经规范化、规模化、产业化，为中药现代化科技产业发展提供雄厚的资源基础。其次，中药相对于其他制药产业来说，是我国少数几个具有完备自主知识产权和比较优势的产业之一。主要体现在新药开发，原料资源、研制费用和开发周期、开发难度与安全性上，具有西药无可比拟的特色和优势。第三，政府高度重视甘肃省中药现代化科技产业的发展。2007 年，甘肃省政府与科技部签署部省会商议定书，双方共建国家中药现代化科技产业（甘肃）基地。生物、化学新药研制、中药新药研发、中药材质量标准和 GAP 种植技术体系研究等已被列入省级科技支撑计划的重点支持技术领域。省级国际科技合作计划也已把中医药的发展列为优先支持范围。第四，甘肃省中药具有一定的研发、创新基础。拥有丰富的医药资源，拥有较高层次的高等学校、科研院所、医疗机构和制药企业，拥有一支精干的医药研发队伍。第五，从市场上看，随着"回归自然"潮流的兴起，人民崇尚"绿色"消费，保健意识增强，中药越来越受到人民的关注。

---

① 《甘肃药业发展国际论坛在兰州举办》，甘肃省科学技术厅网站，http://www.gsstc.gov.cn/International_Cooperative/detail.php? n_no=42722，2008 年 5 月 15 日。

（三）特色农业产业快速发展

农业作为基础产业在甘肃省的经济发展中具有举足轻重的地位，是其整个经济的根基。甘肃省境内气候、土壤类型多样，具有生产多种特色农产品的优势。由此，甘肃省着力转变农业产业结构，培育龙头企业，发展优势农产品，规模化生产，把潜在的资源比较优势转化成经济优势。特色农业的发展为甘肃农业的发展开辟了全新的道路。

1. 特殊的地理气候条件

甘肃省境内地形复杂，山脉纵横交错，海拔高低悬殊，耕地面积小，从东南到西北包括了北亚热带湿润区到高寒区、干旱区的各种气候类型，气候干燥，气温日差较大，光照充足，太阳辐射强，对农作物生长影响很大。这样的地理气候条件严重制约了甘肃省农业的发展。必须放弃传统的农业发展思路，以本地区自然条件、经济条件为基础发展相关的特色农业产品，变劣势为优势，大幅度提高农民收入，改善农民生活。

2. 特色农业区域化格局初步形成

目前，全省已初步形成了马铃薯、瓜类、蔬菜、果品、啤酒原料、制种、棉花、中药材、蚕豆、百合、烤烟、草产品、草食畜牧业等区域性优势产业。河西灌溉农业区已发展成为我国重要的制种基地、酿酒原料基地和高原夏菜基地；中部、陇东旱作农业区已成为我国重要的马铃薯、中药材、羊羔肉、肉牛生产基地；陇南山区已成为油橄榄、花椒等特色农产品基地；甘南及河西牧区已成为我国重要的肉牛、肉羊和细羊毛基地。

2006 年甘肃省杂交玉米制种面积达到 7.20 万公亩，产量 43 万吨，占全国用种量的 50%，是全国玉米种子第一输出大省；马铃薯面积 49.67 万公亩，年产鲜薯 755 万吨，产量居全国第一位；中药材面积 13.96 万公亩，产量 36 万吨，位居全国第一；蚕豆、黑瓜籽、啤酒酿造原料产量均位居全国第一；莫高干红葡萄酒质量被评为全国第一。年产细毛及半细毛 8000 吨，居全国第三位；羊肉产量位居全国第四；牦牛数量位居全国第三。年皮毛交易量是全省生产量的 5 倍多，为全国三大皮毛集散地之一。紫花苜蓿留床面积 46.67 万公亩，居全国第一位；草产品基地达到 6.33 万公亩；蔬菜产业形成了以河西走廊、沿黄灌区、泾河、渭河流域和徽成盆地为代表的五大蔬菜产区，种植面积达到28.29万公亩，产量812.5万吨，面积较2000年扩大12.45万公亩，增长78.5%，产量较2000年增加352万吨，增长76.4%。①

3. 河西走廊星火产业带带动甘肃特色农业快速发展

2003年，甘肃省委、省政府启动了河西星火产业带建设，着力解决三农问题和建设社会主义新农村，带动甘肃特色农业快速发展。2006年12月，甘肃省河西走廊星火产业带被认定为"十一五"第一批国家星火产业带。星火产业带以推动科技进步支撑河西走廊特色优势产业发展为主线，努力提高农业科技创新和成果转化能力，大力示范应用先进适用技术和现代农业生产技术，注重生态环境保护，着力推动企业技术进步和产业集群发展，加强农民生产技能和就业技能培训，不断推进农村科技服务体系建设，取得显著成效。制种产业、啤酒原料产业、草畜产业等优势产业技术水平不断提升；棉花产业、食用菌产业、高原冷水鱼产业、酿酒葡萄及鲜食葡萄产业等新兴产业蓬勃发展；百合产业、金盏花产业、小球藻产品、螺旋藻产品等特色产业产品不断壮大。

星火产业带建设注重扶持产业关联度较大、技术水平较高、带动能力较强的农业龙头企业。目前，在河西星火产业带的20家国家级农村科技服务体系示范单位中，有8家企业成为国家星火计划龙头企业创新服务中心和农村区域科技成果转化中心，76家企业成为甘肃省重点农业产业化龙头企业，15家成为河西走廊星火产业带星火示范企业。截至2006年底，河西五市共有乡镇企业79123个，从业人员62.2万人，完成增加值249.8亿元，利润总额39.2亿元，上缴税金7.3亿元，支付员工报酬40.5亿元，其中农产品加工企业数为8916个，产值110亿元，出口型企业84个。已建立技术创新中心和研发机构94家。在全省中小企业研发的170个新产品中，河西走廊占65%。在全省已建的114个中小企业研发中心中，河西星火产业带有68家，占60%。②

---

①　王致萍、张凤芹：《甘肃特色农业产业化问题探讨》，载《甘肃农业科技》2007年第9期。

②　《甘肃省河西走廊星火产业带建设情况汇报》，甘肃省科学技术厅网站，www. gsstc. gov. cn/attach/doc/。

4. 农业标准化生产，龙头企业带动作用进一步增强

甘肃各级农业部门从发展特色产业和优势农产品入手努力培育打造优势产业基地，加快推进了标准化生产进程。2006 年，审定发布了 5 项饲草饲料地方标准，6 项畜牧养殖小区地方标准，36 项市州无公害农产品地方标准。在全省基本形成了能覆盖主要特色农产品的标准体系。

甘肃通过"公司加基地连农户"的经营发展模式，大力推进农业产业化发展和促进农民增收。全省已发展农业产业化经营组织 2476 个，其中以河西走廊农作物制种产业的代表酒泉敦煌种业股份有限公司、优质玉米加工企业荣华股份公司为产业化龙头企业的各类企业达到 1319 家，带动农户 170 万户，农产品年加工能力达到 1047 万吨。[①]

5. 为农业服务的第三产业开始发展

甘肃省各地农民群众围绕专业化程度和商品率较高的马铃薯、蔬菜、畜禽、中药材、果品原料等自发组织了多个农产品中介服务经营组织，在推进农业产业化经营和促进增收上起到了与优势特色产业相互促进的作用。2005 年，甘肃农业信息网开通，向全省各地和外界提供各种农业科技、市场等信息，提供各种技术咨询、农业项目查询等服务。网络技术的应用使得甘肃省农业市场更加活跃，为政府、企业、个人提供了重要的决策基础。特别是新农村商务网的开通，农产品网上交易火暴，大大拓宽了农产品的销路。

二、自主创新是河西走廊曙光再现的源泉

甘肃省在原始创新、集成创新、引进消化吸收再创新三个方面，结合省情，把重点放在集成创新和引进消化吸收再创新方面，取得了一定的成效。

（一）科研投入逐步扩大

1. 投入总规模扩大

甘肃省新产品、新技术开发投入总规模在逐年扩大，其中，科学研究与实验发展经费由 2000 年的 7.3 亿元增长到 2006 年的 24 亿元，翻

---

① 侍建华：《甘肃以特色产业引领传统农业向现代农业发展》，载《中国农业信息》2007 年第 9 期。

了三番多。2006 年，甘肃省有 R&D 活动的单位共 438 个。其中，科研机构 62 个，高等院校 38 个，大中型企业 64 个，其他单位 274 个。R&D 经费内部支出总计 238578 万元。其中，科研机构支出 61079 万元，高等院校支出 19591 万元，大中型工业企业支出 114067 万元，其他单位支出 43841 万元。经费外部支出 51056 万元。其中，高等院校 697 万元，大中型工业企业 48199 万元，其他单位 2160 万元。[①]

2. 成果显著

2006 年，甘肃省获国家级科学技术奖 2 项，专利授予共 832 项，远远超过 2005 年的 547 项。2007 年，具有代表性的科技成果有：国家重大科学工程——兰州重离子束加速器冷却储存环工程，高产、高糖的甜高粱等。

1995 年到 2006 年，甘肃省科技成果的基本情况见表 3。

表 3　科技成果情况

指　标	1995 年	2000 年	2005 年	2006 年
基本情况（项）				
鉴定项目数	655	517	577	646
登记项目数	159	554	634	704
奖励项目数	228	157	156	178
成果水平（项）				
国际领先	3	6	15	12
国际先进	25	30	65	67
国内领先	47	225	361	450
国内先进	84	257	145	116
其他		36	6	6
应用领域（项）				
工业（交通、邮电、建筑、地质）	49	98	163	163
农业（林、牧、渔）	73	167	185	196
已应用项目数　（项）	62	429	497	533

资料来源：《甘肃省统计年鉴 2007》，中国统计出版社 2007 年版。

---

① 《甘肃省统计年鉴 2007》，中国统计出版社 2007 年版。

（二）科技成果转化取得一定成效

1. 加快孵化基地建设，促进成果转化

甘肃省拥有多个孵化基地，其中包括，兰州高新区大学科技园，兰州高新技术产业开发区创业服务中心，甘肃省高科技创业服务中心，甘肃省兰州留学人员创业园，兰州高新技术产业开发区，兰州西固星火技术密集区，张掖市农业高科技示范园，白银高新技术产业示范园区（西区），中科院白银高技术产业园，金昌高新技术产业开发区，天水麦积星火技术密集区，武威东区星火技术密集区，白银城郊星火技术密集区，甘肃定西国家农业科技园区等。这些孵化基地遍布甘肃省的各个市州，对促进科研成果向产品，并进一步向商品转化发挥着重要作用。

2. 成果转化与人才引进并行

2007 年，兰州举办的"第二十四届西部创业全国范围人才招聘会"上，在人才招聘之外增加了"项目成果招商专区"。招聘会实行项目展示、招商引资和人才招聘"三位一体，同步互动"，着力于搭建项目成果、专利技术、资金及人才供需洽谈的平台，以吸引全国各地的实力企业和实用人才来甘肃投资创业，加快甘肃科技成果转化。

3. 借用媒体促进成果转化

2007 年 4 月，兰州晚报、兰州日报、甘肃省人民广播电台、兰州电视台、西部商报、兰州市通华纳文化传播有限公司等省城主要媒体与兰州市知识产权局共同签订"科技成果媒体推介平台共建合作书"。兰州媒体将通过全方位、多角度、立体式的新闻报道形式，服务兰州科技成果转化及资本对接的全过程，向全社会推介科技新项目，加大科技成果转化的广度和力度。

（三）科技成果产业化势头良好

甘肃各个地级市都很关注科技成果产业化。

兰州市重点关注高新技术发展。兰州高新区作为甘肃省最大的高新区，起到了极好的带头作用。截至 2006 年末，共帮助企业获得国家火炬计划项目 101 项、省级火炬计划项目 57 项、国家重点新产品计划 64 项、国家中小企业创新基金项目 29 项、创业项目 13 项、省中小企业创新基金项目 23 项、省市科技进步奖 35 项、省市科技攻关项目 12 项，累计获得国家各类资金资助 8500 万元。区内有 13 家企业成立省级企业

技术中心。仅 2007 年兰州高新技术创新园开园仪式暨第十四届兰洽会兰州高新区项目签约专场，签约项目 106 项，达 36.4 亿元。其中包括投资 7.2 亿元建设兰州石油机械装备制造中心，投资 3.2 亿元建设大型卧式车床生产基地，投资 2 亿元建设运用生物技术深加工黑瓜子仁多肽植物蛋白粉，"磁悬浮轴承及组合锋利光伏发电系统"专利转让项目等。[①]

白银市是甘肃重要的化工基地。拥有银光化工集团、氟化盐有限公司等化工生产企业和众多化工专业人才。在中科院白银高技术产业园有多项成果成功转化。目前，园区已有 55 个项目入驻，总投资 40.55 亿元，其中投资上亿元的项目有 9 个，5000 万元以上的项目 9 个。碳酸锂深加工、西隆橡胶、干法氟化铝、在恩药业、瑞特药业、超细活性氧化锌、金穗种业、蒙牛白银加工基地、TDI 扩建项目、二氨基甲苯等 23 个项目已建成试生产。2007 年，产业园新签约项目 20 个，总投资 11.22 亿元。已开工建设项目 13 个。2007 年竣工项目有 9 个，主要是甘肃宏鑫铅业有限公司铅酸蓄电池回收项目、甘肃聚陇精细化工有限公司甲基苯丙三氮唑、兰州伟慈制药有限公司白银分公司伟慈药业项目等。

张掖市在农业方面表现不俗。"陇辐 2 号小麦示范推广及新品种选育"成果在重粒子贯穿处理选育小麦品种、良种繁育体系建设和大面积推广应用方面达到了国内同类研究先进水平。高产优质春小麦新品种"陇辐 2 号"，2005 年至 2006 年，推广 209.8 万亩，增产粮食 9931.35 万公斤，新增产值 17081.92 万元，创社会效益 2 亿元。现已建立原种繁殖基地 500 亩，年提供原种 20 万公斤，完成了生态适应性试验、生产试验、综合栽培试验研究 20 余项次。预计"陇辐 2 号"在 3 年内可扩大推广面积至 300 万亩。

西定市医药发展迅速。西药方面，由国家发改委批准投资近亿元的"利用动物下脚料综合开发生产低分子精品肝素钠原料药高技术产业化项目"，将填补国内相关产业的空白；肝素钠原料药和低分子肝素钠原料药是国际领先、国内空白的高技术产品，市场前景好，属高新技术产

① 陈茗佳：《兰洽会兰州高新区项目签约专场签下 36.4 亿元》，载《兰州日报》2007 年 7 月 17 日。

品目录中"三星级"项目；中药方面，中药材已成为增加农民收入的重要支撑和支柱产业。形成了岷县北川坝区以红黄芪、党参种植为主的中药材片带，西川片以当归为主的中药材种植片带。并推广了中药材高效栽培模式、GAP 栽培模式、企业参与模式、订单模式，使中药材规范化种植工作步入良性循环。

陇南市成为全国最大的油橄榄种植基地。油橄榄种植面积已达 14.17 万亩，几乎占全国油橄榄种植面积的 1/3。主栽品种达 13 个，挂果面积近 3 万亩，产量达 50 万公斤。全市已发展油橄榄加工企业 7 家，开发油橄榄产品 5 个系列 40 多个品种。油橄榄产业已成为当地群众改善生态环境、脱贫致富的支柱产业之一。

武威市各县加大特色农业开发。其中，古浪县农业高新科技示范园区大力发展高效节水农业，今年在园区内新建日光温室 163 座。已建成蔬菜育苗中心一处，预冷恒温库一座，初步形成了产、供、销一条龙服务的农业产业化新格局。天祝县建成红提葡萄日光温室 750 座，已有 520 座完成苗木定植，9 个乡镇 38 个村的上万群众从事红提葡萄种植生产。

三、发展优势产业和提高自主创新能力的经验和问题

（一）基本经验

1. 依托资源，发挥比较优势

（1）石油、矿产资源。甘肃省工业一直围绕丰富的石油、矿产资源，抓住比较优势，发展成竞争优势，再以此为动力带动全省其他工业的发展。在依托资源的同时，注重资源型城市的转型，把城市发展的重点和基调转移到技术创新层面上来，走可持续发展道路。

（2）气候资源。甘肃气候复杂，不适于传统农业的发展。但发展特色农业，实现了劣势向优势转化，农民增收，"剪刀差"减小，三农问题逐步解决。此外，甘肃风能资源丰富，理论储量为 1.23 亿千瓦，可开发利用总量为 1950 万千瓦，占全国风能资源的 7.7%，居全国第 5 位。甘肃省发展风力发电基地，并带动相关制造业的发展。

（3）旅游资源。甘肃省是一个旅游资源丰富的省份，独特的地理风貌、原始森林资源、民族民俗特色、宗教文化特色等，具有一定的特

色和不可替代性。大力发展旅游业，对甘肃经济的发展具有极大的推动作用。

2. 突出特色，有重点地发展科技

甘肃从本省特殊省情出发，突出特色，先后确定了以下科技发展重点：一是把发展能源、水资源、生态建设和环境保护技术放在优先位置，解决制约经济社会发展的重大瓶颈问题；二是抓住信息技术、新材料技术迅猛发展的机遇，把获取装备制造业、材料产业核心技术的自主知识产权作为提高甘肃产业竞争力的极点，集中力量取得关键性突破；三是把生物技术作为未来高技术产业迎头赶上的重点，加强农业、工业、人口与健康等领域的生物技术研究开发和产业化；四是加快发展现代农业和农产品精深加工技术，拓展农业发展空间。

3. "产、学、研"相结合

2006 年，甘肃省产学研联合会成立。该联合会是由甘肃省各相关企业、高等院校、科研院所等 33 家团体，以及热心于"产、学、研"联合工作的 20 位个人自愿发起。旨在充分发挥产业优势、教育优势和科技优势，加速科技成果转化，改造传统产业，推动"创新型甘肃"的建设。联合会将坚持培育新的增长点，新的产业链，以产业为龙头，以联合会为纽带，走多元化集成发展的创新之路。

（二）存在的问题

甘肃作为一个西部的经济欠发达省份，提高自主创新能力和发展优势产业面临许多问题。

1. 生态脆弱，水资源匮乏

随着资源开发程度的提高和经济社会活动的加剧，甘肃生态环境日益恶化。

第一，水土流失日趋严重。甘肃是西部水土流失最为严重的地区之一，全省土壤侵蚀面积为 39 万平方公里，占全省总土地面积的 86%。第二，水资源日渐枯竭。甘肃地处干旱半干旱气候区，降水稀少，时空分布不均，供需关系错位。各地年均降雨量在 35 ~ 800 毫米之间，年蒸发量却高达 1100 ~ 3500 毫米，人均水资源量相当于全国平均水平的 1/2，耕地的公顷平均水资源量不到全国平均水平的 1/3。第三，草地涵养水分功能降低。甘肃出境水与 50 年代相比减少了 16%，地下水位

普遍下降 1~2 米，缺水草场面积达 667.8 万亩，不仅使自然生态失去平衡，而且严重影响到农牧业的健康发展。第四，天然草地退化严重。全省退化草地面积达 10693 万亩，占年利用草地面积的 39%。

2. 基础设施落后，经济实力薄弱

甘肃作为资源输出地区，对交通等基础设施的依赖性强，而甘肃却是全国基础设施发展最慢的区域之一。甘肃总体经济规模有限，基础薄弱，人均收入水平低，城市化水平只有 30% 左右。2006 年，国内生产总值为 2276.70 亿元，仅占全国的 1.09%。社会消费品零售总额仅717.47 亿元，占全国 0.94%。[1] 基础设施建设滞后于国民经济增长速度，总体规模狭小，布局极不均衡，部分基础设施建设甚至低于西部平均水平。严重影响了甘肃优势产业和整个区域经济的发展。

3. 人才匮乏，普通劳动力素质低下

甘肃省人才问题表现在两个方面：一是高级技术人才的匮乏，二是普通劳动人员的整体素质不高。自 1985 年以来，全省每年净流失高级职称科技人员 200 人左右。20 年来，全省至少有 4000 多名高级科技人才"东南飞"。中科院兰州分院近 10 年共流失 50 人，省农业科学院流失 67 人，西北矿业研究院流失 40 人，生物制品研究所流失 30 人。另据省政府研究室等部门 2006 年对 133 家科研单位、大专院校的调查显示，近 5 年甘肃省共调出专业技术人员 4986 人，调入 3054 人。其中高级职称技术人员调出 999 人，调入 30 人，中级职称调出 2178 人，调入45 人，高层次经营管理人才调出 78 人，调入 12 人。[2] 另外，虽然甘肃拥有大量廉价劳动力资源，但由于教育基础薄弱，人才培养环境较差，从业人员受教育程度整体偏低，技术熟练程度不及东部平均水平。人力资源的匮乏成为甘肃提高自主创新能力和发展优势产业的严重瓶颈。

4. 资金投入困难

作为投资大、周期长的基础设施，其利润低，投资主体主要是国家，而受国家财力限制，甘肃基础设施建设投资缺口非常大。并由于甘

---

① 《甘肃省统计年鉴 2007》，中国统计出版社 2007 年版。

② 贾治堂、张丽丽：《多少"孔雀"东南飞——透视甘肃人才流失现象》，载《甘肃经济日报》2006 年 4 月 26 日。

肃投资环境相对较差，投资回报率低，再加上长期经济体制转换相对滞后，政府主导型经济发展模式明显，行政干预突出，管理范围和权限缺乏明确界定，项目审批环节烦琐，无形中增大了国外及民间投资经营成本和风险的不确定性，所以其在甘肃的投资极为谨慎。

四、提高自主创新能力和发展优势产业的战略思路和对策建议

（一）战略思路

1. 战略目标

第一，优化产业结构。立足比较优势，着力培育壮大特色优势产业，改造提升传统支柱产业，培育壮大新兴产业，有选择地发展高新技术产业，促进产业结构优化升级。并通过项目带动，加大研发投入来增强企业自主创新能力。

第二，加强可持续发展能力建设。坚持实施以节能降耗为主要内容的技术改造，加强资源节约和综合利用，积极发展循环经济，加强生态建设和环境保护，建设资源节约型和环境友好型社会，促进经济发展与人口、资源、环境相协调。

第三，大力提高劳动者素质。人才引进与自己培养相结合，全面提高劳动者的素质。形成一个高级、中级、低级人才有机分配的人才体系。

2. 战略重点

首先，继续加强基础设施和生态建设。包括交通运输、能源建设、水利建设、生态建设、城乡基础设施建设、信息基础设施建设等。

其次，大力实施工业强省战略，加快发展特色优势产业。以科技进步和体制机制创新为动力，积极转变增长方式，坚持走新型工业化道路，突出特色优势产业发展，做大做强石油化工、冶金有色、装备制造、农产品加工和制药五大产业，建设全国重要的石油化工、冶金有色、新材料基地和具有区域优势的特色农产品加工基地，进一步加快工业化进程。

第三，有选择有重点地发展高技术产业。依托甘肃省现有的科技资源，重点发展材料、生物、电子、环保等方面的高新技术产业，加快兰州高新技术开发区等科技园区建设。

第四，发展壮大旅游业。充分利用丰富的旅游资源，形成自然游、民族风情游、红色游三条旅游线。总体规划，分步实施，逐步形成"点、区、群、带"相配套的旅游发展新格局。

第五，深入实施科教兴省战略，加强人力资源开发和人才队伍建设。立足提高自主创新能力，大力推进科技进步，优先发展教育事业，加强人力资源开发和人才队伍建设，为加速发展提供更好的技术动力和智力支持。

（二）对策建议

1. 坚持重点发展优势产业

甘肃省的优势产业发展才刚刚起步，有比较优势，应合理分配发展资源，重点发展优势产业，使其在整个地区经济中起到龙头的作用。培育优势产业的核心竞争力，提高其自主创新能力，使它在国内、国际的竞争中，具有显著的不可替代性。

2. 加大力度，促进城市转型

甘肃省的众多城市都是依托资源发展起来的，因此，要促进"资源型"城市转化为"技术型"城市，坚持可持续的绿色发展道路。

3. 完善的公司治理结构，培养龙头企业

在优势产业中做强做大几个龙头企业，建立完善的公司治理结构，调整企业股权结构，实现投资主体多元化，尽快建立和完善起股东会、董事会、监事会和经营层相互协调、相互制衡的公司治理结构。

4. 加大技术创新的投入，扩大资金来源

技术创新资金来源主要是三个方面：一是政府的投入；二是企业的积累和个人的投入；三是资本市场。政府应利用财政、税收、补贴、金融等各种政策手段支持企业获得科研资金，项目启动资金等。

5. 培育完善的创新机制，为提高自主创新能力提供制度和人才保障

建立市场检验机制，完善知识产权的保护制度，综合运用经济、法律等各种手段保护好知识产权。甘肃人力资源的开发应当从两个方面着手：一是高技术人才的开发。要加大对高校的管理力度和投入，培养年轻的高级知识分子，同时注重对现有高技术人才的维护工作，尽量减少"人才东南飞"的现象。二是，普及义务教育，提高中专、大专的就读率，提高普通劳动者的整体素质。

塞上枸杞飘香

——宁夏自主创新能力和优势产业调查

宁夏回族自治区位于我国西北部，地处黄河中上游，是全国五个少数民族自治区之一。自治区总面积6.64万平方公里，东邻陕西，北接内蒙古，南与甘肃相连，形成了以山地、高原为主的地貌特征。其中，自北向南延伸的贺兰山山地、宁夏平原、鄂尔多斯高原、黄土高原以及六盘山山地，使得宁夏地势南高北低、南北狭长，气候差异较大，造就了以宁夏平原为中心的黄河灌溉区。宁夏境内自然资源储量也相当丰富，既有可大规模开发利用的煤炭、石油、天然气、水能、风能、光能等能源资源，也有丰富的非金属矿产资源。其中，储量较大的石膏、煤炭可供开采总量分居全国的第一位和第五位。

目前，宁夏形成了以第二、三产业为主导，第一产业相辅的产业发展模式。2007年全区GDP总量达到834.16亿元。其中，第二、三产业的增加值所占比重分别达到了50.4%和37.9%，三次产业增加值结构由2006年的11.2：49.2：39.6调整为2007年的11.7：50.4：37.9，第二、三产业贡献率也进一步调整为61.5%和32.6%。现阶段，能源产业、新材料产业、特色医药产业、农牧加工产业等领域已成为宁夏经济发展的新起点，出现了一批具有国内、国际竞争力的大型企业，在保障经济快速腾飞的同时，也为各产业持续健康的发展提供了有力支持。

一、农牧业产业化步伐加快

宁夏农业资源条件优越，特别是宁夏平原的引黄灌溉区，在西部与成都平原、关中平原、河西走廊和伊利河谷并称为"五大粮仓"，是我国西北部地区的重要商品粮基地。近年来，宁夏引黄灌溉区大力实施农业综合开发项目，不断扩大原有灌溉区面积，提高耕地质量，并先后兴建了固海扬水、盐环定扬水和"1236扶贫扬黄灌溉工程"，为自治区发展特色农业和生态农业奠定了基础。

2007年，宁夏全区共实现农林牧渔业增加值97.90亿元，比2006年增长6.5%。其中，农业增加值63.69亿元，增长6.3%；林业增加值2.09亿元，增长12.5%；牧业增加值26.55亿元，增长5.4%；渔业增加值2.37亿元，增长12.9%；农林牧渔服务业增加值3亿元，增长12.5%。集约化生产和经营促进了宁夏农牧业优势产业带的形成，呈现出区域化布局、规模化生产、产业化经营的良好发展趋势。全区的枸杞产业、清真牛羊肉产业、瓜菜产业、淡水鱼产业、葡萄产业、红枣产业、农作物种植产业和优质牧草产业等，都已成为带动地区经济发展和当地农民致富的重要手段。

（一）特色农牧发展成果显著

宁夏优势特色产业的发展促进了特色农产品向优势产业转化，优势产业向强势产业转化，对当地农业和农村经济发展的带动作用显著。2006年，宁夏农业规模化生产水平已达30%以上，标准化生产水平达40%左右，较2002年提高了15个百分点左右。农业产业链中的产、加、销三个重要环节有机地联系起来，促进了原有粗放型农业向集约化农业的转变，传统农业向现代农业的转变。

在农业发展基础较好、专业化水平较高的引黄灌区，现代农业已占地区农业产值总额的70%左右，已基本进入了现代农业发展的第二阶段。通过发展优势特色产业，宁夏农产品在国内外市场体现了前所未有的活力，优势产品在市场中所占份额不断攀升，其中，宁夏枸杞总产量已占全国的50%以上，出口量超过全国总量的60%；羊绒收购量占全球原绒产量的60%，分梳绒产量占全球分梳绒产量的半数以上。正是通过发展优势特色产业，宁夏原有农业中发展较为落后的二次深加工链条也得到了不断延伸，农产品加工业和农业的产值比重已达到1∶2，大规模生产所带来的经济利益得到了放大，县域经济实力得到了扩张，全区农业产业整体素质得到了有效提升。

据调查，在宁夏枸杞主产区，农民每亩纯收入一般都在3000～5000元。并且，从比例上看在发展较好的中宁县，农民收入1/3以上来自枸杞产业。特别是在以惠农、原州区、同心等地为核心的重点发展区、县，农民收入40%～80%来自枸杞产业。在以银川、吴忠市为核心的奶业主产区，农民人均收入的45%以上来自于奶牛养殖，奶产业产值占畜牧业总产值的近70%，养殖奶牛对畜牧业纯收入的贡献率平均达到38.3%。此外，在其他特色农牧产业中，农民的基本利益也不断提高。在最具回族特色的清真牛羊肉生产加工产业中，2006年全区农民人均收入达到474元，占农村人均家庭经营收入的14.8%。在以马铃薯种植为主的南部地区，由于实行特色化、差异化经营，农民人均增收近420元，占当地农民人均纯收入的近30%。可以说正是因为特色农业的发展，才使得宁夏农业从原有的自给型生产逐步向市场化生产过渡，宁夏的农业发展将民族特色和先进的种植、养殖等技术相结合，走出了一条具有地区特色、并使人民受益的发展之路，也使宁夏初步建立起了依靠特色农牧业脱贫、重点发展加工、制造、服务业致富的快速通道。

（二）不断突破的宁夏枸杞产业

2007年宁夏拥有枸杞种植园区50.9万亩，同比增长14.3%，并已建成枸杞规范化种植示范园区1.7万亩，无公害生产科技示范基地和枸杞生态观光旅游园14万亩，培育孵化了以宁夏红枸杞产业集团有限公司、宁夏上实保健品有限公司、宁夏杞乡生物制品有限公司、宁夏早康枸杞制品有限公司等深加工龙头企业近50余家，开发出枸杞酒、枸杞颗粒冲剂等数十个具有自主知识产权的深加工产品，创成了"宁夏红"、"杞浓"等国内外知名品牌。

1. 宁夏枸杞产业发展现状

宁夏凭借其独特的地理气候条件，以及较长的人工种植历史，现已成为世界枸杞种植的最佳生态区。宁夏枸杞种植业遍布自治区南北，现主要集中分布在引黄灌区，占全国枸杞产量的50%以上，出口量超过全国总量的60%；干果年产量6000万公斤，约占全国总量的55%左右，其出口量约占全国出口总量的60%以上。在市场价值方面，目前宁夏枸杞是最好的药用枸杞。2005年国家医药管理局将宁夏定为全国唯一的药用枸杞产地，并列入全国十大药材生产基地之一。枸杞产业已成为自治区国民经济发展的重要支柱产业之一。1996年至2007年间，宁夏枸杞总产值年均增长达到73.16%，其占全区农业总产值的比例从1996年的0.31%攀升至2007年的14.1%，2007年实现产值20多亿元。

近年来，宁夏的枸杞产业在以宁夏红集团公司为首的龙头企业带动下，有了相当的市场影响力，有力带动了地方经济的发展，提升了宁夏枸杞产业国际知名度和发展的水平。但宁夏枸杞产业在迅猛发展的同时，仍存在深加工程度很低，产品附加值小，加工企业规模较小、技术含量低，工艺流程落后等问题。因此，宁夏枸杞深加工产业在保持现有中药制药业和酿酒业优势的同时，应主动增加营养强化型和功能性枸杞食品的研发步伐，加大对枸杞健康食品，枸杞医药保健品，枸杞美容化妆品等新领域开发投入，推进全区枸杞产业发展的长期战略目标的实现。

2. 宁夏枸杞产业自主创新能力现状

从 1997 年起，宁夏就全面启动"优质品牌枸杞基地建设项目"等一系列重点项目，加快宁夏枸杞产业发展的同时，有效地增加了种植面积和产量，带动了新品种培育和深加工领域的扩展。但由于多年来受地域经济的限制，及对枸杞消费的传统认识，这种传统资源优势一直未能转化为市场优势，其中最重要原因就是宁夏枸杞产业自主创新能力不足。

宁夏枸杞专利申请总量排名世界第 11 位。专利申请技术，主要集中在食品加工领域，约占 47.5%，其次是医药学领域，约占 20.5%，再次是生化、酒、醋领域，占 18.9%。对照全国水平，宁夏在枸杞食品加工和生化制酒制醋领域技术领先，但在医药学领域技术存在较大差距。

（三）充满希望的羊绒产业

1. 宁夏羊绒产业发展现状

2007 年，宁夏羊绒加工量 5000 多吨，占全国市场近一半份额，羊绒行业产值达到 40 多亿元，出口创汇 7200 多万元，成为自治区高增长性的重点行业之一。宁夏灵武还成为全国三大羊绒集散地之一。当前，宁夏羊绒加工产业创新已从羊绒初加工、粗加工领域逐步过渡到羊绒系列制品的深加工、细加工。

2. 宁夏羊绒产业自主创新能力现状

宁夏在羊绒加工技术领域专利申请数量为 5 件，其中发明专利申请占 60%，实用新型专利申请占 40%，反映出现阶段宁夏企业比较注重在羊绒加工工艺上的投入，以引进设备和传统设备为主的特征。

二、新型工业化道路效果初显

进入"十一五"计划后，宁夏在着手在完善原有工业产业的基础上，提出了新的工业化道路发展模式，在充分利用资源优势和民族特色基础上，加快培育新型高新技术产业，带动全区整体工业结构的优化升级和持续快速发展。2007 年，宁夏工业共完成规模以上增加值 325.3 亿元，增长 17.0%。其中，轻工业增加值 56.45 亿元，增长 13.3%；重工业增加值 268.86 亿元，增长 17.8%。电力、冶金、机械等行业创造利润超过 1 亿元，工业经济效益综合指数 170.4，比 2006 年提高 18 个百分点，工业利润总额和综合经济指数均保持了较高的增长水平。

目前，宁夏在特色生物医药产业、天然气化工产业、新材料产业上具有明显的资源性产业优势，并且伴随着对原有冶金产业、煤炭产业、石化产业、机电产业、建材产业、轻纺产业和电力产业等行业的技术升级、改造，宁夏已基本形成了具有区域特色的工业化发展道路。

(一) 宁夏电力产业发展状况

宁夏是全国富煤省区之一，境内含煤面积 11700 平方公里，探明储量 310 亿吨，居全国第 5 位。2007 年煤炭产量 3900 多万吨，产量为探明储量的 1% 左右。虽现阶段产量不足，但其潜力为宁夏火电发展带来广阔的前景。目前，宁夏电力产业以坑口火电为主，全区电网处于西北电网中的北部，是电网的重要组成部分。截至 2007 年底，全区电网统调总装机容量 758.75 万千瓦，人均用电量 7159 千瓦时，居全国第一；全区人均装机容量 1.36 千瓦，居全国第二。现阶段，宁夏主网电压为 220 千瓦和 330 千瓦，通过 4 回 330 千瓦线路与西北主网联网运行，并已建立起北起石嘴山、南至中宁县、中卫县，覆盖全区大部分地区，形成南北回线的 220 千瓦网架，"十一五"初在西北率先实现全区"户户通电"。

2008 年，中国电力投资集团将参与宁夏"一号工程"宁东能源化工基地建设，并积极增建宁东循环经济产业项目、中卫热电联产项目、庙山湖及马长滩风电项目、枣泉煤电联产项目、"西电东送"电厂等项目，帮助宁夏进一步开发省内能源产业潜力。但同时由于这些激增的电力，使得宁夏电力无法自我消化，富余的电量无法外送，电力资源很难得到充分利用的矛盾也日益突显，造成了巨大的资源浪费。表1显示了2002年至2006年西北电网区域中各省市电力消费情况，可以看出宁夏电力消费增长表现出了极大的发展潜力，但同时消费能力却与产能之间存在较大差距。

表1 2002～2006年西北电网各省区电力消耗量

单位：亿千瓦时

省　份	2002年	2003年	2004年	2005年	2006年	年均增长率
陕　西	355.967	404.11	477.028	516.4317	580.7287	13.07%
甘　肃	339.659	398.34	451.7393	489.4817	536.3349	12.15%
青　海	125.508	150.16	189.7638	206.5571	244.4149	18.30%
宁　夏	178.76	212.12	270.0138	302.8839	377.85	20.72%
新　疆	214.6	236.1	266.4101	310.1361	356.1989	13.53%

资料来源：根据《中国统计年鉴2007》，中国统计出版社2007年版相关数据整理所得。

从2008年至2015年，宁夏电力将富余300万至700万千瓦，电量富余150亿至300亿度之间。如果宁夏电力外送问题不能很好解决，势必将会影响全区电力产业的整体开发建设，也会制约宁夏资源优势向经济优势的转化。

（二）宁夏冶金产业发展现状

宁夏冶金工业已形成以高科技稀有金属材料为先导，高载能冶金产品为主体的具有区域特色的冶金工业体系。形成了四个主要行业门类：以钽、铌、铍系列产品为主的高科技稀有金属冶炼和加工业；以铝镁为主的轻金属冶炼及加工业；以金属制品为主的钢铁冶炼和加工业；以铁合金、碳化硅、焦炭为主的高载能冶金炉料工业。截至2006年底，全区共有冶金工业企业125家，总资产175亿元，完成工业总产值193.5亿元，实现销售收入185.2亿元，实现工业增加值37.1亿元，实现出口交货值19.14亿元。其中，以冶金业为依托的新材料产业发展迅速，形成了以"铝热还原法制取金属铌新工艺"、"真空铝热法还原生产高纯锂新工艺"、"缩小型固定钽片式电容器"、"皮江法炼镁新工艺研究"

等为主的一批示范项目，有力地促进了以钽、铌、铍为主的稀有金属材料、以铝镁为主的轻金属材料、以活性炭和碳化硅为主的碳基材料和新型石膏材料的发展。

目前，宁夏钽、铌、铍生产技术水平居于世界前列，铝冶炼、皮江法炼镁、煤基活性炭、特种石膏技术水平均居于全国领先地位。宁夏有色金属冶炼厂已成为我国西北地区仅有的三家国家863科技成果转化基地之一，2005年科技部把宁夏列为全国皮江法炼镁示范基地、高品质镁合金产业化基地，新材料产业产值将超过60亿元，冶金业已成为自治区最具发展潜力的优势支柱产业之一。

2007年，宁夏活性炭年产量达8万吨，占全国煤基活性炭总产量的50%以上，是世界煤基活性炭的重要产地。此外，宁夏碳化硅总产能达18万吨，占全国碳化硅生产能力的30%，是国内重要的碳化硅原料基地和出口基地，其主要电石延伸产品，具有很强的市场竞争力，而延伸产品石灰氮、单氰胺等产量居亚洲首位。在冶金及深加工产业方面，宁夏不仅具有原材料优势，而且具有电力、煤炭、硅铁等能源和资源优势，是解决现有资源优势和发展要求的最有力结合方式。但如何在国家节能降耗的要求下，保持冶金产业现有优势，是未来一段时间内宁夏冶金业必须解决的问题，特别是镁、铝等能源消耗较大产业，既是宁夏工业前进的主要推动力也可能成为阻碍地区经济发展的桎梏，从世界工业发展的趋势来看，走集约化、自主创新的产业发展道路必将是宁夏冶金业的重要选择。

三、特色旅游业崛起

宁夏旅游资源具有多样性、独特性、垄断性、前瞻性的特色和资源优势。且大漠黄河风光、六盘山高原绿岛风光、西夏文化遗迹和回族风情是宁夏的最具魅力的吸引物。宁夏正积极开发生态旅游项目，以打造宁夏的特色旅游形象。在宁夏185个精品旅游资源中，自然旅游资源单体39个，人文旅游资源133个，服务资源13个，构成15大景观系列。从旅游资源的空间组合和开发优势状况分析，全区旅游资源的基本格局大致呈"人"字形态势，由北向南逐步展开。

相比西北其他省区旅游产业，宁夏原有旅游业不仅存量较小，增速也排名较低。这主要是由于宁夏所处地理位置相对较偏僻，交通不便，不大适合中远距离散客旅游，产业相关规模潜力无法完全发挥所致。旅游业在国民经济中所发挥的重要性认识不足，产业起步低，发展慢。

随着《宁夏 2005～2007 年重点红色旅游景区建设方案》等一系列措施的出台，和对第三产业整体结构的调整，宁夏旅游业已基本摆脱了原有资源利用不足、品牌意识不强的弊端。2007 年，宁夏旅游产业实现旅游总收入 31.64 亿元，接待旅游者总人数 733.1 万人次，分别比 2006 年增长 23.2% 和 23.3%，旅游业已成为宁夏推动第三产业结构调整的重要推动力。

四、宁夏自主创新能力现状

"十一五"以来，宁夏科技创新工作坚持引进、消化吸收和创新、产业化的方针，依托大中型企业，联合科研机构和高校，组建了 5 个地方重点实验室、16 个自治区级工程技术研究中心和自治区级企业技术中心。在超高比容钽粉、铌粉、细径钽丝等方面，形成了一批具有自主知识产权的重大科技成果，提升了企业的核心竞争力，并产生巨大的经济效益。2007 年，宁夏全区已有高新技术企业 54 家，其中国家级高新技术企业 9 家，高新技术企业工业总产值达到 60.73 亿元，年均增长 20% 左右。

从企业规模看，2006 年，宁夏大型工业企业投入 R&D 活动经费 20554 万元，投入强度为 0.6%；中型工业企业投入 R&D 活动经费 18492 万元，投入强度为 0.7%；小型工业企业投入 R&D 活动经费 3261 万元，投入强度为 0.1%。

分行业看，2006 年，R&D 活动经费投入超过千万元的行业是：有色金属冶炼及压延加工业、通用设备制造业、专用设备制造业、医药制造业、造纸及纸制品业、电气机械及器材制造业、仪器仪表及文化办公用机械制造业、黑色金属冶炼及压延加工业。其中，R&D 投入强度达到或超过 1% 的行业分别是：有色金属冶炼及压延加工业 9.9%、专用设备制造业 4.4%、仪器仪表及文化办公用机械制造业 3.9%、通用设备制造业 3.4%、电气机械及器材制造业 3.1%、医药制造业 2.9%、造纸及纸制品业 1.8%。

分地区看，2006年，全区工业企业R&D投入分布在银川市、石嘴山市、吴忠市和中卫市；R&D投入强度分别是，银川市0.3%、石嘴山市0.8%、吴忠市0.6%和中卫市0.8%。

（一）科技成果应用转化基本情况

宁夏整体科技开发能力不断增强，科技成果及专利技术的产出有较大幅度的增长，成果转化应用率有较大幅度的提高。

按科技成果完成单位分类统计，企业取得的科技成果占39%，比1987~1997年间的22%有较大幅度的增长，同时也高于2003年全国33%的平均水平，企业技术创新能力有较大提高，正在成为宁夏技术创新的主力军。科研机构和大专院校取得的成果仅占28%，机构科研开发能力还较弱。在登记的科技成果中，应用技术开发成果约占90%以上，显现了宁夏以应用技术开发为主的研发结构配置。其中，工业技术成果占总成果数的38%，农业技术成果约占33%，表明宁夏科技研究开发与经济发展主体工农业生产的结合程度较高。

2007年末，全区国有企事业单位拥有的各类技术人员达13.8万人，比1998年增加了35.3%。其中，科学家和工程师10115人，比2000年增长31.1%。2003年到2007年全区取得科研成果761项；2007年申请专利838项；全区技术市场成交额6641万元；科技对经济增长的贡献率比"七五"时期28.6%提高了11个百分点还多，提升率增量超过40%。

（二）宁夏自主创新能力现状分析

"十一五"前期，宁夏工业企业自主创新活动取得积极进展，科研经费稳步增长，科技活动人员结构进一步优化，企业自主创新条件不断改善，基本形成了以市场为导向的自主创新格局。但从整体上看，企业自主创新能力还处于较低水平，依靠自主创新实现产业升级和经济增长方式的根本转变还任重道远。

1. 研发经费较快增长，大中型工业企业为中流砥柱

2006年，宁夏规模以上工业企业685家，共投入R&D经费3.7亿元，是"十五"末期的1.4倍，年均增长17.1%。

工业企业R&D经费的较快增长，使全社会R&D经费的投入构成发

生了积极的变化，"十五"初期，全社会 R&D 投入总量中工业企业所占份额过半，为 55.9％；2006 年，这一比例增加到 76.8％。

2. 企业创新意识有所增强，以市场为导向的自主创新格局凸显

宁夏工业企业自主创新活动趋于活跃，规模效果不断扩大。2006年，宁夏工业企业正在研发和已经完成的科技项目 623 项，其中自主创新科技项目 414 项，占 66.4％，比"十五"末期增加 27.3 个百分点；自主创新科技项目平均经费投入达 74 万元，比"十五"期初平均多投入 31 万元。

从各类科技项目的技术经济目标看，2006 年的全部科技项目中，以开拓和占领市场为主要目标的占 75.2％；以提高劳动生产率为目标的占 8％。而据 1996 年的统计结果，在当年完成的科技项目中开发新产品的项目仅占五成，扩大生产规模、提高劳动生产率的项目近三成。从科技项目来源构成看，企业自选项目所占比重增加，政府项目所占比重减少，企业的科技活动已改变了以政府为主导的局面，以企业为主体、以市场为导向的企业自主创新格局更加凸显，市场已成为驱动企业开展自主创新活动的主要动力。

3. 技术引进与自主创新并举，企业对国外技术的依赖程度减弱

2006 年，宁夏工业企业用于引进国外先进技术的支出为 3753 万元，比"十五"末期增长了 27.3％，年均增幅为 6.8％，远低于同期工业企业 R&D 经费的增长。从行业分布看，技术引进支出主要集中于一些 R&D 投入相对较高的行业。其中，化学原料及化学制品制造业、有色金属冶炼及压延加工业两个行业技术引进支出所占份额为 97.9％。

随着工业企业自主创新投入规模的扩大和创新能力的提高，宁夏工业企业对国外技术的依赖程度趋于减弱。以引进国外技术经费支出与 R&D 经费之比，作为衡量对国外技术的依赖程度指标，该指标已由"十五"末期的 0.54∶1，下降到 2006 年的 0.11∶1。从登记注册类型看，股份有限公司对国外技术的依赖程度虽然由"十五"末期的 0.52∶1 下降到 2006 年的 0.37∶1，下降幅度较大，但仍远高于全区有限责任公司 0.04∶1 和外商投资企业 0.01∶1 的比例，股份有限公司在技术方面仍存在着较强的依赖关系。

五、宁夏提高自主创新能力和优势产业发展存在的问题和对策建议

（一）宁夏企业自主创新存在的问题和建议

1. 存在的问题

（1）企业自主创新意识有待进一步提高。宁夏全区近700家工业企业中只有不到50家工业企业开展了自主创新活动，覆盖面仅为7%左右。作为宁夏自主创新骨干力量的大中型工业企业，其自主创新活动的覆盖面不足1/4，自主创新活动尚未成为大中型工业企业的普遍行为。从有盈利的企业看，开展自主创新活动的企业不到8%，大量企业仅满足于维持现状，对面向未来市场进行自主创新活动，以实现技术储备的危机感不强。

（2）企业自主创新人力资源匮乏。"十五"期间，宁夏工业企业R&D人员投入的增长幅度远低于R&D经费的增长，人员素质的提高不显著。2006年，宁夏全区工业企业中从事自主创新活动的人员共计3058人，按实际工作量折算的R&D人员投入量为2261人，比"十五"初期增长33.1%，年平均增长5.9%；其中科学家和工程师1787人，占79%，比"十五"初期提高了7.1个百分点，创新人才的缺乏已成为阻碍企业开展技术创新活动的重要因素之一。

（3）企业自主创新经费的投入仍处于较低水平。"十五"以来，宁夏工业企业R&D经费总量投入增长显著，但投入强度却一直徘徊在较低水平。2006年，宁夏工业企业R&D投入强度为0.4%；其中有自主创新活动的企业R&D投入强度为1.1%，比"十五"初期略有增加，但距离国际企业普遍5%以上的R&D投入强度仍有不小的差距。低水平的R&D投入强度，导致宁夏多数工业企业无力进行核心技术和前瞻性技术的战略研究，技术创新活动维持在对一些低端技术的研发上。

（4）政府对企业自主创新的支持力度趋弱。从R&D经费的来源构成看，与快速增长的企业资金相比，R&D经费中政府资金的增长幅度相对较小，R&D经费中政府投入所占比重由"十五"初期的6.3%下降到2005年的5.5%。在企业无法成为自主创新主力的情况下，这种单边的力度减弱无法满足宁夏现有发展的要求。

2. 几点建议

（1）加大人才投入力度。一是要立足教育，大力发展各级各类教育，特别是技术专用人才的培养，将研发、应用有机地结合起来；二是要面向海内外，采取多种形式引进人才，充分利用技术入股、技术参与分配等灵活优惠的政策和机制，激发"他山之石"的积极性和创造性；三是要重视发挥本地现有人才的作用，改善专业技术人员工作、生活环境，提高高级人才的待遇，增加高级人才的拥有量。

（2）增加投入，提高效益。宁夏 R&D 活动的重点，现在和将来都应是企业的技术创新活动。自治区政府除应继续鼓励企业增加投入外，要通过提取科研经费，提升 R&D 投入的质量，优化 R&D 资源的配置以及提高 R&D 资源的使用效率。

（3）集中优势，占领科技前沿。在国际市场上，一项具有自主知识产权的生物技术产品的研究至少需要 1 亿美元左右。跨国公司特别是高技术领域的跨国公司，研究开发投资规模动辄数以十亿甚至百亿美元计。而宁夏工业企业的 R&D 经费投入总计才 2.6 亿元人民币，且相对集中在几十家企业中，全年没有 R&D 投入的企业占到了 90% 以上。宁夏应尽快调整企业科技开发战略，重点支持优势企业，充分集中资金，研究开发出真正具有自主知识产权的前沿科技成果，提高国际竞争力。

（4）提升大中型工业企业技术创新"龙头"作用。大中型工业企业是宁夏企业技术创新的"龙头"，其整体技术创新实力的提高对宁夏科技进步水平的提高至关重要。宁夏企业现阶段创新的动力、活力、实力不足，科研力量和成果大部分游离于企业和市场之外。只有通过规范企业技术创新行为，支持企业大力开展技术创新活动，使企业真正成为技术创新和科技成果产业化的主体，才能将二者有机结合，使企业的技术创新能力不断提高。

（5）加大消化吸收，提高创新能力。消化吸收投入是企业引进掌握新技术所不可缺少的投入。有一定强度的消化吸收投入，才表示企业在引进技术后，相应地提高了技术创新能力，否则，只说明企业获得了生产能力。偏重引进技术的使用，而忽视对引进技术的消化吸收和创新，容易导致投资浪费。所以，引导企业在引进的基础上消化吸收，在消化吸收的基础上创新是改变粗放型增长模式，引导宁夏走新型工业化道路的必然要求。

（二）宁夏优势产业发展存在的问题及对策建议

1. 特色农牧业

（1）主要问题

部分特色产业布局分散，规模偏小。宁夏部分特色产业仍以小规模、分散式经营为主，规模化程度只有 25% 左右，批量小、集中度低，管理粗放，使一些加工企业因缺乏原料导致经济效益低下，影响了发展的积极性。

龙头企业不强，带动力弱。随着优势特色农产品种植面积的不断扩大和产量的逐年增长，区内深加工龙头企业少、加工转化能力低、带动力弱的矛盾加大，严重制约了优势特色产业的发展。

市场主体的利益联结机制没有完全稳定建立起来，产供销一条龙、贸工农一体化尚未形成。基地与农户、基地与公司之间缺乏稳定长效的利益联结机制，农户难以稳定地给加工企业提供优质专用原料，生产与加工、销售与市场时常脱节，导致市场对农业生产配置效果减弱。产业链短，标准化生产不够，最大经济效益得不到实现。产品生产全过程技术落后，标准化技术的组装配套不够，不能实现优质生产、集约经营。标准化程度不高，与发达地区和市场消费要求还有很大距离，产业经济效益和潜力难以很好发挥和提高。

品牌培育不够，市场竞争力弱。目前，全区涉农产品获得国家级名牌产品称号的只有两三个，其他产品都属于地方性品牌，影响了产业规模扩张和层次提升。宁夏优势特色农产品统一的市场观念还没有形成，市场开拓工作滞后，缺乏有效的信息服务体系和平台，市场主体之间缺乏有效衔接，利益传导受阻，产业过程封闭循环。

（2）产业发展建议

注重培育一批具有市场竞争优势的龙头企业，有利于带动和促进全区优势产业的整体发展。当前首要的是要营造良好的产业发展环境，积极引进国内外农产品加工企业和营销公司，投资兴建生产基地和加工企业，扩大规模生产，发展贸易和外向型农业，提高产业层次。

积极发展特色天然药物和新型化学药制剂。依托全区丰富的中药材资源优势，开展大宗优势中药材的药理、药效研究，推广应用以控制技术为主的现代中药生产技术，加快以枸杞、甘草等重点农产品的临床、功能性产品的研发。

整合资金，集中财力，解决发展资金短缺的矛盾。积极探索建立农业风险基金和产业保险体制，支持和引导建立农民——信用社利益联结机制，推进企业与生产基地的对接，从而建立稳定合理的利益连接机制。并且适度调控支农金融策略，制定鼓励金融企业支农的优惠政策，加快农业和农村信用评级以及担保机构等诚信体系建设，建立金融支农长效机制，引导金融资金有序流向农村和农业产业，解决产业资金不足问题。

鼓励和发展中介组织，发挥中介组织连接农民与市场、企业的桥梁和纽带作用，提高农民进入市场的组织化程度和市场秩序，并通过优化市场环境，支持和引导龙头企业和销售大户开辟市场。

研究培育符合宁夏本地实际的农业产业的良种及配套技术措施，在生产核心环节和质量控制等方面制定出强制性标准，提高标准化生产的覆盖面，针对市场需要对新品种、新技术、新工艺进行重点研发和配套，提高产业发展水平。

充分利用现代市场经济手段进行融资和流通，扩大直接融资范围，打破产业发展的资金瓶颈，并争取农产品进入期货市场，利用期货套利保值，规避市场风险，提高经济效益。并通过农产品电子商务、品牌授权、网上交易等现代营销方式，促进农产品货畅其流、物现所值，全面提高特色农业的发展效益。

2. 电力产业

（1）主要问题

一是电源结构单一。现有电源主要是火电，水电比例较小，火电占全部装机容量的比重高达九成以上，是结构调整的重点。水电、风电需要进一步开发，提高全区水电和风电比例及调峰能力。

二是局部地区主网架结构仍显薄弱。同时，宁夏发展坑口电站的优势还没有充分发挥，特别是"西电东送"以来，宁夏每年富裕电力较多，电网传输能力距实际需求存在较大差距。

三是现有联网交换能力不能满足要求。随着宁夏电网与西北主网潮流交换的不断增大，需进一步加强宁夏与西北电网的联络，才能在有效保证自身富裕电力外送的同时，将青海、新疆两省电力通过宁夏网络汇入西北电网。

（2）产业发展建议

一是加快煤—电—高载能产业对接，提高产业竞争能力。充分发挥全区丰富的煤炭资源优势，促进资源整合，推进煤电联营，将宁夏的煤炭资源优势转化为电力优势，实现高等级、大容量向外输送电能，缓解煤炭的外运压力。

二是加快风能资源调研，大力发展风电产业。将风机制造业作为宁夏风电产业新的增长点，实现风机制造、风电开发的协同发展，力争将宁夏建成全国的风机制造产业基地。

3. 冶金产业

（1）主要问题

产品结构不合理。化肥、橡胶、原油加工主导型产品及高耗能产品所占比重过大，超过全行业总产值的80%，高新技术及精细化工产品所占比重较小，在全行业所占比重不到15%。

企业组织结构不合理。集体和民营经济所占比重较小，相当一部分企业为基础原料型企业，只生产附加值低、科技含量低的初级产品。

企业规模不合理。在150多家化工企业中，大中型企业只有18家，其余多数为小型企业，生产工艺、技术落后，能耗高、效益低。

产业集中度低。除大化肥、轮胎、氯碱生产规模适中外，其余产品生产规模均处在国家产业政策限制边缘。

科技创新、开发能力弱。表现为科研基础薄弱、新产品开发速度缓慢，发展后劲不足。科技进步、科学管理对经济增长所起的作用大大低于沿海发达地区。

（2）产业发展建议

一是对铁合金、焦炭、钢铁、金属镁、碳化硅等产能过剩、污染较严重及国家大力调控行业的项目，鼓励有条件的大企业集团走煤—电—硅铁，兰碳—硅铁—金属镁、镁合金及镁材—镁渣—水泥，煤—电—铝—铝材加工之路，延伸上下游产业链，发展循环经济，支持企业跨地区、跨行业进行收购、兼并和重组，提高产业集中度。

二是加快产业结构升级换代的步伐，发展深加工、高附加值加工。

当前，宁夏冶金领域取得了一定进展，但产业化水平、技术含量还不够，深加工产品少，老产品多。在结构调整工作中，必须使资产在流动中增值，提高使用效益，以尽快改善宁夏冶金业高成本、高产出、低利润的现状，从根本上解决好经济效益低下的问题。

三是国有企业要建立起国有企业经营者的资本激励机制和约束机制，避免经营者的短期行为，培育企业家阶层，促进企业效益的提高，力争使自身资源优势转变为经济优势。

三江源头谱写新的乐章

——青海依托资源优势发展特色经济，追求绿色 GDP

青海是长江、黄河和澜沧江的发源地，自然资源富集、生态环境独特、民族文化多元，但经济发展长期滞后。为此，必须牢牢抓住西部大开发的历史性机遇，依托资源优势大力发展特色经济，立足省情追求绿色 GDP，走新型工业化道路。

一、依托资源优势大力发展特色优势产业——解决青海经济发展长期滞后的必然选择

（一）青海省综合实力明显提高，但经济发展仍长期滞后

1. 纵向比较：综合实力明显提高

经济规模不断扩大。2002 年以来，青海省地区生产总值从 340.65 亿元起步，每年跨越一个百亿元台阶，到 2007 年达到 761 亿元，年均增长 12.1%，高于全国平均水平。人均生产总值由 2002 年的 6426 元增长到 2007 年的 13836 元，现价增长 1.15 倍。财政一般预算收入由 2002 年的 38.1 亿元提高到 2007 年的 110.5 亿元，现价增长 1.9 倍。这三个关键性指标五年内都翻了一番，实现了经济快速发展的目标。

结构调整迈出实质步伐。工业增加值占生产总值的比重由 2002 年的 28.6% 提高到 2007 年的 42.4%，实现利润是 2002 年的 10.5 倍。水电、盐湖、石油天然气、有色金属等支柱产业占工业的比重达到 82%，单晶硅、多晶硅等新型材料和藏毯、民族服饰、沙棘等特色轻工业开始崛起。畜牧业有了较快发展，占全省农牧业总产值达到 56%。高原旅游业蓬勃发展，2007 年接待国内外游客、实现旅游总收入分别是 2002 年的 2.4 倍和 3.2 倍。

2. 横向比较：经济发展仍长期滞后

尽管青海省近年来经济实力有了长足的进步，但是和全国相比仍长

期处于相当落后的位置。1994 年①，青海省地区生产总值在全国 31 个省区中位于第 29 位，在西部 12 个省区中位于第 10 位（仅高于西藏、宁夏）。1995～2007 年，青海省地区生产总值在全国 31 个省区中均位于第 30 位，在西部 12 个省区中均位于第 11 位（仅高于西藏）。2002～2006 年青海省的人均生产总值均低于全国平均水平，并且在全国的排名逐年下降，由 2002 年的第 19 位滑落至第 23 位。

（二）非平衡增长——依托资源优势，重点发展特色优势产业

非平衡增长的发展模式是青海省实现跨越式发展的必然选择。青海应重点发展有比较优势的产业，以带动整个地区经济的腾飞。

1. 美丽富饶的青海

青海省地处青藏高原东北部，属于资源型省份，这正是发展特色优势产业的依托所在。

（1）矿产资源。青海现已发现各类矿产 123 种，探明储量的有 97 种。在全国的总储量中，有 51 种的储量居前 10 位，11 种居首位，其中许多矿产属于国内外急需资源。已经国家审定上储量表的矿产有 70 余种，保有储量的潜在价值达 81200 亿元。其中，具突出优势的有：盐湖资源、石油天然气资源、金属和黄金资源、非金属矿产资源。

（2）水能资源。青海省是长江、黄河、澜沧江的发源地，有"中华水塔"之美称，水能资源是青海能源最大优势，蕴藏量达 2165 万千瓦，可开发利用的为 1800 万千瓦，年发电量 770 亿度。

（3）动植物资源。青海天然草原辽阔，是我国四大牧区之一，可利用草场面积 5 亿亩，发展畜牧业物质基础雄厚。全省有经济动物 400 多种，野生植物 1000 余种，具有储藏量大、种类多、用途广、高原特色显著的特点。大部分可开发利用，药用价值极高。

（4）旅游资源。全省现有世界级旅游景点 11 处，国家级旅游景点 52 处，省级旅游景点数百处。既有雄浑壮丽的自然景观，又有文化底蕴深厚的人文景观和民俗风情，特别是"中华水塔"三江源、"鸟类天堂"青海湖、"高原珍稀动物王国"可可西里、"碧水丹山"坎布拉、

---

① 从 1994 年开始比较是因为重庆在 1993 年以前还没有单独分化出来，为了统一用全国 31 个省（自治区、直辖市）比较，所以这样选择。

"佛教圣地"塔尔寺、昆仑"始祖"、绚丽盐湖、热贡艺术、原子城等，对中外游客都具有很强的吸引力。

（5）气候资源。青海有充足的太阳辐射和较长的日照，有利于农作物和牧草的光合作用及有机物的积累。

2. 大力发展具有比较优势的资源主导型特色产业

青海必须充分发挥其自然资源丰富的优势，大力实施资源转换战略，推动资源开发向深加工转换，朝延伸产业链条的方向发展，构筑地域特色突出、市场前景广阔、竞争力强的特色优势产业体系。目前，青海省特色经济的框架已初步形成：

（1）资源型特色工业成为引领经济发展的"火车头"

青海依托特色矿产、动植物和水能资源，形成了以盐湖资源开发为主的盐化工业；以水电、石油、天然气开采为主的能源工业；以有色金属冶炼为主的冶金工业；以优势农牧业资源为原料的制胶、牛绒制品、藏羊地毯和食品加工业；以特色动植物为主的中藏药加工业等，初步形成了资源开发与加工相结合的特色工业格局。盐湖化工、水电、石油天然气、有色金属是青海省的四大支柱产业；冶金、医药制造、畜产品加工和建材工业已成为青海的四大优势产业。2006年，全省全部工业增加值265.1亿元，其中四大支柱和四大优势产业创造的工业增加值分别为199.12亿元32.51亿元，两项合计占全省工业增加值的87.37%，资源型特色工业已成为带动经济增长的主导力量。其特点如下：

第一，四大支柱产业和四大优势产业不断发展壮大。2002～2006年，其主要产品产量的高速增长成为支撑工业生产高速增长的主要力量。如，原煤产量由2002年的250万吨增加到2006年的592万吨，年均增长24.1%；天然气产量由2002年的11.51亿立方米增加到2006年的25.0亿立方米，年均增长21.4%。

第二，通过工业经济结构调整，青海形成了产业结构比较合理的工业体系。十六大以来，青海省不断提升工业经济产业层次，全面提升工业产品的国内外市场竞争力：以优势资源为依托，加快发展特色工业，初步建成了经济技术开发区、生物产业园区、甘河滩工业区，并以此为切入点，大力推进铝电联营、水电、钾肥、石油天然气、有色金属、生物制品、新型材料等一批重大工业项目的建设，重点发展四大支柱产业，培育四大优势产业，形成了产业结构比较合理的工业产业体系。

第三，资源型特色工业已成为推动青海经济发展的引擎。有色金属冶炼、黑色金属冶炼、化学原料及化学制品制造、医药制造、有色金属矿、电力的生产和供应这六大行业引领全省工业增长。2007 年 1～9月，有色金属冶炼和化学工业增加值同比分别增长 19.0% 和 38.9%，对工业增加值的贡献率分别为 19.3% 和 23.0%，分别带动工业增长 3.6个和 4.3 个百分点；黑色金属冶炼增长 33.1%，对工业增加值的贡献率为 13.1%，带动工业增长 2.5 个百分点；有色金属矿采选业增长 39.8%，对工业增加值的贡献率为 7.0%，带动工业增长 1.3 个百分点；非金属矿物制品业增长 45.9%，对工业增加值的贡献率为 6.7%，带动工业增长 1.3 个百分点。以水能、矿产和高原动植物资源开发三条线为主的资源型特色工业的发展为全省经济发展做出了卓越贡献，并将在未来较长一段时期继续发挥重要作用。

第四，资源型特色工业加快发展。四大支柱产业 2006 年完成工业增加值 199.12 亿元，比 2002 年增加 151.35 亿元，年均增速达 42.9%，占规模以上现价工业增加值的比重由 59.6% 提高到 76.7%；实现利税总额 149.19 亿元，年均增速为 65.5%，占规模以上工业利税总额的比重比 2002 年提高 58.67 个百分点。四大优势产业中 2006 年医药制造业实现主营业务收入 3.19 亿元，年均增速为 24.1%；畜产品加工业实现主营业务收入 1.97 亿元，年均增速为 8.6%；建材业实现主营业务收入 6.40 亿元，年均增速为 5.7%。值得一提的是，2006 年实现利润超亿元的企业就有 8 家，这些企业是青海特色工业增长的亮点。

（2）高原特色旅游业日益成为青海省新的经济增长点

第一，初步形成了高原特色的旅游景区。全省初步形成了以青海湖、鸟岛、坎布拉等为主的高原自然风光景区；以互助土族、循化撒拉族民俗、传统文化为主的民族风情园景区；以西宁、贵德的文化、古迹、休闲旅游景区；以塔尔寺、北禅寺等为主的宗教文化旅游景区；以黄南热贡艺术为主的藏族绘画艺术景点；以"三江源"生态和藏族文化、歌舞为主的民族风光旅游景区；以格尔木盐湖城为主的工业风光景区以及青藏铁路沿线旅游景区。"青藏高原"、"夏都西宁"的品牌在全国打响，青海湖、鸟岛、塔尔寺、原子城等成为国内外有影响的景点。

第二，旅游经济增长势头强劲。"十五"时期累计接待国内外游客 2341 万人次，实现旅游业收入 88 亿元，分别是"九五"时期的 2.5 倍和 3.2 倍。2006 年全省接待国内外旅游人数达到 814.56 万人次，比 2002 年增加 392.21 万人次，增长 92.86%，年均增长 17.84%。2006 年全年取得旅游总收入 35.69 亿元，比 2002 年增加 20.49 亿元，增长 1.35 倍，年均增长 23.79%。全省旅游直接从业人员由 2002 年的 1.9 万人增加到 2006 年的 3.1 万人。

第三，基础设施建设步伐加快，旅游环境明显改善。2002 年以来，全省基本建设投资逐年增加，改善了全省交通、通讯落后的局面。同时加大景区配套体系建设，使省内环西宁各旅游景区的公路网基本建成，对重点景区的开发建设，逐步改善了景区设施简陋、旅游环境差等状况。各地区一批新的旅游宾馆等设施投入使用，提高了旅游接待能力。2006 年底全省星级宾馆达到 96 家，比 2002 年增加了 57 家，有社会宾馆 1380 家，基本满足了当前旅游接待的需要，为旅游业的发展打下了较好的基础。

二、提升自主创新能力——青海实现可持续发展的必然要求

青海经济发展主要依靠特色优势产业，尤其是资源型特色工业，形成青海经济发展对优势资源的依赖性。因而必须加快转变经济发展方式，建设科学合理的资源利用体系，实现青海的可持续发展。

（一）提升青海自主创新能力任重而道远

青海的建设应依靠自主创新，大力发展特色优势产业。

1. 纵向比较：自主创新能力有所提升

截至 2006 年末，科技进步对经济增长的贡献率达到了 42%。

（1）科技活动经费筹集总额稳步增长（除 2005 年有所下降外）从 2002 年的 6.65 亿元稳步增长到 2006 年的 11.2 亿元，现价增长 68.4%。从资金来源结构上看，企业资金为其主要来源，2006 年全省科技活动经费筹集总额中企业资金 7.72 亿元，占总额的 68.85%。

科技活动经费支出总额逐年提高。从 2002 年的 6.52 亿元逐年增长到 2006 年的 10.86 亿元，现价增长 66.6%。2006 年科技活动经费支出总额中企业支出达 8.54 亿元，占总额的 78.7%。并且，大中型工业企

业科技活动经费支出中用于新产品的支出也在不断增长，2006 年达到 1.91 亿元，比 2002 年增长了 4.3 倍（现价，下同）。

R&D 经费内部支出平稳增长（除 2005 年有所下降外）。2006 年 R&D 经费内部支出为 3.34 亿元，比 2002 年增长了 60.6%。2006 年，R&D 经费占 GDP 比重为 0.52%，比上年增长 13.07%。在 R&D 经费内部支出中试验发展支出最多，达 2.05 亿元，占支出总额的 61.23%，比上年提高了 29.3 个百分点。而且，企业是青海省 R&D 活动的主体，2006 年企业 R&D 经费支出为 2.35 亿元，较上年增长 8.48%，占全省 R&D 经费总支出的 70.42%。

（2）科技人员队伍继续扩大，素质稳步提升。2006 年全省科技活动人员 10721 人，比 2004 年增长 22.02%。其中，科学家和工程师占 65.22%，比 2004 年多 0.96 个百分点。R&D 人员折合全时人员从 2002 年的 2037 人年逐年增长到 2006 年的 2592 人年，增长了 27.25%。

（3）科技活动产出水平有所提高。科技成果登记数量增多且科技成果的整体水平有了明显的提高，应用技术成果占绝大多数且应用率较高，原始创新成果数量增多，自主创新能力得到一定的提升。具体表现在以下两个方面：一是登记成果的应用情况。2006 年 10 月 31 日到 2007 年 10 月 31 日登记成果中应用技术成果占绝大多数。在此期间，应用技术成果占登记成果总数的 92.83%，而且应用技术成果中处于成熟应用阶段的成果占多数，其所占比例为 76.81%，比上年度增加了 3.18 个百分点。此外，应用技术成果的应用率较高，207 项应用技术成果中有 183 项科研成果已得到不同程度的应用，占登记成果总数的 82.06%，应用率为 88.41%。二是原始创新成果数量增多，科技工作者已开始注重原始创新成果的研发及知识产权的保护。原始创新成果占登记成果总数的 48.43%，获授权专利成果 14 项，授理专利成果 11 项，占登记成果总数的 11.21%。

专利产出显著增加。首先，从专利申请量、发明专利申请量和拥有发明专利量来看，三者的数额都有较大的增长，说明企业的知识产权保护意识逐渐增强，自主创新能力不断提高。专利申请数从 2003 年的 71 件逐年增长到 2006 年的 149 件，增长了 1.1 倍；专利申请数中的发明专利申请数也从 2003 年的 28 件逐年增长到 2006 年的 68 件，增长了

1.43 倍。同时，拥有发明专利数也呈上升趋势，2006 年为 109 件，比
2002 年增长了 1.06 倍。其次，专利申请受理量及授权量都呈上升趋
势，尤其是授权数中发明所占的比例在逐年增长，这说明自主创新能力
在不断提高。专利申请受理量 2006 年为 325 项，比 2002 年增长了 1.15
倍。专利授权量 2006 年为 97 项，比 2002 年增长了 14.12%，其中发明
授权量占专利授权量的比例从 2002 年的 16.47% 逐年增长到 2006 年的
30.93%，增长了 14.46 个百分点。

从技术市场交易情况来看，技术市场成交合同数大体上呈下降趋
势，但成交合同金额却呈上升趋势。2006 年技术市场成交合同数为 273
项，比 2002 年降低 17.0%。2006 年技术市场成交合同金额为 24958.8
万元，比 2002 年增长 1.02 倍，如表 1 所示。

表 1　2002～2006 年技术市场基本情况

年　　份		2002	2003	2004	2005	2006
类　别	单位					
一、各类技术合同登记表	项	329	205	327	318	273
技术开发合同	项	46	73	99	72	93
技术转让合同	项	21	30	103	66	87
技术咨询合同	项	32	11	13	18	20
技术服务合同	项	230	91	112	162	73
二、各类技术合同成交额	万元	12372.7	8291.0	12793.4	11811.6	24958.8
技术开发合同	万元	4351.2	4174.6	6350.8	6415.2	20329.5
技术转让合同	万元	743.4	1635.5	3193.0	2593.3	2767.2
技术咨询合同	万元	2637.9	583.2	64.1	355.6	285.2
技术服务合同	万元	4640.2	1897.9	3185.4	2447.1	1578.0

资料来源：《青海统计年鉴 2007》，中国统计出版社 2007 年版。

2. 横向比较：自主创新能力相对滞后且亟待增强

尽管青海省自主创新能力有所提升，但与全国相比非常落后，即使
和欠发达的西部 12 省及西北 5 省相比仍然存在很大差距，科技人员和
经费的投入力度明显不足，自主创新能力亟待增强。

（1）科技活动经费投入明显不足。2006 年青海省科技活动经费筹
集总额仅占全国的 0.18%，西部 12 个省的 1.34%。青海省科技活动经

费筹集总额在全国 31 个省区中居第 29 位，在西部地区中居第 11 位，在西北地区中居第 5 位。2006 年青海省科技活动经费筹集总额占 GDP 的比重为 1.73%，低于全国 2.96% 的平均水平，说明尽管青海省科技活动经费筹集总额从 2002 年以来不断增长，但是科技活动经费筹集总额仍然投入不足，需要继续加大投入力度。

从科技活动经费内部支出来看，与全国、西部 12 省及西北 5 省相比，青海省科技活动经费支出明显太少，研发机构和高校的作用还没有得到充分的发挥。2006 年青海省科技活动经费内部支出额仅占全国的 0.17% 和西部地区的 1.28%。青海省科技活动经费内部支出在全国 31 个省区中居第 29 位，在西部地区中居第 11 位，在西北地区中居第 5 位。2006 年青海省科技活动经费支出占 GDP 的比重为 1.56%，远低于全国 2.73% 的水平，说明尽管青海省科技活动经费支出从 2002 年以来逐年都在增长，但是科技活动经费支出仍然投入不够，需要继续加大投入力度。

从 R&D 经费内部支出来看，与全国、西部 12 省及西北 5 省相比，青海省 R&D 经费内部支出相当少，研发机构和高校的作用还没有得到充分的发挥。2006 年青海省 R&D 经费内部支出仅占全国的 0.11%，仅占西部地区的 0.93%。青海省 R&D 经费内部支出在全国 31 个省区中居第 29 位，在西部地区区中居第 11 位，在西北地区中居第 5 位。2006 年青海省 R&D 经费内部支出占 GDP 的比重为 0.52%，低于全国 1.43% 的平均水平，说明尽管青海省 R&D 经费内部支出从 2002 年以来不断增长，但是科技活动经费支出仍然投入不够，需要继续加大投入力度。

（2）科技人员队伍相当匮乏，素质相对较低。2006 年青海省科技活动人员数仅占全国的 0.25%，仅占西部的 1.46%。青海省科技活动人员数在全国中居第 29 位，在西部地区中居第 11 位，在西北地区中居第 5 位。2006 年，青海省科学家和工程师占科技活动人员的比例为 64.55%，低于全国 67.72% 的平均水平和西部 66.02% 的平均水平，这说明与全国和西部地区相比，青海省的科技活动人员素质相对较低。

从各地区 R&D 人员全时当量来看，与全国、西部 12 省及西北 5 省相比，青海省 R&D 人员全时当量相当少，尤其是研发机构和大中型工业企业的 R&D 人员更少，R&D 人员素质低于全国平均水平，但高于西部平均水平。2006 年青海省 R&D 人员全时当量仅占全国的 0.17%，仅占西部地区的 1.05%。青海省 R&D 人员全时当量在全国中居第 29 位，在西部地区中居第 11 位，在西北地区中居第 5 位。2006 年，青海省科学家和工程师占 R&D 人员全时当量的比例为 80.92%，低于全国 81.45% 的平均水平，高于西部平均水平。

（3）科技活动产出水平相当落后。从国内专利申请受理数和专利申请授权数来看，与全国 34 个省区（包括了香港、澳门和台湾，下同）、西部 12 省及西北 5 省相比，青海省都远落后于全国平均水平和西部地区平均水平。2006 年青海省国内专利申请受理数仅占全国的 0.07%，西部地区的 2.90%。青海省国内专利申请受理数在全国中居第 32 位，在西部地区中居第 11 位，在西北地区中居第 5 位。2006 年青海省国内专利申请授权数仅占全国的 0.04%，西部的 4.01%。青海省国内专利申请授权数在全国中居第 32 位，在西部地区中居第 11 位，在西北地区中居第 5 位。

从技术市场交易情况来看，青海省无论是成交合同数还是成交合同金额均比较落后。2006 年青海省技术市场成交合同数仅占全国的 0.13%，西部的 1.56%，在全国中居第 27 位，在西部地区（除西藏外）中位于第 9 位，在西北地区中居第 5 位。2006 年青海省技术市场成交合同金额仅占全国的 0.14%，西部的 1.63%，在全国（除西藏外）中居第 26 位，在西部地区中位于第 8 位，在西北地区中居第 4 位。

（二）重大科技攻关项目公开招标一举多得——解决单纯依靠本省资源无法有效提高自主创新能力的制约

青海省自 2001 年起在全国率先实施重大科技项目面向国内外开展招标攻关工作，攻克了一批长期困扰青海经济发展的关键技术难题，在引进技术、人才和资金等方面实现了一举多得。这种作法对于我国一些经济相对落后、人才相对匮乏的地区具有借鉴意义。重大科技攻关项目公开招标一举多得，具体表现在如下方面：

第一，科技攻关服务青海经济发展。青海省虽然蕴藏着丰富的资源，但是受一些关键性技术问题的制约，在资源综合利用、循环利用方面遇到了难题。为扭转因科技资源匮乏形成的被动局面，从 2001 年起，青海科技管理部门在国内率先对传统的科技计划项目管理模式进行改革，先后从几百个项目中梳理出 32 个具有高科技含量和较强市场竞争力的产品、技术或有望带动产业结构升级和促进经济社会持续发展的重大技术难题，分五次面向青海省内外公开招标。

第二，科研难题巧攻克。前四次公开招标不仅给青海带来了人才、资金，最为重要的是使一些长期困扰青海省优势资源开发和生态环境保护的技术难题得到解决。这些招标项目已取得核心技术成果 8 项，审定农作物品种 7 个，取得专利 6 件，部分项目已经顺利通过验收并应用于生产。

第三，资金搭配多渠道。重大科技攻关项目的公开招标，不仅使青海省把有限的科研资金用到了刀刃上，还起到了四两拨千斤的作用，而且还建立起了以政府资金为引导、企业投入为主体、风险投资为补充、吸纳各类社会资金积极参与的多元化研究开发与产业化投入机制，开辟了科技融资的新渠道。

2001 年至 2006 年度进行招标的 34 个项目，已开发出新产品 35 项，研发新材料 36 种，新建中试线及生产线 5 条，实验基地及示范点 56 个，取得专利 12 件，发表论文及研究报告 215 篇。部分项目已经顺利通过验收并应用于生产，已产生直接经济效益近 1.3 亿元。"十五"期间，青海省科技进步对经济增长的贡献率达到 39%。到 2006 年下半年，青海省科技进步对经济增长的贡献率进一步提升到 42%，高于全国平均增长水平。青海省通过重大科技攻关项目公开招标，优化了科技资源配置，提高了科技成果水平，促进了科技成果转化，一批曾长期困扰青海经济发展的关键技术难题得以攻克，在引进技术、人才和资金等方面实现了一举多得。

三、积极发展循环经济——立足省情追求绿色 GDP

青海特殊的生态地位要求其在发展经济的同时还要注意生态环境的保护，因而强调追求绿色 GDP 显得重要而实际。青海省已经确定不搞汽车产业、IT 产业，不搞低水平重复建设，要立足青海实际培植自己的优势产业和形成产业优势，用现代化的科技成果与资源开发对接，防止滥采、滥开资源和以牺牲环境为代价发展经济。积极发展循环经济，走新型工业化道路是青海省追求绿色 GDP 的必然选择。

（一）发展循环经济的现实条件和战略意义

2005 年 10 月，青海省柴达木循环经济试验区被列入国家第一批 13 个循环经济试点产业园区之一，目前已进入全面实施阶段。

1. 发展循环经济的现实条件

青海发展循环经济的现实条件主要有以下三个方面：第一，具备发展循环经济的资源条件和工业基础。柴达木地区分布有丰富的盐湖、油气、有色金属、煤炭及其他非金属资源，其保有资源储量潜在经济价值达 16.27 万亿元，占全省总价值的 95%，占全国的 13%。经过 50 多年的开发，柴达木地区的盐湖工业、油气工业、有色金属工业、煤炭工业、建材工业有了一定的规模，发展势头良好。已建成了中油股份青海公司、盐湖集团、西部矿业、青海中信国安、青海锂业、青海碱业等一批大型资源开发龙头企业，具备发展循环经济的资源条件和工业基础。第二，资源开发正在进入转型期，发展循环经济的要求非常迫切。柴达木资源开发模式仍处于低层次和粗放型阶段，资源综合开发水平比较低，开发中的副产品、废弃物未得到有效利用，资源开发过程中的资源、能源、水的消耗比较高，后续资源保障能力不足。因此，柴达木地区发展循环经济的要求非常迫切。第三，具备发展循环经济的基础设施条件。柴达木地区的公路、铁路、航空、能源等基础设施条件得到了极大改善。109 国道贯穿盆地，青藏铁路格尔木——拉萨段现已全线贯通，西宁——格尔木段应急工程已开工建设，铁路年货运输送能力可达 5000 万吨以上，柴达尔——木里、锡铁山——里坪——东西台等地方铁路也在规划中。格尔木市还建有一座 4D 级机场，可停靠波音 757 - 200 型及以下各类客机，建成了涩格输气管线和涩—宁—兰输气管线，同时电力、通讯、水资源等方面的保障能力也得到了很大提高，具备了发展循环经济的基础条件。

2. 发展循环经济的战略意义

选择在柴达木设立循环经济试验区，这将为青海省实施资源优势转换战略，培育壮大青海省特色优势产业，促进其经济社会发展具有长远的战略意义。第一，发展循环经济是贯彻落实资源转换战略，壮大和提升特色产业，走新型工业化道路的战略选择。第二，发展循环经济是全面落实科学发展观、转变经济发展方式的迫切要求和重要实践。第三，发展循环经济是减少资源消耗和废弃物排放，提高资源综合利用水平的根本举措。第四，发展循环经济是以人为本、实现可持续发展的本质要求。第五，发展循环经济是从根本上缓解环境污染、生态恶化，促进人与自然和谐发展的有效途径。

综上所述，发展循环经济有利于形成节约资源、保护环境的生产方式和消费模式，有利于提高经济增长的质量和效益，有利于建设资源节约型社会，有利于促进人与自然的和谐，充分体现了以人为本、全面协调可持续发展观的本质要求，是实现全面建设小康社会宏伟目标的必然选择，也是关系全省长远发展的根本大计。

（二）发展循环经济的战略思路、战略重点和对策建议

1. 发展循环经济的战略思路

运用市场经济手段充分挖掘柴达木地区资源优势，确定柴达木地区循环经济建设的基本思路为"实现一个目标，转变两种模式，构建三个核心系统，推进八大循环体系建设"。

实现一个目标，即消除贫困、全面建设小康社会和构建节约型社会及和谐社会。在保持地区经济持续快速增长的同时，不断改善人民生活水平，并保持生态环境美好。

转变两种模式，即转变生产环节模式和转变消费环节模式。紧抓国家发展循环经济实验区、建设节约型社会的机遇，逐步从以往传统粗放式资源依赖型经济发展模式过渡到可持续资源效益型发展模式，实现工业产值的绿色化。与此同时，营造一个绿色消费的环境，制定合理的绿色消费政策和规章制度，培育环境友好的商品与循环经济服务业体系，激发和引导消费环节的变革。

构建三个核心系统，第一个是循环工业体系的构架，涉及四大产业，即油气产业、盐湖化工、煤矿开采和煤转化、金属资源开发，以及推进各产业的融合；第二个是城市基础设施建设，重点为水、能源和固体废弃物循环利用系统；第三是生态保障体系的建设，包括绿色建筑、人居环境和生态保护体系。

八大循环体系建设。一是天然气化工产业循环体系；二是盐湖化工产业循环体系；三是有色金属产业循环体系；四是煤产业循环体系；五是生态农业循环体系；六是建筑与城市基础设施产业循环体系；七是服

务产业和旅游循环体系；八是循环型消费体系。在八大循环体系建设中将以转变现有生产环节模式和消费环节模式为目的，继续调整产业结构，优化产业布局。

2. 发展循环经济的战略重点

（1）提高资源综合利用率。重点加强对盐湖化工、有色金属等重点行业的能源、矿石、原材料、水等资源消耗管理，努力降低消耗，提高资源利用率。综合利用钾盐生产过程中排出镁盐、钠盐，以镁盐及金属镁为主导，积极发展镁系列产品和钠盐产品，提高资源利用率。依托天然气资源，积极发展天然气化工工业，以发展乙烯、甲醇、PVC 等产品为方向，实现天然气下游产品与盐湖资源开发的结合。中间产品和副产品通过"减量化、再利用、资源化"，予以回收利用。

（2）提高重要资源回采率。资源开采环节要统筹规划矿产资源开发，推广先进适用的开采技术、工艺和设备，大力提高石油、天然气、煤炭、铁矿石、有色金属等资源回采率，推进尾矿、废石综合利用。

（3）延伸产业链。首先，充分利用天然气资源优势，就地转化为能源产品及化工原料，扩大生产规模，建设天然气能源、化工原料生产和供应基地，提高产品的附加值，构建起天然气—盐化工循环体系。其次，加大煤炭资源开发，以重点矿区为中心，以现代化矿井建设为目标，建设煤炭基地。构建煤—焦—化工和煤—盐—化工两条产业链。再次，利用丰富的天然气资源发展综合利用产业，将盐湖化工产业与天然气化工及有色金属工业结合捆绑联产，利用天然气处理氯碱、有色行业的副产品，联产 PVC，钾肥与天然气化工产品尿素结合生产复合肥产品等。

（4）节能、节水降耗。一方面，通过采取先进生产工艺和设备，充分利用和回收热能，节约能源，降低成本，在能源利用上进行循环利用。另一方面，企业从原料、生产和产品全过程控制污染，将污染物排放量降至最低，实行资源的综合利用，实现区域的清洁生产。

（5）加快"一区四园"建设，优化工业布局。柴达木循环经济建设按照"产业集群、要素集聚、配套集中、管理集成"的原则，试验区内重点发展格尔木工业园区、德令哈工业园区、大柴旦工业园区、乌兰工业园区，初步形成"一区四园"的产业布局。

(6) 加强资源勘探与管理工作。要加大对地质勘探的投入，进一步完善矿业市场，多元化筹集勘查资金，加大地质勘查力度，增加后备资源储量。要健全有关的监督管理制度，从资源的勘查开始，直到生产销售均应实行有效的监管，贯彻在"开发中保护、在保护中开发"的方针，加强资源的保护意识，加强资源开发的统一领导和管理。

(7) 加快基础设施建设。坚持基础设施先行原则，针对严重制约资源开发的基础设施滞后问题，统筹规划，加速完善柴达木地区今后工业发展重点区域的公路、铁路、电网等基础配套条件，为资源开发创造良好的外部条件。

(8) 加大技术创新和制度创新力度，增强科技对产业调整升级的推动力。加强与国内外科研院所的合作，选择一些省内的科技攻关难题，重点突破，应用先进、成熟、适用的技术，进一步推动优势资源开发的升级。

(9) 加大招商引资、引智力度。要立足资源特点和比较优势，围绕支柱产业和新兴产业开发，积极引导和支持东部较发达地区的资金、人才、技术等向青海、特别是柴达木地区转移，将招商引资重点放在有一定规模、技术资金实力的企业集团。

(10) 继续实施名牌战略，加强培育龙头企业。积极培育名牌产品，争取在石油、天然气、盐湖资源开发、有色金属资源开发等行业培植一批骨干企业，扶持企业做强做大，形成一批能带动地方经济较快发展的"巨人"企业。

3. 发展循环经济的对策建议

(1) 油气产业。在逐步提高现有原油加工能力的基础上，布局建设乙烯项目，配套建设一定规模的丙烯等烯烃生产能力，积极发展下游精细化工产品，并通过烯烃平衡盐湖化工产生的氯气发展 PVC 等产品，加强原油加工过程中副产物、废弃物（如沥青、渣油）的再生利用，实现资源的综合利用。

(2) 盐湖化工产业。根据不同类型的盐湖，确定不同的开发方案和产品，发展锂盐、金属锂等锂系列产品，硼酸、氧化硼、碳化硼等硼系列产品，进一步提高盐湖资源的综合开发利用效率。加快钾肥生产过程中废弃资源的利用工作，利用盐湖"老卤"发展无水氯化镁、氢氧化镁、金属镁等产品；利用钾肥生产过程中产生的氯化钠发展纯碱、烧碱、氯酸盐等产品；利用纯碱生产的蒸馏废液发展氯化钙产品。大力发展硫酸钾、硝酸钾、氢氧化钾、碳酸钾、复混肥等下游产品，延长产业链，提高产品附加值。加强现有钾肥企业内部清洁生产，对传统骨干产业，利用高新技术和先进适用技术进行高起点嫁接改造，努力改进产品设计，改变生产工艺，实现升级换代。积极推进盐湖化工工业向综合化、规模化、集约化、精细化方向发展。

（3）煤化工产业。努力改进煤炭开采工艺，提高煤炭资源的开采回采率。抓好矿区的环保工作，及时进行地质环境和生态恢复，实现经济效益和环保效益的协调发展。

（4）金属加工产业。加强矿山采掘技术管理，降低损失率及贫化率。利用铅锌矿生产过程中产生的硫精砂发展硫酸产品，减少生产过程中的资源利用量及废物排放量。大力实施物料的循环利用，努力回收利用废弃物，实现"低开采、高利用、低排放"。

（5）推进各产业的融合。加快产业链延伸，积极发展焦炭、电石、烧碱、烯烃、PVC、氯代甲烷、硫酸、复合肥等产品，将电力、石油天然气化工、盐湖化工、煤化工、有色金属、建筑材料等多种产业横向链接，初步构建循环型产业链，即"油气—盐化工"产业链、"煤—焦—盐化工"产业链、"煤化工—盐化工—建材"产业链、"有色金属—天然气—盐化工"产业链、"铁矿—焦炭—钢铁"产业链。

综上所述，在落实科学发展观，建设资源节约型、环境友好型社会的实践中，循环经济必将成为青海省经济社会发展充满活力的亮点之一。

高原开发大有希望

——西藏自主创新能力与优势产业调查

西藏自治区处于祖国的西南边疆，面积 120 多万平方公里，占全国陆地面积的 1/8。2007 年，西藏总人口 284.15 万人，少数民族占 90%以上。

西藏经济基础薄弱，城乡区域发展不平衡，经济关联度和社会化程度低。"输血型"发展模式向"造血型"发展模式转变非常困难，是一个整体贫困的地区。2007 年，西藏地区生产总值 342.19 亿元，地方财政收入 23.14 亿元，在全国各省中排在末位，分别占全国的 1.30% 和0.04%。人均 GDP12109 元，为全国平均水平的 60% 左右。西藏又是一个资源丰富的地区，有青稞、牦牛、藏鸡、藏猪、绒山羊等农畜产品资源；冬虫夏草、麝香、天麻等藏医药资源；水能、太阳能、地热能等能源资源；黄金、铜、铬铁等矿产资源；自然景观、人文景观等旅游资源。

提高西藏的自主创新能力，将高原特色资源优势转化为高原特色产业优势，进一步转化为西藏经济优势，是西藏发展的正确选择。

一、西藏自主创新能力现状及取得的成效

（一）自主创新能力现状及特点

1. 科技投入和产出水平提高

西藏科技工作以提高科技创新能力、支撑能力、发展能力和服务能力为目标，以引进、消化、吸收、推广先进适用技术为重点，以科技创新支撑经济发展。"十五"期间，科技投入和产出水平明显提高，科技三项经费累计投入达 11872 万元，七地市三项经费累计投入达 2305.5万元，年平均增长分别达到 17% 和 11.47%。累计完成国家级重点科研

项目76项，自治区重点科研项目397项，其中1项获得国家级奖励，62项获自治区级奖励。从2003年到2005年累计专利申请量188项，专利申请授权量83项，国内外期刊科技论文407项。2006年，R&D经费支出0.5亿元，比2005年增加67%，R&D经费支出占GDP的比重为0.17%，比2005年提高3个百分点。专利申请量89项，专利申请授权量81项。2007年，西藏科技投入首次过亿元，科技经费达到1.65亿元，比2006年增长1.32倍，落实科技项目117项，经费3490.13万元。共承担国家科技项目21项，自治区级重点科技项目78项，全区取得省部级以上科技成果1项。受理专利申请97件，授权专利68件。

2. 政府搭台，企业、科研机关合力促进科研成果转化

自治区政府与区内的科研机关合作，利用科技资源优势，促进科研成果的转化。首先，自治区建成了多个示范园区、繁育基地、示范基地，为科研机关提供科研成果的转化平台。建成了现代农牧业示范园区、西藏麦类作物原种扩散基地、西藏油菜原种扩散基地、拉萨市城关区自治区级科技产业综合示范基地、白朗县农业科技综合示范区、种植业科技成果转化示范基地等。其次，自治区政府依托科研机关的科技人才优势，建立了以政府引导区（地市）县、村各级科研机关，搭建农业技术推广平台方式的科技特派员制度，把科研成果、先进的技术带到田间地头，解决农牧民在生产、生活中遇到的技术难题。再次，为培育一批具有自主知识产权、自主品牌和具有持续创新能力以及市场竞争力的科技型企业，自治区政府建立科技孵化器，孵化科技型企业。

3. 农业科技成果转化和产业化效果最为显著

西藏农牧民比例高，自治区政府一直把农牧业的科技成果转化、推广、产业化视为工作的重点，取得了显著的成绩。20年来，西藏先后实施了国家级农业科技成果转化项目18个，投入资金2789万元，其中国家投入970万元，自筹资金1819万元。实施了"春小麦日喀则23号优良品种成果示范推广"、"优质油菜藏油五号产业化示范"、"优质冬小麦新品种山冬6号示范推广"、"那曲冬虫夏草半野生抚育成果转化"、"西藏青稞精良产业化示范"等科技成果转化及产业化项目。2005年以来，还实施了自治区级的农业科技成果转化示范项目。如自治区科技厅的"蔬、果、花、工厂化育苗技术研究与示范"项目；自

治区农牧厅的"无公害蔬菜生产技术示范"项目;自治区质量技术监督局的"西藏名特优蔬菜良种引进与高效种植标准化示范"项目等,农业科技成果转化以及产业化,使经济效益大大提高。如白朗县"优质小麦甘青20号示范"项目,实施面积5000多亩,平均亩产达到383.6公斤,比当地品种增产29.96%;在日喀则地区嘎东镇、巴扎乡、洛江镇等9个乡镇种植新品种2万亩,平均每亩增产82.76公斤,增长率为31.23%;拉萨市农科所研制的青稞新品种"藏青320"是全区各农区主要种植品种和迄今推广面积最大的青稞品种,平均千粒重55克,平均亩产在300千克以上,种子田比普通田纯增收206元。

4. 整体创新能力弱,以原始创新和引进消化吸收再创新为主,集成创新为辅

西藏紧紧抓住牦牛、青稞、藏医药等全国"独一无二"的高原特色资源,凭借这些资源的绝对优势,加强原始创新,率先在牦牛、青稞、藏医药等高原特色资源的科技攻关方面取得重大成效。如依托区内的牦牛资源,进行胚胎移植项目获得成功,此技术的成功是西藏科研人员在牦牛领域的重大创新和技术突破;依托青稞资源,β—葡聚糖提取技术与食品开发研究项目,填补了全国青稞β—葡聚糖开发研究的空白;依托藏医药资源,区内研制的"诺迪康"和"齐正藏药贴"获得了国际发明金奖,已销往美国、日本等20多个国家和地区。西藏平均海拔在4500米以上,自治区在大力引进先进适用技术的同时,加强消化吸收再创新,适应西藏特殊的地理位置和生态环境。如有针对性的引进消化吸收再创新农业生物技术、节水农业技术、农业机械技术、特色农牧业生物资源开发利用技术、农畜产品精加工技术等。区内的集成创新能力较弱,集成创新主要集中于农畜新品种的标准化生产技术上。

5. 西藏自治区自主创新能力的特点

(1)自主创新的成果大部分集中在高原农业、畜牧业领域。2006年,西藏第一产业占GDP的比重为17%,高于全国6个百分点,传统的农畜牧业在全区中占较大比重,因此培育、改良适应高原生存的农业、畜牧业新品种是自治区的工作重点。目前已成功培育出"优质小

麦甘青 20 号"、"藏青 320"、"藏青 336"、"藏青 25"、"藏青 148"等新品种，并实现了产业化。另外通过对高原特色的品种绒山羊、牦牛、藏猪、藏鸡、黄牛等品种的繁育、选育、改良，大大提高了生产性能，缩短了生产周期。2007 年科技对农牧业的经济增长贡献率达 35%。

（2）自主创新紧紧围绕满足自治区农牧民的基本生活需求层面。西藏自治区政府先后实施了太阳能供暖技术、沼气攻关技术、太阳能发电技术等技术创新工作，解决了农牧民的取暖、用电、燃料等基本层面的生活问题。

（3）企业整体自主创新能力较弱，层次较低。西藏大型企业很少，2005 年中型企业 11 家，总利润 2.24 亿元。除几家相对大型的藏药企业和太阳能开发企业如西藏华冠科技具有自主创新的科技成果和具备自主创新能力以外，其他企业的自主创新能力较弱。

（二）西藏提高自主创新能力取得的成效

1. 农牧民的生活质量和档次得到提高

西藏积极开发利用温室沼气、太阳能、地热、风能、水能，改善了西藏人民的生产、生活方式，提高了人民的生活档次，缓解了生态压力。2005 年，山南、日喀则、林芝地区，进行大规模的沼气建设，解决了农牧民用草皮、牲畜粪便、树木作燃料的难题。2007 年，在拉萨市试点建筑了太阳能供暖技术，有效解决西藏建筑采暖存在的能源缺乏问题，保护了西藏脆弱的生态环境。并实施了"西藏阳光"、"科学之光"、"阿里光明"和"送电到乡"光伏电站建设等科技计划，太阳能开水系统和太阳能煮饭系统示范工程。目前，各类太阳能光电设施总容量已近 9000 千瓦，推广太阳灶 15 万台，太阳能热水器 20 万平方米以上，太阳能采暖房、温室、牛羊暖圈等达 25 万平方米。

2. 高原畜牧业的发展获得科技支撑

西藏草地面积广阔，畜牧业的发展是增加农牧民收入有效的途径。建立了半细毛羊育种、黄牛改良、农牧综合试验示范基地，开展了黄牛、绵羊、山羊改良培育、牛羊短期育肥、牲畜常见病防治、牦牛本品种选育及牦牛冷冻精液配种研究示范与推广。黄牛改良 1.5 万头，绵羊改良 6 万只。2006 年 6 月，牦牛胚胎移植研究获得成功，是西藏科研人员在牦牛领域的重大创新和技术突破，研究成果处于国际先进水平；2007年9月，西藏填补绒山羊本品种选育研究空白，为西藏建立绒山羊产业带、发展特色产业、促进农牧民增收奠定了基础。

3. 高原农牧业资源优势转化为特色产业优势

西藏特色农牧业资源丰富，有青稞、牦牛、藏鸡、藏猪、绒山羊等特色优势资源。针对青稞是世界上含β—葡聚糖最高的麦类作物和β—葡聚糖的保健功能，农科院农业研究所、西藏青稞研究与发展中心开展了以产业化开发为目的的青稞β—葡聚糖提取技术工艺研究，实现了成吨青稞β—葡聚糖的工厂化生产提取。在项目实施期内开发了9个新产品配方，并完成了相应的产品商标、包装设计和工商手续注册，累计申报技术发明专利2项、产品外观设计专利4项，建成分析检测试验室和中试车间1100平方米，批量生产聚糖粉600余公斤、胶囊30万粒、青稞饼干50公斤、速溶粉100多公斤；利用科技援藏的优势，西藏加快对牦牛特色资源的开发利用，与江苏省中医药研究院联合研制了拥有自主知识产权的"雪域骨宝胶囊"和"雪域抗风湿胶囊"两种新药，并与江苏阳光集团等单位共同筹资3000万元组建了加工牦牛骨粉的西藏阳光生物股份有限公司。

4. 藏药企业依托高原藏药资源，培育了一系列的藏药精品

西藏藏药企业林芝奇正藏药厂和诺迪康药业股份有限公司研制的"奇正藏药贴"和"诺迪康"获得了国际发明金奖；西藏藏药集团股份有限公司的"卓攀林"牌"十味龙胆花颗粒"和"六味能效消胶囊"进入了国家基本医疗保险目录和基本药物目录；西藏自治区藏药厂能生产350多个品种，其中，已取得批准文号的有54个，列入国家基本药物目录的有15个，拳头产品"七十味珍珠丸"、"仁青常觉"等13个品种为国家中药保护品种；聂拉木制药厂生产的"二十五味珍珠丸"和"二十五味珊瑚瓦"两个品种被列为国家中药保护品种；雄巴拉曲神水藏药厂的"珊瑚七十味丸"被授予"中国专利优秀奖"。

（三）西藏提高自主创新能力面临的困难和问题

1. 科技创新人才匮乏

西藏地区偏僻落后，气候条件恶劣，教育事业发展不足，人才引进困难，而人才外流现象又较为严重，导致了目前西藏的科研人才严重匮

乏。2005年西藏每万人从事科研活动的人员仅为12人，远低于全国43人的平均水平。科技活动人员0.34万人，仅占全国科技活动人员的比重为0.00089。科学家与工程师0.21万人，仅占全国科学家与工程师的比重为0.00081。与西部其他各省份相比也存在着较大的差距。具体数据参考表1。

表1　2006年西藏与部分西部各省市创新人才比较

	R&D人员 （万人年）	万人口科技 活动人员	科技活动人 员（万人）	科学家与工 程师（万人）	R&D科工 （万人年）
重　庆	2.68	26.93	7.56	5.24	2.18
青　海	0.26	19.12	1.05	3.51	0.21
云　南	1.6	11.91	5.34	11.91	1.28
宁　夏	0.44	21.64	1.31	0.9	0.39
新　疆	0.74	13.89	2.85	1.9	0.65
西　藏	0.1	14.73	0.41	0.28	0.09

资料来源：中国科技统计网站，http://www.sts.org.cn/sjkl/index.htm。

2. 科研经费投入低

2006年，西藏R&D的经费支出为0.5亿元，处在全国末位，不到全国R&D经费支出的万分之二；R&D经费支出占GDP的比例为0.17%，远低于全国1.42%的平均水平，也处在全国末位；地方财政科技拨款0.9亿元，仅占地方财政支出的0.45%。

3. 技术市场发展严重不足

西藏还没有形成正规、完善的技术市场，且技术产权交易中心、技术评估等机构发展不足。2006年，西藏技术市场成交额为零。技术市场的缺失、缺位必将影响和制约西藏的自主创新能力。

4. 区域创新体系不完善

西藏企业的自主创新主体地位不突出，创新意识不强，大学、科研机构科技攻关的重点还在传统的农畜牧业选育、改良以及先进农牧业适用技术的推广上，与大部分加工型企业及高新技术企业联系不紧密，不能提供给企业有效的科技支撑，中介服务结构发展严重不足，完善的区域创新网络体系还未建立起来。

二、西藏发展特色产业的意义和定位

(一) 发展特色产业是实现跨越式发展的必然要求

培育发展壮大特色产业，是地区经济发展中带有全局性指导意义的战略问题，是西藏实现跨越式发展的关键。西藏的跨越式发展，主要是争取赶上其他地区经济发展的步伐，进一步缩小与其他地区之间发展的差距。西藏是国内最落后地区，走常规的、与东部地区同质的发展之路很难实现跨越式发展。只能立足优势、发挥优势、充分依托西藏的高原特色资源，加大对高原特色产品和特色产业的培育力度，形成具有较强辐射带动作用的高原特色产业群，才能实现跨越式发展。

(二) 西藏发展特色产业的定位

西藏"十五"计划建议实施特色追赶战略，提出了六大特色支柱产业。"十一五"计划坚持特色与规模并重，创新特色产业建设模式，重点开放优势资源，着力打造高原特色品牌，实现特色、规模与效益的有机统一，提出大力发展特色农牧业及其加工业，有重点地发展优势矿产业，加快发展旅游业，积极发展藏医药业，壮大民族手工业，优化升级建筑建材业。

这里重点论述西藏旅游业、特色农牧业及加工业、藏医药业。旅游业是西藏的第一大特色优势产业，旅游产业的辐射面广、带动能力强，对西藏的经济发展起着关键的作用。特色农牧业带动农牧民增收效益逐渐显现，是农牧民增收的主要途径。特色农牧加工业发展潜力巨大，有望成为西藏的支柱产业。藏医药业占据了全国大部分的医药市场，在全国已经有了一定的品牌影响。而民族手工业是传统特色产业，发展水平不高。西藏矿产资源丰富，虽然矿产工作起步晚、程度低，矿产资源目前主要是在摸家底、搞规划，但其发展前景广阔，是西藏的潜在特色优势产业。西藏建筑建材业发展迅速，2006 年，实现工业总产值 58.39 亿元，占西藏 GDP 比重的 20%，比上年增长 25.2%，成为西藏区内的优势产业。

(三) 西藏特色产业发展现状

1. 西藏旅游业位居特色产业之首

西藏素有"世界第三级"、"世界屋脊"、"雪域高原"之称。独特的自然风光、别样的民族风情、众多的名胜古迹、浓厚的宗教氛围构成了西藏独特的旅游资源。目前西藏有1个国家级风景名胜区，2个5A级旅游景区，4个4A级旅游景区，3座国家级历史文化名城，27个国家级文物保护单位，55个自治区级文物保护单位。青藏铁路的通车和林芝机场的通航，使西藏旅游业呈现"火暴"场面。2007年全年接待国内外旅游者402.94万人，比上年增长60.4％。其中，接待国内旅游者366.40万人，增长55.4％，接待海外旅游人数36.54万人次，增长136.0％。全年实现旅游总收入48.52亿元，比上年增长75.1％，占GDP的比重为14％，比2006年提高5.3个百分点。实现外汇收入13529万美元，比上年增长122.0％。

2. 藏医药产业是西藏的支柱产业

西藏积极发展藏医药业，支持藏药质量标准体系建设、藏药新药开发、藏药剂型改造和开发创新。有独立的藏医医疗机构18家，未设藏医院的县医院内也均设有藏医科，藏医药技术人员达到2461人，以自治区藏医院为龙头的西藏藏医药服务网络基本形成。2007年，西藏生产中成药（藏医药）1039吨，比2006年增长5.2％。19家通过GMP认证的藏药生产企业完成工业总产值6亿多元。可生成360多种藏成药，有283个国药准字号品种，其中20个品种被列入国家中药保护品种，24个品种被列入《国家基本药物品种目录》，218种藏药材有了国家标准，在工商管理部门正式注册的藏成药商标有20余种，藏成药已进入20个省、直辖市、自治区的公共医疗系统。

3. 高原特色农牧业是第一产业增长的主要动力

2004年至2006年，西藏全区共投资8.04亿元（其中国家投资超过3.7亿元）在全区7地市、65个县（市区）安排实施了102个特色农牧业产业项目。截至目前，西藏自治区已经有8.3万户、43万农牧民参与了特色产业项目，约占西藏总人口的1/7。项目区群众实现了户均增收4188.11元，人均增收600元至800元。2006年，特色农牧业实现总产值7.08亿元，占西藏自治区第一产业生产总值的7.21％，实现总收入5.31亿元。在农牧民人均纯收入2435元中，有238元来自特色农牧业收入，项目区中有660元来自特色农牧业收入，比重达27％。

2007 年，西藏共安排特色农牧业发展项目 45 个，总投资达 33376 万元，其中群众投入 13361 万元，占总投入的 40%。

4. 农牧加工业已具备一定规模，为发展现代高原特色农牧加工业奠定基础

截至 2005 年，特色农牧加工业已初具规模，全区共有资产总额在 50 万元以上的农牧产品加工企业 66 家（不包括藏药加工企业）。其中有总资产上亿元的企业 1 家，上千万元的企业 22 家，百万元的企业 32 家，50 万～100 万元的企业 11 家。根据产业分类，有粮油加工企业 26 家、畜产品加工企业 34 家，饮品加工企业 4 家。2003 年至 2005 年 6 月，西藏农牧业产业化经营龙头企业创造产值 35686 万元，实现利润 6698 万元，带动了 67963 户农牧民增收。

三、西藏发展特色产业的困难、优势和机遇

（一）西藏发展特色产业面临的困难

1. 高原环境的易变性、脆弱性

西藏海拔 4000 米以上的土地面积占全区面积的 86%，高原生态环境具有高寒性、干旱性、多变性。目前，西藏整体生态压力位于全国最大的 7 个省区之列，生态环境的脆弱度为 0.8329。冰川消融退缩加快，湖泊、湿地退化、冻融侵蚀加剧等自然灾害较多，发生频率高，具有 2～3 年一小灾，5～6 年一中灾，10 年左右一大灾的特点。2007 年，西藏沙化土地平均增长 3.96 万公顷，相当于我国一个中等县的面积。据第三次全国沙化检测，西藏现有沙化土地 21.7 万平方公里，占其土地总面积的 18%。西藏草原的退化面积已达到 6.5 亿亩，超过了西藏草场总面积的 50%，尤其以那曲地区为主的藏北草原退化趋势更为严重。生态环境的脆弱，自然灾害的频繁，以及草地资源的退化正影响着西藏特色农牧业及加工业、旅游业的发展。

2. 基础设施落后，城镇化水平低

西藏地处青藏高原，基础设施的建造成本高，建设难度大，发展水平滞后。2007 年，西藏有 90 万人口用不上电，占全区总人口的 30% 左右。全区公路总里程 4.86 万公里，仅占全国的 1.36%，有 30 个县不通

柏油路，2000 多个村和 70 多个乡不通公路。移动电话普及率 25%，低于全国 40% 左右的水平。城镇化水平很低，全区总人口 284.15 万人。其中，城镇人口 56.55 万人，占总人口的 19.9%，乡村人口 227.6 万人，占总人口的 80.1%。2008 年底，随着西藏一大批电站以及电网的建立和完善，电力装机总容量达到 60.8 万千瓦，但人均年发电量也仅占全国平均水平的 30% 左右。

3. 科学文化教育水平低

2005 年，在全国 15 岁以上人口的抽样调查中，西藏文盲率最高，达到 44.84%，并且女性的文盲率高达 55.76%，远远高于西部 15.21% 的平均水平和全国的 11.04%。2007 年，西藏 15 周岁以上人口平均受教育年限 5.8 年，低于全国平均受教育年限水平 8.5 年。文化教育水平低，导致了他们的科学文化素质和知识结构、劳动生产技能以及经营管理水平低。

4. 宗教色彩浓厚、达赖集团的蓄意破坏活动

藏传佛教经过几百年发展，使西藏的宗教信仰浓厚，在一定程度上制约了西藏特色优势产业的发展，具体表现在以下几个方面：一是大量的成年人入寺为僧，造成西藏劳动力不充裕。二是商品意识淡薄，惜杀、惜售现象严重。据有关数据表明，2004 年全区出栏牛 105.10 万头，出栏率仅为 17.1%，羊出栏 475.92 万只，出栏率为 26.8%。三是重视人文科学，忽视自然科学和技术创新。同时，藏民的宗教信仰，也很容易被分裂势力变成蛊惑、利用和煽动分裂祖国的工具，达赖集团蓄意策划的"3.14"事件就是一个明证，极大地破坏了西藏经济发展环境。

（二）西藏发展特色产业的优势

1. 中央对西藏优惠、特殊的政策及补助

1980 年，中央政府率先在西藏实行免征农牧税等优惠政策。2001 年，中央出台了 50 条优惠政策，确定中央对西藏实行"收入全留、补助递增、专项扶持"。"十五"期间，中央财政各类补助累计达到 475 亿元，占西藏财政总支出的 92% 以上。国家投资项目达 117 个，总投资约 312 亿元，安排各省区市对口支援西藏建设项目 71 个，完成投资 2 亿多元。"十一五"期间，中央再一次明确并进一步完善对西藏实行

的"收入全留、补助递增、专项扶持"的财政补贴优惠政策，对西藏的财力补助将比"十五"期间翻一番还多。2007 年，中央补助西藏283.21 亿元，是 2002 年的 2.16 倍。中央补助收入是当年西藏财政支出的 102.8%，全国最高。西藏享受的一般性转移支付、少数民族地区转移支付、专项转移支付分别达 60.54 亿元、6.52 亿元和 94.87 亿元。

2. 具有丰富的资源优势

西藏资源丰富。水资源方面，人均拥有水量 17.7 万立方米，居全国首位。仅雅鲁藏布江干流，天然水能蕴藏量即达 8000 万千瓦；地热方面，地热蕴藏量居全国首位，相当于一年燃烧 240 万吨标准煤放出的热量，可发电 80 万千瓦；太阳能方面，西藏年平均日照 3000 小时以上，年均太阳辐射总量为 6000~8000 兆焦耳/平方米，直接辐射占总辐射的 56%~78%；矿产资源方面，铬矿、铜矿、硼矿、菱镁矿、刚玉、白云母矿储量位居全国前列，其中铬铁产量占全国 90% 以上，储量居全国第一位。盐湖 2000 多个，其中的矿产资源高达几十种，仅日喀则地区的大扎布盐湖，其潜在开发价值就高达数千亿元；藏药资源方面，西藏药用植物有 1000 多种，其中常用的中草药 400 多种，具有特殊用途的藏药 300 多种；草场森林资源方面，西藏各类利用天然草地 8.4 亿亩，约占全国天然草场面积的 20%，森林覆盖面积 9480 万亩，约占全国森林面积的 5.5%；旅游资源方面，世界级国家自然保护区 3 处，国家级名胜风景区 1 处。

3. 具有较好的地理区位优势

西藏处在我国的西南边疆，与印度、尼泊尔、不丹、缅甸相毗邻，具有发展边境贸易独特的地缘优势。西藏境内五个地区的 21 个县、203 个镇、770 个村分布在边境线上。历史形成的通道有 312 条，其中常年性的通道 44 条，季节性通道 268 条。具体分布在中尼边境、中印边境、中不边境、中缅边境与克什米尔边境上。随着 2006 年 7 月连接西藏和印度锡金段的乃堆拉山口边贸通道的重新开放，中国的丝绸、牦牛尾、羊毛、牛毛、羊绒、家电、中药材有望通过乃堆拉山口进入印度市场，西藏地区有望成为我国通向南亚的"贸易走廊"。边境贸易的发展会极大地促进西藏特色产业的发展。

（三）西藏特色产业发展面临的新机遇

1. 西藏经济处于快速发展的时期

西藏经济发展进入"黄金期"。2007年，西藏自治区生产总值342亿元，人均GDP1.2万元，按可比口径计算比2002年翻了近一番，西藏经济实现了连续7年保持12%以上的增速跨越发展；工业经济也进入自20世纪90年代以来增长速度最快的时期，2007年，全区工业增加值比上年增长17.1%；西藏农牧业进入第20个丰收年，人均纯收入达到2788元，同比增长14.5%，比全国平均水平高出约7个百分点，农牧民人均纯收入连续五年保持了两位数增长。

2. 青藏铁路的建成通车将极大改善西藏经济发展环境

青藏铁路建成通车把西藏纳入全国四通八达的铁路网，将拉萨和国内的其他省份联系起来，突破长期以来西藏交通"瓶颈"的束缚，加强西藏和内地的经济、文化交流。有利于西藏企业开拓内地市场和国内、国外企业进入西藏市场，降低运输成本，促进西藏旅游业、藏药产业、矿产业、特色农牧业发展，调整西藏的产业结构。

3. 西藏优质、安全的高原绿色产品的市场需求日益增加

随着人们生活水平和质量的提高，对特色产品和绿色食品的市场需求日益增加。西藏生产的农畜产品及其深加工产品，如牦牛系列产品和青稞系列产品等，都被认为是纯天然、无污染的绿色食品。藏药也属天然药物，具有无污染的特点，这为藏药的发展提供了广阔的市场空间。西藏冰川矿泉水，经检验品质高于世界一些知名矿泉水品牌，目前该公司也与中铁快运公司结成合作关系，冰川矿泉水即将走向全国及世界。

4. 西藏全区形成了发展特色产业的思路，统一了思想

中央积极支持西藏实施特色产业项目。西藏政府"十一五"规划也提出了大力发展特色产业，实现"跨越式"发展的目标，每次工作报告都重点阐述发展特色产业的规划。目前全区上下逐步形成了发展特色产业的思路，认为大力发展西藏特色产业才能振兴西藏经济，才能带动西藏经济的跨越式发展。尤其是在发展特色经济方面取得好成绩和获得实惠的西藏人民，更是认识到发展特色产业的好处。如西藏第一个人均纯收入过万元的朗色村村长扎西贡布表示：要进一步搞好独特的"农

家乐"产品，让朗色村的游客一年四季络绎不绝。

四、西藏提高自主创新能力和发展特色产业的战略思路和对策建议

（一）战略目标

今后五年提高自主创新能力和发展特色产业的战略目标是：高原特色产业做大做强，培育出全国有影响的高原特色品牌，培养出一大批高原农业、畜牧业、特色资源加工业领域方面的科技创新人才，提高科学家、工程师及 R&D 科工在全国的比重，使 R&D 经费支出占 GDP 的比重处于西部的平均水平。促进高原产业发展的原始创新能力、集成创新能力以及引进消化吸收再创新能力显著提高。促使制约高原特色产业发展的重大技术和关键技术逐步得到突破。区域创新体系逐步完善，科技对高原特色产业的贡献率显著提高。

西藏旅游业发展成为全国的精品旅游和高端旅游，旅游业相关的配套服务业和乡村旅游业进一步的得到发展，旅游业每年实现收入占 GDP 的比重在 20% 左右；藏药工业总产值年平均增长 15% 左右，基本建立集藏药科研、现代化、标准化生产、流通、藏药材种植的产业体系；特色农牧业产业化的格局基本形成，特色农牧业占第一产业的比重达到 15% 左右，特色农牧产品精深工作取得重大进展，培育出全国知名的高原特色优势品牌。

（二）战略思路

1. 自主创新以高原的特色资源为着力点，推进优势资源转化

西藏目前的科研能力、科研设施条件、科技攻关水平还远落后于西部和东部的大部分省份，特别是在电子技术、信息技术、通信技术等一些高新技术领域方面。但东部不具备西藏丰富的高原特色优势资源，如高原之宝——牦牛、大面积种植的青稞、绒山羊、珍贵藏药等。这些特色资源为西藏进行高原特色的原始创新、集成创新提供了巨大的优势。西藏应该立足优势、发挥优势，以特色资源为着力点，大力推进特色优势资源转换战略，针对高原产品的"特"字，包括特殊的配方、特殊的工艺、特殊的口味，加强原始创新。针对产品的包装、储存、运送、营养成分的提取及保留等共用技术等方面的问题，加强集成创新和消化

吸收再创新。率先在牦牛、青稞、藏药、高原特色饮料等方面进行高精深加工，提高产品的科技含量和附加值，创造出具有高原特色的知名品牌，进一步扩大自主创新的成果，延伸产业链，与东部的省份实施"错位"竞争战略，走特色产业的发展之路。

2. 紧紧围绕特色产业，科学合理地调整产业结构

第一产业重点发展特色农牧业。推行"公司＋基地＋农户"、"中介组织＋农户"、"合作经济组织＋基地＋农户"、"主导产业＋基地＋农户"等全新的生产组织形式。积极筹建无公害蔬菜、优质油菜、优质青稞、藏药材、优质大蒜、牦牛、白绒山羊、岗巴羊、藏猪、藏鸡、奶牛养殖等大型的产业基地，提高特色农牧业在第一产业中的比重，缩减小麦、马等非特色农牧产品的比重。第二产业重点发展特色优势资源加工业，使特色资源优势转变为经济优势。包括大力发展藏医药制造业，特色农牧产品加工业、特色食品饮料制造业。生产青稞系列产品、牦牛系列产品、甘露藏药系列产品、奇正藏药系列产品、诺迪康系列产品等。发展旅游业为第三产业的龙头产业。加大对西藏山地游、生态游、探险旅游、民族风情游的投入和开发力度，打造西藏旅游为精品旅游。同时延伸旅游产业链，带动相关产业的发展，搞好"农家乐"、农家旅社、农家餐饮、培训和引导农牧业搞旅游运输、手工艺品加工等。

3. 提高特色产业的发展水平和档次，打造知名高原品牌

西藏通过大力发展特色产业，实施品牌战略，已经培育出了3件中国驰名商标，2个中国名牌产品和7个国家免检产品，取得了良好的经济效益和市场影响力，高原品牌也逐步被认可，但相对于特色资源来看，西藏知名高原品牌的数量还不多，特色产业的发展水平和档次还不强，特色产品的科技含量也不是很高。因此，高原品牌战略还有较大的实施空间。西藏应进一步实施品牌战略，引导企业增加技术费用的投入力度，提高创新能力，使特色产品向"高、精、深"方面发展。政府也应该加大对企业品牌的支持力度，对有市场竞争力和影响力的品牌，予以奖励、支持和保护，扩大知名高原品牌的数量，使西藏成为知名的高原品牌积聚地和生产地。

4. 积极稳妥地发展矿产业，使其成为西藏关键支柱产业

西藏矿产资源极其丰富，矿产业具有很好的发展前景，很可能成为

西藏的另一大关键支柱产业。目前，大批国内大型企业已进藏考察洽谈，参与矿产资源的勘查和开发。2006年，西藏地质二队、格尔木藏格钾肥有限公司等组建西藏巨龙铜业有限公司。2007年，西藏地勘局、那曲地区国资委与中国化肥股份有限公司控股的一家公司，签订了合作开发西藏鄂雅错盐湖资源的协议。中国五矿集团、中国铝业公司、中信集团、中国化肥集团、格尔木藏格钾肥有限公司等也进藏考察。西藏应该选择真正有实力、有技术的大中型国有控股企业参与矿产资源的开发。"高起点"、"高标准"，坚持适量、慎重、有序的原则，提高矿产业的开发水平和档次，积极稳妥地发展矿产业。

（三）对策建议

1. 构建有利于自主创新的制度体系

西藏要从体制上打破政府出资、科研机构组织研究开发、企业使用技术的方式，即产学研分散和各自为政的局面，建立促使自主创新能力提高，各受益主体积极参与的联合开发机制。政府支持西藏的企业、高等院校和科研院所合作，通过技术合作、委托开发、共建研究中心和科技实体，促进科技要素向企业的转移，促进企业成为自主创新的主体，建立高等院校和科研机构广泛参与，利益共享，风险共担的产学研联合机制。运用市场竞争的原则，对国家重大的技术创新项目，要选择有效率的行为主体承担，如西藏的新能源开发研究、藏药技术标准规范、特色农牧产品深加工技术等，保证国家关键技术创新的实现。

2. 建立培养、激励和吸引人才的机制

目前西藏是科研人才的"重灾区"。科学家、工程师以及R&D科工均远远低于全国的平均水平，制约西藏提高自主创新能力、发展特色优势产业和攻克高原技术难题。目前要加紧制定人才培养计划、人才引进计划、人才交流计划、人才激励计划等，同时充分利用各省市的科技援藏机遇、与中科院的科技合作、国际合作和国家大型科技项目合作的机会，培养一批具有高素质的科研创新队伍和有影响的学术带头人，培养和交流一大批科技开发经营人才、农牧科技人员，建立门类齐全、结构合理的科技、科研人才队伍。

3. 加大科技、科研的投入力度

积极调整财政支出的结构，提高科研人员的工资水平，充实现有各级科技管理机构和科研院所基础设施建设，扶持科研院所和大中型企业建立重点试验室和研发中心，特别是特色产业服务的研究机构，如藏药研究中心、农畜牧特色产品加工中心等。政府设立不等金额的科技创新奖和科技基金，以鼓励和支持做出重大贡献和突出贡献的科技人员。对于攻克关键技术或重大技术的科技人员，实行政府的特殊津贴，并给予资金奖励，支持他们进一步将关键技术和重大技术应用到现实的生产中去。

4. 推动企业成为自主创新的主体

继续支持大型企业集团如藏药集团等与省内外科研机构、大学合作建立技术研究中心、重点实验室等研究开发机构，完善企业集团提高自主创新能力的基础条件。搭建为西藏的中小型企业服务的公共技术服务平台，为其提供有效的科技支撑，提高产品的科技含量。引导具有一定实力的企业提取技术开发费用，加大对技术创新的投入力度。政府支持的科技创新项目尤其是应用型项目向企业倾斜，并优先支持以企业为主体、产学研合作的科技创新项目。

5. 加强基础设施建设

坚持基础设施先行，启动和实施一批重大基础设施建设项目，进一步改善发展条件。着力建设综合交通运输体系，以公路建设为重点，统筹发展铁路、航空、管道等多种运输方式，建设四通八达、安全通畅、经济高效的综合交通运输体系，加强省道及区内环线建设，加快县通沥青路和乡村道路建设；完善城市供电网络，提高供电能力；构建大容量、高速率、高质量、高可靠度的统一基础信息传输平台；加强水利设施建设，实施骨干水利工程、灌区配套工程、节水灌溉工程等。

参考文献

[1] 林凌:《中国经济的区域发展》,四川人民出版社 2006 年版。

[2] 国家发展和改革委员会国务院西部地区开发领导小组办公室:《西部大开发"十一五"规划》。

[3] 王洛林、魏后凯:《中国西部大开发政策》,经济管理出版社 2005 年版。

[4] 马金书:《西部地区产业竞争力研究》,云南人民出版社 2004 年版。

[5] 范剑勇、朱国林:《中国地区差距演变及其结构分解》,载《管理世界》2002 年 12 月。

[6] 刘世庆:《特色优势产业与四川工业强省战略》,载《中共四川省委党校学报》2006 年 1 月。

[7] 魏后凯:《中国西部大开发:新阶段与新思路》,载《发展论坛》2005 年 11 月。

[8] 王政:《西部大开发 8 年纪实:经济增长最快,人民得实惠最多》,载《人民日报》2008 年 10 月 14 日。

[9] 梅永红:《自主创新与国家利益》,载《中国软科学》2006 年 2 月。

[10] 黄伟:《试论技术创新的综合评价体系》,载《商业经济》2006 年 3 月。

[11] 周元、王海燕:《关于我国区域自主创新的几点思考》,载《中国软科学》2006 年 1 月。

[12] 程新章:《创新、产业集群与区域创新体系》,载《上海大学学报》(社科版)2005 年 6 月。

［13］张晓强：《全面增强自主创新能力加快发展高新技术产业》，载《经济日报》2005年12月26日。

［14］陈峰：《美国的高技术产业竞争战略及其对我国的启示》，载《科学学研究》2005年5月。

［15］《国务院关于加快振兴装备制造业的若干意见》，载《人民日报》2006年6月2日。

［16］李晶：《论中国新型工业化道路与后发优势的发挥》，载《经济纵横》2006年4月。

［17］上官鸣：《西部地区轻工业发展现状及发展道路选择》，载《广西社会科学》2006年6月。

［18］胡春力：《我国工业结构调整与西部工业发展》，载《开发研究》2006年3月。

［19］张广裕：《西部民族地区工业化问题研究》，载《甘肃社会科学》2006年1月。

［20］邢振东：《探索有西部特色的新型工业化道路》，载《江西社会科学》2006年3月。

［21］徐丽丽：《西部十二省区域自主创新能力评价研究》，载《现代商贸工业》2008年4月。

［22］韩同友：《江泽民同志西部大开发思想研究综述》，载《毛泽东思想研究》2006年1月。

［23］白永秀：《西部大开发五年来的历史回顾与前瞻》，载《西北大学学报》（哲学社会科学版）2005年1月。

［24］张蓉：《西部大开发战略与区域自主创新能力建设》，载《理论导刊》2008年8月。

［25］李金叶：《新疆农业特色产业选择研究》，载《新疆大学学报》（哲学·人文社会科学版）2005年9月。

［26］李少游、王世称：《广西特色经济分析与确认研究》，载《经济地理》2005年1月。

［27］杨丽：《析我国特色经济与区域经济的联系与差异》，载《经济问题探索》2003年4月。

［28］白永秀：《论西部特色经济体系的构建》，载《西北大学学

报》（哲学社会科学版）2007年1月。

［29］钱耕耘：《沦西部大开发的软环境问题》，载《长安大学学报》（社会科学版）2003年4月。

［30］中国统计年鉴编委会：《中国统计年鉴》（1999～2008），中国统计出版社1999～2008年版。

后　记

　　陈永忠作为《西部地区提高自主创新能力和发展优势产业研究》一书的课题负责人，负责全书的总体设计和总纂。总报告各章节和调查报告由课题组成员分工调研和撰写。总报告各章节的作者如下：第一章陈永忠、第二、三章胡晶晶、第四、五章王磊、第六、七章陈永忠。调查报告各篇的作者如下：《走追赶型跨越式发展之路》由耿维撰写、《草原上升起的新星》由贾玫撰写、《中国的蔗糖之乡》由梁灏撰写、《中国西部的科教中心》由梁灏撰写、《西南边陲的烟草王国》由王加栋、袁境撰写、《振兴中的老工业基地》由耿维撰写、《从资源大省向经济大省转变》由王磊撰写、《中国西部的能源基地》由孙琳、袁境撰写、《河西走廊的曙光》由孙琳撰写、《塞上枸杞飘香》由徐敬旸撰写、《三江源头谱写新的乐章》由胡晶晶撰写、《高原开发大有希望》由王加栋撰写。曹璐负责全书统编。

　　中国社会科学院陈佳贵副院长在百忙中抽出时间为本书作序，在此表示衷心感谢！

陈永忠

2009 年 3 月

责任编辑:陈 登

图书在版编目(CIP)数据

西部地区提高自主创新能力和发展优势产业研究/
　陈永忠　王磊　胡晶晶　著. -北京:人民出版社,2009.5
ISBN 978－7－01－007851－9

Ⅰ.西…　　Ⅱ.①陈②王③胡…　　Ⅲ.①产业-经济发展-研究-西北地区
　②产业-经济发展-研究-西南地区　　Ⅳ.F127.4

中国版本图书馆 CIP 数据核字(2009)第 050230 号

西部地区提高自主创新能力和发展优势产业研究
XI BU DIQU TIGAO ZIZHU CHUANGXIN NENGLI HE
FAZHAN YOUSHI CHANYE YANJIU

陈永忠　王磊　胡晶晶　著

人民出版社 出版发行
(100706　北京朝阳门内大街 166 号)

北京新魏印刷厂印刷　　新华书店经销

2009 年 5 月第 1 版　2009 年 5 月北京第 1 次印刷
开本:710 毫米×1000 毫米 1/16　印张:28.5
字数:450 千字　印数:0,001－3,000 册

ISBN 978－7－01－007851－9　定价:58.00 元

邮购地址 100706　北京朝阳门内大街 166 号
人民东方图书销售中心　电话 (010)65250042　65289539